Führung durch Motivation

Mitarbeiter für Organisationsziele gewinnen

von

Prof. Gerhard Comelli

und

Prof. Dr. Dr. h.c. Lutz von Rosenstiel

2., überarbeitete Auflage

Verlag Franz Vahlen München

VERLAG
VAHLEN
MÜNCHEN
www.vahlen.de

Die Deutsche Bibliothek – CIP-Einheitsaufnahme

Comelli, Gerhard:
Führung durch Motivation : Mitarbeiter für Organisationsziele gewinnen / Gerhard Comelli und Lutz von Rosenstiel. – 2., überarb. Aufl. – München : Vahlen, 2001
(Innovatives Personalmanagement)
ISBN 3-8006-2558-X

ISBN 3 8006 2558 X

Wilhelmstraße 9, 80801 München
Satz: Fotosatz H. Buck, 84036 Kumhausen
Umschlaggestaltung: Jana Cerno, München
Druck und Bindung: Druckhaus Nomos
In den Lissen 12, 76547 Sinzheim
Gedruckt auf säurefreiem, alterungsbeständigem Papier
(hergestellt aus chlorfrei gebleichtem Zellstoff)

Vorwort zur zweiten Auflage

Fünf Jahre nach dem Erscheinen der ersten Auflage dieses Buches können wir nun eine zweite überarbeitete und in einer Reihe von Punkten ergänzte Auflage vorlegen. Dies erfüllt uns mit Freude. Das Werk hat Akzeptanz gefunden. Es wurde innerhalb einer anwendungsorientierten Forschung, die speziell jenen wissenschaftlich begründete Hilfe bieten will, die Führungsverantwortung für andere Personen tragen, beachtet. In besonderem Maße aber erfüllt es uns mit Befriedigung, dass die Resonanz der Praxis positiv war. Führungskräfte der Wirtschaft und Verwaltung haben unsere Überlegungen als hilfreich für ihre herausfordernde Arbeit erlebt, Personalentwickler haben Anregungen entdeckt, die ihnen im Rahmen von Führungskräftetraining, aber auch während der Beratung und beim Coachen von Führungskräften, in schwierigen Situationen nützlich waren. Insbesondere für diese Personenkreise der Praxis haben wir das Buch geschrieben, wir wollen diesen mit der aktualisierten Auflage neue Anregungen geben.

Die Grundstruktur des Buches ist geblieben wie sie war. Es erscheint uns nach wie vor zielführend, zunächst das anschaulich darzustellen, was unter dem schillernden Begriff Motivation zu verstehen ist, um danach aufzuzeigen, wie sich Motivation – die eigene und die jener Mitarbeiter, die geführt werden sollen – beeinflussen läßt. Die Quellen dieses Einflusses können im eigenen Ich, in der Aufgabe, die es zu erledigen gilt, in der personalen Führung im engeren Sinne, in der Gruppe, dem Team, in und mit dem Aufgaben erfüllte werden sollen, in der Organisation und schließlich innerhalb der Gesellschaft, in der all dies eingebettet ist, liegen. Diesen soeben angesprochenen Feldern entsprechen dann auch die Kapitel des Buches. Übrigens: Wer es eilig hat und/oder von einem speziellen Interesse geleitet ist, muss nicht den gesamten Text lesen, sondern es reicht, das einführende Kapitel, die Grundlegung also durchzuarbeiten und sodann das Kapitel, das der aktuellen Interessenlage entspricht. So wird sich derjenige, der sich selber besser führen möchte, vielleicht gezielt auf „Motivation aus dem Ich“ konzentrieren, während sich „Motivation aus der Gruppe“, anbietet, wenn es gilt, ein sich neu bildendes Team effizient zum Ziel zu führen.

Die Grundstruktur und die Zielsetzung des Buches bleiben also erhalten. Was wurde aktualisiert oder ergänzt?

Rechnung getragen wurde der Wiederentdeckung des Willens, der in der Wissenschaft unter dem Stichwort „Volition“ abgehandelt wird. Der Wille ist immer dann gefordert, wenn das Ziel des Handelns oder die Freude am Weg zum Ziel nicht ausreichend motivieren, um die notwendige Anstrengungsbereitschaft zu sichern oder wenn auf dem Weg zum Ziel Ablenkungen als kurzfristig attraktive Versuchungen drohen.

Wer führt, kann versuchen, in schwierigen Situationen die Willenskräfte seiner Mitarbeiter wachzurufen; insbesondere aber sollte er sich darum bemühen, den eigenen Willen mit Hilfe bewährter Verfahren des Selbstmanagements zu stärken, was durch die Bearbeitung von Konflikten, das Kennenlernen eigener, nicht bewusster Motive, den generellen Aufbau von Willensstärke, aber auch durch Reduzierung von sog. Überkontrolle, unter der ein kompromissloses, autoritäres Umgehen mit sich selbst zu verstehen ist, erreicht werden kann. All diese Möglichkeiten werden in dieser Neuauflage beschrieben.

Gestärkt werden kann aber auch die Motivation im engeren Sinne durch angemessene Techniken des Selbstmanagements. Beispiele dafür sind das bewusste Verfolgen persönlicher beruflicher Ziele, was konkret bedeutet, dass man sich nicht einseitig allein jenen Zielen widmet, die sich aus der vorgegebenen Aufgabe ableiten lassen. Motivation lässt sich auch durch den gezielten Aufbau von Arbeitsfreude stärken. Wie das geschieht, erfährt man, wenn man sich mit einschlägigen Techniken des Selbstmanagements auseinandersetzt.

Differenzierter ausgeführt wurden die Aussagen zur Unternehmenskultur. Dabei wird zugleich auf die Bedeutung von Werten und die Identifikation des Einzelnen mit seiner Aufgabe, seinem Arbeitsbereich und der Gesamtorganisation hingewiesen, die ein Führender mit geeignetem Handeln bei seinen Mitarbeitern fördern kann.

Aufgenommen wurden auch Überlegungen zu „Flow-Erleben“, das dann entsteht, wenn die Herausforderung der Aufgabe den Wünschen und Kompetenzen der Menschen voll entspricht, so dass die Arbeit spielend, wie „im Fluss“, von der Hand geht.

All dies betrifft die intrinsische Motivation, die Freude an der Tätigkeit selbst. Die extrinsische Motivation, z.B. die Anreizwirkung des Geldes, soll dabei nicht vergessen werden. Entsprechend wurden auch Ausführungen zu diesem Thema differenziert, in denen gezeigt wird, dass nicht die absolute Höhe des Lohnes die Motivation bestimmt, sondern die subjektive Überzeugung, dass der Lohn (leistungs-)gerecht ist. Es sollen also nicht andere, die weniger leisten, mehr bekommen. Auf den sozialen Vergleich kommt es also an, was in der Praxis vielfach vergessen wird, so dass demotivierende Effekte die Folge sind.

Zunehmend werden Veränderungen in Unternehmen erforderlich. Die geplanten Maßnahmen werden erschwert oder scheitern sogar am Widerstand der Betroffenen. Es wird aufgezeigt, dass eine derartige Abneigung gegen das Neue, eine Sehnsucht nach Stabilität, in der Natur des Menschen liegt und es besonderer Bemühungen durch die Führung bedarf, die Betroffenen für den Veränderungsprozess zu gewinnen. Change Management ist für Führungskräfte auch und in besonderem Maße eine psychologische Aufgabe.

Eine Folge der Veränderungsprozesse besteht häufig darin, dass Menschen mit unterschiedlichen Kompetenzen zeitbegrenzt in Projekten oder Teams kooperieren müssen. Derartige Gruppenarbeit aber ist – bedenkt man die eingebrachten „man hours" – kostenintensiv; sie führt außerdem nicht immer zum Ziel. Es wird daher detailliert ausgeführt, welche Voraussetzungen gegeben sein müssen, um sich überhaupt für Teamarbeit zu entscheiden und welche Spielregeln darüber hinaus beachtet werden müssen, damit diese Teamarbeit erfolgreich ist.

Durch diese und einige weitere Ergänzungen ist die zweite Auflage dieses Buches etwas umfangreicher als die erste geworden. Wir hoffen, dass die an der Thematik interessierten Leser sich dadurch nicht abschrecken lassen, sondern das im Text finden, was wir als Autoren ihnen bieten möchten: Hilfe bei der herausfordernden und befriedigenden Aufgabe, andere Menschen in angemessener Weise zu führen.

München und Mönchengladbach, im September 2000

Lutz von Rosenstiel / Gerhard Comelli

Vorwort zur ersten Auflage

Dieses Buch „Führung durch Motivation“ möchte in das sehr komplexe Gebiet Motivation zur Leistung von Mitarbeitern einführen. Hier geht es nicht um Tipps oder Rezepte; dafür sind Menschen viel zu unterschiedlich und komplex. Allerdings erhalten Sie reichhaltige Informationen sowie vielfältige Hinweise – auch in Form von Checklisten – und Beispiele, die Ihnen helfen können, einzelne Mitarbeiter oder Arbeitsgruppen in richtiger Weise „anzusprechen“. Diese Ansprache kann durch unmittelbare Kommunikation mit dem Mitarbeiter, aber auch durch die Gestaltung der Arbeit sowie der Gruppen- oder Organisationsstrukturen erfolgen.

Die wichtigsten Quellen von Mitarbeitermotivation liegen im Ich, in der Aufgabe, der Führung, der Gruppe, der Organisation und nicht zuletzt auch in der Gesellschaft. Die nachfolgende Abbildung 0.1 zeigt dies. Die Motivation steht im Zentrum. Sie wird geprägt und aktiviert durch jene Einflussgrößen, die soeben genannt wurden.

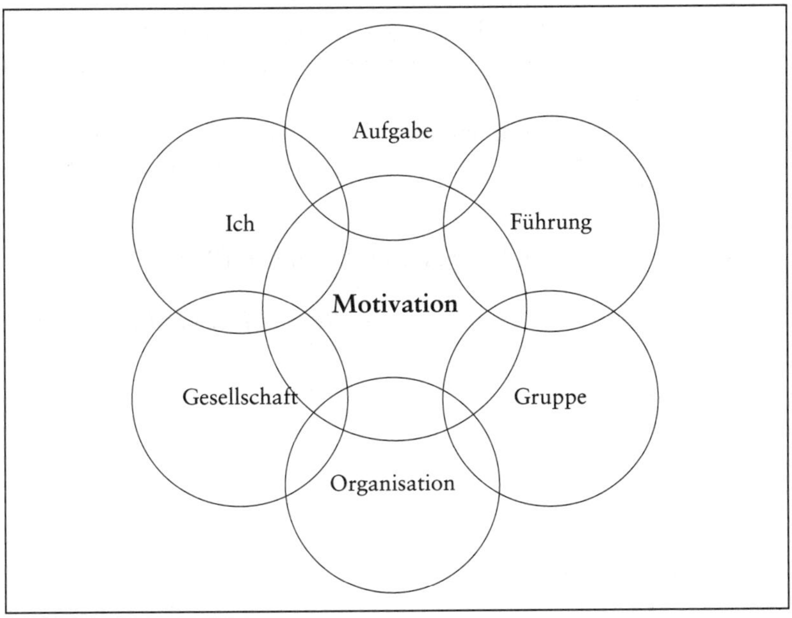

Abb. 0.1: Aus welchen Quellen wird Motivation gespeist?

Mit diesen Themen beschäftigen sich – nach einer grundlegenden Einführung in das Wesen der Motivation – die einzelnen Kapitel. Dabei wurde darauf geachtet, dass jedes dieser Kapitel auch unabhängig von den vorangegangenen gelesen werden kann und verständlich ist. Es ist ein Buch für Unternehmer und Führungskräfte, die gleichermaßen am Erfolg ihres Unternehmens bzw. ihrer Organisation oder Institution wie an zufriedenen Mitarbeitern interessiert sind.

Wir haben überlegt, ob wir im Text jeweils von Mitarbeiterinnen und Mitarbeitern, von männlichen und weiblichen Vorgesetzten usw. reden sollen. Dabei sind wir zu dem Ergebnis gekommen, dass dies den Text schwerfälliger und schwerer lesbar machen würde und haben deshalb weitgehend darauf verzichtet. Hierfür bitten wir die Leserinnen um Verständnis.

Jetzt, wo das Manuskript abgeschlossen vorliegt, möchten wir danken. Dieser Dank gilt zunächst der *Hypobank München*, die uns anregte, eine Vorform dieses Buches als Nachschlagewerk für ihre Kunden und die eigenen Führungskräfte zu erarbeiten und das Werk sodann für die Buchpublikation freigab. Danken möchten wir auch Frau *Georgette Neu*, Frau *Susanne Bögel-Fischer* und Frau *Ludgera Frels* für das Schreiben des Textes, Frau *Irmgard Leibmann* und Frau *Sonja Betz* für die Unterstützung beim Korrekturlesen, Frau *Nicola Netzer-Lücke* für die kritische Durchsicht des Manuskripts sowie Herrn Dr. *Gerhard Finck* vom Verlag C.H. Beck für seine Anregungen und seine gute Kooperation bei der Fertigstellung dieses Buches.

Wir hoffen, dass dieses Buch allen, die im Beruf für die eigene Motivation und die ihrer Mitmenschen Verantwortung tragen, eine Anregung und Hilfe sein wird.

München, Mönchengladbach, im Frühsommer 1995

Lutz von Rosenstiel / Gerhard Comelli

Inhaltsverzeichnis

Kapitel 1
Was ist Motivation?

Kapitel 2
Motivation aus dem Ich

Kapitel 3
Motivation aus der Führung

Kapitel 4
Motivation aus der Aufgabe

Kapitel 5
Motivation aus der Gruppe

Kapitel 6
Motivation durch die Organisation

Kapitel 7
Motivation aus der Gesellschaft

Kapitel 1
Was ist Motivation?

Motivation – das weist auf Bewegung, auf Antrieb hin. Tatsächlich, Motivation bewegt uns zum Handeln – im Guten wie im Schlechten. Motivation sichert einen lang anhaltenden Einsatz der Kräfte und hilft, Müdigkeit und Erschöpfung zu überwinden. Sie richtet uns auf Ziele aus und stärkt uns dabei, ihnen selbst dann treu zu bleiben, wenn Ablenkungsreize uns vom Wege wegziehen wollen. Motivation ist wesentlich dafür verantwortlich, dass wir auf dem Weg zum Ziel und bei einem Erreichen des Ziels dranghafte Anspannung, Unsicherheit, Vorfreude, Erfüllung, aber auch Angst oder Enttäuschung erleben können. Motivation bestimmt über die Richtung, die Intensität und die Dauer unseres Handelns (*Thomae,* 1965; *Heckhausen,* 1963, 1989).

Der Gang der Wirtschaft wird von handelnden Menschen getragen. Für deren Handeln aber ist die Motivation entscheidend. Mit der Motivation wollen wir uns also daher eingehend auseinandersetzen.

1 Ein Blick voraus

1.1 Bedingungen des Verhaltens

Wer mit Menschen zu tun hat – das kann man selbst sein oder es können andere sein –, der macht sich Gedanken darüber, warum sie sich so und nicht anders verhalten. Dies ist demnach eine für jeden von uns relevante Frage. Ganz gleich, ob wir nun wissen möchten, warum wir häufig Akten zur Bearbeitung am Wochenende mit nach Hause nehmen, warum die Leistung eines Kindes in der Schule nachlässt, warum eine Hausfrau die Fenster ihrer Wohnung selbst dann putzt, wenn sie sauber sind, warum ein Mann bei der Fahrt im Auto täglich die zulässige Höchstgeschwindigkeit in der Stadt überschreitet, warum ein Mitarbeiter vereinbarte Termine häufig nicht einhält – wir müssen jeweils an unterschiedliche Gründe denken, die in der konkreten Situation zusammenspielen.

Was bedingt unser Verhalten?

Grundsätzlich und stets ist davon auszugehen, dass dies jeweils sowohl Bedingungen im Menschen als auch Bedingungen in der umgebenden Situation sind. Verhalten ergibt sich immer aus einem Zusammenspiel von Person und Situation (*Lewin*, 1963). Differenziert man etwas feiner, so wird man auf der Seite der Personen das persönliche Wollen vom individuellen Können abheben (*Vroom*, 1964). Dieses Wollen umfasst all das, was uns wichtig oder erstrebenswert erscheint. Wir umschreiben es z.B. mit Wertorientierung, Wünschen, Bedürfnissen, Leitvorstellungen etc. (*Graumann*, 1969). Und all dies macht menschliche Motivation und Volition aus.

Zum individuellen Können zählen die stabilen, die Person kennzeichnenden Fähigkeiten, die aktuell erworbenen Fertigkeiten, das Verfahrenswissen, andere Erfahrungen und die spezifischen Fachkenntnisse, kurz all das, was man häufig als Kompetenz umschreibt.

Wollen und Können sind erforderlich, wenn ein Verhalten die erwünschten Ergebnisse bringen soll. Liegt die Ausprägung einer dieser beiden Verhaltenseinflüsse bei Null, so ist auch das Ergebnis Null. Einfach und anschaulich formuliert: Das Verhaltensergebnis ergibt sich aus der Multiplikation von Wollen und Können. Abbildung 1.1 verdeutlicht dies. Die Flächen visualisieren jeweils die Leistung der Person.

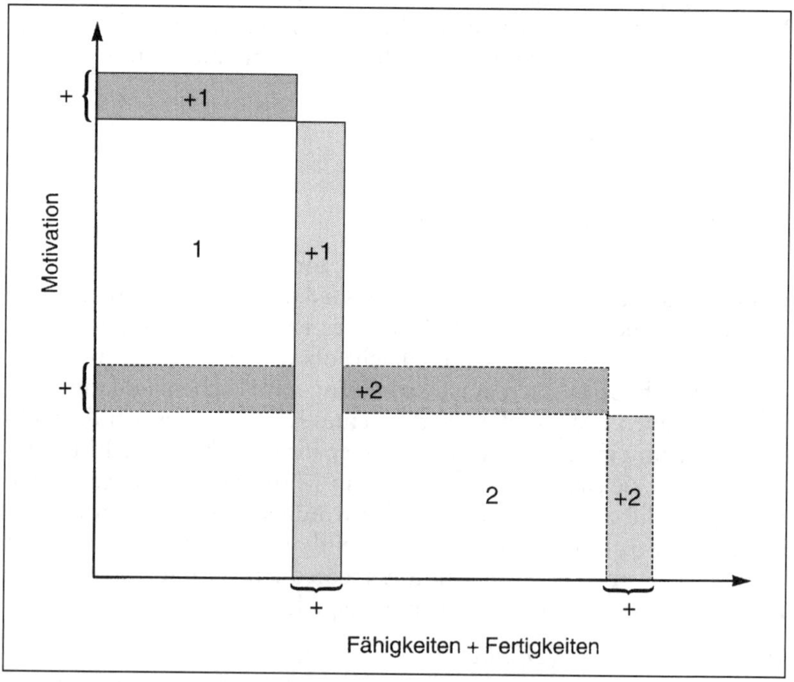

Abb. 1.1: Die Leistung als Produkt aus Motivation x (Fähigkeiten + Fertigkeiten)

Man erkennt die unterschiedlichen Fälle eins und zwei. Die Flächen symbolisieren ein nicht ganz befriedigendes Verhaltensergebnis. Fall 1 zeigt einen zwar hochmotivierten Menschen, dem es allerdings am erforderlichen Können fehlt. Er sollte – denken wir jetzt an betriebliche Bedingungen – fachlich qualifiziert oder so versetzt werden, dass seine bestehenden Kompetenzen den Anforderungen entsprechen. Im Fall 2 erkennen wir eine Person mit hohen Fähigkeiten und Fertigkeiten, aber mit unzureichendem Einsatz. Hier gilt es vor allem, die Motivation durch geeignete Maßnahmen zu steigern. Um diese Perspektive soll es schwerpunktmäßig in diesem Buch gehen.

Wir haben uns allerdings soeben nur der Person zugewandt und die sie umgebende Situation ausgenommen. Dies ist nicht legitim, denn auch die Situation bestimmt unser Verhalten nachhaltig mit. Differenziert man die aus der Situation kommenden Einflussgrößen (*v. Rosenstiel,* 1992), so sind zu unterscheiden

- das soziale Dürfen und
- die situative Ermöglichung.

Das **soziale Dürfen und Sollen** umfasst die geschriebenen und ungeschriebenen, die bewussten oder als Selbstverständlichkeiten kaum bedachten Regeln und Normen unseres Verhaltens. Hier wird erfasst, was „man tut" oder was man von uns erwartet.

Die **situative Ermöglichung** weist auf die harten Bedingungen in der umgebenden Situation hin, die unser Verhalten fördern oder behindern. Ist die Behinderung sehr intensiv, so bleibt das Verhaltensergebnis aus. Ein Beispiel mag das verdeutlichen. Jemand möchte an einem Wintersonntagmorgen in die Berge fahren. Er kann dies auch, hat reichlich Fahrpraxis; kein Verbot, keine ungeschriebene Regel hindert ihn. Wenn aber situative Bedingungen ihn grundsätzlich hindern, wenn z.B. das Fahrzeug nicht anspringt, dann wird er auch nicht fahren. Hier helfen weder Motivationsmanagement, noch Training, noch Veränderung gesetzlicher Regeln. Es hilft die Reparatur des Autos.

Wenn wir uns die verschiedenen Bedingungen des Verhaltens grafisch veranschaulichen, so ergibt sich Abbildung 1.2 (S. 4).

Selbstverständlich sind die aus Gründen der Vereinfachung getrennt visualisierten Bedingungen des Verhaltens nicht wirklich unabhängig voneinander. Es gibt eine Vielzahl von Wechselwirkungen. Einige seien beispielhaft genannt:

- Wer etwas gut kann und dies auch weiß, wird es in der Regel auch tun wollen. Fähigkeiten sind also ihre eigene Motivation.

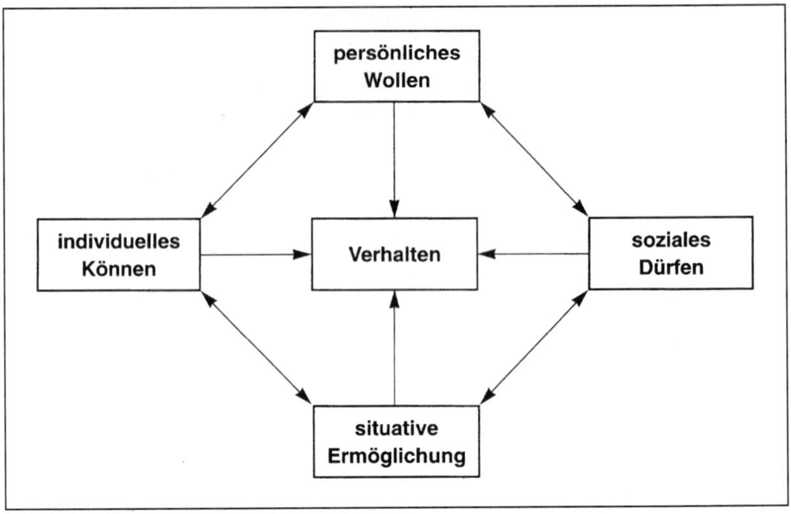

Abb. 1.2: Bedingungen des Verhaltens

- Wer intensiv etwas tun möchte, wird in der Regel die entsprechenden Wissensbestände und Erfahrungen erwerben und damit seine einschlägige Kompetenz steigern.
- Was viele wollen, wird schließlich zur ungeschriebenen oder geschriebenen Regel, zum sozialen Dürfen.
- Was in der Gesellschaft erlaubt ist, wird häufig auch zur individuellen Selbstverständlichkeit, ja vielleicht sogar zum Gewissensinhalt; man will schließlich das, was man darf.
- Äußere Bedingungen lassen sich gestalten; sie werden entsprechend geprägt von dem, was man will, von dem, was man kann und was sozial gestattet ist.
- Was die Situation nachhaltig behindert, was nicht möglich ist, zumindest aber nicht möglich erscheint, das wird man selbst nicht wollen, und es wird auch kaum im Sinne des sozialen Dürfens von einem erwartet.

Grundsätzlich aber gilt:

Wenn wir danach fragen, warum eine Verhaltensweise bei uns oder bei anderen nicht so ausgeführt wird, wie wir uns das wünschen, so sollten wir nicht vorschnell auf nur eine denkbare Ursache hinweisen, sondern uns fragen:

- Lag es am Wollen?
- Lag es am Können?
- War es erlaubt?
- Ließ die Situation es zu?

1.2 Von der zunehmenden Bedeutung der Motivation

Im betrieblichen Leben hat sich aufgrund der allgemeinen Wissensexplosion und der Automation vieles gewandelt. Sehr einfache Tätigkeiten werden kaum noch von Menschen ausgeführt; hier hat eine intelligente Technik die Arbeitnehmer verdrängt. In anspruchsvolleren Bereichen beruflichen Handelns aber ist das erforderliche Wissen so vielfältig, daß es nur noch selten in einem Kopf abgebildet ist. Mehrere Spezialisten müssen kooperieren, wobei ihre Tätigkeiten durch einen Führenden zu koordinieren sind (*v. Rosenstiel/ Stengel,* 1987). Dieser aber wird nicht – wie in früheren Zeiten der Meister seine Gesellen und Lehrbuben – durch detaillierte Anweisungen und Kontrolle aller Einzelheiten des Arbeitsablaufes führen können, weil dafür schlicht das erforderliche Fachwissen fehlt. Führung muss sich in solchen Fällen zunehmend darauf beschränken, Koordination der Spezialisten zu sein. Dies wiederum bedeutet mit Blick auf den einzelnen Arbeitnehmer: Der Antrieb kann nur noch zum Teil von außen, vom Vorgesetzten kommen, er muss in der Person selbst wirken. Dies aber ist Motivation. Da immer mehr Stelleninhaber auf ihrem Fachgebiet mehr als der Vorgesetzte wissen und weil sie es zunehmend als eine Zumutung erleben, wenn andere – selbst der Vorgesetzte – im Detail in ihr Fachgebiet „hineinreden“, wird Führung durch Motivation zu einer bedeutsamer werdenden Forderung.

1.3 Wesentliches vorweg

Das persönliche Wollen, die Motivation und Volition, sollen im Zentrum der nachfolgenden Ausführungen stehen. Individuelles Können, soziales Dürfen und situative Ermöglichung werden dabei – obwohl sie natürlich auch wichtig sind – nur in zweiter Linie behandelt werden. Wir werden erkennen, dass auch im Motivationsgeschehen sich Personen und Situationen begegnen. Menschen lassen sich motivieren, indem man sie grundsätzlich prägt und erzieht, aber auch dadurch, dass man ihre Situation aktivierend gestaltet. Wer aber Menschen beeinflusst, handelt ähnlich wie ein Arzt, der interveniert und therapiert. Vor der Therapie aber sollte die Diagnose stehen. Es gilt daher zu fragen, wie man in der Praxis menschliche Motive erkennt, um sie sodann zielgerecht beeinflussen zu können.

Um welche Ziele aber soll es gehen? Das wird bedacht und an Beispielen gezeigt werden. Gehen wir also nun ins Detail.

Der französische Schriftsteller *Antoine de Saint-Exupéry*, der Vater des „Kleinen Prinzen“, sagt in einem seiner Bücher sinngemäß: „Wenn Du ein Schiff bauen willst, so trommle nicht die Männer zusammen, um Holz zu beschaffen und Werkzeuge vorzubereiten oder die Arbeit einzuteilen und Aufgaben zu vergeben – sondern lehre die Männer die Sehnsucht nach dem endlosen weiten Meer."

2 Motivation – was ist darunter zu verstehen?

Motivation – das ist eigentlich „Fachchinesisch". Das Wort ist allerdings in die Alltagssprache, zumindest in die Sprache des gebildeten Laien eingedrungen. Man versteht, was ein anderer ausdrücken möchte, der es benutzt. Dennoch entstehen nicht selten Missverständnisse, wenn über Motivation gesprochen wird. Wortverwendung und Wortverständnis unterscheiden sich von Person zu Person. Daher ist es ratsam, sich auf gut deutsch darüber zu verständigen. Wenn irgendetwas wichtig ist, gibt es dafür auch in aller Regel ein deutsches Wort.

2.1 Begriffe, Blickwinkel und Worte

Bittet man eine Gruppe praxiserfahrener Personen darum, spontan ein deutsches Wort für Motivation zu nennen oder auf ein Pappkärtchen zu schreiben, so gelangt man rasch zu einer kaum noch übersehbaren Vielzahl. Nahezu jeder Buchstabe des Alphabets ist besetzt (*Graumann*, 1969). All diese Worte lassen sich nun in ganz bestimmter Weise ordnen und gliedern, da sie meist tatsächlich mit der Motivation zu tun haben, jedoch ganz bestimmte Aspekte hervorheben und betonen. Stellt man nun selbst einen besonders rele-

von innen wirkend	von außen wirkend
Antrieb	Anregung
Bedürfnis	Anreiz
Drang	„Geld"
Streben	Lob
Trieb	Karrierechance
Wunsch	Unternehmenskultur
Wille	Zielvereinbarung
.	.
.	.
.	.
.	.
.	.

Abb. 1.3: Was einem zur Motivation einfällt

vanten Gesichtspunkt in den Vordergrund, so gelangt man z.B. zu einer Klassifikation, wie sie in Abbildung 1.3 deutlich wird.

Was wird erkennbar? Da gibt es Worte, die weisen auf die Innenseite des handelnden Menschen hin, auf seinen Antrieb, seine Bedürfnisse, seinen Drang, seine Strebungen, Wünsche oder Zielvorstellungen. Zum anderen wird auf die ihn umgebende Situation geachtet. Da findet man Worte wie Anregung, Anreiz, Begeistern, Delegation, Freiraum, Ermutigen, Leistungsprämie und Ähnliches.

Die bewegenden Kräfte in der Person und die anregenden Kräfte von außen sind nicht unabhängig voneinander, sie spielen zusammen. Zur Motivation gehört stets zweierlei:

- eine motivierte bzw. zu motivierende Person und
- eine motivierende Situation.

Selbstverständlich sind die vielfältigen Bestandteile der motivierenden Situation nicht homogen. Leistungslohn als Anreiz wirkt anders als eine zu erledigende Aufgabe, die den Fähigkeiten und Interessen des Mitarbeiters voll entspricht. Gemeinsam aber ist all den aus der Situation heraus wirkenden Bedingungen, dass sie Antriebskräfte in der Person aktivieren, was dazu berechtigt, sie unter dem gemeinsamen Dach „motivierende Situation" zusammenzufassen.

Aber auch die Kräfte, die in der motivierenden Situation wirken, unterscheiden sich nicht unerheblich voneinander. Der gelegentlich dumpf erlebte Drang ist etwas anderes als eine präzise Zielvorstellung. Auf diese und ähnliche Unterscheidungen soll hier nicht eingegangen werden. Eine jedoch verdient etwas nähere Beachtung: der Wille, in der wissenschaftlichen Forschung auch als „Volition" bezeichnet. Auch der Wille bewegt uns in bestimmten Situationen, doch unterscheidet er sich qualitativ deutlich von üblichen Formen der Motivation. Dies wurde schon zu Beginn des 20. Jahrhunderts von Forschern wie *Ach* (1905) oder *Lindworsky* (1923) differenziert untersucht und erfuhr ein knappes Jahrhundert später durch *Heckhausen* (1989), *Kuhl* (1996) oder *Gollwitzer* (1996) eine Renaissance.

Was unterscheidet nun ein Handeln, das im engeren Sinn aus der Motivation gespeist wird von einem solchen, das wir mit Hilfe unseres Willen in Gang setzen? Motiviertes Handeln macht in der Regel Spaß; wir werden beim Handeln getragen von der Freude an der Tätigkeit, was unter besonders günstigen Bedingungen zum Aufgehen im Handeln, zum sog. „Flusserleben" führen kann. Wir brauchen uns ganz und gar nicht zwingen das zu tun, was wir gerade machen, sondern wir tun es gern; es befriedigt uns.

Häufig aber sind Dinge zu erledigen, die wir generell oder in dieser spezifischen Situation nur mit Widerwillen verrichten. Wir arbeiten z. B. am Samstag wichtige Akten am heimischen Schreibtisch durch, da ein Bericht darüber am nachfolgenden Montag vorliegen soll. Die Aktenarbeit ist uns nicht sonderlich angenehm. Während wir über dieser Tätigkeit sitzen, bricht warm die Sommersonne durch abziehende Gewitterwolken. Es wäre allzu verlockend, jetzt eine Wanderung zu unternehmen oder in einem nahegelegenen See zum Baden zu gehen. Nun ist der Wille herausgefordert. Er schirmt uns von ablenkenden Gedanken und verführerischen Anreizen ab und hält uns gewissermaßen „bei der Stange". Unsere Motivation zur Erledigung der Aktenarbeit ist in dieser spezifischen Situation äußerst gering; der Wille aber hilft uns dabei, die motivational wenig getragene Aktivität zügig zu Ende zu führen (*Kehr*, 1998). Während im Freizeitbereich der Wille nur eine untergeordnete Rolle spielt, weil wir ja dort vor allem Dinge tun, die uns Spaß machen, gewinnt er für die berufliche Arbeit einen erheblichen Stellenwert, weil es ja hier vielfach Dinge zu erledigen gilt, die zwar notwendig sind, deren Bearbeitung uns aber keine Freude macht.

2.2 Motivation – das Zusammenspiel von motivierter Person und motivierender Situation

An einem einfachen und anschaulichen Beispiel wollen wir uns die Wechselwirkung zwischen dem Antrieb im Menschen und den Anregungsbedingungen, die aus der Situation kommen, bewusst machen. Wir wählen dabei das Beispiel nicht aus dem betrieblichen Bereich, sondern aus dem jedem von uns bekannten privaten Alltag. Gehen wir also von einem uns allen vertrauten Motiv aus: dem Durst, konkret in diesem Fall dem Bedürfnis ein Bier zu trinken. Wie stellt der Prozess einer motivierten Handlung sich in diesem Falle dar? Abbildung 1.4 (S. 9) verdeutlicht in Anlehnung an *Graumann* (1969) die Dynamik.

Wie lässt sich die Abbildung interpretieren? Auf der waagerechten Achse wird der Ablauf der Zeit symbolisiert, die senkrechte zeigt an, wie intensiv wir den Wunsch nach einem kühlen Bier erleben. Dieser wird uns zunächst, weil er noch schwach ist, gar nicht bewusst. Plötzlich aber tritt dieser Gedanke ins Bewusstsein, wird zum Drangerlebnis, das schließlich intensiv oder gar quälend wird und mit der Vorstellung verbunden ist, jetzt gleich aufzustehen, zum Eisschrank zu gehen und sich dort ein Bier zu holen. Dieser Vorstellung entsprechend wird schließlich gehandelt, worauf die Intensität des Durstes nachlässt, um für einige Zeit ganz aus dem Bewusstsein zu schwinden, bis sich der Vorgang wiederholt.

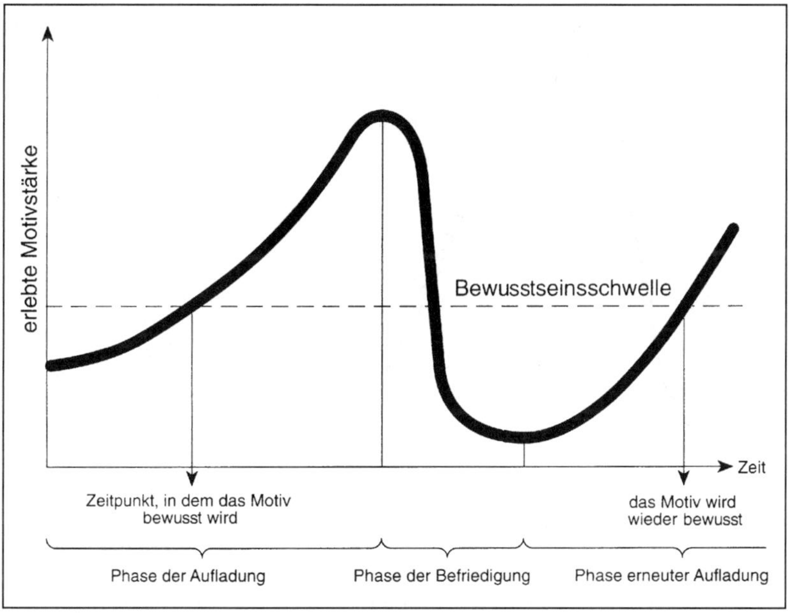

Abb. 1.4: Erlebte Intensität eines Motivs zwischen Mangelzustand und Befriedigung

Dies macht den Eindruck einer von der Situation kaum beeinflussten, von aus dem Körperinneren wirkenden Störreizen gesteuerten Handlung, die man von außen nicht beeinflussen kann. Eine kurze Überlegung lehrt, dass sehr wohl Einflussmöglichkeiten von außen bestehen. Abbildung 1.5 (S. 8) verdeutlicht das.

Man stelle sich vor, dass zu t_1, einem Zeitpunkt also, bevor der Durst spontan bewusst wird, einem Inspektor in einer Münchner Amtsstube eine kühle, beschlagene, schaumgekrönte Maß auf den Schreibtisch gestellt wird. Dieser Anblick aktiviert das zunächst noch latente Motiv. Urplötzlich ist das Verlangen nach dem ersten Schluck fast unüberwindbar. Das gefüllte Glas – kaum wurde es wahrgenommen – wirkt als Anreiz.

Überlegen wir uns, was diese Form der Beeinflussung bedeutet!

Es wurde fraglos kein neues Motiv im Menschen geformt, sondern ein längst bestehendes durch Gestaltung der Situation aktiviert. Die Wirkung war eine doppelte:

- Auf der Intensitätsachse stieg die Stärke des Dranges.
- Auf der Zeitachse setzte der Drang früher als sonst ein.

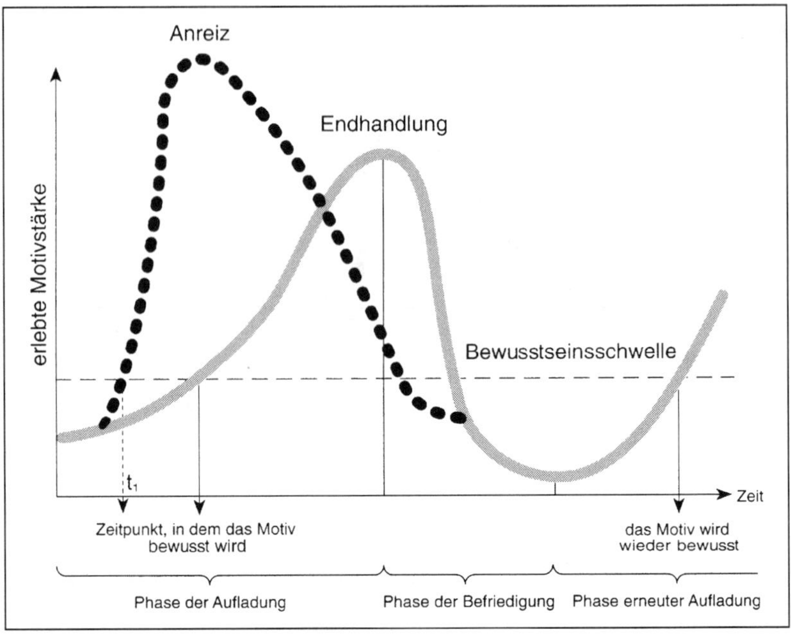

Abb. 1.5: Die Wirkung eines Anreizes auf die Motivation

Durch Situationsgestaltung, konkret durch die Entwicklung von Anreizen, können also bestehende Motive intensiver und früher aktiviert werden (*v. Rosenstiel,* 1975). Dies macht die Motivationslehre für die Wirtschaft sowohl auf dem Felde des Konsums als auch auf dem der Arbeit so interessant. Das Aktivieren relevanter Konsummotive finden wir z.B. im Rahmen der Gestaltung der Produkte, ihren Präsentationen im Einzelhandel und insbesondere in den verschie-denen Formen der Werbung (*Kroeber-Riel* und *Weinberg,* 1999). Auf dem Felde der Arbeit – um das es hier geht – ist an die vielen innerhalb des Betriebs üblichen Anreize zu denken, z.B. an die Prämie für den gewerblichen Arbeitnehmer, an die Incentive-Reise für den erfolgreichen Außendienstmitarbeiter, an den Kongressbesuch für den Leiter der Forschungs- und Entwicklungsabteilung, an die anerkennenden Worte für die Sekretärin, die das Mittagessen für die Gäste so gut organisierte, und vieles andere mehr, worüber wir noch sprechen werden.

Das Beispiel mit dem Glas Bier lehrt allerdings ein Weiteres: Wir platzierten es nach München, auf den Schreibtisch eines dem Biere zugeneigten städtischen Beamten. Das war bewusst, denn der Inhalt des Anreizes und die Motive der zu aktivierenden Person müssen einander entsprechen. Eine Ergänzungsüberlegung zeigt dies in anschaulicher Weise. Man stelle sich vor, dass ein Gast aus dem fernen Tibet das kleine Experiment wiederholen möchte, aber etwas unkritisch von den Trinkgewohnheiten seiner Heimat auf die in München schließt. Er stellt unserem Inspektor statt der Maß Bier eine unseren Nasen etwas ranzig riechende Schale mit dampfendem Buttertee auf den Schreibtisch, den man in Tibet gerne trinkt. Nicht so in München. Hier wirkt der dampfende Buttertee nicht als Anreiz, sondern eher abstoßend. Unser Inspektor wendet sich ab; im Extremfall vergeht ihm jeder Anflug von Durst für längere Zeit. Der Weg der Motivaktivierung war falsch gewählt.

Übertragen wir diese Überlegung auf eine betriebliche Situation: Ein Vorgesetzter in einem Unternehmen, das auch Aktivitäten in Südamerika entwickelt hat, ist mit den Leistungen eines Mitarbeiters zufrieden. Er sucht ihn zu motivieren, indem er sagt: „Ich bin mit Ihren gezeigten Leistungen sehr zufrieden. Ich hoffe, Sie werden dieses Niveau nicht nur halten, sondern auch noch weiter steigern können. Wenn Ihnen das gelingt, dann – das verspreche ich Ihnen – sind für Sie auch einmal drei Jahre in Brasilien ‚drin'. Das kann für Sie eine anregende, aufregende Zeit werden! Außerdem lernen Sie dort viel, was Ihrer späteren beruflichen Entwicklung sicherlich dienen wird!"

Wenn der Vorgesetzte in diesem Fall nicht bedacht hat, dass der angesprochene junge Mann zum einen erst vor kurzem eine Eigentumswohnung erworben und sich zudem mit einer Lehrerin in Staatsdiensten verehelicht hat, dann war dieses Angebot ein falscher Anreiz. Er hat – bildlich gesprochen – Buttertee angeboten. Was folgt daraus? **Auch betriebliche Anreize müssen mit jenen Motiven, Wünschen, Zielvorstellungen korrespondieren, welche die jeweiligen Mitarbeiter haben.** Rezepte oder verallgemeinernde Aussagen über die Wirkung betrieblicher Anreize sind wenig hilfreich. Man muss sich die Mühe machen zu erkunden (vgl. 2.5), was einem bestimmten Mitarbeiter wichtig ist, um dann entsprechend einen möglichst gut auf die Bedürfnislage der Person zugeschnittenen Anreiz zu gestalten oder einzusetzen. Für den einen wird die Erwartung einer finanziellen Höhergruppierung besonders motivierend sein, für den anderen die Aussicht auf eine Tätigkeit im Außendienst, für den dritten die Hoffnung auf berufliche Karriere.

2.3 Motivation – das Ziel und der Weg

Denken wir noch einmal an unser Beispiel zurück. Wie sieht eine typische motivierte Handlung aus? Folgender Ablauf lässt sich skizzieren:

(1) Erfahrung eines Mangels: Ich habe Durst auf ein Bier.
(2) Erwartung, dass durch ein spezifisches Verhalten der Mangel beseitigt wird: Das Trinken eines Biers wird den Durst löschen.
(3) Verhalten, von dem angenommen wird, dass es im Sinne der Erwartung zur Befriedigung hinführt: Ein Gang zum Eisschrank und das Entnehmen einer Flasche sind der Weg zum Ziel.
(4) Endhandlung: Ich trinke das Bier.
(5) Zustand der Befriedigung oder der Sättigung: Der Durst ist gelöscht.

Was wird innerhalb dieses Prozesses erkennbar? Es gibt ein motivationales Ziel: das Trinken des Bieres. Und es gibt einen Weg zum Ziel: den Gang zum Eisschrank und das Entnehmen einer Bierflasche.

Wer auf menschliche Motivation einwirken möchte, muss sich mit beidem auseinandersetzen. Er sollte die Orientierung der Menschen kennen, d.h. die Ziele erkunden, die ihnen wichtig sind, und er sollte darüber hinaus ermitteln, auf welchem Weg die Personen glauben, die Ziele erreichen zu können (*v. Rosenstiel,* 1988).

Eine weitere Frage scheint in diesem Zusammenhang bedeutsam: Wo liegt vor allem die Befriedigung? Im Erreichen des Ziels, dem – wie die Wissenschaft es nennt – konsummatorischen Akt, oder aber im Gehen des Weges auf das Ziel zu, dem sog. Appetenzverhalten (*Bischof,* 1989)? Diese zuletzt genannte Frage sei unmittelbar beantwortet, weil scheinbar die Antwort so nahe liegt: Selbstverständlich befriedigt das Erreichen des Zieles, denn das Gehen des Weges ist ja nur Mittel zum Zweck. Bei der beruflichen Arbeit ist das tatsächlich häufig, aber keineswegs stets der Fall. Man denke zunächst an einen gewerblichen Arbeiter, der im Akkord in der Produktion eines Automobilwerkes tätig ist. Für ihn ist häufig die Arbeit ein Mittel zum Zweck des Geldverdienens. Die Arbeit bereitet ihm keine Befriedigung. Auf die Entlohnung kommt es ihm an. In derartigen Fällen spricht man von **„extrinsischer" Arbeitsmotivation.** Nicht die Tätigkeit selbst, sondern nur ihre Folgen oder Begleitumstände tragen zur Befriedigung bei. Dies ist keine optimale Basis für eine langfristig wirkende Arbeitsmotivation. Diese ist weit eher gegeben, wenn auch die Tätigkeit selbst, der Weg zum Ziel, Befriedigung in sich birgt. Denken wir an einen auf Provisionsbasis arbeitenden Außendienstmitarbeiter. Selbstverständlich ist auch ihm das Geld, die Provision wichtig. Doch aufgrund seiner Erfolge im Beratungs- und Abschlussgespräch mit dem Kunden bereitet ihm dieses zunehmend selbst Freude. Es befriedigt ihn, mit anderen Menschen in Kontakt zu treten, Gespräche erfolgreich zu führen und schließlich zu einem Abschluss zu bringen, der dem Kunden das Gefühl gibt, gut bedient worden zu sein. Die Arbeit selbst, die Tätigkeit befriedigt und macht Freude. Wir sprechen in einem solchen Falle von **„intrinsischer" Arbeitsmotivation** (*Herzberg*, 1966).

Doch noch einmal zurück zu den Zielen. Geht es denn wirklich bei der beruflichen Arbeit nur um das Geld? Sorgfältige empirische Analysen zeigen, dass es daneben um vieles andere mehr gehen kann, z.B.

- um Sicherheit des Arbeitsplatzes und der zugewiesenen Aufgaben und Rechte,
- um Kontakte und Akzeptanz innerhalb der Arbeitsgruppe und des Betriebes,
- um Geltung und Ansehen innerhalb und außerhalb der Arbeitssituation,
- um Beweis und Demonstration eigener Kompetenz und Fähigkeit,
- um Macht und Einfluss,
- um den Wunsch, eigene Ideen oder Möglichkeiten zu realisieren,
- um das Bestreben, sich selbst zu vervollkommnen und zu verwirklichen,
- um die Erfüllung einer ethischen, sittlichen oder gar religiösen Verpflichtung.

Welche Beweggründe bei welchen Menschen in welcher Situation allerdings dominant sind, kann höchst unterschiedlich sein und muss von Fall zu Fall erkundet werden.

Ein berühmtes Motivationsmodell hat der amerikanische Psychologe *Abraham Maslow* (1954) vorgestellt, das Abbildung 1.6 zeigt.

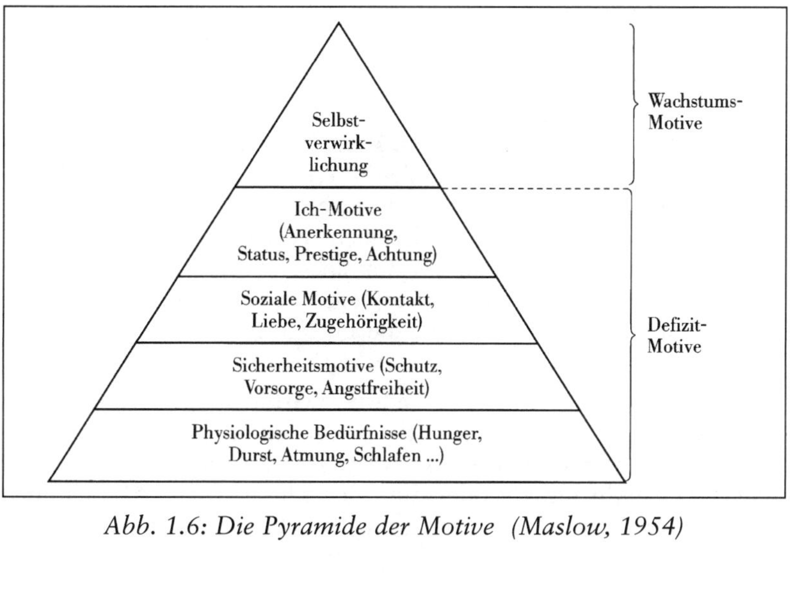

Abb. 1.6: Die Pyramide der Motive (Maslow, 1954)

Wie ist diese Pyramide zu deuten?

Die genannten fünf Motivgruppen sind potenziell bei jedem Menschen angelegt. Die unteren, an der Basis genannten Motivgruppen sind allerdings zunächst die dominanten. Erst wenn sie grundsätzlich befriedigt sind, werden die nächst höheren verhaltenswirksam. Den gleichen Gedanken hat *Bert Brecht* in der „Dreigroschenoper" in die Worte gekleidet: „Erst kommt das Fressen, dann kommt die Moral!"

Wir wollen nun nicht darüber richten, ob die Grundannahmen *Maslows* im Detail richtig sind. Als eine Anregung, die einen auf neue Ideen bringt, kann die Motivpyramide sehr wohl dienen.

Welche Anreize bietet unser Betrieb auf der Ebene der **Grundbedürfnisse?** Z.B. Kantine, ergonomisch gestaltetes Mobiliar, gut temperierte, staub- und lärmfreie Räume, Ruhe-, Sport- und Gymnastikmöglichkeiten etc.

Und auf der Ebene der Sicherheitsmotive? Unfallschutz am Arbeitsplatz, langfristige Arbeitsverträge, aber auch Information an alle Mitarbeiter, dass das Unternehmen ökonomisch gesund ist, finanzielle Sicherung bei Krankheit, Unfall und im Alter, aber auch das Wissen, nicht in seinen Kompetenzen zurückgestuft zu werden etc.

Auf der Ebene der **zwischenmenschlichen Bedürfnisse** bieten sich an: gemeinsame Sport- und Freizeitmöglichkeiten, Betriebsausflüge, Teeküchen und Gruppenräume, aber auch – bei der Strukturierung von Qualifikation und Arbeit – gemeinsame Seminarveranstaltungen, Teamarbeit, Qualitätszirkel und Lernstattgruppen oder Projektorganisation sowie generell Pflege der Beziehungen zwischen Kollegen, Vorgesetzten und Mitarbeitern im Rahmen der Gestaltung des Betriebsklimas.

Das **Ich-Motiv.** Woran ist dabei zu denken? Insbesondere Anerkennung durch Vorgesetzte, Kollegen, Kunden oder Gruppen, aber auch Titel, Statussymbole oder besondere Privilegien, wie der Besuch von Tagungen oder Kongressen. Geachtet werden sollte darauf, dass diese besondere Wertschätzung, die einem verdienten Mitarbeiter zukommt, nicht nur innerhalb des Betriebes, sondern auch außerhalb bekannt wird, z.B. im Rahmen des Tages der „Offenen Tür", durch Auszeichnung des Mitarbeiters, die im Familien- oder Bekanntenkreis sichtbar wird etc.

Was korrespondiert mit der **Selbstverwirklichung?** Insbesondere Selbständigkeit bei der Arbeit, die Möglichkeit, Verbesserungsvorschläge einzubringen und selbst umzusetzen, Freiraum durch einen delegativen Führungsstil oder durch organisatorische Maßnahmen wie Dezentralisation oder Schaffung von Profitcentern, aber auch

Maßnahmen der persönlichen Qualifikation durch Training-on-the-Job sind hier zu nennen.

Der Phantasie sind kaum Grenzen gesetzt, wenn man kreativ neue Maßnahmen ersinnen möchte, wobei jeweils darüber nachzudenken ist, welche dieser Anreize den Wünschen der Mitarbeiter besonders entsprechen und welche zwischenzeitlich – z.B. durch Gewöhnung – zur Sättigung oder gar Übersättigung geführt haben.

Gestaltung und Einsatz von Anreizen, die den Motivzielen der Mitarbeiter entsprechen, dienen der Zufriedenheit bei jenen, die sich das Erreichen dieser Ziele erhoffen oder die sie ganz konkret erreichen.

Dienen aber derartige Anreize auch den Zielen des Unternehmens, das z.B. auf bestimmte Verhaltensweisen, etwa ein intensiviertes Leistungsverhalten besonders großen Wert legt?

Hier gilt es zu prüfen, auf welchem Weg die Mitarbeiter glauben (*Vroom*, 1964; *Heckhausen*, 1989) zu den Zielen zu gelangen, und man sollte auch darauf achten, ob diese bei den Mitarbeitern gegebenen Erwartungen dem entsprechen, was dem Unternehmen wichtig ist. Das Bereitstellen einer Werkswohnung in einem Ort mit hohen Mieten wird im Regelfall sicherlich die Betriebstreue fördern, allerdings nur in Ausnahmefällen die Leistungsbereitschaft steigern. Ist Betriebstreue, der Aufbau einer Stammbelegschaft, ein vorrangiges Ziel des Unternehmens? Von der Beantwortung einer derartigen Frage sollte man die Maßnahmen abhängig machen.

Wählen wir ein weiteres Beispiel. Was, glauben die Mitarbeiter, sind die Wege zu den hochbewerteten Zielen: Gehaltserhöhung oder Aufstieg? Wird angenommen, dass es hier in erster Linie darauf ankommt, Kontakte zu mächtigen Personen im Unternehmen zu pflegen, möglichst nicht aufzufallen, Geduld zu haben und abzuwarten? Dann wird man auch nicht hoffen dürfen, dass die genannten Anreize die Leistungsbereitschaft beflügeln.

Es kommt also bei der Gestaltung der Arbeit auf der subjektiven Ebene darauf an, dass die Mitarbeiter überzeugt sind, dass die im Unternehmen erwünschten Haltungen oder Verhaltensweisen wie z.B. Loyalität, Betriebstreue, Kollegialität, „Denken über den Tellerrand hinaus“, Leistungsbereitschaft, Sorgfalt und Hilfsbereitschaft Wege zum Erreichen des gewünschten Zieles sind und dass auf der objektiven Ebene die Realität diesen vermittelten Wegvorstellungen entspricht. Denn langfristig wird in den Köpfen das nicht gesichert werden können, was sich in der „Wirklichkeit“ nicht wiederfindet.

Und außerdem gilt es daran zu denken, dass die Wege zu diesen Zielen nicht nur Wanderungen durch ein Jammertal oder ein Durchfressen des Reisbreis hinein in das Schlaraffenland sind. Die Wege sollten so gestaltet werden, dass es Spaß macht, sie zu begehen. Die Arbeit selbst sollte also auch dann Freude machen, intrinsisch motivierend sein, wenn der erfolgreiche Abschluss ergänzend in angemessener Weise belohnt wird.

2.4 Motivation – bewusst oder unbewusst?

Im Regelfall glaubt ein Mensch zu wissen, warum er etwas tut oder anstrebt. Nicht selten entspricht dieser Glaube auch der Realität. Man kann sich allerdings täuschen. Die genannten Gründe, die man nicht nur anderen, sondern gelegentlich auch sich selbst gegenüber nennt, sind lediglich vordergründig, Teil der Wahrheit oder verdecken diese ganz. Wir deuten unser Verhalten und jene Motive, die dazu führten, in einer Weise um, dass wir ohne Scham damit leben können. Der Philosoph *Friedrich Nietzsche* drückte dies in einem Aphorismus wie folgt aus: „Das habe ich getan, sagt mein Gedächtnis. Das kann ich nicht getan haben, sagt mein Stolz und bleibt unerbittlich. Endlich gibt das Gedächtnis nach."

Ein Beispiel: Wer sich eine schwere Achtzylinder-Limousine einer Nobelmarke kauft, wird auf die Frage nach den Kaufmotiven häufig vor allem auf die hohe Sicherheit verweisen, die das Fahrzeug bietet, was möglicherweise nicht ganz falsch, aber doch nur ein Teil der Wahrheit ist. Diese ganze Wahrheit aber gesteht der Mensch häufig anderen und auch gelegentlich sich selbst gegenüber nicht ein. Er verdrängt das aus seinem Bewusstsein, was seinem geschönten Selbstbild nicht entspricht (*v. Rosenstiel/Neumann*, 2001).

Damit ist der Begriff der Verdrängung eingeführt. Die Psychoanalyse hat dieses Konzept als einen Entlastungsmechanismus unseres Ichs (*A. Freud*, 1936) beschrieben und durch das Aufzeigen vieler Beispiele anschaulich gemacht. So leugnen häufig Menschen, die übereinstimmend von ihrer sozialen Umwelt als geizig beschrieben werden, ihren Geiz als Handlungsmotiv (*Sears,* 1936). Die Leugnung aber betrifft nur die Verdrängung des Beweggrundes aus dem Bewusstsein. Das Handeln wird dennoch dadurch bestimmt.

Der „Vater" der Psychoanalyse, *Sigmund Freud* (1955, Erstveröffentlichung 1904), hat diesen soeben angesprochenen Gedanken, dass nämlich auch nicht bewusste Motive unser Verhalten bestimmen können, zur Deutung vieler Phänomene des Alltags und der seelischen Erkrankung herangezogen. Ein prominentes Beispiel dafür sind die sogenannten Fehlleistungen: Verhaltensweisen, die in unserer Sprache häufig mit der Vorsilbe „ver" ausgestattet werden wie z.B. vergessen, versprechen, verlegen, vergreifen. Derartige Fehlleistungen sind – folgen wir *Freud* – nicht zufällig, sondern entsprechen einer Absicht, die uns allerdings nicht bewusst ist. Wenn man einen wichtigen, aber unangenehmen Gesprächstermin vergisst, eine Vase fallen lässt, die einem von einer wenig geschätzten Bekannten geschenkt wurde, den Ehering während einer tiefgreifenden Beziehungskrise verlegt oder gar verliert, dann erscheint dies alles dem Handelnden selbst und seiner Umwelt wie zufällig, entspricht aber doch häufig einer tiefen und nicht bewussten Absicht. Und wenn vor einiger Zeit Bundeskanzler *Kohl* nach einer schweren Koalitionskrise sagte: „Wir wollen pfleglich miteinander untergehen" (statt umgehen), so war dies sicherlich kein zufälliger „Versprecher", sondern legte Gedanken oder Befürchtungen offen, die bewusst keineswegs ausgesprochen werden sollten.

Was bedeutet dies für die Praxis?

Wir sollten selbstkritisch und skeptisch mit uns zu Rate gehen, ob die uns bewusst werdenden Motive unseres Handelns im Umgang mit Vorgesetzten, Kollegen, Mitarbeitern oder Kunden oder auch mit uns selbst wirklich die wahren oder die alleinigen sind, oder ob wir nicht Beweggründe verdrängen, die uns peinlich oder belastend erscheinen. Wir sollten darüber hinaus im Gespräch mit anderen in Rechnung stellen, dass sie uns, wenn sie uns offensichtlich unwahre oder unzureichende Gründe nennen, keineswegs stets bewusst anlügen. Sie wissen es oft nicht besser. Wenn man z.B. eine Sekretärin danach fragt, warum sie denn immer ausgerechnet dann, wenn eine umfangreiche Arbeit bevorsteht, Migräne bekommt und zu Hause bleiben muss, so wird sie wahrscheinlich mit dieser Frage überfordert sein.

2.5 Motive – angeboren oder erlernt?

Viele der verhaltensbestimmenden Motive des Menschen sind angeboren, d.h. ihr Ziel ist genetisch mitgegeben. Es kann kaum einen Zweifel darüber geben, dass uns Bedürfnisse wie z.B. die nach Nahrung und Getränken, nach Ruhe und Schlaf, nach Geborgenheit und Nähe anderer, nach Sexualität und Liebe, nach Autonomie und Freiraum, nach Macht und Durchsetzung und vieles andere mehr in die Wiege gelegt wurden (*Eibl-Eibesfeldt,* 1973). Dies ist angesichts des in der Natur herrschenden Prinzips von Mutation und Selektion, also nach Auswahl unter dem Aspekt der sog. Fitness auch plausibel – sichern doch die durch diese Motive bestimmten Verhaltensweisen das Überleben des Einzelnen und seiner Nachkommen. Dennoch ist diese genetische Bestimmung, die partielle „Programmierung" des Menschen, von den bei vielen Tieren feststellbaren Verhaltensweisen verschieden. Instinkte sind zentralnervös gesteuerte Verhaltensketten. In ihnen ist in der Regel auch der Weg zum Ziel festgeschrieben (*Tinbergen*, 1969). Der Mensch ist in der Wahl der Wege zum Ziel dagegen relativ frei. Man denke als Beispiel an die Sexualität und halte sich vor Augen, wie streng Gebaren bei Balz und Paarung beim Auerhahn bzw. Auerhuhn ablaufen und wie vielfältig hier die beim Menschen beobachtbaren Verhaltensweisen sind.

Aber nicht nur bei den Wegen, auch bei den Zielen ist der Mensch weniger programmiert als selbst höhere Tiere, d.h. er ist offen für die aus der Umwelt kommenden Lerneinflüsse und für die Steuerung durch eigene Einsicht. Über der Basis einer angeborenen Motivationsthematik bilden sich Bündel angestrebter Ziele heraus, die der Mensch durch Lernen in der Auseinandersetzung mit seiner Umwelt erwirbt (*Hull,* 1943). Entsprechend formen sich vielfältige neue Motive in Abhängigkeit davon, wie man im Elternhaus erzogen wird, an welchen Vorbildern in der Gesellschaft man sich orientiert, welche Erfolgserlebnisse man hat, was zum Üblichen und Selbstverständlichen in der umgebenden Gesellschaft gehört. Was dies konkret für die Personalführung bedeutet, ist im Abschnitt 3.2 (Entwicklung der Person) dargestellt.

2.6 Wie erkennt man menschliche Motive?

Wer die Motivation seiner Mitarbeiter zielbezogen beeinflussen möchte, sollte zunächst in einer diagnostischen Absicht die Frage zu beantworten suchen: **Was ist dem Mitarbeiter wesentlich, was strebt er an, was erfreut ihn?**

Menschen sind verschieden, auch in ihren Motiven. Daraus folgt für einen Vorgesetzten, der verantwortungsvoll und erfolgreich führen möchte, dass er sich ein Bild von seinen Mitarbeitern zu machen sucht (*Schuler,* 1980). Dies gilt ja ähnlich für einen Verkäufer, der sich darum bemüht herauszufinden, was seinen Kunden wichtig ist.

Es ist nicht leicht, die Motive eines Menschen zu diagnostizieren, da sie ihm in der Regel „nicht ins Gesicht geschrieben" sind. Man kann sie nicht unmittelbar sehen, sondern muss sie erschließen.

Wie geht man dabei vor?

Der bedeutsamste und erfolgversprechendste Weg ist die Frage, die in der Regel im Rahmen eines Gespräches gestellt wird. Und dann heißt es: Selbst schweigen und dem anderen gut zuhören!

Die Frage muss nicht immer als eine solche unmittelbar erkennbar sein, obwohl auch dies gelegentlich ratsam sein kann, z.B.: „Welche Tätigkeit macht Ihnen eigentlich wirklich Spaß, welche nicht? Wo möchten Sie denn beruflich in fünf Jahren stehen? Fühlen Sie sich eigentlich in einer Arbeitsgruppe wohl, oder möchten Sie lieber allein arbeiten? ..."

Es gibt aber häufig Situationen, in denen man fragen kann, ohne Worte zu formulieren. Da reicht ein fragender, auf Antwort hoffender Gesichtsausdruck, eine etwas längere Pause im Gespräch, etwa nach einer nicht ganz erschöpfend scheinenden Antwort, ein Kopfnicken, das Interesse signalisiert, während der Mitarbeiter erzählt, dann aber ins Stocken gerät, ein sichtbar aktives Zuhören oder ein Wiederholen der letzten Worte der Antwort des Mitarbeiters mit fragender Miene (*Neumann,* 1999).

All dies muss man als Vorgesetzter zunächst lernen, denn es widerspricht langjähriger Gewohnheit vieler Unternehmer und Vorgesetzter und paßt auch nicht recht in die Hektik des Alltags. Mancher hat den Eindruck, dass er nur dann das „Heft in der Hand" hat, wenn er selbst spricht, Pausen erst gar nicht aufkommen lässt, durch eigene Worte alles steuert. Hier sollte man bewusst den anderen Weg gehen. Meist erfährt derjenige mehr, der schweigt und zuhört (*Neuberger,* 2000).

Die Gesprächssituation sollte entsprechend gestaltet werden. Selbstverständlich ohne Gehetztheit, ohne ständigen Blick auf die Uhr oder ein ungeduldiges Blättern in Akten, die auf Bearbeitung warten. Das Gespräch sollte auch nicht unterbrochen werden – z.B. durch das Läuten eines Telefons, durch Rückfragen der Sekretärin, durch eintretende Besucher. In einer möglichst entspannten Atmosphäre wird der Mitarbeiter aufgefordert, unaufdringlich und mit Geduld gefragt, sei es nun mit Worten oder nonverbal, manches von dem offenzulegen, was ihn bewegt, was er hofft, was er fürchtet, was er wünscht. Dennoch sollte der Zuhörende den Antworten gegenüber skeptisch bleiben. Sie sind ein wesentlicher und wichtiger Hinweis auf die Motive des Mitarbeiters, weisen aber nicht immer unmittelbar auf die „Wahrheit" hin. Es gilt also, die Antwort zu interpretieren. Dies bedeutet, dass man sich darüber Gedanken machen sollte, was in einem anderen Menschen vor sich geht, den man fragt.

Die Frage löst im Befragten Überlegung und Innenschau aus. Was ist mit der Frage gemeint? Und wie ist das bei mir? Und wenn dann der Tatbestand dem Befragten bewusst wird, muss er sich darum bemühen, sein Wissen in die richtigen Worte zu fassen. Bevor er diese aber ausspricht, wird er sich häufig überlegen, was er damit bewirkt, ob die Offenheit ihm eher schadet oder nutzt. Daraus lässt sich folgern, dass die Antwort durchaus zutreffend, dass sie aber auch in Teilen oder gänzlich falsch sein kann.

Wo liegen nun die Ursachen möglicher Fehler?

Zum einen im Können, zum anderen im Wollen des Befragten. Wenden wir uns zunächst dem Können zu.

Nicht jeder ist sprachlich so gut geschult, dass er seine innersten Regungen prägnant in Worte fassen kann. Und wenn die passenden Worte nicht gefunden werden, weicht man leicht auf ein Feld aus, das man sprachlich beherrscht. Wenn etwa ein Mitarbeiter danach gefragt wird, warum er sichtlich ohne Eifer einen Auftrag bearbeitet, so mag ihm selbst zwar klar sein, dass dies daran liegt, dass der Auftrag ihm sinnlos erscheint, ein Tun für den Papierkorb, dass selbst der erfüllte Auftrag niemandem innerhalb oder außerhalb des Betriebes etwas nützen wird. Das aber kann er nicht in Worte fassen. Entsprechend könnte die Antwort dann heißen: „Bei der schlechten Bezahlung hier....„ oder: „Ich fühle mich heute gesundheitlich nicht gut drauf ...".

Geradezu unmöglich wird es für den Befragten, eine zutreffende Antwort zu geben, wenn ihm selbst die Beweggründe seines Handelns nicht ganz bewusst sind, was – wie wir im Abschnitt 2.4 zeigten – durchaus vorkommen kann. Wer wesentliche Beweggründe dafür, warum er den Kontakt mit einem bestimmten anderen Menschen im Betrieb meidet, aus seinem Bewusstsein verdrängt hat, weil die Gründe für ihn peinlich oder belastend sind, der wird auf eine entsprechende Frage auch keine adäquate Antwort geben können. Und bei jenem, dessen Angst vor bestimmten Anforderungen immer wieder zur „Konversion" (*A. Freud,* 1936), zur Flucht in die Krankheit führt, der wird hilflos vor der Frage stehen, warum er denn immer wieder krank wird, wenn schwierige Aufgaben bevorstehen.

Aber auch das Wollen – besser das Nicht-Wollen – kann eine richtige Antwort vereiteln. Menschen neigen ja häufig dazu, sich durch ihre Aussagen, ihre Antworten auf eine Frage, das Wohlwollen des Gesprächspartners zu bewahren. Es ist daher naheliegend, dass man häufig in einer Weise antwortet, von der man annimmt, dass sie von Anderen gern gehört wird. In der Wissenschaft nennt man dies „die Tendenz zur sozialen Erwünschtheit".

Wenn etwa der Chef in einem Kritikgespräch den Mitarbeiter danach fragt, warum er den vereinbarten Termin für die Abgabe des Berichts nicht eingehalten habe, dann wird der wohl häufig die möglicherweise zutreffende Antwort: „Ich hatte einfach keine Lust dazu und gehofft, dass Sie den Termin vergessen werden." nicht geben, sondern statt dessen antworten: „Ich hatte ja auch noch das Projekt X zu bearbeiten, das sehr viel mehr Zeit als ursprünglich veranschlagt beanspruchte und bin davon ausgegangen, dass dies Priorität gegenüber dem Bericht hat!"

Ein Vorgesetzter sollte sich also eine Antwort sehr genau anhören und sich überlegen, ob diese wohl stimmt oder nicht. In wichtigen Feldern sollte er nach Wegen suchen, um zu prüfen, ob das, was der Mitarbeiter gesagt hat, wohl in der geäußerten Form zutrifft oder nicht.

Solche Absicherungen könnten darin bestehen, dass man zu einem späteren Zeitpunkt das Gespräch noch einmal auf diesen Punkt lenkt, um zu prüfen, ob diese Aussagen auch längerfristig stabil geblieben sind. Man könnte auch mit Dritten, die engen Kontakt mit dem Mitarbeiter haben, darüber sprechen, obwohl vor diesem Weg etwas gewarnt werden muss. Es tut dem Klima einer menschlichen Beziehung häufig nicht gut, wenn einer der Gesprächspartner erfahren muss, dass mit Dritten über ihn gesprochen wird. Er kann dies als Ausdruck schwerwiegenden Misstrauens interpretieren.

Zu raten ist demgegenüber zu einem grundsätzlich anderen, nicht im Gespräch liegenden Erkenntnisweg: der Beobachtung des Verhaltens. Konkret bedeutet dies, dass man überprüfen sollte, ob die Aussagen des Mitarbeiters mit seinem beobachtbaren Verhalten am Arbeitsplatz und außerhalb desselben übereinstimmen.

Wir sollten uns allerdings in diesem Zusammenhang Gedanken über die Psychologie der Verhaltensbeobachtung machen. Auch die Beobachtung eröffnet nicht den unmittelbaren Zugang zu den Motiven eines anderen Menschen. Vom beobachteten Verhalten gilt es rückzuschließen auf die Beweggründe, die den anderen dazu veranlassten. Dieser Schluss wird in der Regel ein Analogieschluss sein, d.h. der Vorgesetzte schließt von sich auf andere: Wenn ich so handeln würde, dann hätte ich diese oder jene Gründe. Die wird der Beobachtete, z.B. der Mitarbeiter, auch haben.

Ein solcher Analogieschluss ist häufig zutreffend, nämlich dann, wenn die seelische Struktur des Mitarbeiters der des Vorgesetzten ähnelt oder er sich in einer vergleichbaren Situation befindet. Gilt dies nicht, dann sind die Gefahren des Fehlers erheblich.

Dafür zwei **Beispiele:**

Der deutsche Geschäftsführer einer Niederlassung eines deutschen Unternehmens in China hatte über das Wochenende Besuch von Verwandten. Er fuhr am Wochenende mit dem Dienstwagen zur Chinesischen Mauer, um dem Besuch dieses „Weltwunders“ zu zeigen. Seinen chinesischen Chauffeur bat er, am folgenden Montagmorgen das verstaubte Auto zu waschen. Dieser sagte zwar nicht ausdrücklich „nein“, erfüllte aber den Auftrag trotz mehrfacher Aufforderung nicht. Der Geschäftsführer schloss daraus, dass es sich hier um einen massiven Fall von Disziplinlosigkeit und Auftragsverweigerung handele und überlegte scharfe Sanktionen gegen den Chauffeur. Glücklicherweise interpretierte ihm ein chinesischer Kollege das Verhalten des Chauffeurs: Dieser hätte ganz selbstverständlich das Fahrzeug gewaschen, wenn er es selbst am Vortag gesteuert hätte. Das Waschen eines Autos, das von ihm, dem Chauffeur, selbst nicht gefahren wurde, wäre allerdings einem „Verlust des Gesichts" gleichgekommen. Es kam damit für jemanden, der innerhalb der ungeschriebenen Gesetze seiner Kultur lebte, nicht in Frage (*Wilpert*, 1992).

Wir sehen, der chinesische Chauffeur lebte in einer anderen kulturellen und seelischen Welt als sein deutscher Vorgesetzter, und dieser interpretierte sein Verhalten falsch. Er deutete die Motive des Chauffeurs unzutreffend.

Ein zweites Beispiel: Ein Vorgesetzter geht frühmorgens durch das Großraumbüro. Einer seiner Mitarbeiter schaut unkonzentriert auf seine Arbeitsunterlagen. Wenig später kontrolliert der Vorgesetzte dies noch einmal und entdeckt bei seinem Mitarbeiter den gleichen abwesenden Blick wie zuvor. Der Vorgesetzte schließt aus dieser Beobachtung auf Lustlosigkeit bei der Arbeit und spricht den Mitarbeiter entsprechend kritisch an. Dieser aber sagt: „Verzeihen Sie, mich hat vor wenigen Minuten meine Frau angerufen. Unser Siebenjähriger ist heute auf dem Weg zur Schule angefahren worden. Man hat ihn mit Blaulicht in die Klinik gebracht. Ich weiß nicht, was jetzt los ist. Ich warte auf den nächsten Anruf ..."

Hier kannte der Vorgesetzte die Vorgeschichte nicht; er hat einen Ausschnitt des Verhaltens beobachtet, das aus dem Gesamtzusammenhang gelöst war und kam dadurch zu einem falschen Schluss.

Was also sollte man beachten, wenn es wirklich wichtig ist, keinen Fehler zu machen? Man sollte sich nicht auf einen Weg, auf eine Methode verlassen, sondern beide – das Gespräch und die Beobachtung – miteinander kombinieren, wie es Abbildung 1.7 (S. 23) zeigt.

Konkret bedeutet dies: Wenn ich im Gespräch mit dem Mitarbeiter diesen oder jenen Hinweis erhalten habe, so sollte ich künftig darauf achten, ob er auch so handelt, wie es aus seinen Aussagen zu schließen ist. Das sei an einem Beispiel verdeutlicht. Wenn ein im Innendienst sichtlich lustloser Mitarbeiter, deswegen gerügt, ausführt, dass er ein sozialer Mensch sei und lieber im Außendienst tätig wäre, so sollte man sich dies merken und bei einer späteren, passenden Gelegenheit, etwa bei einer Urlaubsvertretung, diesen Mitarbeiter an die Verkaufs- oder Servicefront schicken. Wenn er dort wirklich aktiver und engagierter ist, so waren seine Worte offensichtlich zutreffend. Wenn dies nicht der Fall ist, so hat er entweder sich oder aber seinen Vorgesetzten getäuscht.

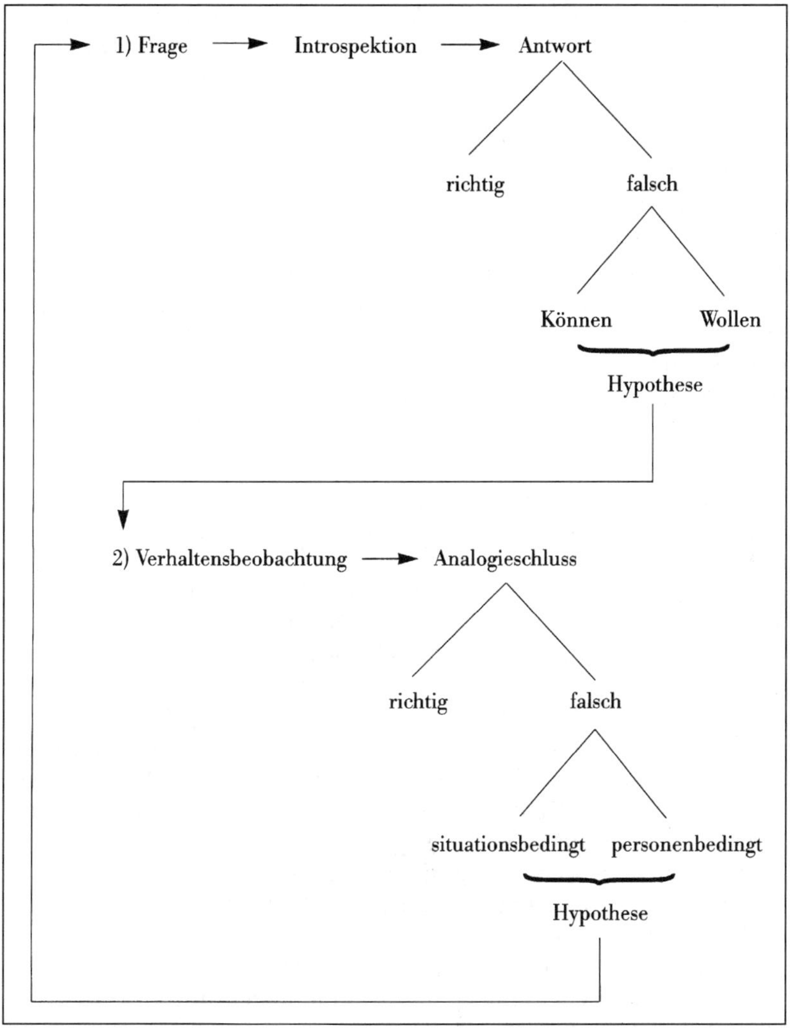

Abb. 1.7: Die Diagnostik menschlicher Motive im Alltag

Aber auch das Umgekehrte gilt: Wenn ich aus dem Verhalten eines Mitarbeiters meine Schlüsse gezogen habe, so sollte ich in einem nachfolgenden Gespräch prüfen, ob die Schlussfolgerungen zutreffend waren. Auch dafür ein Beispiel:

Die Leistungen eines Mitarbeiters sind rückläufig. Der Vorgesetzte beobachtet außerdem, daß der Mitarbeiter häufig Telefongespräche während seiner Dienstzeit führt, die offensichtlich mit seinen Aufgaben nichts zu tun haben. Der Vorgesetzte vermutet bei diesem jungen Mitarbeiter private Probleme, etwa mit der Freundin. Dies kann ein massiver Fehlschluss sein, denn wenn der Vorgesetzte fragt: „Haben Sie vielleicht private Probleme?“, so kann es zur Antwort kommen: „Keineswegs!“ Und denken wird er: „Ich habe Probleme mit Ihnen, mir gefällt die Arbeit hier überhaupt nicht mehr und ich versuche in letzter Zeit sehr intensiv, eine andere, bessere Arbeit zu finden!“

Noch einmal: Das Gespräch, die Frage einerseits und die Beobachtung des Verhaltens andererseits, sind wichtige Wege, auf denen man in der Praxis zu Motiven anderer Menschen vorstößt. Verlässt man sich auf einen dieser Wege allein, so kann man dennoch leicht in die Irre gehen. Es empfiehlt sich daher, sie im genannten Sinne zu kombinieren.

Schließlich sei mit eher warnender Absicht auf drei weitere denkbare Methoden verwiesen: die Analyse von Verhaltensergebnissen, die Beachtung von körperlichen Prozessen und die Deutung körperlicher Merkmale. Obwohl all diese Zugriffe für die Motivationsanalyse durchaus relevant sein können und der Wissenschaft mancherlei Wege eröffnen, sei vor einer weitgehenden Anwendung in der Praxis gewarnt. Dies sei an Beispielen gezeigt.

Vorsicht bei der Deutung von Hinweisen und Zeichen!

Natürlich läßt sich das Bibelwort: „An ihren Früchten sollt ihr sie erkennen!“ auf alltägliche Arbeitssituationen anwenden. Vorsicht aber sei geboten! Ist der Mitarbeiter wirklich schlampig, dessen Schreibtisch man unaufgeräumt antrifft? Oder ist er vielleicht kurz zuvor zum Geschäftsführer gerufen worden mit der Bitte, diesem einen bestimmten Vorgang vorzulegen? Er hatte in hektischer Eile auf dem Schreibtisch nach den gewünschten Unterlagen gesucht und ist zum Geschäftsführer gestürmt. Wenige Augenblicke später betrat der Vorgesetzte sein Zimmer und sah die ungeordneten Papierhaufen auf dem Schreibtisch.

Was folgt generell daraus? Natürlich kann man auf Verhaltensergebnisse achten. Bevor man daraus allerdings Schlüsse zieht, sollte man unbedingt mit dem Betroffenen sprechen!

Und die Prozesse im Körper? Es ist sicherlich schwer, auf diesem Gebiet zu lügen. Wer kann schon ganz nach Wunsch rot oder bleich werden, eine Gänsehaut bekommen oder feuchte Augen? Nur wenigen besonders befähigten Schauspielern bleibt dies vorbehalten. Dennoch sollte man mit der Deutung derartiger Zeichen vorsichtig sein. Sie zeigen zwar Erregung an – was aber ist der Grund dieser Erregung?

Ein **Beispiel** dafür:

In der Kasse fehlt Geld. Soweit der Vorgesetzte informiert ist, war kein Fremder seit der letzten Überprüfung in den Räumen. Er ruft seine Mitarbeiterinnen und Mitarbeiter zusammen und sagt in scharfen Worten: „Dass heute keiner diese Räume verlässt, bevor der Vorfall aufgeklärt ist!" Eine Mitarbeiterin wird bleich und beginnt zu zittern. „Jetzt habe ich die Täterin!", denkt der Chef. Es könnte ein sehr voreiliger Schluss sein. Möglicherweise ist sie nur erregt, weil sie sich unter Verdacht weiß oder weil der Chef so streng spricht, vielleicht auch weil sie erschrocken darüber ist, dass der Vorfall geschah. Der Täter selbst – falls er sich überhaupt im Kreis der Mitarbeiter befindet – steht möglicherweise relativ „cool" dabei; man merkt ihm nichts an.

Und die statischen Merkmale des Körpers? Ist jemand mit wulstigen Lippen leichter verführbar? Ist der mit einer fleischigen Nase geldgierig? Weisen angewachsene Ohrläppchen auf kriminelle Neigungen hin? Ist der Blauäugige treu? Auf diesem Feld sind Vorsicht und Skepsis geboten. Vorurteile sind verbreitet. Man sollte dies wissen und doppelt kritisch mit derartigen Annahmen umgehen. Es gilt zu bedenken, dass Vorurteile, denen ein bestimmter Mensch immer wieder begegnet, zu sich selbst erfüllenden Prophezeiungen werden können. Sichere Hinweise auf Persönlichkeitsmerkmale, etwa auf Motive, bieten solche statischen Merkmale des Körpers nicht. Man sollte also hier nicht zu erkennen suchen, was man nicht erkennen kann.

3 Wirkung und Beeinflussung

Motivation ist nicht Ursache dafür, dass wir uns verhalten. Dafür reicht es aus zu wissen, dass wir leben, denn alles Leben ist Bewegung. Motivation aber bestimmt wesentlich Richtung, Dauer und Intensität unseres Verhaltens mit. Darauf aber kommt es an, wenn Arbeitsverhalten erfolgreich sein soll. Entsprechend ist es für jeden Vorgesetzten bei der Führung der ihm unterstellten Mitarbeiter wesentlich, auch Einfluss auf die Motive zu nehmen. Dies ist – wie wir bereits am Beispiel der Lust auf ein Glas kühlen Bieres gesehen haben – durchaus möglich. Man kann auf dem Wege der Motivaktivierung, d.h. durch Gestaltung einer motivierenden Situation, bestehende Motive aktivieren, etwa die Lust auf ein kühles Bier bewusst machen. Und man kann langfristig durch Prägung den Menschen auf bisher nicht beachtete Ziele ausrichten, ihn für Neues interessieren, etwa demjenigen, der Bier bisher gar nicht kannte, den Spaß am Biertrinken vermitteln. Man kann Menschen auch in ihren Motiven prägen.

Für die Praxis der Personalentwicklung ist beides wichtig, daher soll noch einmal knapp etwas zur Motivaktivierung und zur Personalentwicklung gesagt werden.

3.1 Motivaktivierung

In der Gestaltung einer motivierenden Arbeitssituation liegen die zentralen Möglichkeiten eines Vorgesetzten, wenn er sich darum bemüht, seine Mitarbeiter zu motivieren (*v. Rosenstiel*, 1975; *Ulich*, 1994). Es handelt sich bei diesen um erwachsene Menschen, bei denen langfristig bestehende Motive nur schwer überformend oder gar neu geprägt werden können. Hier also gilt es, den Mitarbeiter „dort abzuholen, wo er sich befindet". Will man dies tun, so muss man wissen, was der betroffenen Person besonders wichtig ist, was sie anstrebt, woran sie sich orientiert. Die in diesem Zusammenhang geforderte Motivdiagnostik wurde soeben besprochen (2.6). Die Anreize, die man dann auswählt oder gestaltet, sind so zu wählen, dass sie den aktuellen oder langfristig für die Person bestimmenden Motiven entsprechen.

Das Letztgenannte bedarf noch einer knappen Interpretation.

Langfristig:

Man kann bei Menschen die für sie charakteristischen Konstanten ermitteln – Motive, die über lange Perioden oder gar lebenslang die Ziele ihres Handelns bestimmen. Dies können Ehrgeiz, Wunsch nach Macht und Einfluss, Suche nach Geltung und Prestige, Streben nach Freiheit und Selbständigkeit, Bedürfnis nach Kontakt und menschlicher Wärme oder vieles andere mehr sein. Diese Konstanten einer Person zu kennen ist hilfreich, weil man dann – um dies am Beispiel zu belegen – Aufstiegsperspektiven nutzen kann, um den Ehrgeizigen zu aktivieren.

Kurzfristig:

Nicht selten lässt sich feststellen, dass, trotz einer überdauernden andersartigen Grundthematik des Lebens, in bestimmten Phasen andere Ziele der Person in den Vordergrund rücken. So kann z.B. jener, dem es sonst stets vor allem um eigenverantwortliche und interessante Aufgaben geht, in einer bestimmten Phase seines Lebens an einer Verbesserung seines Einkommens stark interessiert sein, weil er z.B. eine Familie gegründet und sich eine Eigentumswohnung gekauft hat.

Man sollte diese Unterscheidung vor Augen haben, um bei der Gestaltung der motivierenden Situation für den Einzelnen darauf zu achten, ob sie nur aktuell und kurzfristig oder aber für eine lange Zeitspanne aktivierend auf die Person wirken kann.

Bei der Auswahl und Gestaltung von Anreizen gerät ein Vorgesetzter leicht in ein Dilemma, das er bewusst erkennen sollte, um tragbare Kompromisse zu finden. Es ist – nimmt man den Blickwinkel der zu motivierenden Person ein – besonders günstig, wenn der Anreiz den Motiven der Person in optimaler Weise entspricht. Dies aber könnte zur Konsequenz haben, dass jeder der zu Führenden in gänzlich anderer Weise angesprochen werden muss. Das aber führt leicht zu Problemen. Nicht nur der Angesprochene, sondern auch die anderen innerhalb des sozialen Umfeldes sehen ja die Maßnahmen und fühlen sich dadurch möglicherweise zurückgesetzt und ungerecht behandelt. Entsprechend gilt es, den Kompromiss zu finden zwischen einer individuellen Ansprache und dem Erleben von Gerechtigkeit (*Adams,* 1963) innerhalb der Arbeitsgruppe.

3.2 Personalentwicklung

Zwei Wege gibt es im Betrieb, um solche Mitarbeiter zu haben, die den Aufgaben gerecht werden. Man kann durch valide Auswahlverfahren geeignete Personen finden, oder man kann sich bemühen, durch adäquate Förderungsmaßnahmen Menschen so zu entwickeln, dass sie den Aufgaben künftig besser als bisher genügen. Zu diesen Personalentwicklungsmaßnahmen (*Neuberger*, 1991; *Sonntag*, 1999) gehört natürlich in erster Linie der Aufbau der fachlichen Qualifikation durch systematische Erfahrungsvermittlung am Arbeitsplatz und durch geeignete Schulungsmaßnahmen in spezifisch dafür konzipierten Trainingssituationen. Zur Personalentwicklung zählt selbstverständlich auch die Stärkung der nahezu in allen Berufen notwendigen Schlüsselqualifikationen, wie etwa jener, vernetzt und in Zusammenhängen zu denken oder adäquat mit verschiedenartigen Menschen Kontakt aufzunehmen. Es zählt aber auch die langfristige Prägung der Motivstruktur dazu, d.h. der gezielte Aufbau wünschenswert erscheinender Motivziele. Es wurde ja bereits darauf verwiesen (2.5), dass Motive erlernt werden können. Dies gilt in erster Linie für das Kind, das in bestimmte gesellschaftliche Verhältnisse hineinwächst und dort jene Orientierungen erwirbt, die innerhalb dieser Gesellschaft bedeutsam sind (*McClelland,* 1966). So kommt z.B. kein Mensch mit einem Bedürfnis nach Geld zur Welt, und dennoch kann aufgrund prägender Erfahrungen dieses Motiv so stark werden, dass es nahezu alle anderen an Bedeutung übersteigt (*Erikson,* 1971), bis hin zu jenem allerdings krankhaften Extrem, dass ein Mensch aus Geiz, obwohl er bereits sehr wohlhabend ist, an Hunger oder Unterkühlung zugrunde geht, weil er sich weder Nahrung noch Wärme gönnt.

Wie entwickeln sich nun neue Motive? Auf einige wichtige Wege, die man in der Praxis gehen kann, sei knapp hingewiesen.

Lernen am Vorbild

Menschen orientieren sich an dem, was andere, für sie wichtige Personen ihnen vorleben (*Bandura,* 1969). Man spricht in der Wissenschaft vom Modell-Lernen. Dieses ist vor allem dann erfolgreich, wenn das Vorbild einerseits als besonders erfolgreich erlebt wird und man darüber hinaus erkennt, auf welche Weise es zum Erfolg gelangt.

Wenn nun z.B. ein junger Mann sieht, dass ein anderer, von ihm bewunderter und als erfolgreich erlebter zu seinen Erfolgen ganz offensichtlich durch Ehrgeiz und sehr zielgerichtetes Leistungsverhalten gelangt, so werden sich bei ihm die entsprechenden Motive – Ehrgeiz und Leistungswille – entwickeln.

Vor allem Vorgesetzte sollten sich ihrer Vorbildwirkung bewusst sein. Sie haben „das Ansehen“, konkret, sie werden von ihren Mitarbeitern, im wörtlichen Sinne des Wortes, besonders häufig angesehen. Man orientiert sich an ihnen und ahmt sie nach. Die Vorbildwirkung ist dabei stärker als das, was sie verbal äußern. Dies sei an einer gleichermaßen heiteren und traurigen Anekdote demonstriert:

Ein Vater beobachtet durch das Fenster seines Wohnzimmers, wie auf dem vor dem Hause gelegenen Spielplatz sein 6jähriger Sohn den 4jährigen Nachbarsbuben prügelt. Er öffnet das Fenster und ruft mit strengen Worten den Sohn ins Haus. Dieser nähert sich ängstlich und schuldbewusst seinem Vater. Der packt ihn am Schlafittchen, legt ihn über sein Knie, schlägt ihn windelweich und schreit strafend dazu: „Wie oft soll ich dir noch sagen, dass ein Größerer niemals einen Kleineren hauen soll!“

Gewohnheitsbildung

Angeborene Motive sind allgemein und haben häufig kein sehr konkretes Ziel. Angeborener Durst richtet sich auf Trinkbares und nicht auf ein spezifisches Getränk. Von der Gesellschaft allerdings, in der konkreten Umwelt einer entwickelten Kultur, begegnet uns gewohnheitsmäßig in bestimmten Situationen das Trinkbare in der Gestalt von Tee, Kaffee, Cola-Getränken, Rotwein, Bier, Schafsmilch, Buttertee etc. Durch die langjährige Erfahrung, die man auf diese Weise macht, bilden sich spezifische Formen des Durstes heraus. Abbildung 1.8 (S. 29) nach *v. Rosenstiel* (2001) verdeutlicht dies.

Man erkennt, dass das angeborene allgemeine Bedürfnis sich durch Gewohnheitsbildung (*Hull,* 1943) inhaltlich spezifiziert hat. Diese Spezifikation kann noch weiter gehen und zu unterschiedlichen Anlässen oder Tageszeiten unterschiedlich ausfallen. Etwa in der Form, dass man nach dem Aufwachen das Bedürfnis nach einer Tasse Kaffee hat, mittags nach einem Glas Sprudelwasser, am Nachmittag

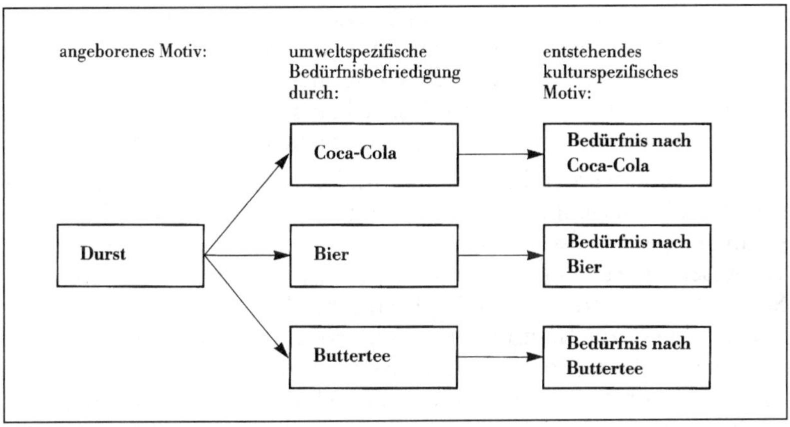

Abb. 1.8: Wie aus dem Durst verschiedene Motive entstehen können

nach einer Schale Tee und am Abend schließlich nach einem Schoppen Rotwein.

Für jene Motive, die für die Berufsarbeit bedeutsam sind, gilt Ähnliches. Fragt man einen Menschen, warum er seinem Beruf nachgeht, so wird der meist antworten: „Ich muss ja mein Geld verdienen!“ Wie vorschnell diese Antwort gegeben wurde, zeigt die Beobachtung an jenen Menschen, die – z.B. aufgrund vorzeitigen Ruhestands – auch ohne berufliche Arbeit über eine ausreichende Menge von Geld verfügen. Sie merken aber, dass ihnen etwas Wesentliches fehlt: ihre Arbeit mit all ihren unterschiedlichen Ausgestaltungen, an die sie sich gewöhnt haben.

In diesem Sinne ist auch beim Menschen ein Wunsch nach Aktivität und Betätigung angeboren. Nicht angeboren ist jedoch der Wunsch, dieses Aktivitätsbedürfnis innerhalb eines Berufs zu befriedigen. Dies ist Folge langjähriger Gewohnheit und Erfahrung.

In ähnlicher Weise bilden sich auch Arbeitsmotive speziellen Inhalts durch langanhaltende berufliche Tätigkeit heraus. So wird z.B. einer zu Beginn seines beruflichen Tuns selbständige Arbeit fürchten und „Angst vor der Freiheit“ empfinden. Lernt er allerdings durch richtige Führung des Vorgesetzten, dass er durch Selbständigkeit zu Erfolgen und zu Anerkennung gelangt, so wird er schließlich die Selbständigkeit bei der Arbeit suchen, und sie wird für ihn zu einer geschätzten Gewohnheit werden.

Vom Mittel zum Selbstzweck

Es ist eine durch vielfältige Erfahrung bestätigte Tatsache, dass etwas, was zunächst nur ein Mittel zum Zweck war, schließlich um seiner selbst willen angestrebt wird. Dafür ein Beispiel: Manch einer sah im Auto nur ein Instrument, um bequem und rasch von A nach B zu gelangen. Schließlich aber wurde diese Handlungsweise so befriedigend, dass sie um ihrer selbst willen ausgeführt wurde, d.h. die gleiche Person unternimmt schließlich ziellose „Spritzfahrten".

Entsprechend werden bestimmte Tätigkeiten bei der Arbeit zunächst nur deshalb ausgeübt, weil man damit zu hochgeschätzten Zielen zu gelangen glaubt, also z.B. zum höheren Gehalt, zu mehr Ansehen, zu verbesserten Aufstiegschancen, zur Akzeptanz durch die Kollegen. Schließlich schätzt man die Wege so sehr, dass man darüber fast die Ziele vergisst, die man ursprünglich erreichen wollte. Die Ordnung am Arbeitsplatz, die man zunächst nur deshalb herbeiführte, weil man sich damit die Anerkennung des Meisters sichern wollte, wird auch dann gepflegt, wenn man längst selbst in die Position eines Meisters aufgestiegen ist. Man liebt die Ordnung, d.h. das Mittel zum Zweck wurde zum Selbstzweck (*Allport,* 1970).

Vielfältige Befriedigung von Bedürfnissen

Wenn ein Verhalten zunächst ausschließlich extrinsisch motiviert ist, d.h. selbst nicht unmittelbar zur Bedürfnisbefriedigung beiträgt, aber dabei hilft, vielfältige andere Motive zu befriedigen, dann gewinnt es schließlich selbst befriedigenden Charakter.

Das prominenteste Beispiel hierfür ist das Geld. Es ist zunächst nur ein vielfältiges Mittel zum Zweck (*Opsahl/Dunnette,* 1971). Mit Hilfe des Geldes kann man sich Nahrung und Getränk, Wohnung und Wärme, Anerkennung und Zuwendung und manchmal gar Liebe anderer Menschen, Freiheit, Sicherheit und vieles andere „kaufen". Das Geld gewinnt dadurch an emotionaler Bedeutung, es wird uns zunehmend wichtiger und schließlich um seiner selbst willen angestrebt. Abbildung 1.9 zeigt den dabei ablaufenden Prozess in schematischer Weise.

Die Konsequenz ist offensichtlich: Geld zu erhalten oder zu besitzen befriedigt, selbst wenn man momentan gar nicht weiß, was man konkret damit anfangen soll. Geld zu verlieren oder nur wenig davon zu erhalten beunruhigt und macht unzufrieden, obwohl man ansonsten keinen Mangel leidet. Ein neues Bedürfnis – das Bedürfnis nach Geld – ist entstanden, ein Bedürfnis, das befriedigt oder frustriert werden kann.

Im Zusammenhang mit beruflicher Arbeit gilt Ähnliches für das Leistungsverhalten. Anstrengungsbereitschaft und gute Leistung mögen zunächst nur als Mittel zu dem Zweck gesehen worden sein, Prämien, die Anerkennung des Vorgesetzten, stärkere Bewunderung in der Familie und verbesserte Karrierechancen zu erhalten. Schließlich

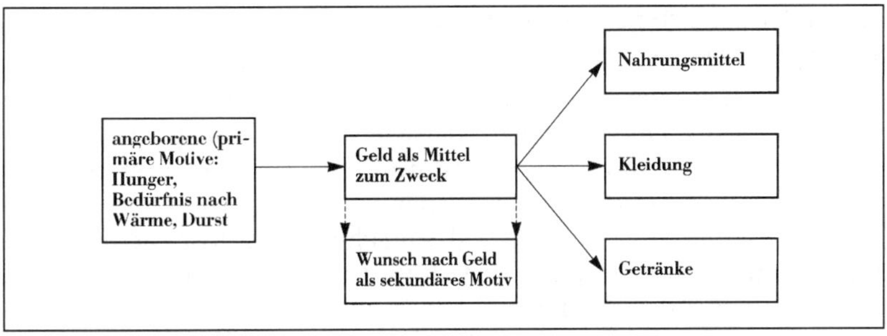

Abb. 1.9: Die Entstehung des Wunsches nach Geld

kann dies dazu führen, dass gute Leistungen um ihrer selbst willen befriedigen und man stolz und zufrieden ist, eine Tätigkeit erfolgreich abgeschlossen zu haben, auch wenn sie keineswegs zusätzlich belohnt wird. Aus dem ursprünglich extrinsischen Arbeitsmotiv ist ein intrinsisches geworden.

Entsprechend ist in der Personalführung darauf zu achten, dass erwünschte Verhaltensweisen vielfältig belohnt werden – sei es durch materielle oder immaterielle Maßnahmen, weil auf diese Weise langfristig die Chance erhöht wird, dass sie um ihrer selbst willen angestrebt werden oder dadurch, dass es von vornherein Spaß macht, sie auszuführen.

Kompetenzen sind ihre eigene Motivation

Menschen tun gern das, was sie glauben, gut zu können. In diesem Sinne wird man nur selten einen Sportler treffen, der sagt: „Ich kann zwar gut Skilaufen, aber ich tue es nicht gern.“ (Allerdings dürfte die Freude an der Handlung noch größer sein, wenn es noch immer etwas zu verbessern gibt.)

Daraus folgt, dass die Vermittlung von Kompetenzen zugleich die Motivation stärkt, diese anzuwenden und auszuüben.

Für die Praxis ergeben sich daraus relativ gewichtige Konsequenzen. Man kann im positiven Sinne neue Motive dadurch entwickeln oder stärken, dass man fachlich in zielgerechter Weise qualifiziert. Wer den Umgang mit dem PC erlernt und schließlich die entsprechenden Fertigkeiten hervorragend zeigt, wird auch gerne mit dem PC umgehen; wer durch geeignete Schulungsmaßnahmen schließlich die spanische Sprache gut beherrscht, wird auch häufig und gern Spanisch sprechen wollen. Einschlägige Motivation ist also durch Qualifizierungsmaßnahmen entwickelbar.

Dies hat allerdings auch eine in der Praxis nicht immer adäquat bedachte Kehrseite. Wer etwas lernt und schließlich keine Möglichkeiten findet das Erlernte auch anzuwenden, wird unzufrieden und frustriert sein. Dies sei an einem Beispiel gezeigt:

In einem größeren mittelständischen Unternehmen wurden alle Führungskräfte ein-schließlich der Meister und Gruppenleiter auf ein fünftägiges Entscheidungstraining entsandt. In kompetenter Weise wurden Entscheidungsvorbereitung, Alternativenentwicklung, Entscheidungsfindung und Entscheidungsdurchsetzung trainiert, Kriterien für die Weichenstellung zwischen Einzelentscheidung und Gruppenentscheidung entwickelt und all dies an vielen praktischen Problemfällen erprobt. Das Unternehmen selbst aber war zentralistisch geführt und durch ein autoritäres Klima gekennzeichnet. Alle wesentlichen Entscheidungen wurden an der „Spitze" gefällt. Als die Führungskräfte von der Entscheidungsschulung zurückkamen, hatten sie einen intensiven Wunsch: Sie wollten Entscheidungen treffen. Dies aber wurde ihnen verwehrt, was zu Missmut und Unzufriedenheit führte.

Es gilt also zu bedenken, dass Qualifikationsaufbau nicht nach dem „Schrotschussverfahren" erfolgen sollte, sondern gezielt und bewusst. Es liegt im Interesse des Unternehmens und des einzelnen Menschen, dass das, was gelernt wird, auch genutzt und angewendet werden kann.

4 Beispielhafte Fragen der Praxis

Wann immer sich Führungskräfte aus Wirtschaft und Verwaltung mit Fragen der Motivation beschäftigen, versuchen sie, neben ihren originären Interessen an neuen Erkenntnissen, Nutzen daraus zu ziehen. Dies geschieht zunächst – bei zunehmender Kundenorientierung vermehrt – mit Blick auf die Nachfrage (*Kroeber-Riel* und *Weinberg,* 1999). Welche Konsummotive sind vorherrschend, wie kann ich die Kaufmotive meiner Kunden prägen oder aktivieren? Auf dieses hochbedeutsame und interessante Feld soll allerdings hier nicht eingegangen werden. Die Motive der Mitarbeiter stehen im Zentrum unserer Überlegungen, und auch auf diesem Feld stellen Praktiker vielfältige Fragen an den Experten. Drei besonders bedeutsame sollen herausgegriffen werden.

4.1 Was soll erreicht werden?

Wer andere Menschen zu motivieren sucht, verfolgt damit Ziele (*v. Rosenstiel,* 1975; *Ulich,* 1994). Wenn ein Unternehmer oder ein Vorgesetzter unterstellte Mitarbeiter motiviert, so ist ein Ziel, das auf diese Weise erreicht werden soll, ganz offensichtlich: Es geht um die **Steigerung der Leistungsbereitschaft,** um auf diese Weise höhere Leistungen zu erzielen.

Dies ist ein legitimes Ziel, denn Leistung innerhalb der Marktwirtschaft ist kein Selbstzweck und auch nicht ausschließlich Mittel zu dem Zweck, den Gewinn der Eigner zu steigern. Leistung dient auch der Befriedigung von Bedürfnissen vieler Menschen der Gesellschaft. Sie benötigen die Produkte, Dienstleistungen oder Ideen der Anbieter, die über die Leistungsbereitschaft der Arbeitenden erstellt werden. Leistung kann unter dieser Perspektive als Bedürfnisbefriedigung durch die Organisation umschrieben werden (*v. Rosenstiel/ Molt/Rüttinger,* 1995).

Schießlich aber steht sie zum Teil auch im Interesse der Arbeitenden selbst, denn zum einen macht es häufig Freude, Erfolg zu haben und Ziele zu erreichen, zum anderen trägt Leistung dazu bei, den eigenen Arbeitsplatz längerfristig zu sichern, was gerade in Zeiten einer schwierigen Wirtschaftslage ein relevanter Aspekt ist.

Die Motivation der Mitarbeiter sollte allerdings noch ein weiteres zentrales Ziel verfolgen: die **Zufriedenheit bei der Arbeit.** Dies ergibt sich häufig spontan. Ziele motivierten Verhaltens wirken ja im Regelfall befriedigend. Die Erwartung, zum Ziel zu gelangen, oder die Erfahrung, das Ziel zu erreichen, sind dann Quellen der Zufriedenheit. Motivierende Maßnahmen sind in diesem Sinne Bedürfnisbefriedigung in der Organisation.

Auch ethisch lässt sich gut begründen, warum es gilt, Arbeitsleistung und Arbeitszufriedenheit durch motivierende Maßnahmen anzustreben: Es gilt, einen Ausgleich zu finden zwischen der Bedürfnisbefriedigung durch und in der Organisation. In der Rolle des Kunden erwartet jeder, auch wenn er sonst Arbeitnehmer ist, qualitativ hochstehende Ware, angemessene Dienstleistung, freundliche Behandlung. Er setzt selbst gute Leistungen anderer voraus. Andererseits aber ist er auch Arbeitnehmer, der seine acht Stunden am Tag mit beruflichem Tun verbringt. Soll er hier „Sklave“ sein, damit er in der Freizeit „König“ sein kann? Wer in seiner Rolle als Konsument geachtet wird, der erwartet dies auch zurecht in seiner Rolle als Arbeitnehmer. Den erforderlichen Ausgleich zu finden, ist wesentliche Führungsaufgabe.

4.2 Wie hängen Leistungsbereitschaft und Arbeitszufriedenheit zusammen?

Die Frage nach der Beziehung zwischen der Leistung und der Zufriedenheit ist alt und viel diskutiert (*Six/Kleinbeck,* 1989). Sie ist sehr vielschichtig. Damit sie aus der Sicht der Personalführung und der Motivationspsychologie überhaupt sinnvoll angegangen werden kann, muss sie vereinfacht werden. Dies gilt zunächst für die Leistung. Diese hängt ja nicht nur vom Wollen, der Motivation, der Leistungsbereitschaft ab, sondern eben auch – wie zu Beginn dieses Kapitels bereits ausgeführt – vom Können, der Leistungsfähigkeit, vom Dürfen, dem Leistungsklima und den Leistungsnormen in der Organisation sowie von der situativen Ermöglichung, also der für die Leistung erforderlichen Materialausstattung. Wir wollen uns hier auf die Leistungsbereitschaft, die Motivation, die geforderten Ziele zu erreichen, beschränken. Aber auch bei der Zufriedenheit muss man differenzieren. Die erforderliche Klärung ist unter zwei Aspekten zu sehen,

- dem des psychischen Prozesses beim Entstehen von Zufriedenheit und
- dem des Inhalts, auf den sich Zufriedenheit bezieht.

Zum Prozess (*Bruggemann/Groskurth/Ulich,* 1975): Man kann davon ausgehen, dass Menschen mehr oder weniger bewusste Soll-Vorstellungen von dem haben, was sie am Arbeitsplatz erwarten. Sie haben bestimmte Ansprüche. Was sie erleben und konkret bei der Arbeit erfahren, kann diesen Ansprüchen mehr oder weniger genügen. Entspricht das konkret Erlebte, das Ist, den Ansprüchen, d.h. dem Soll, dann ist eine Zufriedenheitsreaktion zu erwarten. Bleibt das Ist hinter dem Soll zurück, so ist Unzufriedenheit die Folge.

Mit diesen spontanen emotionalen Reaktionen des Zufrieden- oder Unzufriedenseins geht allerdings der Mensch innerlich um. Er verarbeitet die Gefühle und reagiert darauf. So kann er, wenn er spontan zufrieden ist, seine Ansprüche weiter erhöhen („So ist es gut, es kann aber noch besser werden!“) oder auf dem bisherigen Niveau beibehalten („So ist es gut, so soll es bleiben!“). Auch auf die spontane Unzufriedenheit, die ja für den Menschen belastend ist, kann er mit verschiedenartigen Verarbeitungsreaktionen antworten. Er kann – und dies ist in der Praxis besonders häufig – seine Ansprüche reduzieren („Es können nicht alle Blütenträume reifen.“). Er kann aber auch seine Ansprüche aufrechterhalten und dabei sich und anderen vormachen, dass sie erfüllt worden sind („Eine Gruppenleiterposition bei uns ist mindestens ebensoviel wert, wie eine Abteilungsleiterposition anderswo!“). Es können auch die Ansprüche aufrechterhalten werden, ohne je den Versuch zu machen, sie zu erreichen. („Hier ist alles Mist, da kann man nichts machen!“). Sie können jedoch auch beibehalten werden, verbunden mit dem Bemühen, sie schließlich doch noch zu realisieren („Schlecht ist es; krempeln wir die Ärmel hoch und packen wir's an!“). Abbildung 1.10 (S. 35) zeigt, welche Formen der Arbeits(un)zufriedenheit sich aus diesen Prozessen ergeben.

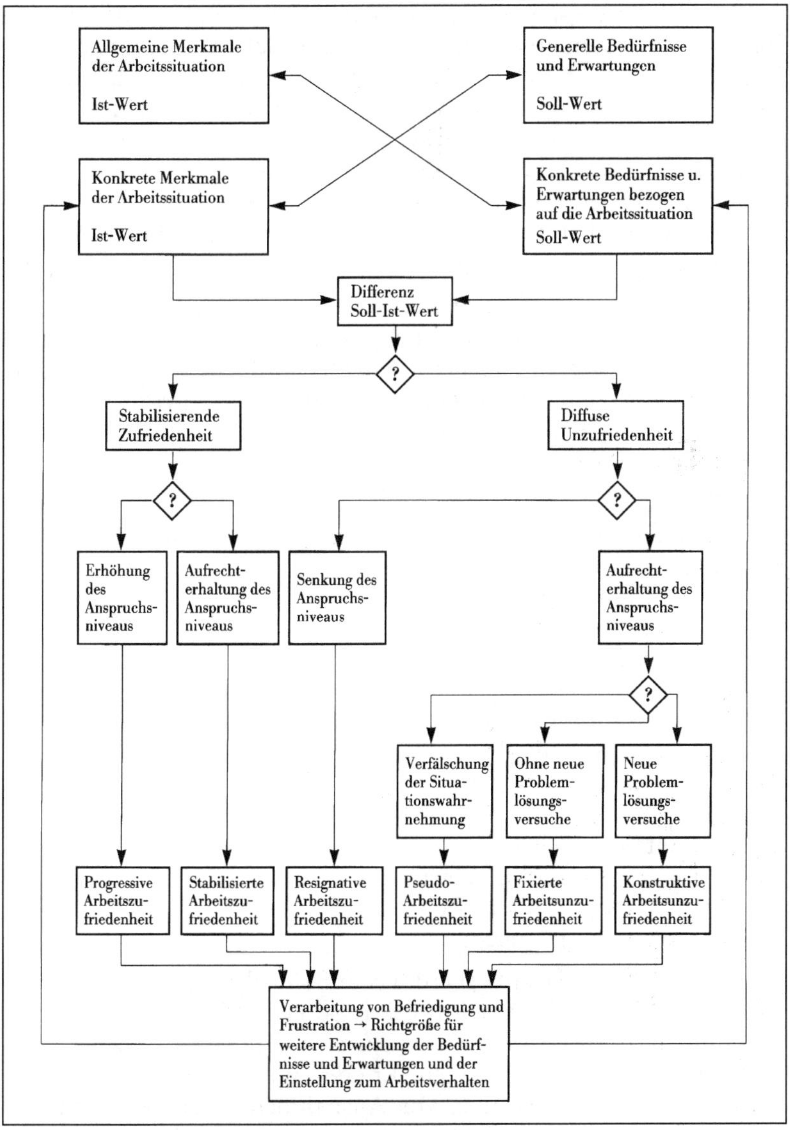

Abb. 1.10: Die Genese verschiedener Formen von Arbeitszufriedenheit (Bruggemann/Groskurth/Ulich, 1975)

Es ist nun offensichtlich, dass „progressive Arbeitszufriedenheit" mit gesteigerter Leistungsbereitschaft einhergeht, stabilisierte, resignative und Pseudo-Arbeitszufriedenheit dagegen nicht. Es ist ebenso offensichtlich, dass konstruktive Arbeitsunzufriedenheit mit gesteigerter Leistungsbereitschaft verbunden ist, während dies für die fixierte Arbeitsunzufriedenheit nicht gilt. Schon allein aus diesen Überlegungen lässt sich ableiten, dass die in der Praxis häufig formulierte Vermutung, dass hohe Zufriedenheit mit hoher Leistung einhergehe („Glückliche Kühe geben mehr Milch!") sich auf eine andere Qualität der Arbeitszufriedenheit bezieht, als die ebenso häufige Vermutung der Praxis, dass Arbeitszufriedenheit die Leistung senke („Wer zufrieden ist, wird satt und faul und tut nichts mehr!").

Differenzieren muss man aber nicht nur mit Blick auf die psychischen Prozesse bei der Entstehung von Arbeitszufriedenheit, sondern auch auf die Inhalte (*Neuberger/Allerbeck*, 1978). Berufliche Arbeit hat ja verschiedene inhaltliche Aspekte und Facetten. Es ist z.B. durchaus vorstellbar, dass jemand mit seinem Vorgesetzten ausgesprochen zufrieden, mit seiner Bezahlung aber unzufrieden ist. In diesem Sinne lassen sich als gewichtige, voneinander abhebbare Bestandteile der Arbeit unterscheiden:

- die Firma insgesamt,
- der Arbeitsinhalt,
- die Arbeitsumgebung,
- der Vorgesetzte,
- die Kollegen,
- die innerbetriebliche Information und Kommunikation,
- die Organisation und Verwaltung,
- die Interessenvertretung,
- die Bezahlung,
- die Sozialleistungen,
- die Arbeitsplatzsicherheit,
- die Aus- und Weiterbildungsmöglichkeiten,
- die Aufstiegs- und Karrierechancen,
- die Arbeitszeitregelungen.

Die Forschung weist nun allerdings auf ein überraschendes Phänomen hin. Obwohl die Arbeit objektiv so vielfältige unterschiedliche Facetten hat (die genannte Liste ließe sich ja noch fortsetzen), differenziert der Einzelne in seinem Erleben und in seinen Zufriedenheitsreaktionen nicht so fein. Von Ausnahmen abgesehen kann man sagen, dass derjenige, der mit einem wichtigen Aspekt seiner Arbeit sehr zufrieden ist, auch mit den anderen nur selten unzufrieden sein wird (*Vroom*, 1964). Obwohl es ja durchaus denkbar ist, dass jemand objektiv sehr angenehme Kollegen, aber als Chef ein „Ekel" hat, ist es meist so, dass der, der mit den Kollegen zufrieden ist, auch den Vorgesetzten positiv sieht. Über die Gründe dafür kann man streiten. Möglicherweise hängen Dinge im Betrieb in positiver oder negativer Hinsicht tatsächlich objektiv zusammen oder die Wahrnehmung des Einzelnen, seine Brille, färbt sich rosa oder dunkel, je nachdem, ob er mit den ihm besonders wichtigen Arbeitsplatzmerkmalen zufrieden ist oder nicht. Wird das Brillenglas rosa, so erscheint alles, auch das objektiv nicht ganz so Gute, relativ erfreulich. Färbt sich das Brillenglas düster, so erscheint alles dunkel und grau.

Schließlich ist noch ein Gesichtspunkt in diesem Zusammenhang zu beachten. Denken wir noch einmal an unser Beispiel vom Biertrinker zurück (Abbildung 1.4, S. 9). Befriedigung wirkt nur über eine kurze zeitliche Erstreckung – im Augenblick des Trinkens und unmittelbar danach. Ist Arbeitszufriedenheit demnach auch nur kurzfristig wirksam, ist hier ein ständiges Pendeln und Schwanken zu beobachten?

Nein! Die Arbeitszufriedenheit ist etwas relativ Stabiles. Sie kann als Einstellung zu verschiedenen Aspekten der Arbeitssituation definiert werden, als eine Einstellung, die eher positiv oder eher negativ sein kann. Diese aber hängt – langfristig verstanden – sehr wohl mit der Bedürfnisbefriedigung zusammen.

Das sei an einem Beispiel verdeutlicht: Wenn ich den Vorgesetzten immer wieder als hilfreich dabei erlebe, dass meine Wünsche und Hoffnungen zum Ziel gelangen, meine Bedürfnisse befriedigt werden, dann werde ich eine positive Einstellung ihm gegenüber entwickeln. Ich bin mit ihm zufrieden. Wenn ich dagegen zu der Auffassung gelange, dass er mich ungerecht beurteilt, mir verdiente Anerkennung nicht zukommen lässt, meine Karrierechancen untergräbt, mir Weiterbildung vorenthält und mich nicht fördert, dann werde ich ihm gegenüber negative Einstellungen, die langfristig stabil sind, entwickeln. Ich werde unzufrieden mit ihm sein.

Positive Einstellungen haben wir jenen Dingen oder Menschen gegenüber, von denen wir annehmen, dass sie im Dienste unserer Bedürfnisbefriedigung stehen. Entsprechend entwickeln sich negative Einstellungen dort, wo man – zu Recht oder zu Unrecht – zu der Auffassung gelangt, dass sie unserer Bedürfnisbefriedigung im Wege stehen und diese behindern. Derartige überdauernde positive oder negative Einstellungen – Arbeitszufriedenheit oder Arbeitsunzufriedenheit – können sehr wohl in Wechselwirkung mit der Leistungsbereitschaft stehen. Diese aber ist komplex. Die empirische Forschung zeigt klar, dass es keine einfachen und verallgemeinerungsfähigen Beziehungen zwischen der Arbeitszufriedenheit und der Leistung (Leistungsbereitschaft) gibt.

Vereinfacht man die Sichtweise zum Zweck einer exemplarischen Darstellung, so kann man einerseits etwas undifferenziert hohe Leistung und geringe Leistung, andererseits hohe Zufriedenheit und geringe Zufriedenheit (ohne Rücksicht auf ihre Qualität und ihren In-

		Leistung	
		hoch	niedrig
Zufriedenheit	hoch	1	2
	niedrig	3	4

Abb. 1.11: Kombinationen von Leistung und Zufriedenheit

halt) in Beziehung zueinander setzen. Mögliche Kombinationen von Leistung und Zufriedenheit verdeutlicht in Anlehnung an *v. Rosenstiel* (2001) Abbildung 1.11.

Die Forschung zeigt nun, dass in der Praxis alle vier Felder besetzt sind. Zwar sind Beispiele in den Feldern 1 und 4 etwas häufiger anzutreffen als in den Feldern 2 und 3, aber auch diese können nicht als Ausnahme gelten. Das wünschenswerteste Feld ist selbstverständlich das Feld 1.

Schauen wir uns nun Beispiele für jedes dieser vier Felder an.

Hohe Leistung – hohe Zufriedenheit

Ein Tennisspieler gewinnt das renommierte Turnier in Wimbledon. Seine Leistung war hervorragend. Er ist in hohem Maße zufrieden.

Ein Werksleiter strukturiert das Werk nach seinen Vorstellungen und gestaltet die Abläufe so, wie sie ihm für das Erreichen der Ziele angemessen erscheinen. Das Werk arbeitet erfolgreich. Der Werksleiter ist zufrieden.

In diesen beiden Beispielen waren es Leistungs- und Erfolgserlebnisse, in denen gleichermaßen hohe Leistung und hohe Zufriedenheit ausgedrückt sind.

Hohe Leistung – geringe Zufriedenheit

In einem Straflager eines totalitären Staates werden die Gefangenen mit Gewaltandrohung zu hoher Leistung gepresst. Die Leistung ist hoch, die Zufriedenheit gering.

Im Produktionsbereich eines Automobilunternehmens laufen die Fließbänder rasch; es bleibt für den einzelnen kaum die Zeit, sich die Nase zu putzen. Auch hier ist häufig die Leistung hoch, die Zufriedenheit aber herabgesetzt.

In Zeiten hoher Arbeitslosigkeit führt ein Abteilungsleiter seine Mitarbeiter mit hohen Anforderungen, willkürlichen Befehlen und schikanierenden Kontrollen. Die Leistungen sind – zumindest für einige Zeit – hoch, die Zufriedenheit aber ist gering.

Niedrige Leistung – hohe Zufriedenheit

Dafür zwei wenig repräsentative, aber anschauliche Beispiele:

Ein Beamter, der sich um seinen Arbeitsplatz nicht sorgen muss, leistet auf dem Feld seiner Aufgaben wenig, genießt aber das Ansehen, das ihm innerhalb und außerhalb des Unternehmens als Regierungsrat zukommt.

Eine Frau, die vor der Geburt ihrer Kinder berufstätig war und sich dann der Familie widmete, kehrt 18 Jahre später in ihren Beruf zurück. Sie fühlt sich zu Hause einsam, da die Kinder beginnen das Haus zu verlassen und ihr Mann geschäftlich viel unterwegs ist. Finanziell geht es der Familie aufgrund des hohen Einkommens des Mannes gut. Die Frau – das wird bereits beim Einstellungsgespräch deutlich – sucht Kontakt und die Nähe zu Menschen. Der verständnisvolle Personalleiter bringt sie in einer Abteilung unter, in der gern informell ein wenig „geratscht" wird, wo Geburtstag und Jubiläum mit Sekt und Torte gefeiert werden, wo immer Zeit für ein gemeinsames Tässchen Kaffee oder eine Zigarette bleibt. Die Frau fühlt sich dort wohl – sie genießt den freundlichen Kontakt und die interessanten Gespräche. Hinsichtlich der Leistung aber bringt sie wenig. Sie bezieht offensichtlich ihre Arbeitszufriedenheit aus Quellen, die mit der eigentlichen Aufgabe wenig zu tun haben.

Niedrige Leistung – niedrige Zufriedenheit

Ein Mitarbeiter wird falsch im Betrieb eingesetzt. Er ist über- oder unterfordert. Entsprechend hat er beständig Misserfolgserlebnisse bzw. Erlebnisse der Monotonie und Langeweile. Zufriedenheit und Leistung sind niedrig.

Ein Betrieb ist fehlorganisiert. Die Aktivitäten der Mitarbeiter sind intensiv; sie dienen aber nur zu einem kleinen Teil der eigentlichen Aufgabe. Mehrheitlich geht es darum, eigene Kompetenzen zu erweitern und Konkurrenten, „die am eigenen Stuhl sägen", abzuwehren. Dies alles ist mit Misstrauen, Ärger und Konflikt verbunden. Auch hier sind Leistung und Zufriedenheit niedrig.

Zur Beziehung zwischen Ursache und Wirkung

Wir haben bei der Besprechung der vier Extremfälle der Beziehung zwischen Leistung und Zufriedenheit lediglich aufgezeigt, was gemeinsam vorkommt. Nichts gesagt wurde über Ursache und Wirkung. Dies kann allerdings verschieden ausfallen, wie Abbildung 1.12 zeigt.

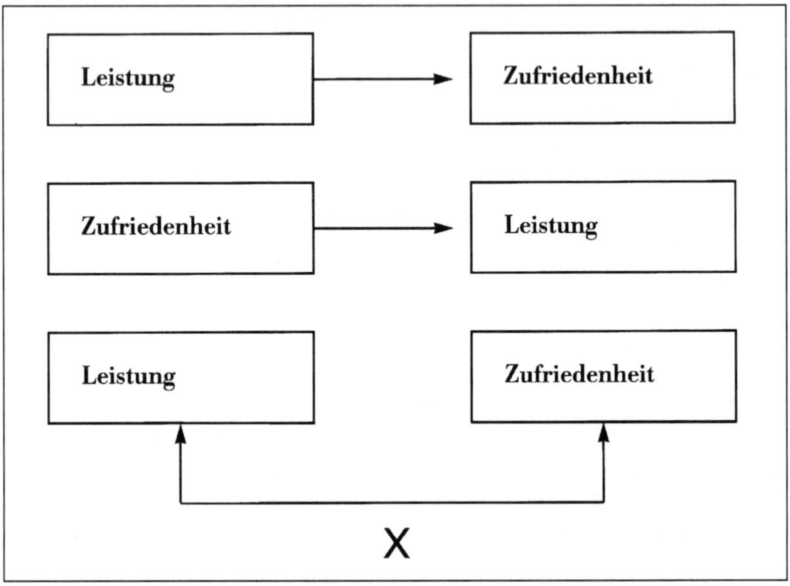

Abb. 1.12: Zur Kausalität von Leistung und Zufriedenheit

Die drei in der Darstellung angesprochenen Möglichkeiten sollen am Beispiel des „Wunschfeldes“ (hohe Leistung – hohe Zufriedenheit) durch typische Fälle dargestellt werden.

Leistung als Ursache der Zufriedenheit: Es bewältigt jemand seine Aufgabe termingerecht und fehlerfrei. Die Leistung war hoch. Er ist stolz auf den Erfolg und somit zufrieden.

Zufriedenheit als Ursache der Leistung: Es ist jemand mit seinen Aufgaben, seinem Chef, seinen Kollegen zufrieden. Er geht gern und sorgenfrei zur Arbeit. Die Arbeit geht ihm locker und ohne störende Ablenkung von der Hand und er ist außerdem darauf bedacht, durch gute Leistung seinen angenehmen und befriedigenden Arbeitsplatz zu erhalten.

Eine dritte Einflussgröße als Ursache der Leistung einerseits und der Zufriedenheit andererseits: Ein Vorgesetzter führt gleichermaßen aufgabenorientiert und mitarbeiterorientiert, d.h. er präzisiert einerseits die Ziele klar und unterstützt die Mitarbeiter beim Weg zum Ziel, andererseits berücksichtigt er die individuellen Wünsche und Bedürfnisse der Mitarbeiter und behandelt sie rücksichtsvoll und mit Respekt.

Gerade das letztgenannte Beispiel, der Einfluss des Vorgesetztenverhaltens auf Leistung und Zufriedenheit, kann freilich auch komplexer dargestellt werden. Dies zeigt ein Modell, das aus der Sozialpsychologie stammt (*Triandis,* 1959) und gelegentlich als „Führungsbusen" bezeichnet wird (vgl. Abb.1.13).

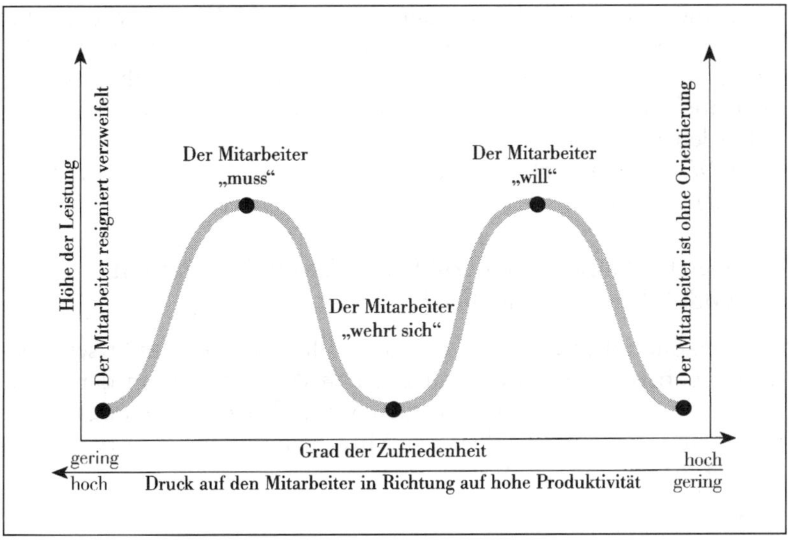

Abb. 1.13: Der „Führungsbusen"

Wie ist diese schwungvolle Form nun zu interpretieren? Denken wir zunächst an die horizontale Achse. Auf ihr ist die Intensität des Druckes abgebildet, der auf den Arbeitnehmer einwirkt, wobei gleichermaßen unterstellt ist, dass sich die Zufriedenheit gegenläufig zum Druck verhält. Auf der Senkrechten wird die Leistung abgetragen. Ist nun der Druck gleich null, d.h. bestehen nicht einmal Zielorientierungen, so ist auch keine Leistung zu erwarten. Wird dagegen eine gewisse Ausrichtung auf ein Ziel vorgenommen, werden Aufgaben geklärt, so ist dies bereits als ein leichter Druck in Richtung Leistung interpretierbar, auf den der Mitarbeiter mit deutlich ansteigender Leistung reagiert. Wird der Druck nun weiter erhöht, so setzt allmählich Widerstand ein im Sinne eines „Zwingen lass ich mich nicht!“. Ein derartiger Widerstand gegen Druck wird in der Wissenschaft als „Reaktanz“ (*Brehm*, 1966) beschrieben. Die Leistung geht also wieder zurück – zunächst schwach, dann deutlich. Wird nun der Druck abermals erhöht, wird er gar zur Drohung, dann steigt die Leistung wieder an. Wird allerdings der Druck extrem – man denke an ein Zwangsarbeitslager – so sinkt er abermals ab – aufgrund einer inneren Haltung des Arbeitenden, die man mit dem Zitat umschreiben könnte: „Schlagt mich ruhig tot, mir ist jetzt alles egal!“.

Wichtig ist für den hier besprochenen Zusammenhang, dass gute Leistungen aufgrund zweier gänzlich unterschiedlicher Motivationslagen möglich sind. Es kann zum einen die Haltung herbeigeführt werden: „Ich will!“. Dann geht eine gute Leistung mit hoher Zufriedenheit einher; darüber hinaus ist die Leistung zeitstabil. Es kann aber auch die Haltung dominieren: „Ich muss!“, die dann mit Unzufriedenheit verbunden ist und darüber hinaus wenig stabil sein wird. Wenn der Druck nachlässt, bricht die Leistungsbereitschaft zusammen.

4.3 Welche Maßnahmen erhöhen Leistungsbereitschaft und Arbeitszufriedenheit?

Die Personalführung eines Betriebes sollte darum bemüht sein, Bedürfnisbefriedigung durch und Bedürfnisbefriedigung in der Organisation herbeizuführen, d.h. gleichermaßen die Leistungsbereitschaft und die Zufriedenheit der Mitarbeiter zu steigern (*v. Rosenstiel/Molt/Rüttinger*, 1995).

Wie lässt sich das erreichen?

Natürlich gilt, dass man dabei auf die Individualität eines jeden eingehen muss. Was den einen anspricht, kann den anderen „kalt lassen“. Allgemein verbindliche Rezepte können also nicht formuliert werden. Dennoch weist die Forschung Befunde auf, die als Hinweise für berücksichtigungswerte Ratschläge interpretiert werden können.

Dabei ist zunächst eines zu bedenken: Zufriedenheit und Unzufriedenheit sind nicht Extrempunkte einer Dimension menschlichen Erlebens. Es wirken also nicht bestimmte Einflussgrößen in gleicher Weise mit, um Unzufriedenheit abzubauen und parallel dazu langfristig Zufriedenheit aufzubauen. Manche Maßnahmen erscheinen in erster Linie geeignet, bestehende Unzufriedenheit zu beseitigen; ein „mehr vom Gleichen“ sichert aber nicht die Zufriedenheit. Das sei am karikaturhaften Beispiel verdeutlicht. Wer Zahnschmerzen hat, also leidet, für den ist der Zahnarzt ein vorzüglicher Helfer beim Abbau von Unbehagen; zum langfristigen Wohlbehagen aber trägt er nicht bei. In diesem Sinne wirken vielfältige betriebliche Maßnahmen wie z.B. äußere Arbeitsbedingungen, Status, Arbeitsplatzsicherheit, tarifliche Gehaltshöhe etc. als Ursachen von Unzufriedenheit. Hier Besserung zu erarbeiten, kann Unzufriedenheit reduzieren oder gar beseitigen. Soll dagegen Zufriedenheit längerfristig gesichert werden, so ist an andere Maßnahmen zu denken und dies sind Maßnahmen, die gleichermaßen die Leistungsbereitschaft erhöhen können. Man bezeichnet sie daher als „Zufriedenheitsmacher“ oder als „Motivatoren“. Sie alle haben in erster Linie mit der Arbeit selbst und weniger mit dem Umfeld der Arbeit zu tun (*Herzberg/Mausner/Snyderman,* 1959; vgl. S. 147 ff.). Es sind dies:

- Leistung und Erfolg, was für die Führung bedeutet, den Mitarbeitern **Leistungs- und Erfolgserlebnisse** zu vermitteln. Der beste Weg hierfür ist adäquater Personaleinsatz, so dass der einzelne durch die Aufgabe weder über- noch unterfordert wird, sowie die Vereinbarung adäquater Aufgabenziele und rasche Rückmeldung darüber, ob die Ziele auch erreicht wurden.
- **Anerkennung** für erbrachte Leistungen und erwünschtes Verhalten. Über die reine Rückmeldung hinaus ist auch die wertende Stellungnahme des Vorgesetzten erforderlich, damit über die simple Funktion der Information hinaus Motivation gesteigert und ein realistisches Selbstbild aufgebaut wird.
- **Arbeitsinhalt:** Die Anforderungen sollten den Mitarbeiter den Eindruck gewinnen lassen, dass inhaltlich von ihm solche Fähigkeiten und Fertigkeiten gefordert werden, die er zu besitzen glaubt und zugleich hoch schätzt. Darüber hinaus ist darauf zu achten, dass innerhalb seines Aufgabengebietes der Mitarbeiter in angemessener Weise Abwechslung und Lernchancen erlebt, selbst seine Aufgaben planen und kontrollieren kann sowie Möglichkeiten zur Kooperation mit anderen – z.B. im Sinne der Teamarbeit – hat. Diese drei voneinander grundsätzlich unabhängigen Bestandteile lassen sich als Würfel grafisch veranschaulichen, der durch die Kanten Entscheidungs- und Kontrollmöglichkeiten, Abwechslung (Tätigkeitsspielraum) und Kontaktmöglichkeiten bestimmt ist.
- **Verantwortung:** Wer das Recht erhält, innerhalb eines umgrenzten Aufgabengebietes selbst zu entscheiden, zu planen und zu kontrollieren, der sollte auch im Sinne der Delegation die entsprechende Verantwortung haben, um gleichermaßen für den Erfolg, aber auch für den Misserfolg geradezustehen.
- **Aufstiegsperspektiven:** Insbesondere interessierte und engagierte Mitarbeiter wollen beruflich weiterkommen. Aufstieg ist hier nicht nur ein Weg zu höherem Einkommen, sondern – und das ist meist die psychologisch wichtigere Seite – eine Möglichkeit zu

größerem Freiraum, höherer Verantwortung, stärkerem Einfluss und höherem Ansehen. Qualifizierte Mitarbeiter sollten also im Sinne einer mittelfristigen Karriereplanung wissen, welche Möglichkeiten sie prinzipiell im Unternehmen haben. Allerdings sollte man hier nicht mehr versprechen, als man halten kann, weil es sonst zu kurzfristiger Zufriedenheit, aber langfristig zu um so tieferer Enttäuschung kommt.

- **Entwicklungschancen:** Grundsätzlich findet sich bei nahezu jedem Menschen ein Wunsch, eigene Möglichkeiten zu realisieren und Neues zu erfahren, um so Kompetenzen zu steigern. Freilich kann ein derartiger Antrieb durch nachteilige Lebens- und Arbeitsbedingungen verschüttet oder gar gebrochen werden. Es gilt ihn am Leben zu erhalten oder wiederzuerwecken. Darum ist es erforderlich, den Arbeitnehmer zum einen am Arbeitsplatz – unterstützt durch erfahrene Personen – immer wieder vor neue Aufgaben zu stellen, an denen er lernen kann, zum anderen aber auch durch geeignete spezielle Veranstaltungen, die im Hause oder außer Haus stattfinden können, weiter zu qualifizieren.

Wer diese soeben genannten Motivatoren im richtigen Mischverhältnis einsetzt, darf hoffen, langfristig zufriedene und leistungsbereite Mitarbeiter zu haben.

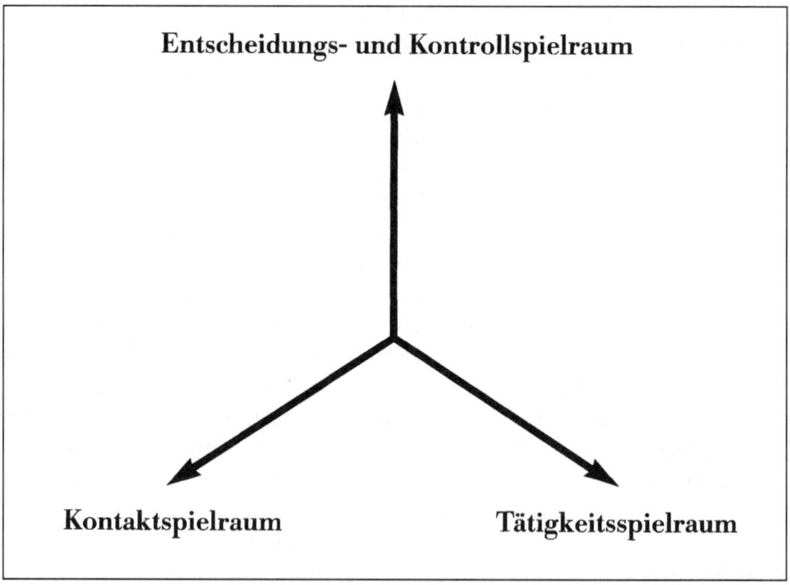

Abb. 1.14: Dimensionen einer motivierenden Arbeit

5 Hinweise: Worauf soll man achten?

- Motivation hat wesentlichen Einfluss auf die Richtung, die Dauer und die Intensität unseres Verhaltens (*Thomae,* 1965).
- Das Verhalten ist nicht allein durch die Motivation (das Wollen) bestimmt, sondern auch durch die Kompetenzen (das Können), Normen und Spielregeln (das Dürfen und Sollen) und die äußeren Rahmenbedingungen (situative Ermöglichung). Soll das Verhalten nachhaltig geändert werden, so ist gleichermaßen bei der Motivation, den Kompetenzen, dem Normensystem und der äußeren Situation anzusetzen.
- Motivation – in einem weiteren Sinne als eine uns zum Handeln bewegende Kraft verstanden – lässt sich aufgliedern in Motivation im engeren Sinn und in Volition, was umgangssprachlich als Wille bezeichnet werden kann. Motiviert ist unser Handeln dann, wenn es mit Spaß, Freude und Befriedigung verbunden ist. Die Volition dagegen wird dann gefordert, wenn wir anderes lieber täten und uns gegen Ablenkung abschirmen müssen oder wenn etwas notwendig ist, was wir ungern machen. Der Aufbau von Willensstärke erfordert Kompetenz auf dem Gebiete des Selbstmanagement.
- Motivation ist kurzfristig durch die Wahl adäquater Anreize aktivierbar.
- Adäquate Anreize sind solche, die mit bedeutsamen Bedürfnissen des Mitarbeiters korrespondieren. Diese erkennt man in der Praxis im Gespräch mit dem Mitarbeiter, speziell durch die richtige Nutzung der Fragen sowie durch eine aufmerksame Beobachtung des Verhaltens. Um Fehler der Diagnose weniger wahrscheinlich zu machen, empfiehlt es sich, das Gespräch mit der Beobachtung zu kombinieren.
- Langfristig lassen sich Motive des Menschen in ihrer Ausrichtung prägen und verändern, wobei insbesondere der Gewohnheitsbildung und dem Vorbild im Betrieb eine bedeutsame Rolle zukommt.
- Möchte man gleichermaßen Arbeitszufriedenheit und Leistungsbereitschaft steigern, so sollte man sich darum bemühen, dem Mitarbeiter Erfolgserlebnisse zu vermitteln, seine Leistung anzuerkennen, seine Aufgaben so zu gestalten, dass er dabei Selbständigkeit erlebt, Abwechslung erfährt und Kontakt mit anderen haben kann, ihm in angemessenem Ausmaß Verantwortung delegieren, seine Entwicklungsperspektiven mit ihm besprechen und ihm die Chance geben, Neues zu erlernen.

Kapitel 2
Motivation aus dem Ich

1 Ein Blick voraus

Wer kennt das nicht? Man sitzt vor Stapeln unbearbeiteter Akten vor dem Schreibtisch und hat einfach keine Lust, sie durchzuarbeiten. Man sollte, aber man mag nicht. Und die Gefahr ist groß, dass man dann zur Zeitung greift oder andere Aktivitäten aufnimmt, die im Augenblick sehr viel attraktiver erscheinen als die Arbeit. Auch die Versuchung ist groß, dass man in derartigen Situationen Dinge tut, die kurzfristig Genuss versprechen, obwohl man weiß, dass man die Wahl dieser Handlungsalternative langfristig bereuen wird.

Gibt es keinen Weg gegen derartige Versuchungen?

Es gibt sogar viele, von denen sich nicht wenige vielfach bewährt haben. Sie sollen im folgenden skizziert werden: etwa das bewusste Lenken der Phantasie und der Tagträume auf die Leistung, die Präzisierung der Ziele und das gemeinsame Feiern errungener Erfolge, die bewusste Interpretation der eigenen Rolle in einem aktiven, zielbezogenen Sinne, verbunden mit der öffentlichen Präsentation des entsprechenden Selbstbildes, die Analyse von Situationen, in denen wir hochmotiviert unsere Ziele zu erreichen suchten, verglichen mit jenen, in denen wir „durchhingen" und versagten, die bewusste und systematische Belohnung für Erfolge bei Verzicht auf Selbsttröstung bei einem Nachlassen eigener Spannkraft, das Bewusstwerden der Gefahr einer „inneren Kündigung" mit rechtzeitiger Entwicklung von Strategien gegen die daraus erwachsenden Gefahren, der Aufbau von Visionen und Leitbildern, die dem eigenen Verhalten Sinn und Orientierung geben. Zu denken ist aber auch an ein Sich-selbst-Beruhigen, wenn zu hohe Motivation zum Lampenfieber wird, oder – besonders wichtig – an den Ausgleich zwischen Berufs- und Privatleben.

„Der Glaube kann Berge versetzen."

2 Sich selbst motivieren – was ist das?

Uns allen sind Situationen vertraut, in denen wir hochmotiviert sind, vor Energie zu bersten scheinen, geradezu darauf brennen, ein Ziel zu erreichen. Der Drang von innen ist da, wir müssen ihm nur folgen. Und wir kennen auch vielfältige Situationen, in denen Bestandteile der Situation Wünsche in uns wachrufen, der Handlungstendenz eine nachhaltige Wende geben und uns auf diese Weise aktivieren. Ähnlich wie in der Psychologie des Konsumverhaltens zwischen dem Suchkauf und dem Reizkauf (*Wiswede,* 1973) unterschieden wird, kennen wir in der beruflichen Leistungssituation Begebenheiten, in denen wir eher von innen getrieben oder aber von außen gezogen werden. Der Drang von innen, die motivierte Person ...; der Anreiz von außen, die motivierende Situation ... Gibt es da noch ein Drittes, eine Möglichkeit, sich selbst zu motivieren?

Durchaus!

Der Mensch kann sein eigenes Verhalten reflektieren, wertend dazu Stellung nehmen und es in der Folge willentlich steuern. Er ist nicht ein Spielball innerer und äußerer Kräfte und nicht widerstandslos den drängenden Trieben und den verlockenden Anreizen ausgeliefert. Der langjährige, extensive Raucher, der sich zum Jahreswechsel ernsthaft vornimmt, im neuen Jahr keine Zigarette mehr zur Hand zu nehmen, wird zunächst beim Anblick einer Zigarette den geradezu quälenden Drang verspüren, diese zwischen die Lippen zu nehmen, anzuzünden und tief zu inhalieren. Er ist jedoch dieser Versuchung nicht hilflos ausgeliefert, sondern kann Gegenkräfte mobilisieren, zwischen den Handlungsimpuls und die Ausführung der Handlung einen „Hiatus" der Bewusstheit, eine Sperre setzen (*Lersch,* 1956; *Gehlen*, 1966; *Bischof,* 1989); er kann aber auch klug, die Gefahren der Versuchung voraussehend, Situationen meiden, in denen der Gedanke an das Rauchen nur allzu naheliegend ist.

Motivation gibt zwar einerseits unserem Verhalten Richtung, Intensität und Dauer. Wir können aber andererseits zu dieser unserer Motivation Stellung nehmen und dabei Einfluss auf sie ausüben. Dies gilt auch für jene Motivation, die uns zu Leistungen ansporn und zu beruflichen Zielen hinführt.

Wer führt, sollte nicht nur kompetent auf dem Gebiet sein, andere bewusst und zielorientiert zu beeinflussen, sondern er sollte auch sich selbst führen können. Kompetenz auf diesem Gebiet wird häufig als Selbstmanagement umschrieben. Es umfasst die Gestaltung der eigenen Arbeitssituation, den verantwortungsvollen Umgang mit der knappen zur Verfügung stehenden Arbeitszeit, was meist voraussetzt, Wichtiges von Unwichtigem, Dringliches von weniger Dringlichem zu unterscheiden und Prioritäten zu setzen. Es umschließt aber auch den reflektierten Umgang mit der eigenen Motivation und Volition. Selbstmanagement auf diesem letztgenannten Gebiet setzt voraus, dass man erkennt, wie die eigenen Antriebskräfte funktionieren und wie sich Handlungsblockaden überwinden lassen. Dies fordert, dass man die eigenen Stärken und Schwächen kennenlernt und Kompetenz dabei entwickelt mit ihnen umzugehen. Man kann dies mit Hilfe konzentrierter und selbstkritischer Innenschau erreichen, doch wird es erleichtert, wenn man Fragebögen oder Checklisten dabei nutzt, die im Rahmen der einschlägigen Forschung entwickelt wurden (*Kehr*, 1998; *Kehr/Bles/v. Rosenstiel*, 1999). Dabei kann man z. B. erfahren, dass man aufgrund persönlicher Zielkonflikte in seinem Handeln blockiert ist, dass man bestimmte Motive nicht kennt, die einen bei der Arbeit stören, dass es an Willensstärke mangelt, wenn ablenkende Reize unsere Energie von der Arbeit abzuziehen drohen, dass wir zu einer geradezu zwanghaften Überkontrolle neigen, die uns mittelfristig jede Freude an der Tätigkeit nimmt, dass wir mit Handlungsbarrieren, die sich immer wieder unserem Tun in den Weg stellen, nicht angemessen umgehen können oder dass wir die Chancen nicht nutzen, den Spaß in der eigenen Tätigkeit zu entdecken. Diese und andere Besonderheiten der eigenen Arbeit bei sich selbst zu entdecken ist wesentlicher Bestandteil und erster Schritt des Selbstmanagements.

Es ist allerdings nur ein erster Schritt. Wir können an das Beispiel des Arztes denken. Die Diagnose ist eine notwendige aber keine zureichende Bedingung erfolgreicher Therapie. In ähnlicher Weise ist die Diagnostik eigener Schwächen und Stärken der Motivation und Volition beim beruflichen Handeln ein wichtiger aber kein ausreichender Bestandteil des Selbstmanagements. Weiteres muss hinzu kommen. An welche Maßnahmen dabei gedacht werden kann, soll nun an Beispielen verdeutlicht werden.

3 Hilfen, sich selbst zu motivieren

3.1 Von der Phantasie über Vornahmen zum gemeinsam gefeierten Erfolg

Die Phantasie ist ein Königsweg zur menschlichen Seele. Dies gilt nicht nur für unsere nächtlichen Phantasien, die Träume, die vom Vater der Psychoanalyse, *Sigmund Freud* (1900), erforscht wurden, sondern dies gilt auch für unsere im wachen Zustand erlebten Wunschbilder und Tagträume. Diese in ihren Inhalten und in ihrer Dynamik zu entschlüsseln, ist ein erfolgreiches Verfahren der Psychodiagnostik, das wesentlich dazu beiträgt zu erkennen, was einem Menschen wesentlich ist und was er anstrebt. Phantasien sind aber nicht nur ein Weg zur Erkenntnis eigener Handlungstendenzen, sondern auch ein Weg zu deren Beeinflussung. Erfolgreiche und bewährte Trainingsprogramme, mit deren Hilfe man Schüler, Studenten, aber auch Führungskräfte der Wirtschaft in ihrer Motivation zur Leistung steigerte, setzten im Felde der Phantasie an (*McClelland/Winter,* 1969). Dafür bedarf es nicht notwendigerweise eines fremden Trainers, wenn man gewillt ist, selbst der eigene Coach zu sein. Wie sehen die einzelnen Stationen aus?

Man sollte zunächst aufmerksam beobachten, um welche Themen sich die eigenen Phantasien häufig bewegen, wenn man sich entspannt zurücklehnt, am Wochenende nach dem Aufwachen noch ein wenig unter der warmen Decke liegenbleibt, allein durch einen Laubwald wandert oder am Ufer des Meeres sitzt und die sich brechenden Wellen beobachtet. Sind es vor allem Bilder der Liebe und Zärtlichkeit, die in uns aufsteigen? Geht es um Freundschaft und zwischenmenschliche Kontakte? Dominieren bunte Bilder von Macht, Geltung und Einfluss? Geht es vielmehr um Kampf und Aggression? Oder sind da auch Vorstellungen, die sich auf die Überwindung von Hindernissen, auf Leistung und Erfolge beziehen? Und wenn die zuletzt genannten Phantasien selten sind, so sollte man die anderen gelegentlich in einer Art „Gedankenstop" unterbrechen und die **Leistungsphantasien** (*McClelland,* 1966) begünstigen. Gewiss, diese sollten nicht dominieren, nicht die einzigen sein, aber sie sollten häufiger werden.

- Wenn man sich daran gewöhnt hat, auch von Anstrengung, Mühe und Leistung zu träumen und dabei in seinen Phantasien durch die Vorstellung des Erfolgs belohnt wird, dann sollte man gezielt versuchen, derartige Phantasien auf die eigenen Aufgaben, die eigene berufliche Situation, den eigenen Karriereweg zu beziehen und dabei zunehmend zu konkretisieren. Aus dem Spiel mit den Wunschbildern sollten allmählich konkrete Pläne werden, bei denen auch die möglichen Widerstände realistisch bedacht werden. Das Denken sollte sich nun mehr und mehr auf konkrete Handlungen hin orientieren.
- Die Verbindlichkeit sollte nun steigen. Es gilt nun, sich selbst schwierige, aber realistische und dabei konkret formulierte Ziele zu setzen, die möglichst messbar, kontrollierbar und verbindlich sind. Um diesen Zielen höheres Gewicht zu geben, ist es ratsam, sie zu notieren, etwa im Kalender, im Notizbuch, in „Briefen an sich selbst", die man sich von der Sekretärin oder einem anderen vertrauenswürdigen Menschen termingerecht zur Wiedervorlage auf den Schreibtisch legen lässt. Nun kann man prüfen, ob man – wie man es sich in den selbst gesetzten Zielen vorgenommen hat – bis zum mit sich selbst vereinbarten Termin die Marktanalyse durchgearbeitet, das kritische Gespräch mit dem leistungsschwa-

chen Mitarbeiter geführt, den Konflikt mit den Kollegen angesprochen, das neue PC-Programm erprobt hat.

- Diese konkretisierten Ziele gewinnen noch einmal an Verbindlichkeit, wenn man sich öffentlich zu ihnen bekennt und sie in diesem Sinne Personen mitteilt, die einen regelmäßig und vielleicht gar etwas penetrant daran erinnern.
- Das Bemühen um das Erreichen der anspruchsvollen Ziele ist häufig hart, daher verdient das Erreichen der Ziele einen Lohn für den Schweiß. „Saure Wochen, frohe Feste!" heißt es in „Der Schatzgräber" von *Johann Wolfgang von Goethe*. In diesem Sinne sollte man ganz bewusst das Erreichen der angestrebten Ziele „begießen", die Erfolge gemeinsam feiern, am besten mit jenen, die einen dabei unterstützten, zum Ziel zu gelangen. Das ist zum einen – wie ein entspannendes Wochenende – eine Abwechslung und Unterbrechung der harten Arbeit, es ist aber auch zugleich eine Verstärkung des Bemühens, zu anspruchsvollen Zielen zu kommen, wodurch die Wahrscheinlichkeit gesteigert wird, bald wieder etwas Ähnliches zu versuchen.

3.2 Die Analyse kritischer Situationen und die Gestaltung der eigenen Arbeitsbedingungen

Menschliches Verhalten entwickelt, stabilisiert und verändert sich in starkem Maße in Abhängigkeit von zwei bedeutsamen Einflussgrößen,

- den Bedingungen, innerhalb derer sich das Verhalten abspielt, und
- den Konsequenzen, die dem Verhalten folgen.

Schematisch lässt sich dies recht gut anhand des lerntheoretischen Verhaltensmodelles (*Skinner,* 1938) zeigen, das Abbildung 2.1 (S. 52) wiedergibt.

Dieses Modell ist als ein allgemein und weithin gültiges zu verstehen, das keinesfalls allein auf menschliche Verhaltensweisen beschränkt bleibt, sondern auch für zumindest höheres tierisches Leben Gültigkeit hat. Wie ist es zu verstehen?

S steht für die Situation bzw. die Stimulus-(Reiz)bedingungen, durch die ein Mensch oder Tier möglicherweise beeinflusst wird.

O steht für den menschlichen oder tierischen Organismus, der die aus der Situation kommenden Reize wahrnimmt, interpretiert und bewertet.

R steht für die Reaktion, das Verhalten, die Handlung, die das Lebewesen zeigt.

K steht für die Konsequenzen, die diesem Verhalten folgen, wobei – aus der Sicht des Lebewesens – diese Konsequenzen positiv

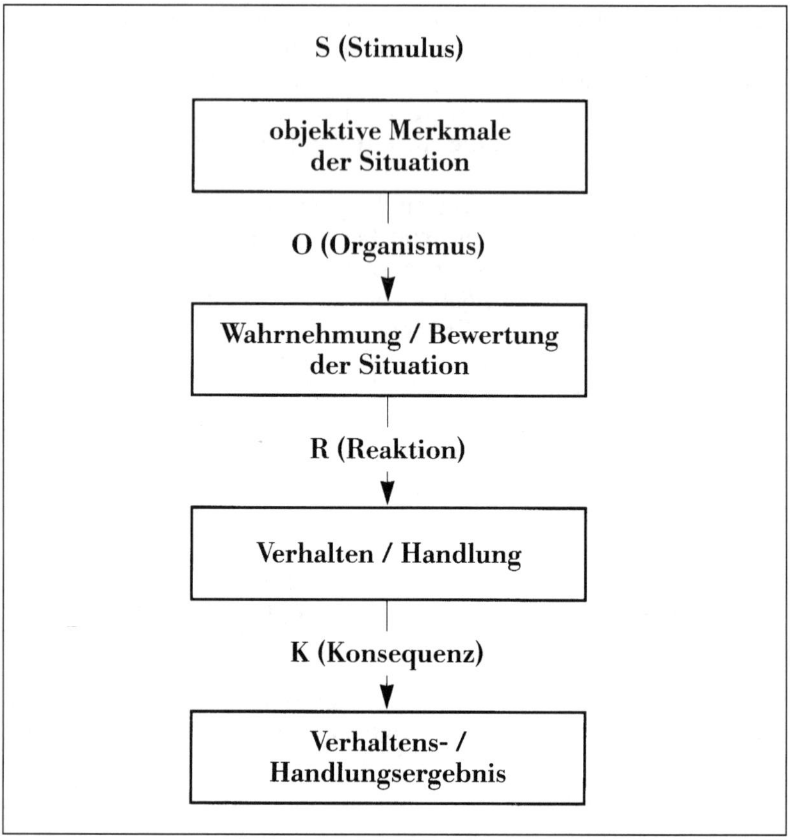

Abb. 2.1: Die lerntheoretische „Verhaltensformel"

und somit belohnend, neutral oder aber negativ und somit bestrafend erlebt werden können. Einschlägige Untersuchungen (*Holland/Skinner*, 1971) zeigen eindeutig, dass die Häufigkeit eines konkreten Verhaltens bei einer bestimmten Person in einer spezifischen Situation ansteigt, wenn diesem positive Konsequenzen folgen.

Dieser Grundsatz erscheint einfach, ja beinahe banal, denn er liegt letztlich auch jenen Erziehungsprinzipien zugrunde, die kindliches Verhalten langfristig über Lob und Tadel beeinflussen wollen. Die Bedeutsamkeit des ausdrücklich genutzten Prinzips besteht darin, dass man dadurch leichter erkennen kann, wenn man im Umgang mit sich selbst oder im Umgang mit anderen dagegen „sündigt", und dies geschieht leider allzu oft. Beispiele sollen das deutlich machen.

Der engagierte, bei den Schülern beliebte Lehrer ist ernsthaft bemüht, leistungsschwache Schüler zu fördern und zu unterstützen. Wenn einer von diesen bei der Schularbeit versagt, widmet er ihm viel Zeit und emotionale Zuwendung. Für jene, die mit dem Lehrstoff keine Probleme haben und gute Leistungen erbringen, bleiben dann kaum Zeit und Energie.

Und die Folge?

Nur schwache Leistungen werden vom Lehrer durch Zuwendung belohnt, was möglicherweise zur Folge hat, dass dadurch die schwächeren Schüler – ohne dass ihnen dies bewusst werden muss – in ihrem ungenügenden Lern- und Arbeitsverhalten stabilisiert werden.

Ähnliche Effekte lassen sich auch für die Führung von Mitarbeitern zeigen. Nicht selten trifft man auf Vorgesetzte, die ausgesprochen oder unausgesprochen von der Haltung ausgehen, dass es Lohn und Anerkennung genug sei, wenn sie ein Leistungsergebnis schweigend akzeptieren und somit nicht kritisieren. Wenn allerdings einer der Mitarbeiter versagt, dann – sei es aus Gründen guter Einsicht oder einschlägiger Schulung – wird nicht lautstark kritisiert, sondern ein differenziertes und ausführliches konstruktiv-förderliches Gespräch mit dem Betroffenen geführt. Dies kann langfristig bei den Mitarbeitern zu der Auffassung führen, dass zunächst einmal etwas „in den Sand gesetzt“ werden muss, wenn man erreichen möchte, dass der Vorgesetzte sich einmal ausführlich mit einem unterhält.

Für den Aufbau eigener leistungsbezogener Motivation ist dies ebenfalls relevant. Auch unsere Motivation hängt von den auslösenden Bedingungen sowie von den Konsequenzen des motivierten Verhaltens ab. Wenn wir unser Verhalten folgerichtig, detailliert und kritisch analysieren und dabei darauf achten, unter welchen äußeren Bedingungen es sich abspielte und was unserem Verhalten folgte, so gewinnen wir den Einblick in die für das Verhalten wesentlichen Vorstufen und können sie entsprechend bewusst und gezielt gestalten.

Für diese Analyse ist die Methode der sogenannten kritischen Ereignisse (*Flanagan*, 1954) hilfreich. Um was handelt es sich dabei? Mit kritischen Ereignissen sind ungewöhnliche, eher extreme Situationen gemeint, die für den Alltag unseres Handelns gar nicht sonderlich repräsentativ sein mögen. An den Extremen erkennt man leichter – wie das ja auch für eine Karikatur gilt – die Besonderheiten.

Wenn wir nun darum bemüht sind, ein bestimmtes Verhalten zu stabilisieren bzw. zu verändern, so gilt es, auf diesem Verhaltensfeld die Extremsituationen, die kritischen Ereignisse, sorgfältig zu beobachten und zu analysieren. Dies sei – um es konkret und anschaulich zu machen – am Beispiel konzentrierten Aktenstudiums gezeigt. Vorausgesetzt sei, dass diese zwar wichtige, aber gelegentlich doch etwas lästige Tätigkeit uns hin und wieder innere Überwindung kostet. Es macht eben nicht immer sonderlichen Spaß, über den engbedruckten Papieren zu sitzen.

Was bedeutet nun dabei die Methode der kritischen Ereignisse? Man sollte sich möglichst unverfälscht und exakt an Situationen zu erinnern suchen, in denen die Aktenarbeit besonders flüssig, rasch, fehlerfrei und erfolgreich vonstatten ging, oder immer wieder aktuell die Bedingungen in einem Notizbuch skizzieren, unter denen uns die einschlägige Arbeit leicht von der Hand geht. Entsprechend sollten wir mit den außergewöhnlich negativen Arbeitsabläufen verfahren, bei denen wir immer wieder hängenblieben, uns nicht konzentrieren konnten, die Arbeit abbrachen oder unterbrachen, schwere Fehler machten oder in anderer Form Misserfolge hatten. Auf die Erinnerung an die wenig beachtenswerten, alltagstypischen, „durchwachsenen" Situationen lässt sich dann leicht verzichten. Es geht also nur um die deutlich positiven und die deutlich negativen. Und hier gilt es zunächst, das S, die auslösenden Situationen exakt zu fassen und möglichst konkret die inneren Bedingungen und äußeren Umstände zu beschreiben, die dabei gegeben sind (*Florin/v. Rosenstiel,* 1976).

Denken wir zunächst an die positiven Situationen. Was könnte dort ein viel im Büro arbeitender Mensch möglicherweise feststellen? Einige Beispiele:

- Der Schreibtisch war frei; insbesondere befand sich darauf kein ablenkendes Material wie z.B. Tageszeitungen oder Nachrichtenmagazine.
- Das Fenster war geschlossen, so dass Lärm vom Straßenverkehr nicht hereindringen konnte.
- Das Telefon läutete während des Arbeitens nicht ein einziges Mal.
- Die Tür zum Sekretariat blieb geschlossen; weder die Sekretärin noch eine andere Person kam in das Arbeitszimmer.
- Man saß so am Schreibtisch, dass der Blick nicht zum Fenster hinaus auf die davor stehenden Bäume fallen konnte, auf denen häufig ein heiteres Treiben der Vögel zu beobachten ist.

Was dagegen könnten typische negative Bedingungen dafür sein, dass die Arbeit gar nicht recht vorangeht?

- Auf dem Schreibtisch türmen sich Akten, die immer wieder „dunkle Gedanken" auslösen, was in dieser Woche noch an Lästigem getan werden muss.
- Auf der Schreibtischkante liegt die Montagszeitung mit dem Sportteil, der den neugierigen Blick immer wieder auf sich zieht.

- Der Lärm der verkehrsreichen Straße vor dem Verwaltungsgebäude dringt durch das halbgeöffnete Fenster herein und lenkt Blick und Gedanken immer dann nach draußen und von der Arbeit ab, wenn ein Polizeifahrzeug oder Krankenwagen mit dem entsprechenden Signalton vorbeifährt.
- Der Stuhl vor dem Schreibtisch ist so ausgerichtet, dass der Blick immer wieder auf den Baum links vor dem Fenster fällt, in dem sich das Liebeswerben der Vögel beobachten lässt.
- Immer wieder lenken Telefonanrufe von der Arbeit ab, die möglicherweise willkommen sind, weil das Gespräch attraktiver als die konzentrierte Aktenarbeit ist.
- Gäste und Mitarbeiter kommen ins Zimmer und wissen alle von Dingen zu berichten, die sehr viel anregender als die Statistiken und Computerausdrucke in der Aktenmappe sind.

All dies sind selbstverständlich nur Beispiele. Von Mensch zu Mensch können die Situationsbedingungen höchst unterschiedlich sein, die mit einem flotten Arbeitsablauf bzw. einer weniger erfolgreichen Tätigkeit einhergehen. Der eine wird vom Summen einer Schmeißfliege, die unruhig im Arbeitszimmer umherschwirrt und dabei gelegentlich gegen die Fernsterscheibe stößt, maßlos irritiert, während ein anderer das gar nicht bemerkt. Für den einen ist der Duft eines frisch gebrühten Kaffees wie eine Stimulanz zu konzentrierter Arbeit, während ein anderer dadurch nachhaltig abgelenkt wird. Ein anderer wird durch den Anblick eines Bücherregals in eine ausgesprochene Arbeitsstimmung versetzt, während wiederum ein anderer dadurch angeregt wird, die begonnene Tätigkeit zu unterbrechen, um sich das eine oder andere interessant erscheinende Buch aus dem Regal zu greifen usw.

Es gibt entsprechend keine allgemeingültigen Listen, in denen leistungsfördernde bzw. leistungsmindernde Bedingungen enthalten sind, sondern diese müssen von der betroffenen Person selbst ganz spezifisch und individuell erarbeitet werden. Die **Methode der kritischen Ereignisse** ist dabei erwiesenermaßen hilfreich.

Hat man nun die Liste mit den förderlichen bzw. ablenkenden und bremsenden äußeren Bedingungen erarbeitet, dann geht es um die Gestaltung der Situation. Diese sollte so erfolgen, dass möglichst viele der förderlichen Bedingungen enthalten sind und, soweit es irgend möglich ist, die störenden vermieden werden. In diesem Sinne mag für ein konzentriertes Aktenstudium die Situation z.B. wie folgt aussehen:

- Die Arbeit wird gleich morgens als erstes um 7.30 Uhr aufgenommen.
- Der Schreibtisch ist gänzlich von anderen Unterlagen befreit.

- Außer den zu bearbeitenden Papieren befindet sich lediglich ein Becher mit frisch gefiltertem, köstlich duftendem Kaffee darauf.
- Nachdem noch einmal kurz gelüftet worden ist, sind die Fenster fest verschlossen, so dass Straßenlärm kaum hereindringen kann.
- Der Sessel ist so gestellt, dass der Blick nicht zum Fenster hinausschweifen kann.
- Das Telefon ist auf den Apparat des Sekretariats umgeleitet, verbunden mit der Anweisung an die Sekretärin, vor 9.00 Uhr keine Gespräche durchzustellen.
- Die Sekretärin wurde gebeten, bis 9.00 Uhr den Raum nicht zu betreten und auch Besucher nicht vorzulassen.
- Das Jackett hängt am Bügel und der oberste Knopf des Hemdes ist geöffnet, so dass einem eher etwas zu kühl als zu warm ist.

So mag die, in dem einen individuellen Fall zutreffende, Optimierung aussehen, wobei es ratsam ist, gelegentlich zu überprüfen, ob sich Präferenzen gewandelt haben oder ob man noch weitere Störbedingungen erkennt und dann ausmerzen kann. Sodann gilt es, konsequent zu sein: Möglichst nur dann das Aktenstudium aufnehmen, wenn die beschriebene Situation gegeben ist, bzw. konsequent diese Situation gestalten, wenn das Aktenstudium unaufschiebbar ist.

Dies also gilt für S, die Situation, in der sich das Aktenstudium abspielt.

Was aber gilt für K, die Konsequenz des Verhaltens?

Wenn wir diese Konsequenzen analysieren, dann lassen sie sich recht günstig in einem Vierfelderschema darstellen (*Holland/Skinner*, 1971), das Abbildung 2.2 zeigt.

Was erkennen wir? Angenehme Konsequenzen können nach dem Verhalten dargeboten werden, was uns angenehm ist, oder aber beseitigt werden, was wir wie eine Bestrafung erleben. Es können aber auch unangenehme Konsequenzen dargeboten werden, was eben-

	angenehmer Reiz	**unangenehmer Reiz**
Darbieten nach Verhalten	**Belohnung 1**	**Bestrafung 1**
Wegnehmen nach Verhalten	**Bestrafung 2**	**Belohnung 2**

Abb. 2.2: Verschiedene Konsequenzen des Verhaltens

falls als Bestrafung erscheint, oder aber nach dem Verhalten beseitigt werden, was als Verstärkung oder als Belohnung interpretierbar ist (*Holland/Skinner*, 1971).

Jetzt gilt es – denken wir wieder an das zuvor besprochene Verhaltensmodell – die für das Aktenstudium erwünschten Verhaltensweisen von den unerwünschten zu trennen. Erwünscht dürfte es vor allem sein, zügig und konzentriert Blatt für Blatt durchzuarbeiten. Unerwünscht könnte es demgegenüber sein, nur mechanisch mit den Augen über die Zeilen zu gleiten, ohne dabei auf den Sinn des Geschriebenen zu achten oder aber im Ordner zu blättern und offensichtlich Langweiliges oder Lästiges zu überlesen und nur interessante Grafiken und Tabellen zu beachten oder auch schlicht und simpel die Akten beiseite zu schieben, den Blick abzuwenden und sich schönen Tagträumen hinzugeben.

Jetzt gilt es zu prüfen, zu welchen Konsequenzen das erwünschte Verhalten führt. Dies sollte die Darbietung des Angenehmen bzw. die Beseitigung des Unangenehmen sein; auf keinen Fall sollte als Folge der guten Arbeit Unangenehmes dargeboten oder Angenehmes beseitigt werden. Dennoch ist in der Praxis nicht selten genau dies der Fall.

Ein Beispiel: Kaum hat man die Unterlagen rasch, zügig und erfolgreich durchgearbeitet, da kommt die Sekretärin mit den Worten auf einen zu: „Endlich sind Sie fertig! Dr. Müller möchte unbedingt mit Ihnen sprechen, er wartet bereits!“ – Diesen Dr. Müller können Sie überhaupt nicht leiden ...

In diesem Beispiel war die Sekretärin nicht ganz „unschuldig“, manchmal aber trägt man jedoch die „Schuld“ für die falsche Konsequenz ganz allein. Etwa dann, wenn man zur Belohnung dafür, dass man sogar etwas früher als erwartet fertig wurde, sich unmittelbar danach die nächste unangenehme Aktenmappe vornimmt.

Was wäre demgegenüber richtig? Nach erfolgreicher Beendigung der ungeliebten Arbeit eine kleine Selbstbelohnung! Zum Beispiel jetzt die Tasse Kaffee, falls man das liebt; ein kleiner „Schwatz“ mit der Sekretärin, falls einem dieses angenehm ist; nun ein kurzer Blick in den Sportteil der Zeitung, um sich am Sieg der heimischen Mannschaft zu erfreuen ...

Und dann, aber erst dann die neue Herausforderung, das Gespräch mit Herrn Dr. Müller oder die Zuwendung zum neuen „Aktenberg“.

Aber auch auf das unerwünschte Verhalten kann man inadäquat reagieren. Manch einer, der beim Aktenstudium merkt, dass seine Blicke zwar über die Zeilen gleiten, dass sein Geist aber den Sinn des Gelesenen gar nicht aufnimmt, sondern abschweift, wird zunächst leicht irritiert etwas anderes tun, etwas, das ihm mehr Freude bereitet, wie z.B. ein Schluck Kaffee, das Gespräch mit der Mitarbeiterin, der Blick in die Zeitung. Danach soll es dann mit der Arbeit weitergehen.

Dies ist ein Fehler! Was tut man, ohne derartiges zu beabsichtigen? Man belohnt sich selbst für Drückebergerei. Dies kann aber weder das Ziel noch die Absicht sein, daher sollte man sich, wenn die Konzentration schwerfällt, anspruchsvolle Zwischenziele setzen, z.B. Abschluss der Tätigkeit, zumindest eine halbe Stunde konzentrierten Studiums und erst dann der Kaffee! Man erkennt: Konsequenz einerseits, Selbstbelohnung durch Freude nach dem Erfolg andererseits – das sind Wege, die Motivation aus dem Ich heraus aufzubauen. Diese lässt sich leichter erreichen, wenn man die Tätigkeit unter Bedingungen ausübt, die Schwung geben, den Arbeitseifer beflügeln und Ablenkung vermeiden.

3.3 Lösung von Zielkonflikten

Nicht selten kann man bei sich selbst beobachten, dass man mehrere Ziele gleichzeitig verfolgt, die sich kaum miteinander vereinbaren lassen. Dies erschwert die Zielverfolgung und kann zur Konsequenz haben, dass man keines der Ziele erreicht. Man verbraucht Zeit und Energie und steht letztendlich mit leeren Händen da. Das Nachdenken und Abwägen wird zur Hauptaktivität auf Kosten der eigentlich notwendigen Zielrealisierung. Depressive Verstimmungen und psychosomatische Beschwerden können die Folge sein. Untersuchungen an Führungskräften (*v. Rosenstiel/Kehr,* 1996) konnten zeigen, dass ein solcher Konflikt ein effizientes Konfliktmanagement behindert, den Zeitaufwand bei Besprechungen vergrößert und somit einem erfolgreichen Handeln im Wege steht. Man kann durchaus lernen, sich der verschiedenen einander blockierenden Ziele bewusst zu werden, sie präziser sich selbst zu verdeutlichen, als dies bisher der Fall war, sodann Prioritäten zu setzen und die besonders wichtigen Ziele konzentriert bei der Arbeit in Angriff zu nehmen und nicht mehr an die zunächst zurückgestellten Ziele zu denken. Vom Abwägen, das zunächst durchaus legitim ist, sollte man rasch zum Handeln kommen. Man sollte also – wie *Heckhausen* (1989) es ausdrückt – den „Rubikon" ähnlich wie *Cäsar* auf seinem Marsch nach Rom überschreiten, so dass es kein Zurück mehr gibt.

3.4 Verfolgen persönlicher beruflicher Ziele

Wird von Zielen bei der Arbeit gesprochen, so denkt man in der Regel an die Ziele der Organisation, der Abteilung, der Arbeitsgruppe, für die ein Mitarbeiter gewonnen werden soll. Untersuchungen

(*Locke/Latham,* 1984) wurden in großer Zahl zu der Frage durchgeführt, unter welchen Bedingungen derartige Ziele die Leistungsmotivation besonders stark aktivieren. Sollen diese Ziele leicht oder besonders schwierig sein, sollte man sie vorgeben oder mit dem Mitarbeiter vereinbaren, sollten sie präzise bestimmt oder eher allgemein gehalten sein? Dies sind Fragen, die man durch derartige Forschung zu beantworten sucht und z. T. auch beantwortet hat.

Wer allerdings arbeitet, orientiert sich nicht nur an den Zielen der Organisation, sondern wird – in mehr oder weniger starker Weise – auch eigene berufliche Ziele verfolgen (*Brunstein/Maier,* 1996; *Kaschube,* 1997). Diese persönlichen beruflichen Ziele gewinnen in dem Maße an Gewicht, in dem von Führungskräften und Mitarbeitern eigenständiges Handeln bis hin zum Unternehmertum im Unternehmen (*Wunderer/Dick,* 1998) erwartet wird. Tatsächlich scheitert das Vorgeben oder Vereinbaren von Zielen zwischen Vorgesetzten und Mitarbeitern gelegentlich schon daran, dass der Mitarbeiter als Spezialist seinem Chef fachlich deutlich überlegen ist, so dass der Vorgesetzte sich darauf beschränken muss, seine Spezialisten zu koordinieren, ohne kompetent Ziele artikulieren zu können. Wie soll denn auch ein Betriebswirt, in dessen Arbeitsgruppe ein Informatiker tätig ist, sachkundig beurteilen können, bis wann ein komplexes EDV-Programm geschrieben sein kann?

Fragt man junge Führungskräfte bzw. Führungsnachwuchskräfte danach, welche persönlichen beruflichen Ziele sie verfolgen, so ergibt sich ein Bild, wie es Abbildung 2.3 (S. 60) zeigt.

Man erkennt, dass diese Ziele keineswegs mit denen der Organisation im Konflikt stehen müssen. Vielfach unterstützen sie indirekt das, was auch das Unternehmen anstrebt. Ist es zum Beispiel einem Mitarbeiter wichtig, sich fachlich zu qualifizieren, seine Teamfähigkeit auszubauen oder möglichst rasch einen ersten Karriereschritt zu tun, so wird dies meist mit den Zielsystem des Unternehmens harmonisieren (*Heinen*, 1971).

Wovon hängt es nun ab, ob jemand seinen persönlichen beruflichen Zielen nahekommt? Dies liegt in einem starken Maße in der Person selbst. Sie muss wirklich entschlossen sein, das Ziel nicht aus dem Auge zu verlieren; sie muss bereit sein Opfer zu bringen, anderes zurückstellen und sich nicht auf dem Wege ablenken lassen. Die Entschlossenheit aber reicht nicht aus. Äußere Rahmenbedingungen sollten unterstützend hinzukommen (*v. Rosenstiel/Nerdinger/Spieß,* 1998). Es sind dies vor allem

- eine realistische Tätigkeitsvorschau,
- soziale Unterstützung,
- Handlungsspielraum bei der Arbeit.

Rang	Formulierung: „Ich hatte mir fest vorgenommen, …“	%	Rang*
1	„… die Verantwortung für ein Projekt zu übernehmen.“	38,3	3
2	„… meinen Verantwortungsbereich zu erweitern.“	36,5	10
3	„…auf ein angenehmes Arbeitsklima in meiner Gruppe hinzuarbeiten.“	36,4	5
4	„… Seminare zu besuchen, die meine Führungsqualität fördern.“	32,5	25
5	„… einen ersten Aufstiegsschritt zu vollziehen.“	31,0	18
6	„… durch den Beruf eine gewisse Unabhängigkeit zu erreichen.“	30,5	2
7	„… meine Vorgesetzten von neuen Ideen zu überzeugen.“	28,4	22

* = realisiert zum zweiten Befragungszeitpunkt.

Abb. 2.3: Meistbearbeitete Ziele von Führungsnachwuchskräften im ersten Berufsjahr und Fortschritte bei der Realisierung (Angaben in %; N = 800)

Was bedeutet dies konkrekt? Zunächst sollte den betroffenen Personen – insbesondere den „Einsteigern“ – sehr klar gesagt werden, welche Möglichkeiten ihre Position bietet und welche nicht. Gegen diese Regel wird vielfach verstoßen. Eine engagierte und hochqualifizierte Nachwuchskraft, die zwischen mehreren Angeboten auswählen kann, wird heftig umworben. Man verspricht ihr bzw. ihm attraktive Arbeitsmöglichkeiten, die dann in dieser Form nicht bestehen. Was soll z.B. die Rede vom „Marschallstab in Tornister“ , wenn es aufgrund der flach gewordenen Hierarchie im Unternehmen gar keine Marschälle mehr gibt? Kurzfristig lässt sich Motivation durch solche Versprechen aufbauen, langfristig ist um so tiefere Enttäuschung unausweichlich. Die Information über die künftige Stelle sollte daher realistisch und nach bestem Wissen und Gewissen erfolgen und nicht nur die Licht- sondern auch die Schattenseiten darstellen.

Wenn man persönliche Ziele in einer neuen Situation zu verfolgen sucht, dann fehlt auf der einen Seite sachliche Information und auf der anderen Seite vielfach menschliche Geborgenheit, die ein Gefühl der Akzeptanz und des Wertgeschätztseins vermittelt. Menschlich angenehme Kontakte zu Personen, die sachlich kompetent Rat geben können, sind entsprechend hilfreich. Das Unternehmen sollte hier nicht auf den Zufall vertrauen, sondern dies organisieren, indem zum Beispiel für die zielorientierten Neueinsteiger Mentoren oder Paten als Gesprächspartner bereitstehen, die jungen Leute mit etwas älteren und erfahreneren „vernetzt" werden und so in informeller Weise erfahren, was sich in keiner schriftlichen Verlautbarung findet oder aber die Neueinsteiger, die alle im gleichen Boot sitzen, finden sich zu regelmäßigen Gesprächsrunden zusammen, lernen im Sinne von Lernpartnerschaften, profitieren wechselseitig von ersten Erfahrungen der anderen und vermitteln sich durch das Gefühl der Gemeinsamkeit emotionale Unterstützung bei Enttäuschungen, „Durchhängern" und Problemen.

Handlungsspielraum bedeutet, dass man nicht in seiner Tätigkeit an starre, vorgegebene Pfade gebunden ist, sondern einen Freiraum hat, innerhalb dessen man selbst Entscheidungen treffen und sie auch selbst kontrollieren kann. Nur wo dieser Freiraum, dieser Handlungsspielraum gegeben ist, kann man versuchen, eigene Wege zu gehen und selbst gesetzte Ziele anzustreben.

In der Organisation sollten diese genannten Bedingungen gesichert werden, damit es erfolgversprechend wird, eigene berufliche Ziele zu verfolgen. Dies dient nicht nur den Einzelnen, die ja auf diese Weise eher zum Ziele gelangen, sondern liegt auch im Interesse der Organisation. Diejenigen nämlich, die das Gefühl gewinnen ihren eigenen Zielen näher zu kommen, sind auch diejenigen, die mit ihrer Arbeit und der Organisation zufriedener sind, die sich stärker an das Unternehmen binden, mit ihm identifizieren und auf diese Weise mehr Engagement entwickeln und entsprechend auch seltener an Kündigung denken.

Aber noch einmal sei daran erinnert: die besten Rahmenbedingungen helfen nicht, wenn es an der Motivation aus dem Ich fehlt. Wirkliche Entschlossenheit, die selbstgewählten Ziele zu erreichen, ist Vorbedingung für den Erfolg. Selbstmanagement im Sinne der Stärkung von Motivation und Volition kann dazu beitragen.

3.5 Kennenlernen nicht bewusster Motive

Wir sind uns häufig nicht aller Beweggründe unseres Handelns bewusst. Dies gilt insbesondere, wenn bestimmte Motive mit dem, was als wünschenswert gilt, was soziale Normen vorgeben, nicht übereinstimmen. Ähnlich wie ein Autofahrer, der ein sehr unfallsicheres und zugleich viel Prestige vermittelndes Fahrzeug gekauft hat, auf die Frage nach dem Konsummotiven ausschließlich die sozial akzeptierte Unfallsicherheit nennt, aber nicht das eigene Geltungsstreben, das durch dieses Auto zum Teil befriedigt wird, spricht man auch sonst über das sozial Akzeptierte und macht es sich eher bewusst. Auch derjenige, der sich engagiert einer Aufgabe zuwendet, die ihn einerseits unmittelbar befriedigt, andererseits eine rasche Karriere verspricht, wird ausschließlich die Bindung an die Aufgabe nennen, nicht aber den ebenfalls wirkenden Ehrgeiz. Es ist nicht nur so, dass anderen Personen die Schattenseiten der eigenen Motivation nicht verraten werden; man macht sich vielfach auf diesem Gebiet selbst etwas vor, um als edelmütig und altruistisch zu erscheinen.

Auf Nietzsche geht das schon einmal zitierte Wort zurück: „Das habe ich getan sagt mein Gedächtnis. Das kann ich nicht getan haben sagt mein Stolz und bleibt unerbittlich. Schließlich gibt das Gedächtnis nach." Dies entspricht weitgehend dem vom *Freud* vielfach geschilderten Konzept der Verdrängung. Motive bleiben auf diese Weise unter der Bewusstseinsschwelle und wirken trotzdem. Dies aber kann bei der Arbeit schädlich sein. Je ausgeprägter die Diskrepanz zwischen bewussten und unbewussten Motiven bzw. Zielen ist, desto eher können Konflikte in der Person entstehen. Man wählt zum Beispiel eine Verhaltensweise, die nur an den bewussten Motiven orientiert ist und kommt dann nicht weiter, weil sich die nichtbewussten Motive dem entgegenstellen. Manche dieser unbewussten Motive wird man selbst erkennen können, wenn man sehr ehrlich mit sich selbst „ins Gericht" geht oder wenn man sich von Personen, die einen sehr gut kennen und zu denen man Vertrauen hat, Feedback einholt. Manchmal allerdings kann es ratsam sein, auf diesem Gebiet die Hilfe eines Psychologen in Anspruch zu nehmen, der mit Hilfe eines projektiven Testverfahrens, z. B. mit Hilfe des Thematischen Aperzeptions Tests (TAT), einer Motivdiagnostik vornimmt.

Bei diesem TAT handelt es sich um ein bewährtes Verfahren, bei dem zu unscharfen und unklaren Bildern, die in der Regel soziale Situationen zeigen, von der getesteten Person eine spannende Geschichte erzählt werden soll. Meist werden einem relativ viele derartige Tafeln vorgelegt. Aus einer Inhaltsanalyse der Erzählungen schließt nun der Psychologe nach bestimmten Regeln auf die handlungsbestimmenden Motive. Dies kann dazu beitragen, sich besser und tiefer kennenzulernen. Man kann dann mit höherer Wahrscheinlichkeit erfolgreich arbeiten, wenn man Dinge tut, die man wirklich tun will und die man nicht mit dem halben Herzen ablehnt.

3.6. Aufbau von Willensstärke

Für viele berufliche Tätigkeiten steht nicht durchgehend die notwendige Motivation zur Verfügung. Man muss gelegentlich Dinge tun, die man nicht gerne tut, man wird abgelenkt und zu Aktivitäten verlockt, die kurzfristigen Spaß versprechen oder bemerkt im Laufe des Tages Motivationslöcher, die dazu beitragen, dass das eigene Handeln an Intensität nachlässt oder gar versiegt. Um mit solchen Störungen fertig zu werden, verfügt der Mensch in mehr oder weniger stark ausgeprägtem Maße über volitionale Techniken, die man auch als Willensstrategien bezeichnen kann. Man denke an die Entschlusskraft, die Fähigkeit sich zu konzentrieren, ablenkende Gedanken abzuwehren oder gar zu blockieren. Diese und ähnliche Techniken sind trainierbar und können dann besser und zielgerichteter eingesetzt werden, wenn es im Sinne des Zieles, zu dem man sich entschlossen hat, notwendig erscheint. Freilich sollte dies nicht zur Unterdrückung all dessen führen, was Spaß und Abwechslung verspricht. Wer wirklich souverän mit seinem Willen umgeht, wird dafür sorgen, dass eigene Bedürfnisse und Spontaneität nicht zu kurz kommen. Er wird Kompromisse suchen zwischen dem, was er soll und dem, was ihm Freude macht. Führungskräfte, die in diesem Sinne über Willensstärke verfügen, sind erfolgreicher, erreichen eher ihre Ziele, machen höhere Umsätze und führen ihre Mitarbeiter in einer aufgabenbezogenen Weise.

Will man im Zuge eines Selbstmanagement-Trainings Willensstärke entwickeln, so kann man z. B. zunächst einen Fragebogen durcharbeiten, der sich auf Situationen bezieht, in denen Willensstärke benötigt wird und kann so erkennen, wo man Defizite hat. Man kann dann versuchen im Sinne einer „Hausaufgabe“ bewusst in die entsprechenden – von der Aufgabe ablenkenden – Situationen zu gehen und solche Strategien des Umgangs mit diesen Situationen erproben, die der eigenen Persönlichkeit entsprechen und dennoch zielführend sind. Dabei zeigt sich immer wieder, dass der Weg, der für den einen hilfreich ist, dem anderen herzlich wenig nutzt.

3.7 Reduzierung von Überkontrolle

Die Volition hat zwei Gesichter, die man mit Selbstkontrolle und Selbstregulation bezeichnet. Selbstkontrolle ist – um im Bilde zu sprechen – ein autoritärer Umgang mit sich selbst. Man unterdrückt ablenkende Gedanken, zwingt sich dazu, nur an die im Augenblick zu erledigende Aufgabe zu denken, kennt keine Kompromisse, wenn die Sonne zu einem kleinen Spaziergang einlädt.

Die dafür erforderliche Kompetenz lässt sich erwerben. Sie ist auch gelegentlich von Nutzen, wenn bei relativ kurzfristiger Zielsetzung eine Arbeit noch unbedingt erledigt werden muss. Bei mittel- und langfristigen Zielsetzungen dagegen sollte man auf jeden Fall auf die zweite Form der Volition, die Selbstregulation, setzen, die sich als

„demokratischer Umgang" mit sich selbst umschreiben lässt. Hier bemüht man sich um Kompromisse zwischen Pflicht und Neigung. Man erlaubt sich z. B. den Spaziergang im Sonnenschein, aber nicht sofort, sondern erst dann, wenn man einen Teil der lästigen aber notwendigen Arbeiten erfolgreich abgeschlossen hat.

Ist nun die Selbstkontrolle all zu stark und einseitig ausgeprägt, wird sie zur Überkontrolle, so kann dies für die eigentlichen Leistungsziele schädlich werden. Überkontrolle befähigt den Menschen zwar, sich erfolgreich über unangenehme Gefühle und innere Barrieren hinweg zu setzen. Dies aber ist nicht gut, wenn es zur allgemeinen Strategie des Handelns wird, wenn Überkontrolle in jeder Situation eingesetzt wird. Wer zur Überkontrolle neigt, wird von außen gesetzte Ziele ungeprüft akzeptieren und entsprechend seine eigenen Bedürfnisse und Wünsche stets zurückstellen. Dies aber kann langfristig die psychische und physische Gesundheit gefährden und ist mit der Unfähigkeit verbunden, Phantasien zu entwickeln oder impulsiv und spontan zu handeln. Es wird im extremen Fall alles bis ins Detail geplant. Dadurch wird mittelfristig auch die Leistung reduziert, was an Führungskräften belegt werden konnte (*Kehr, Bles & v. Rosenstiel*, 1999). Es erscheint in derartigen Situationen empfehlenswert, die Überkontrolle zu reduzieren, was voraussetzt, dass sie dem Betroffenen zunächst einmal bewusst gemacht wird. Dies kann im Zuge der Reflexion eigenen Verhaltens, im Gespräch mit einem erfahrenen Coach, aber auch im Rahmen eines sorgfältigen Ausfüllens eines einschlägigen Fragebogens erfolgen.

Neigt man zur Überkontrolle, so sollte man sich dafür sensibilisieren, eigene Bedürfnisse und Gefühle wahr und zugleich ernst zu nehmen und den entsprechenden Tendenzen auch gelegentlich nachzugeben. Man sollte sich also bewusst etwas gönnen, um danach mit doppelter Freude an die Arbeit gehen.

3.8 Aufbau von Arbeitsfreude

Arbeit kann Lust oder Leid sein. Ist sie mit positiven Gefühlen verbunden, so lässt sich in aller Regel prognostizieren, dass die Ziele eher erreicht werden als dann, wenn man sich mit willentlicher Unterstützung dazu zwingen muss. Positive Gefühle bei der Arbeit deuten darauf hin, dass die meist von der Organisation vorgegebenen Aufgabenziele weitgehend mit den Bedürfnissen des Arbeitenden korrespondieren. Man schaut in derartigen Fällen allerdings nicht alleine auf das Ergebnis, auf das Ziel, das es zu erreichen gilt, sondern man geht auch den Weg zu diesem Ziel mit Freude. In derartigen Fällen spricht man davon, dass die Arbeit intrinsisch motiviert sei. Selbst große Herausforderungen erscheinen bei intrinsischer

Motivation gut und relativ leicht bewältigbar, während bei gänzlichem Fehlen dieser intrinsischen Motivation selbst objektiv leicht bewältigbare Aufgaben wie eine unüberwindliche Hürde vor uns stehen. Entsprechend werden Ziele oder Absichten häufiger erreicht bzw. realisiert, wenn dies mit Spaß verbunden ist. Sucht man nun die Freude an der eigenen Arbeit zu steigern, so sollte man sich nicht darauf beschränken, sich nur die auch gefühlsmäßig angenehmen Konsequenzen des Abschlusses dieser Tätigkeit vorzustellen, obwohl auch dies durchaus hilfreich sein kann. Man sollte primär an mögliche Wege zum Ziel, an die einzelnen Teilschritte denken und sich diese so konkret vorstellen, dass man auch die Gefühle abschätzen kann, die möglicherweise dabei entstehen werden. Da es ja nun in der Regel nicht nur einen, sondern mehrere Wege zu einem gleichen Ziel gibt, kann man sich für jenen entscheiden, der den eigenen Bedürfnissen am nächsten kommt, bei dem also unangenehme Gefühle minimiert und angenehme maximiert werden. Jenen Weg, der die beste „Gefühlsbilanz" verspricht, sollte man dann auswählen und sich schon vor Beginn auf die Freude einstellen, der vermutlich damit verbunden sein wird.

3.9 Die Interpretation der eigenen Rolle

Der Begriff der Rolle lässt häufig an das Schauspiel denken, und da ist – nach Auffassung vieler Laien – eine große Distanz zwischen dem Menschen und dem, was er spielt, mitgedacht. So ist der Schauspieler ja „nicht wirklich" der andere, er spricht nur dessen Rolle.

Die Rolle, von der in den Sozialwissenschaften gesprochen wird, reicht tiefer und ist vom „Kern" der Person kaum abzulösen (*Wiswede,* 1977). Was ist im Alltag darunter zu verstehen? Eine Interpretation des eigenen Tuns im zwischenmenschlichen Bereich, das wiederum geprägt und beeinflusst wird von den Erwartungen, die andere von einem haben. So wird die Rolle zu einem Ergebnis des Wechselspiels von eigener Rolleninterpretation und fremder Rollenerwartung. Und das kann tief reichen. So versteht man z.B. in unterschiedlichen Phasen der Sozialgeschichte recht Verschiedenartiges unter einer „guten Mutter", unter einem „pflichtbewussten Beamten", einem „anständigen Mädchen", einem „ehrenhaften Mann" und vielem anderen mehr (man vergleiche z.B. nur, was heute und was vor hundert Jahren jeweils darunter verstanden wurde). Hier abzuweichen, aus der Rolle zu fallen, kann einerseits Schuldgefühle bis hin zum Suizid oder soziale Missbilligung bis zum Ausstoß aus der Gemeinschaft nach sich ziehen. Unsere zentralen Rollen spielen wir nicht, wir sind sie. Dies ist kein Widerspruch dazu, dass wir nicht nur eine, sondern meist mehrere Rollen übernommen haben, z.B. die des treusorgenden Familienvaters, des hilfreichen Kollegen, des heiteren Kegelbruders, des kompetenten Technikers, des verlässlichen Freundes oder – nicht so positiv – des flatterhaften Partners, des ewigen Querulanten, des Versagers oder Sündenbocks …

In der Sozialpsychologie wird etwas überspitzt formuliert: „Wir werden so, wie es die anderen von uns erwarten!" In diesem Wort ist viel Wahrheit. Systematische Studien zeigten, dass manche Menschen in einem sozialen Umfeld, in dem man sie schätzte und ihnen gute Leistungen zutraute, auch zu Erfolgen gelangten, während sich dort, wo allgemein die Auffassung herrschte, dass die Bemühungen doch zu nichts führen würden, dass der Misserfolg wahrscheinlich sei, dass hier ein Unglücksrabe am Werk sei, tatsächlich Misserfolg trotz redlichen Bemühens ergab (*Rosenthal/Jacobson,* 1968).

Man sollte aus derartigen Forschungsbefunden die richtigen Konsequenzen ziehen. Rollen werden uns nicht aufgezwungen; wir sind nicht hilflose Opfer der Erwartungen, die andere uns gegenüber haben. Fremde Rollenerwartungen lassen sich dadurch prägen, dass wir zunächst aktiv unsere Rolle in einem bestimmten Sinne interpretieren und gestalten. Dabei sei beispielhaft an Folgendes gedacht:

- Es gilt zunächst, die eigenen Stärken und Schwächen zu reflektieren, um sich klar darüber zu werden, wie man sich einerseits authentisch, andererseits aber offensiv in einem neuen sozialen Kontext, etwa als Mitglied einer aktuell gebildeten Projektgruppe, darstellt. Der erste in einer Gruppierung erzeugte Eindruck wirkt lange nach und prägt die Rollenerwartungen der anderen.
- Man sollte sich nicht auf eine zu enge Rolle festlegen lassen und nicht stets im Sinne der Vermutungen anderer handeln. Entsprechend ist es ratsam, gelegentlich Aufgaben zu übernehmen, die man sonst nicht wahrnimmt oder auch Verhaltensweisen zu zeigen, die den anderen ungewohnt erscheinen. Damit stellt man an sich selbst die Forderung nach Flexibilität und prägt bei anderen weitere, umfangreichere Rollenerwartungen („Der ist immer für eine Überraschung gut!").
- Wenn man glaubt, dass die eigene Rolleninterpretation mit den Rollenerwartungen der anderen schlecht übereinstimmt, so sollte man dies ansprechen und darum bemüht sein, in einem offenen Gespräch die anderen auf die Diskrepanzen aufmerksam zu machen. Es ist gut, wenn man selbst erfährt, wie die anderen einen sehen, und es ist auch gut, wenn diese erfahren, wie man sich selbst interpretiert. Die Diskrepanzen können dann zum Gegenstand des Gesprächs werden und bis hin zum Rollenwandel und einem neuen Rollenverhalten führen.

Hat man es auf diese Weise erreicht, als ein aktives, innovatives und flexibles Mitglied in der Arbeitsgruppe gesehen zu werden, so ist dies gleichermaßen Stütze und Verpflichtung. Rollen stabilisieren und helfen uns, gelegentliche „Durchhänger" zu überwinden. Man steht anderen gegenüber in der Pflicht und möchte diese nicht enttäuschen. Und man möchte ja auch selbst dem gerecht werden, was man zu können glaubt und was das eigene Selbstbild stabilisiert.

3.10 Der Umgang mit dem eigenen Anspruch

Es gehört zu den Aufgaben eines Managers, eines Vorgesetzten, anderen Ziele zu setzen: klar, realistisch, reizvoll, greifbar usw. Diese Ziele werden abgeleitet von Gesamtzielsetzungen, sie werden nachjustiert, und sie werden immer wieder auch durch neue bzw. modifizierte Zielsetzungen ersetzt.

Aber wie verhält es sich eigentlich mit der persönlichen Zielsetzung? Auch hier sollte sich jeder regelmäßig die Zeit nehmen, seine persönlichen Ziele – beruflich und privat – zu reflektieren, sie zu überprüfen und ggf. neu zu formulieren (vgl. 3.4).

Bei der Formulierung persönlicher Zielsetzungen ist es allerdings außerordentlich wichtig, dass man sich die Latte nicht zu hoch legt! **Ein Ziel sollte reizvoll und herausfordernd, aber auch erreichbar sein.** Nur dann hat eine Zielsetzung motivierende Kraft. Es ist wie im Sport: Ein Stabhochspringer, der mit einiger Sicherheit eine Höhe von 5,50 Meter meistert, fühlt sich „unter Wert" gefordert oder sogar veralbert, wenn man ihm die Latte auf 4,30 Meter legt. Ihn wird es herausfordern, in nächster Zeit die 5,70 Meter sicher in den Griff zu kriegen und auch möglichst bald erstmals die 5,80 Meter zu bewältigen. Falls sich dieser Stabhochspringer jedoch bei seinem derzeitigen Leistungsstand selbst unter den Druck setzt, unbedingt eine Höhe von 6,00 Meter oder noch mehr springen zu wollen, dann programmiert er nur seinen eigenen Misserfolg.

Genau so verhält es sich auch beim Setzen persönlicher Ziele in Arbeit und Beruf: Sind die Ziele zu leicht erreichbar, aktivieren sie nicht den persönlichen Leistungswillen. Sie sind wenig reizvoll. Solche Ziele werden allenfalls „mit der linken Hand" erledigt. Und wenn die Ziele reizvoll sind, dann ist es wichtig, dass sie darüber hinaus eine realistische (und damit erreichbare) Herausforderung darstellen. Ein solches Ziel motiviert stark. Man will es sich selbst und natürlich auch den anderen beweisen.

Ist jedoch die Spanne zwischen persönlichem Anspruch (d.h. eigener Zielsetzung) und Realität (damit ist das derzeitige Leistungsvermögen gemeint) zu groß, dann entsteht nicht Motivation, sondern Demotivation und Frustration sind die Folge. Die übergroße Zielsetzung wird als Herausforderung nicht angenommen („Das schaff' ich nie!"), und es werden keine Kräfte für die Zielerreichung aktiviert („Sowieso sinnlos, sich anzustrengen!"). Das gefährliche Gift der Resignation lähmt den Antrieb, und sehr oft versucht man in einer solchen Situation noch nicht einmal, jenen Teil der Zielsetzung zu meistern, den man ohne weiteres hätte schaffen können.

Genau aus diesem Grund ist es übrigens bei großen und dann meist auch viel Zeit in Anspruch nehmenden Zielsetzungen so wichtig, dass die – zunächst vielleicht fast unerreichbar erscheinende – Gesamtzielsetzung in anspruchsvolle, aber auch in akzeptabler Zeit erreichbare Teilziele heruntergebrochen wird. Dadurch entstehen nicht nur mehrere, jeweils in sich motivierende Teilschritte, sondern es dauert auch nicht unzumutbar lange, bis sich durch die Erreichung von Teilzielen die für persönliche Motivation unbedingt notwendigen und stabilisierenden Erfolgserlebnisse einstellen.

3.11 Die innere Haltung: Think positive!

„Wie willst Du in anderen ein Feuer entzünden, das in Dir selbst nicht brennt?" soll der Kirchenvater *Augustinus* einmal gesagt haben. Was er für Missions- und Glaubensfragen formulierte, gilt ohne Abstriche auch für Motivation: Wer als Vorgesetzter nicht selbst motiviert ist, kann auch schwerlich Mitarbeiter motivieren. Wer sich selbst und seinen Mitarbeitern eine überdurchschnittliche Leistung abverlangen möchte, benötigt dazu eine entsprechend **positive Grundhaltung.** Man muss sich nicht wundern, dass die Mitarbeiter die Lust an der Arbeit verlieren, wenn sie immer wieder mit den gleichen Führungsfehlern konfrontiert werden, zum Beispiel:

- Verdientes Lob und Anerkennung bleiben aus.
- Die Mitarbeiter werden unangemessen häufig und schnell kritisiert.
- Selbst bei geringfügigen Fehlern wird aus der „Mücke ein Elefant" gemacht.
- Selbst berechtigte Kritik wird sehr schnell unsachlich und zielt statt dessen auf die Person des Mitarbeiters.
- Die Information durch den Vorgesetzten erfolgt unzureichend und nur sporadisch.
- Der Chef verkauft Leistungen seiner Gruppe nach außen als eigene Leistung.
- Vor lauter Beschäftigung mit der eigenen Karriere werden die Mitarbeiter und sogar die Sachaufgaben vernachlässigt.

Bei einer derart negativen Führung muss sich der Chef nicht wundern, wenn als Folge seines destruktiven Verhaltens die Arbeitsfreude und die Leistungsbereitschaft bei seinen Mitarbeitern sehr schnell erlöschen. So wird er einen großen Teil seiner Arbeitszeit damit beschäftigt sein, hinter seinen Leuten herzukontrollieren und sie zur Arbeit anzutreiben, damit wenigstens ein einigermaßen zufriedenstellendes Leistungsergebnis erzielt wird.

Eine andere, positivere Grundhaltung bei dem Vorgesetzten würde mit hoher Wahrscheinlichkeit für die Mitarbeiter weitaus motivierender sein. Die Wende fängt also in einem selbst an. „Think positive!“ Dieses eigentlich aus der Therapie stammende Motto ist in den vergangenen Jahren mehr und mehr zum Codewort dafür geworden, durch Neuausrichtung der inneren Grundhaltungen einen konstruktiveren Zugang zu sich selbst sowie zu den Anforderungen und Herausforderungen nicht nur des beruflichen Lebens zu gewinnen. Das weitverbreitete Beispiel, dass man ein zur Hälfte gefülltes Bierglas eben nicht als halbleer, sondern grundsätzlich als halbvoll betrachten sollte, illustriert sehr treffend, was unter „positivem Denken“ zu verstehen ist. Der psychologische Grundmechanismus, der hier wirksam werden soll, ist einfach zu beschreiben: Eine positive Grundhaltung eröffnet mir den Blick auf die positiven und motivierenden Aspekte der Realität und aktiviert meine inneren Kräfte in entsprechender Richtung. Eine negative Denkhaltung („Das wird sowieso nichts!“ oder „Wer soll denn das schaffen?“) verstellt den Blick für die positiven Aspekte der Realität und blockiert wichtige und notwendige Antriebskräfte.

Positives Management ist inzwischen schon ein festes Schlagwort für den Aufruf an die Führungskräfte geworden, sich bei der Leitung von Unternehmen sowie bei der Führung von Mitarbeitern von positiven Grundüberzeugungen leiten zu lassen. Die für positives Managen typischen Grundauffassungen sind in Form der nachfolgenden zehn Regeln (*Weber,* 1989, S. 26) recht gut zusammengefasst:

(1) **Innere Kraftquelle.** Jeder Mensch, so behauptet der 1981 verstorbene Amerikaner und „Großguru“ positiven Denkens *Dr. Joseph Murphy*, verfügt mit seinem Unterbewusstsein über eine Kraftquelle, die ihn zu den größten Leistungen und Erfolgen aber auch in tiefste Verzweiflung führen kann. Der positive Manager hat sich daher entschieden, negative Gedanken fallenzulassen und mit dem inneren Auge beharrlichen Erfolg, große Leistungen, hehre Ziele und was sonst noch zu betrachten.

(2) **Vorbild.** Der positive Manager ist ein authentischer und glaubwürdiger Manager, der selber vorlebt, was er sagt und fordert. Mit seinem Ethos reißt er seine Leute mit.

(3) **Menschenbild.** Der positive Manager sieht in jedem durchschnittlichen den potentiell exzellenten Mitarbeiter. Er ist da-

von überzeugt, dass jeder Mensch zu außergewöhnlichen Leistungen fähig ist, wenn er nur so betrachtet und entsprechend geführt wird. Der positive Manager ist daher kein Schwachstellenanalytiker, kein fehlerfixierter Ausputzer, sondern ein Mann oder eine Frau, der oder die Talente und Stärken sieht und fördert.

(4) **Probleme sind Chancen.** Nicht allein Erfahrung und kühler analytischer Blick haben den positiven Manager gelehrt, Probleme als Chancen zu erkennen. Tief im Inneren ist er davon überzeugt, dass jeder, ob Mensch oder Unternehmen, Probleme und Krisen für das persönliche oder unternehmerische Wachstum braucht. Nur in Krisen und Pleiten, so sein Credo, ist wirkliches Leben möglich.

(5) **Selbstbewusstsein.** Der positive Manager weiß es von sich selbst: Dauerhaft gute Leistungen erbringt nur der Mitarbeiter mit ausgeprägtem Selbstbewusstsein. Er spart deshalb nicht mit spontanem Lob, lässt immer wieder seinen Respekt vor den Mitarbeitern erkennen und trägt Kritik maßvoll und angemessen vor. Angemessen heißt für ihn: nur das Verhalten, nie die Person kritisieren.

(6) **Gewinn-Gewinn-Spiele.** Der positive Manager ist nie Verlierer, weil er nie Sieger sein will. Bei allem, was er tut, sieht er darauf, dass nicht nur er selbst, sondern auch die anderen gewinnen. Weder im eigenen Unternehmen noch im Verhältnis zu Mitbewerbern teilt er die Menschheit in die kleine Elite von Gewinnern und die große Schar von Verlierern ein, sondern betrachtet alle als Mitspieler und Mitgewinner.

(7) **Gefühle.** Der positive Manager weiß, dass Gefühle die stärkste Antriebsenergie des Menschen sind. Deshalb bringt er, wann immer er mit Menschen umgeht, seine Gefühle ein und ermuntert andere dadurch, das gleiche zu tun. Auf diese Weise verbreitet er stets eine offene und lockere Atmosphäre. Der positive Manager gilt deshalb auch als unkompliziert.

(8) **Visionen.** Der positive Manager kennt die Kraft von Gedanken, von Suggestionen und Visionen, wie sie beispielsweise im Gesetz der Self-fulfilling Prophecy (die zur Selbsterfüllung tendierende Prophezeiung) zum Ausdruck kommt. Deshalb formuliert er Zielvorgaben nicht nur in nüchternen Umsatz- oder Marktanteilsziffern, sondern stellt sie in den Rahmen des Großen und Ganzen und vermittelt sinnvolle Visionen.

(9) **Commitment.** Der positive Manager ist bei allem, was er tut, voll bei der Sache. Er geht an jede Arbeit mit hundertprozentigem Commitment heran. Karriere, Status und Einkommen schätzt er keineswegs gering ein, aber er jagt ihnen nicht hin-

terher. Er folgt dem Motto der alten Zenmeister: Der Weg ist das Ziel.

(10) **Moral.** Der positive Manager folgt in all seinen Lebensäußerungen einem untadeligen Ethos. Nicht aus Pflichtbewusstsein, sondern aus innerer Überzeugung verabscheut er jedwedes Foulspiel im Management, vermeidet Trickserei oder Überrumpelungsmanöver. Er weiß, dass er auf lange Sicht mit anderen Menschen immer mehr erreicht als gegen sie. Kurzum: Der positive Manager ist ein Mensch, der andere Menschen mag – er ist ein Menschenfreund.

Dem kritischen Betrachter mögen diese Regeln angesichts der Komplexität der Realität sicherlich zu einfach, vielleicht auch zu trivial erscheinen. Aber oft ist es eben nicht die analytisch perfekt fundierte und hochdifferenzierte Lösungsempfehlung, die den Kern trifft, sondern schlicht der konkrete Ratschlag. So sind auch *Peters* und *Waterman* (1984) bei ihrer Analyse von Konzernen ebenfalls nur auf acht schlichte Prinzipien erfolgreicher Unternehmensführung gestoßen. Diese Prinzipien sind durchweg bekannt. In den wirklich erfolgreichen Unternehmen sind sie aber nicht nur bekannt, sondern werden auch strikt und konsequent in die Tat umgesetzt. Zwischen Wissen und Verhalten liegen eben immer noch Welten.

3.12 Visionen entwickeln

Der amerikanische Lernpsychologe *Robert F. Mager* (1965) stellt seinem Standardwerk über Lernziele den Satz voran: „Wer nicht weiß, wohin er will, braucht sich nicht zu wundern, wenn er ganz woanders ankommt.“ Dies gilt nicht nur für Lernsituationen. In der betrieblichen Welt ist das Setzen von Zielen eine Selbstverständlichkeit. Ziele geben Orientierung, und sie können motivieren. Auch im privaten Bereich kann und sollte man für sich Ziele definieren und sich darauf ausrichten.

Ziele lenken zur Zukunft hin. Sie beschreiben, was man innerhalb einer bestimmten zeitlichen Perspektive erreichen möchte. Entwickelt jemand über die mittel- und langfristigen Ziele hinaus noch weiterreichende Vorstellungen in die Zukunft hinein, dann nennt man dies eine Vision.

Visionen sind ein Bild der angestrebten Wunschzukunft. Wer Visionen entwickelt, sollte sich ein solches Zukunftsbild mit der ganzen Kraft seines Vorstellungsvermögens so konkret wie möglich ausmalen. Je deutlicher eine Vision vor dem inneren Auge steht, desto stärker entzündet sie inspirierende Kraft und verleiht jenen Enthusiasmus, der auch andere mitreißt.

Visionen sind nicht mit Utopien zu verwechseln! Visionen sind erreichbar – wenn auch vielleicht erst in weiter Ferne. Utopien sind dies nicht, und deshalb heißen sie so.

Eine klare Vision stellt einen neuen Maßstab für das Setzen von Prioritäten bereit. Die Gefahr, sich in Nebensächlichkeiten zu verfangen, wird geringer. Die Vision hilft zudem, in Turbulenzen und bei Widrigkeiten nicht den Überblick zu verlieren, denn als große Generalorientierung steht sie ja ständig vor Augen. Gleichzeitig organisiert eine Vision die Wahrnehmung neu. Man wird sensibler für relevante Informationen und hat es leichter, aufgenommene Eindrücke zu strukturieren und in kreative Impulse zu verwandeln. Dies alles gilt nicht nur für den Visionär, sondern für alle, die sich der Vision anschließen.

Der Berater *Matthias zur Bonsen* (1987) nennt fünf wichtige Voraussetzungen, die gegeben sein müssen, damit eine Vision ihre Wirkung voll entfalten kann:

(1) **Plastizität**
Eine Vision muss wirklich plastisch und sozusagen greifbar vor Augen stehen. Nur so kann man sich innerlich hineinleben und sie mit Gefühlen aufladen. Über die Emotionalität verankert sich die Vision im Gedächtnis, entwickelt sie ihre Anziehungskraft und motiviert ihre(n) Träger, die Realisierung mit Engagement anzustreben. Mit einem nur nebulösen Vorstellungsbild gelingt dies nicht.

(2) **Identifikation**
Mit einer Vision muss man sich voll identifizieren können. Je mehr sie den eigenen Neigungen und Wertvorstellungen entspricht, desto mehr kommt sie im wahrsten Sinne des Wortes „von Herzen“. Durch den Prozess der Identifikation wird eine Vision zum inneren Auftrag.

(3) **Realisierbarkeit**
Genau das unterscheidet die Vision von der Utopie. Eine Vision entwickelt ihre Anziehungskraft nur dann, wenn sie prinzipiell als erreichbar erlebt wird. Zielvorstellungen hingegen, die entweder grundsätzlich oder im gewünschten Zeitraum nicht erreichbar sind, demotivieren.

(4) **Spitzenanspruch**
Der „Erfinder“ einer Vision wird an sich selbst und an sein Tun immer einen so hohen Anspruch stellen, dass sich eine hundertprozentige Erfüllung der Vision vielleicht niemals einstellen wird. Insofern ist eine Vision immer idealistisch. Jedoch liegt gerade in dem hohen Anspruch der herausfordernde Aspekt einer

Vision, und jeder Schritt auf dem Weg zu ihrer Erfüllung kann als Erfolg gefeiert werden.

(5) **Präsenz**
Eine Vision muss als generelle Orientierung permanent im Bewusstsein aller Träger lebendig sein. Nur dann wird sie mit ihrer inspirierenden Kraft voll wirksam. Deshalb muss sie davor bewahrt werden, in der Alltagsroutine und im „Tagesgeschäft" unterzugehen. Das bedeutet nicht, dass man in jeder Sekunde an die Vision denkt, sondern dass sie ständig „im Hinterkopf" präsent ist und auf diese Weise – etwa bei Entscheidungen über Strategien, Ziele oder auch Verhalten – ein permanenter Abgleich zwischen Abbild der Wunschzukunft und Realität stattfindet.

Wie kommt man zu einer Vision? Eine Vision kann man nicht in Auftrag geben oder kaufen. Man muss sie schon selbst entwickeln, sonst stellt sich keine Identifikation ein. Ohnehin ist eine Vision eigentlich nie fertig, denn man wird an ihr immer wieder arbeiten, sie tiefer ausmalen oder facettenreicher gestalten. Nachfolgend einige Hinweise, welche Bedingungen für das Entwickeln von Visionen förderlich sind, und wie man sich Impulse für Visionen verschaffen kann:

- Zum Entwickeln von Visionen gehören innere **Ruhe und Entspanntheit.** Stellen Sie sich vor, Sie liegen auf einer großen Wiese und träumen in den blauen Himmel hinein. Oder Sie liegen mit geschlossenen Augen im duftenden Moos auf einer Waldlichtung, Sie spüren die wärmenden Sonnenstrahlen auf Ihrer Haut, und Sie geben Ihren Gedanken freien Lauf ... Das sind die stimmungsvollen Situationen, in denen sich am besten Zukunftsbilder entwerfen lassen. Man muss sich innerlich fallenlassen können. Wer sich ein solches psychisches und auch physisches „Innehalten" in dieser oder in ähnlicher Form nicht gönnt, wird nie Visionär!
- Machen Sie sich **frei von gedanklichen Blockierungen.** Sie sind der Feind jeglicher Kreativität. Die inneren Denkzwänge – meist schon in der Kindheit anerzogen – müssen weg! Aus einem „Sei perfekt!" mache ein „Du hast es gut gemacht, es genügt". Aus einem „Sei stark!" mache ein „Du darfst sein, wie Du bist". Aus einem „Mach schnell!" mache ein „Du darfst Dir Zeit nehmen" usw.
- Ein Visionär ist immer **offen für anregende Impulse** und ist unglaublich neugierig. Das heißt: Kommunizieren Sie mit möglichst vielen unterschiedlichen Menschen, die in irgendeiner Art und Weise für Sie persönlich oder für Ihre Tätigkeit wichtig sind oder sein können. Nehmen Sie alles auf wie ein neugieriges Kind und verzichten Sie darauf, alles sofort zu bewerten und einzuordnen.

Befriedigen Sie Ihre Neugierde, indem Sie „das andere“ suchen. Interessieren Sie sich für Trends, und zwar nicht nur für das, was unmittelbaren Bezug zu Ihrem Beruf hat. Lesen Sie, was immer Ihnen Spaß macht. Und suchen Sie die Begegnung mit Menschen aus anderen Lebensbereichen, denen Sie normalerweise nicht begegnet wären.
- Praktizieren Sie **gedankliche Lockerheit.** Halten Sie Ihre Phantasie in Schwung. Schicken Sie Ihre Gedanken „auf Reisen“, kultivieren Sie Tagträume und erlauben Sie sich, einfach „mal zu spinnen“. Stellen Sie sich bildhaft alternative Zukünfte vor; dabei begegnen Sie am schnellsten Ihren echten Werten, Neigungen und Hoffnungen.
- Werden (oder bleiben) Sie ein stets **wachsamer und konzentrierter Beobachter** Ihrer realen Umwelt. Bleiben Sie im wahrsten Sinne des Wortes „Geistes-gegenwärtig“, denn der Bezug zwischen Vision und Realität (Präsenz) muss erhalten bleiben.

Als seinerzeit *Martin Luther King* in seiner berühmt gewordenen Rede „I Have a Dream“ in der Vorstellung seiner Zuhörer das Bild einer Gesellschaft entstehen ließ, in der Schwarze und Weiße gleichberechtigt und friedlich miteinander leben, beschrieb er zugleich eine Vision. Er tat dies plastisch und mit großer Eindringlichkeit.

Seitdem wurde vieles für die Gleichberechtigung der Schwarzen erreicht, und *Martin Luther King* hat nur einen Teil der Realisierung seines Traums erleben können. In Vollkommenheit ist seine Vision auch heute noch nicht Wirklichkeit geworden. Aber sie lebt noch fort und hat ihre Attraktivität bisher nicht verloren. Dies zeigt nicht nur, dass Visionen einen sehr hohen Anspruch in sich tragen können, sondern es ist auch ein Beispiel dafür, welch langfristig motivierende Kräfte eine Vision mobilisieren kann.

4 Vorsicht: Übermotivation!

Wie schon ausgeführt, bedeutet Motivation, ein Mensch aktiviert – durch externe und/oder interne Anreize angeregt – bestimmte Antriebskräfte und richtet sie auf das Erreichen eines wie auch immer gearteten Zieles. Ein motivierter Mensch befindet sich also in einem zielgerichteten Spannungszustand. Dabei kann man aber auch des Guten zuviel tun. Eine zu verbissene Ausrichtung auf ein Ziel, eine zu hohe „innere Tourenzahl“ machen nicht effektiver bei der Zielerreichung, sondern behindern sie. Die Rede ist hier von der sogenannten **Übermotivation.**

Der in Abbildung 2.4 dargestellte Kurvenverlauf zeigt, wie sich die Intensität der Motivation (hier als Grad der Anspannung bezeichnet) auf die Leistungsfähigkeit einer Person auswirkt.

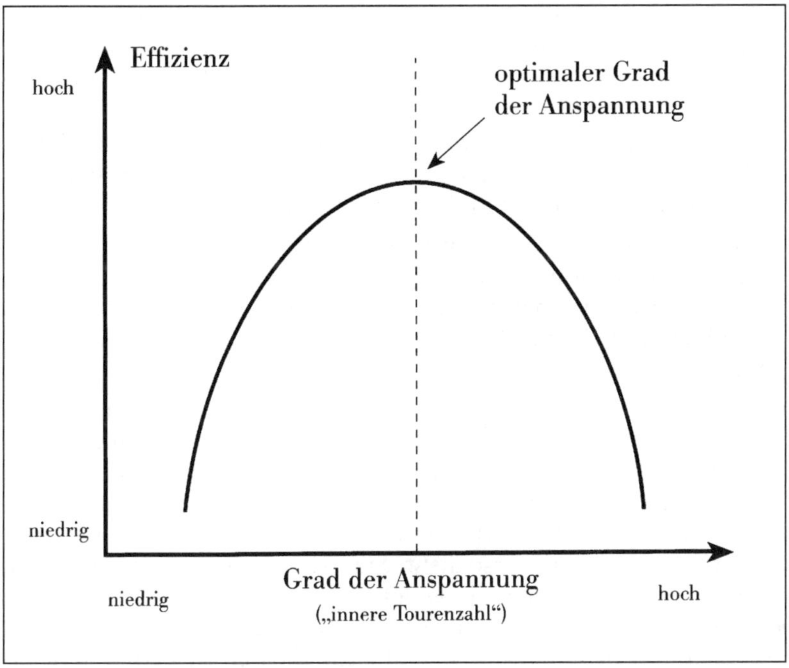

Abb. 2.4: Die Leistungsfähigkeit in Abhängigkeit vom Spannungszustand (Walton, 1969, S. 112)

Die Effizienz ist natürlich gering, wenn auch die innere Anspannung, also das Engagement, gering ist. **Die optimale Leistungsfähigkeit und Effizienz hat man bei mittlerer Anspannungslage!** Das Geheimnis vieler Menschen, die Dinge erfolgreich in Gang zu setzen und ebenso erfolgreich andere Menschen überzeugen und mitreißen (= motivieren) zu können, ist eine gewisse souveräne Gelassenheit. Solche Menschen wirken ansteckend locker und überzeugend.

Zu große Verbissenheit und Verkniffenheit sind hingegen nicht die richtige innere Haltung auf dem Weg zur Leistung. Die Mobilisierung wertvoller innerer Energien wird vielmehr blockiert, man wird starr (auch stur) und unflexibel. Zudem wird die Wahrnehmung stark eingeschränkt. In den zahlreichen Quizsendungen des Fernsehens kann man dieses Phänomen übrigens ständig beobachten. Da kann ein Quizkandidat oder eine -kandidatin beim Kampf um die entscheidenden Punkte plötzlich die einfachsten Fragen nicht mehr beantworten. Während sich der freizeitlich entspannte Fernsehzuschauer zu Hause fragt, welche „Dummköpfe die mal wieder eingeladen haben" und mit einem „Das weiß doch jedes Kind!" sein Urteil schon fertig hat, starrt der Quizkandidat verzweifelt ins Leere und sucht voller Panik in seinem plötzlich leeren Kopf nach der rettenden Antwort. Übrigens: In entspannter Situation zu Hause vor dem Fernseher hätte auch der Quizkandidat wahrscheinlich mit Leichtigkeit die Antwort gefunden; nicht aber unter dem Druck von Millionen Fernsehzuschauern und unter dem inneren Zwang eines „Das mußt Du schaffen!" oder „Jetzt nur nicht blamieren!"

Wenn man „mit Gewalt" etwas will, mobilisiert das also keine inneren Energien, sondern blockiert sie. Übermotivation wirkt kontraproduktiv. Statt Freisetzung von Energien kommt es zu Blackouts und Blockaden. Mit Sicherheit hat jeder Mensch schon diese oder ähnliche Situationen erlebt:

- Da redet jemand hoch-engagiert auf einen anderen ein, um ihn von einer Idee zu überzeugen. Doch vor lauter Engagement kann der Redner die Gegenargumente des anderen schon gar nicht mehr aufnehmen (geschweige denn verstehen). Er merkt auch gar nicht, wie sein Gesprächspartner schon bald „die Jalousien herunterlässt" und sich ihm verschließt. Statt den anderen zu überzeugen, hat er ihn im wahrsten Sinne des Wortes „zugeredet".
- Oder da ist ein junger Vorgesetzter so extrem darauf fixiert, voranzukommen und seine persönlichen Karriereziele zu verwirklichen, dass er gar nicht mehr merkt, wie er den Bezug zu seinen Mitarbeitern (vielleicht auch zu seinen Kollegen) verliert, und wie er vor lauter Bestreben, sich nach oben gut darzustellen, genau das vermissen lässt, was ihn als zukünftigen Manager qualifizieren würde: Selbstbewusstsein, Souveränität und Überblick.

Dies sind nur zwei Beispiele dafür, wie Übermotivation Leistungserfolg gefährden kann. „Don't push too hard!", lautet eine englische Lebensweisheit für alle, die etwas bewegen wollen. Das gilt auch für den Umgang mit sich selbst.

5 Das Spannungsfeld von Privatleben und Beruf

Wir leben in einer Zeit, in der erfolgreiche Führungskräfte und Manager mit jedem weiteren Schritt auf der Karriereleiter in ein wachsendes Dilemma hineinschliddern. Während auf den unteren Ebenen der betrieblichen Hierarchie die Mitarbeiter angesichts sich verringernder Arbeitszeiten einen wachsenden Raum für Freizeit und Privates gewinnen, werden die Führungskräfte auf den höheren Ebenen mehr und mehr von ihrem „Job", von ihrer Aufgabe gefordert und vereinnahmt (siehe dazu auch *Streich*, 1994). Damit ist irgendwann nicht nur die Frage verbunden, wo die körperlichen und auch seelischen Leistungsgrenzen erreicht sind, sondern auch die große Gefahr, dass jeder neue Karriereschritt mit einem weiteren Verlust an privatem Glück bezahlt werden muss. Privates Glück wird in unserer Gesellschaft nach wie vor beschrieben als die Verwirklichung individueller Bedürfnisse und vor allem als Eingebunden-Sein in erfüllte persönliche Beziehungen wie zum Beispiel Freundschaften, die Familie und vor allem auch eine mit Liebe und auch sexueller Erfüllung verbundene Partnerschaft bzw. Ehe.

Wer Erfolg im Beruf sucht bzw. hat, muss sich also der Frage stellen, wie er sein Leben organisieren will. Versäumt er dies, wird er vielleicht später einmal feststellen, dass er für seinen beruflichen Erfolg einen zu hohen persönlichen Preis bezahlt hat. Vielleicht gerät er irgendwann einmal aus der seelischen Balance, weil der – für das innere Gleichgewicht unbedingt notwendige – Gleichklang zwischen „Geist", „Seele" und „Körper" bzw. zwischen „Ratio", „Gefühl" und „Körper" aus den Fugen geraten ist. Dazu zwei Beispiele:

Da gefällt sich ein Manager in der Rolle des „coolen", kopfgesteuerten Rationalisten. Er läßt keine Gefühle zu. Er unterdrückt sie bei sich und negiert sie bei anderen. Doch was erst nur Rolle ist, wird im Lauf der Zeit langsam zum kennzeichnenden Zug seiner Persönlichkeit. Damit verkümmert er nicht nur seelisch, sondern er verschließt sich auch die wichtigste Quelle seiner persönlichen Vitalkraft. Schließlich sind persönliche Antriebskräfte, Motivationen, Inspiration, Begeisterungsfähigkeit etc. in der Emotionalität eines Menschen verankert und nicht in seiner Großhirnrinde.

Oder jemand jagt seinen persönlichen Karrierezielen so vehement und so rücksichtslos gegen sich selbst nach, dass er kaum noch Zeit zum Atemholen, geschweige denn zum Entspannen findet. Er gerät in Stress und wird rastlos und getrieben. Ihn beherrscht die Aufgabe. Er ist Sklave, nicht mehr Meister seines Berufes. Wer da nicht rechtzeitig die „Reißleine" zieht, dessen „innere Batterie" ist irgendwann erschöpft. Der Körper macht nicht mehr mit. Kollaps oder irgendwann Infarkt – das sind dann die häufigsten Resultate.

Unser Leben besteht schließlich nicht nur aus dem Beruf. Es gibt auch einen privaten Teil. Was die Beziehungen zwischen Berufs- und Privatleben angeht, sind die Untersuchungen der amerikanischen Sozialforscher *Evans* und *Bartolomé* (1981) interessant. Sie haben sehr umfangreiche Studien an einer großen Anzahl von Führungskräften aus europäischen und außereuropäischen Ländern gemacht und diese darüber befragt, welche persönlichen Erfahrungen sie im Spannungsfeld zwischen Familie und Beruf gemacht haben und wie sie dies regeln. Dabei sind sie bei den Befragten auf vier verschiedene Grundüberzeugungen gestoßen. Diese ermittelten Grundüberzeugungen haben die beiden Autoren in die nachfolgenden Thesen umformuliert. Jede These ist mit einem typischen Zitat gekennzeichnet.

These I: Übertragung

Typisches Zitat: „Das eine (Privat) beeinflusst das andere (Beruf). Das ist auf jeden Fall so. Positiv wie negativ. Bin ich in meiner Arbeit befriedigt, wird dies positiv zu meinem Familienleben beitragen; bin ich mit meinem beruflichen Fortkommen unzufrieden, wird dies negative Auswirkungen auf mein Familienleben haben. Ebenso kann meine familiäre oder private Situation mein berufliches Fortkommen und meine Arbeit beeinflussen."

These II: Unabhängigkeit

Typisches Zitat: „Die Felder Beruf bzw. Familie/Privat bestehen sozusagen Seite an Seite und sind praktisch voneinander unabhängig. So kann es durchaus passieren, dass ich erfolgreich und zufrieden in beiden Bereichen bin. Aber ebenso kann dies nur in einem der beiden Bereiche eintreten oder auch in keinem von beiden."

These III: Konflikt

Typisches Zitat: „Beruf und Privatbereich stehen im Konflikt zueinander und lassen sich nicht ohne weiteres miteinander vereinbaren. Erfolg und Befriedigung im Beruf werden mir notwendigerweise Opfer im Privatleben abfordern. Und befriedigendes Privatleben erfordert Kompromisse bezüglich des beruflichen Fortkommens."

These IV: Mitwirkung/Kompensation

Typisches Zitat: „Das eine ist ein Mittel, etwas zu erlangen, was in dem anderen Bereich erwünscht wird. Arbeit und berufliches Fortkommen beispielsweise sollen ein zufriedenstellendes Privatleben ermöglichen und vice versa (Mitwirkung). Oder aber in dem einen Bereich wird kompensiert, was in dem anderen fehlt. Sind Arbeit und berufliches Fortkommen unbefriedigend, sucht man Erfüllung und persönliche Entwicklung im außerberuflichen Feld; ist das Familien-/Privatleben weniger zufriedenstellend, wirft man sich auf die Arbeit und konzentriert sich auf das berufliche Fortkommen (Kompensation)."

Bei der tieferen Analyse ihrer Befragungen sind *Evans* und *Bartolomé* zu der Überzeugung gekommen, dass keine dieser vier Thesen grundsätzlich bzw. alleine richtig oder auch falsch ist. Vielmehr fanden sie heraus, dass in Abhängigkeit von dem individuellen Engagement sowie der gleichzeitig erlebten beruflichen Realität jeweils die eine oder die andere der formulierten Hypothesen als Erklärungsmodell zur Regelung der Beziehungen zwischen Berufs- und Privat-

Subjektive Empfindung bezgl. der Arbeit:	Einigermaßen zufrieden (darum ringend, erfolgreich zu sein)	Einigermaßen zufrieden (zufrieden mit dem Erfolg)	Sehr zufrieden (sehr erfolgreich)	Leicht unzufrieden (mit dem Gefühl des Versagens)
Charakteristischer emotionaler Zustand im Berufsleben:	angespannt (besorgt, unsicher)	frei von Stress (ruhig, entspannt, fühlt sich sicher)	gestresst (sehr aufgeregt, angespannt, fühlt sich unsicher)	frei von Stress (resigniert, fatalistisch)
Psychologisches Engagement in Arbeit und Karriere:	sehr engagiert	einigermaßen engagiert	über-engagiert	nicht engagiert
Wahrscheinliche Beziehung zwischen Berufs- und Privatleben:	**ÜBERTRAGUNG**	**UNABHÄNGIGKEIT**	**KONFLIKT**	**MITWIRKUNG / KOMPENSATION**

Abb. 2.5: Arbeitssituationen und Beziehungen zwischen Berufs- und Privatleben (nach Evans/Bartolomé, 1981)

leben wirksam wird. In Abbildung 2.5 ist dieser Zusammenhang dargestellt.

Nach *Evans* und *Bartolomé* kann man davon ausgehen, dass ein Manager im Laufe seiner beruflichen Entwicklung bzw. Karriere zusammen mit seinem (Ehe-)Partner sowie auch der Familie verschiedene Phasen im Spannungsfeld zwischen Privatleben und Beruf durchläuft. Allein aus diesem Grund sollte es unbedingt zur persönlichen Lebensplanung gehören, dass man – zusammen mit seinem Lebens- oder Ehepartner! – einmal bewusst Fragen abstimmt wie:

- Wo will ich hin mit meiner Karriere (berufliche Vision)?
- Wo will ich hin mit meinem Privatleben (private Vision)?
- Sind meine Ziele realistisch?
- Was muss ich/müssen wir für die Realisierung dieser Ziele tun?
- Ist uns beiden (d.h. mir und meinem Partner) klar, auf was wir uns einlassen, wenn ich mich für Karriere entscheide?
- Was muss der andere dazu beitragen (eventuell auch aufgeben)?
- Will ich diesen Preis bezahlen? Kann oder will der andere diesen Preis bezahlen?
- Wie wollen wir das regeln?
- Wo sind die Grenzen? Was wollen wir nicht aufgeben?

- Wie wollen wir uns in zu erwartenden Problemsituationen verhalten (Spielregeln)?

Es hat keinen Sinn, sich dabei „in die Tasche zu lügen". Durch den Gang der Dinge kommen die Problemsituationen früher oder später ohnehin auf den Tisch. Dann ist es besser, vorher die kritischen Punkte anzusprechen und abzustimmen.

Bei der Untersuchung von beruflichen Lebensläufen stoßen Forscher, Berater und Therapeuten auf ein eigentlich überraschendes Phänomen: Viele exzellente und erfolgreiche Manager betreiben ihr berufliches Geschäft mit großer Ernsthaftigkeit und absolut professionell. Die Organisation ihres Privat- und Familienlebens hingegen gehen sie mehr als laienhaft (wenn überhaupt!) an und/oder lassen diesen Teil ihres Lebens einfach „mitlaufen":

- Im beruflichen Feld kümmern sie sich um Visionen, Strategien, Produktivität, Innovation und „Corporate Identity". Und welche Visionen und Strategien haben sie im Privatleben? Wie produktiv sind sie dort? Was tun sie dort für Kreativität und Innovation? Und wie ist es um die persönliche „Identity" bestellt? Oder:
- Im Beruf sind Marketing, Vertriebsstärke, Personalentwicklung und Controlling wichtige Themen. Und was geschieht privat? Was tun sie, um sich in ihrem „privaten Markt" attraktiv zu positionieren? Was investieren sie in die eigene Persönlichkeitsentwicklung? Und wie ist es um das „Controlling" des Privatlebens bestellt?

Für manche Manager kommt die Stunde der Erkenntnis viel zu spät und zwar am Ende eines – wie heißt es so schön: – „erfüllten Berufslebens". Nachdem sie vielleicht ein halbes Leben lang die Organisation und die Fortentwicklung ihres Privatlebens vernachlässigt haben, wird mit dem Ausscheiden aus dem Beruf plötzlich die einzige Nabelschnur gekappt, die diese Leute mit „seelischer Energie" (Erfolgserlebnisse, Bedürfnisbefriedigung) versorgt hat: die berufliche Tätigkeit. Der Reiz der beruflichen Tätigkeit entfällt, Statussymbole, Einfluss, Befugnisse und Macht fallen (meist) an den Arbeitgeber zurück.

Nicht wenige stürzen dann plötzlich in ein tiefes Loch. Sie haben sich nie für eine sinngebende Beschäftigung in der Freizeit interessiert, und für den Aufbau und die Pflege dessen, was man heute als „soziales Auffangnetz" bezeichnet, hatten sie keine Zeit ... Die Familie ist vielleicht schon längst zerbrochen (oder wird nur noch als Fassade aufrechterhalten); um die Pflege von persönlichen Kontakten außerhalb des Berufes haben sie sich nie gekümmert. Das ist der Grund, weshalb sich viele Menschen gegen Ende ihres Berufslebens oft so verzweifelt an ihre Tätigkeit klammern. Andere versuchen, nach dem Ausscheiden aus ihrem Beruf in ähnlicher Weise auf anderen Feldern weiterzuleben (z.B. in einer neuen Tätigkeit, als Berater, in einem Verband o.ä.; siehe dazu auch *Reimann*, 1994).

Die Erfüllung der Lebensphase nach dem Ausscheiden aus dem Beruf muss man rechtzeitig planen und organisieren. In diesem Zusammenhang ist eine These von besonderer Bedeutung, in der sich eine sehr wichtige Erkenntnis über die Psychologie des Alterns (siehe dazu auch *Lehr*, 1987) abbildet: „Man wird so (d.h. auf die gleiche Weise) alt, wie man vorher gelebt hat." Mit anderen Worten: Die Art, wie wir leben, „programmiert" auch die Art und Weise, wie wir alt werden!

Viele Leute reden ständig davon, was sie alles tun werden, wenn sie einmal pensioniert sind: Lesen, Reisen, endlich die alten Filme schneiden oder die Urlaubsfotos einkleben usw. Nur, wenn diese Leute dann endlich pensioniert sind, entwickeln die wenigsten von ihnen die vorher so viel beredeten Aktivitäten. Sie verbleiben lieber in der alten Routine und leben ihr bisher gelebtes Leben weitgehend unverändert weiter. Dies liegt in aller Regel keineswegs daran, dass diese Menschen aufgrund eines stressreichen Berufslebens nun physisch und psychisch ausgebrannt sind (Burn-out-Syndrom), sondern viel eher daran, dass sie sich bis dahin in den außerhalb der Berufsaktivitäten liegenden Feldern nicht selbst gefordert haben bzw. sich nicht fordern ließen. Nicht nur Muskeln verkümmern, wenn man sie nicht trainiert....

Das Positivbeispiel bietet die Gruppe derjenigen, die nach ihrem Ausscheiden aus dem Beruf wirklich vielfältige Aktivitäten entwickeln (Theater- und Museumsbesuche, Reisen, ihr Hobby pflegen usw.): In der überwiegenden Mehrheit der Fälle haben diese Leute nämlich nicht erst nach ihrer Pensionierung damit angefangen, sondern dies auch schon parallel zu ihrem beruflichen Leben praktiziert und somit zu einem Bestandteil ihres Lebensstils gemacht – in der Regel bereits über viele Jahre.

Deshalb: **Do it now!**

6 Zusammenfassende Empfehlungen

Nachfolgend sind die wichtigsten Gedanken dieses Kapitels in Form von konkreten Empfehlungen noch einmal zusammengefasst. Die Empfehlungen sind als persönliche Appelle formuliert, die sich unmittelbar an den Leser bzw. die Leserin richten.

- Wer andere motivieren will, muss selbst motiviert sein. Also: Für Ihre eigene Motivation sind Sie in erster Linie selbst verantwortlich!
- Nutzen Sie die Macht Ihrer Phantasie, und malen Sie sich reizende Vorstellungsbilder aus – auch für Leistungserlebnisse!
- Zerlegen Sie größere Ziele in herausfordernde Teilziele – das verschafft schnellere und stabilisierende Erfolgserlebnisse.
- Freuen Sie sich über das Erreichen von Zielen bzw. Teilzielen und lernen Sie, die Zielerreichung zu feiern.
- Wenn Zielkonflikte Sie am Handeln hindern, dann bilden Sie klare Prioritäten!
- Lernen sie sich kennen, werden Sie sich ihrer unreflektierten Motive bewusst und berücksichtigen dies bei der Gestaltung ihrer Arbeit!
- Rufen Sie ihre Willensstärke zur Hilfe, wenn Ihre Motivation nicht ausreicht, um eine unangenehme Aufgabe zu bewältigen!
- Vermeiden Sie Überkontrolle, zwingen Sie sich nicht allzu häufig zur Erfüllung einer lästigen Pflicht, sondern suchen Sie Kompromisse zwischen dem, was getan werden muss und dem, was Sie gerne tun!
- Denken Sie konkret und anschaulich über unterschiedliche Wege zum Ziel nach, und achten Sie auf die Gefühle, die mit diesen Vorstellungen verbunden sind. Gehen Sie den Weg zum Ziel, der möglichst viele positive Gefühle verspricht!
- Belohnen Sie sich für gemeisterte Schwierigkeiten und überwundene Anstrengungen mit Dingen, die Sie gerne tun bzw. die Ihnen angenehm sind.
- Erstellen Sie immer wieder Ihre persönliche Situationsanalyse: Was hat mich in einer bestimmten Situation stark und erfolgreich gemacht? Was war hinderlich? Wo stand ich mir selbst im Weg?
- Lernen Sie, Ihre Stärken zu nutzen und Ihre Schwächen zu kontrollieren.
- Passen Sie bei sich auf, dass Sie nicht (versehentlich) Ihre Fehler und Schwächen belohnen. Denken Sie daran: Was Belohnung erfährt, wird zur Gewohnheit!
- Arrangieren Sie Ihre Arbeitssituation möglichst ablenkungsfrei und motivationsfördernd. Wie, das muss jeder für sich selbst herausfinden.
- Klären Sie Ihre eigene Rolle vor sich selbst und gegenüber anderen. „Vergreisen“ Sie nicht in Ihrer Rolle! Halten Sie sich stets flexibel und offen für Neues – die anderen werden entsprechend auf Sie eingehen bzw. mit Ihnen umgehen.
- Hängen Sie Ihre Ansprüche nicht zu hoch! Definieren Sie Ihre Ziele anspruchsvoll und herausfordernd, aber nicht unrealistisch – sonst „programmieren“ Sie Ihre eigenen Misserfolge und Frustrationen.

- Praktizieren Sie positives Denken, damit Sie nicht Gefangener Ihrer negativen Phantasien über die Realität werden.
- Lassen Sie Ihre Phantasie nicht brach liegen. Nutzen Sie sie, um die Gedanken auf Reisen zu schicken. Skizzieren Sie in Gedanken Ihre angestrebte Wunschzukunft – beruflich wie privat. Mit anderen Worten: Entwickeln Sie Visionen!
- Bilden Sie die Visionen so konkret wie möglich aus. Nur dann entspringt aus ihnen jene inspirierende Kraft, mitreißende Ziele zu entwerfen und diese Ziele nachhaltig zu verfolgen.
- Reisen Sie gedanklich in die Zukunft, aber bleiben Sie trotzdem gegenwärtig. Der Bezug zur Realität schützt vor der Gefahr, sich in Utopien zu verlieren.
- Begegnen Sie allem Neuen aufgeschlossen und voller „Neu-Gier". Suchen Sie neue Anregungen, indem Sie gezielt „das Andere" suchen! Das gilt für Sachen wie für Menschen.
- Bekämpfen Sie Ihre Denkblockaden, und bringen Sie Ihre festen Überzeugungen (innere „Glaubenssätze") immer wieder auf den kritischen Prüfstand!
- Bei aller Motivation: Don't push too hard! Engagement ja, aber zu großer Druck erdrückt – einen selbst und andere!
- Klären Sie mit sich selbst – und auch mit Ihrem Partner! –, wie Sie Ihr Leben in „Beruf" und „Privat" einteilen wollen. Und machen Sie sich jeweils auch die Konsequenzen bewusst.
- Nicht nur im Beruf, sondern auch im Privatleben sollte man Visionen entwickeln und Ziele vorgeben. Nutzen Sie Ihre berufliche Professionalität unbedingt auch für die private Lebensplanung.
- Und für das sogenannte „dritte Lebensalter", d.h. die Zeit nach dem Ausscheiden aus dem Beruf, gilt: Die Art und Weise, wie Sie vorher gelebt haben, entscheidet darüber, wie Sie alt werden. Fangen Sie rechtzeitig an, die richtigen Weichen zu stellen.

Kapitel 3
Motivation aus der Führung

1 Ein Blick voraus

Führung ist zielbezogene Einflussnahme auf arbeitende Menschen. Dies kann dadurch geschehen, dass der Führungswille im Unternehmen sich von konkreten Personen ablöst und zur Struktur, zu „Papier und Technik“ (*v. Rosenstiel,* 2000) wird. Es kann aber auch die Führung personal durch den jeweiligen Vorgesetzten erfolgen. Hier dominieren als Mittel die verbalen und nonverbalen Kommunikationsformen, d.h. vor allem das Gespräch des Vorgesetzten mit seinem Mitarbeiter und sein für diesen sichtbares Verhalten. Im Einzelnen sollte hier bedacht werden, wie Ziele bei der Aufgabenerfüllung durch Setzung oder Vereinbarung zustande kommen, wie bei der Aufgabenerfüllung in adäquater Weise Anerkennung und Kritik geäußert werden, wie in regelmäßiger Folge dem Mitarbeiter vermittelt wird, welches Bild der Vorgesetzte von ihm hat und welche Zukunftsperspektiven er ihm aufzeigen kann, welche Führungstechniken er einsetzt, um auf diese Weise eine „innere Kündigung“ des Mitarbeiters zu vermeiden und sein Engagement zu steigern. Ob ihm dies gelingt, hängt freilich auch vom Menschenbild ab, das er hat, und auch davon, ob ihm die notwendige Autorität gegeben ist. Dies alles ist auch Voraussetzung dafür, dass der Vorgesetzte als Vorbild wirken kann.

„Langfristig betrachtet,
hat jeder Vorgesetzte die Mitarbeiter,
die er verdient.“

2 Führung – was ist das?

Wo Menschen gemeinsam etwas erreichen wollen, ist Führung erforderlich. Da wegen des Umfangs und der Komplexität von Aufgaben niemand alles allein machen kann, ist Arbeitsteilung unumgänglich, wobei jeder Einzelne seinen Stärken und Möglichkeiten gemäß eingesetzt werden sollte. Die Tätigkeiten der Vielen müssen nun koordiniert werden. Dies erfolgt im Betrieb durch Führungsmaßnahmen, die einen **Führungswillen** voraussetzen. Dieser Wille kann an konkrete Personen gebunden sein, er kann sich aber auch von diesen ablösen, apersonal werden, sich in Strukturen verfestigen. Auf beides sei knapp eingegangen.

2.1 Führung durch Strukturen

Wer Arbeit in Organisationen kennt, weiß, dass das Verhalten dort in vielfältiger Weise geregelt und gesteuert wird. Es sind nicht nur Menschen, die uns beeinflussen, sondern auch materielle und immaterielle Dinge, die von Menschen geschaffen worden sind. So gibt es kaum eine Organisation, in der bestimmte Vorschriften nicht schriftlich fixiert wurden (*Weber,* 1921), während andere als ungeschriebene Selbstverständlichkeiten einem jeden bekannt sind. Das Verhalten der Arbeitenden wird aber auch durch die Arbeitsmittel und die Arbeitsumgebung in starkem Maße gesteuert (*Weinert,* 1989). Das Fließband „sagt“ zum Beispiel dem gewerblichen Arbeitnehmer in der Produktion, was er wie schnell zu tun hat; das Computerprogramm steuert die Arbeitsschritte des Ingenieurs oder die Schreibtätigkeit der Sekretärin am PC. Die Raumgestaltung im Unternehmen legt in starkem Maße nahe, wer mit wem Kontakt aufnimmt und mit wem nicht. Denkt man dies konsequent weiter, so ist schließlich die wohl eher erschreckende Utopie vorstellbar, dass konkrete Führungkräfte zur Koordination der verschiedenen Arbeitsaktivitäten gar nicht mehr erforderlich sind, da alles vorausgedacht, vorausgeplant und sodann in Papier und Technik gegossen wurde. Der Vorgesetzte wird in derartigen, perfektioniert bürokratischen Systemen die Feuerwehr für den Ausnahmefall, zum Lückenbüßer der Organisation.

Derartige Utopien mögen für den einen oder anderen ihren Reiz haben. Es ist auch zuzugestehen, dass es ohne Regeln nicht geht und bestimmtes Erfahrungswissen am besten gesichert werden kann, wenn es zur geschriebenen oder ungeschriebenen Norm wird. Ein Zuviel an Reglementierung allerdings macht die Organisation unflexibel und unfähig, sich auf wechselnde Situationen einzustellen (*Kirsch/Esser/Gabele,* 1979). Außerdem wird sie den Ansprüchen qualifizierter und motivierter Mitarbeiter nicht gerecht. Freiraum für Unternehmertum im Unternehmen erfordert Möglichkeiten zum freien Entscheiden – unbehelligt von unnötigen bürokratischen Hemmnissen. Darüber hinaus ist zu bedenken, dass der Mensch ein soziales Wesen ist. Er sucht die Nähe anderer Menschen und benötigt sie. Eine gleiche Verhaltensbeeinflussung durch einen akzeptierten Vorgesetzten wirkt anders als eine papierene Vorschrift. Durch einen Vorgesetzten können kooperierende Menschen zur Gruppe zusammengeschweißt werden, die ein Wir-Gefühl verbindet.

Durch einen Vorgesetzten können sich gemeinsame Orientierungen entwickeln und Wertsetzungen vermittelt werden. Führung vollzieht sich durch Menschen und soll sich auch so konkretisieren.

2.2 Führung durch Menschen

Vorgesetzte wirken bewusst und zielbezogen auf die ihnen unterstellten Mitarbeiter ein, damit gemeinsam die gestellten Aufgaben bewältigt werden (*Neuberger,* 1976, 1995; *Wunderer/Grunwald,* 1980). Dabei vollzieht sich diese Beeinflussung durch Kommunikation, die verbaler oder nonverbaler Art sein kann. Im Gespräch wird der Vorgesetzte mit dem Mitarbeiter Ziele zu vereinbaren suchen, Aufgaben erläutern und dabei Rat und Hilfe gewähren. Er wird erfolgreiche Arbeitsschritte mit Anerkennung belohnen und sichtbare Fehler des Verhaltens konstruktiv kritisieren. Er wird von Zeit zu Zeit Mitarbeitergespräche führen, dabei Bilanz über einen längerfristigen Abschnitt gemeinsamer Arbeit ziehen und die besonderen Stärken, die besonderen Schwächen herausstellen und die notwendigen Konsequenzen ableiten. Dies kann dann in Förderungsgesprächen geschehen, innerhalb derer auch die weitere Zukunftsperspektive des Mitarbeiters besprochen wird. Viele dieser Maßnahmen können durch spezifische Führungstechniken effektiver gemacht werden. Technik aber allein reicht nicht aus. Das beobachtbare Verhalten, die vom Vorgesetzten ausgehende Ausstrahlung, ist als Basis erforderlich, damit der Führende eine selbstverständliche Autorität gewinnt, als Vorbild wirkt und damit seine Mitarbeiter motiviert und langfristig an die Aufgaben bindet.

3 Motivationale Wirkungen der Führung

Führung hat wesentliche Sachfunktionen. Der Mitarbeiter wird informiert, Wege der Koordination und Aufgabenvernetzung werden abgesprochen, sachdienliche Hinweise werden gegeben, der Einsatz der notwendigen Ressourcen kann besprochen werden und vieles andere mehr. Führung kann aber auch das Wollen, die Motivation des Mitarbeiters stärken, und diesem Aspekt werden wir uns nun zuwenden.

3.1 Zielsetzung und Zielvereinbarung

Wer handelt, braucht Ziele. Dies gilt im privaten Alltag ebenso wie bei der Arbeit. Ziele lassen sich als in der Zukunft liegende Soll-Größen interpretieren, in die ein gegenwärtiges Ist durch angemessenes Handeln zu überführen ist. Dies wäre die rein sachlich/technische Sicht, die sich auch auf selbststeuernde Systeme anwenden lässt, z.B. auf die thermostatgeregelte Heizung, bei der eine bestimmte Temperatur – etwa 22 Grad – als Ziel- oder Soll-Größe gilt. Aus psychologischer Sicht – und diese ist bei der Führung von Mitarbeitern besonders zentral – kommt Weiteres hinzu:

- Der Mitarbeiter wird informiert. Ihm wird klar, um was es geht, was erreicht werden soll.
- Der Mitarbeiter wird motiviert. Das Ziel wird zur Herausforderung, die es durch aktives Handeln zu bewältigen gilt.
- Das Ziel ermöglicht Erfolgserlebnisse; die Erfahrung, das Ziel zu erreichen, befriedigt und stärkt das Selbstgefühl und das Wissen um die eigene Kompetenz, was für das künftige Verhalten von zentraler Bedeutung ist.

Damit es allerdings zu diesen psychologisch wünschenswerten Effekten kommt, sollte der Vorgesetzte bei Zielgesprächen bestimmte Faustregeln beachten und typische Fehler vermeiden (*Locke/Latham,* 1984). Was gilt hier?

Ziele sollten präzise und eindeutig formuliert sein.

Es ist also darauf zu achten, dass – wenn es geht – quantitativ abgesprochen wird, bis wann etwas in welcher Menge, in welcher Qualität erarbeitet werden soll. Dafür ist ein wechselseitiges Gespräch erforderlich, um zu prüfen, ob der Mitarbeiter und der Vorgesetzte dieses präzise gefasste Ziel auch in gleicher Weise verstehen. In bestimmten Fällen kann es ratsam sein, die Formulierung schriftlich festzuhalten, damit es nicht nachträglich von beiden Seiten zu unterschiedlichen Auslegungen kommt. Mit dieser Forderung ist zugleich gesagt, dass bestimmte, in der Praxis häufig anzutreffende Formulierungen als wenig hilfreich gelten müssen, wie z.B.: „Tun Sie bitte Ihr Bestes!“, „Machen Sie doch einfach schneller!“ oder „Strengen Sie sich doch endlich an!“

Präzise Ziele beziehen sich allerdings nicht nur auf unmittelbar ökonomische Inhalte wie zum Beispiel die Zahl der verkauften Einheiten. Sie können auch Verhaltensweisen zum Gegenstand haben, obwohl es dann meist etwas schwieriger ist, eine sehr präzise Formulierung zu finden. Einige Beispiele sollen aber doch genannt werden: „Sie sollten als Gruppenleiter am Anfang einer jeden Arbeitswoche mit Ihren Mitarbeitern die in der Woche anstehenden Tätigkeiten besprechen!“ oder als Verhaltensziel für einen Verkäufer: „Bitte, schauen Sie jedem in das Geschäft eintretenden Kunden in die Augen und begrüßen Sie ihn dabei mit freundlichen Worten!“

Ziele sollen messbar sein.

Ziele sind – nicht nur, aber auch – eine Basis für die Kontrolle des Arbeitsverhaltens. Sie sollten daher messbar sein. Was hilft ein noch so eingehend abgesprochenes Ziel, wenn später jede Möglichkeit fehlt zu überprüfen, ob es erreicht worden ist. Es ist wenig hilfreich, wenn der Vorgesetzte zu einem Mitarbeiter vor dem Einsatz in Südamerika sagt: „Ich erwarte von Ihnen, dass Sie jeden Abend zumindest eine Stunde mit Hilfe der Kassetten des Fernstudienganges Ihr Wirtschafts-Spanisch verbessern!“ Der Vorgesetzte kann das nicht kontrollieren. Hier wäre es ratsamer, das Ziel auf die Kompetenzen zu beziehen, die in einer bestimmten Zeit entwickelt sein sollten. „Bitte, knien Sie sich jetzt so intensiv in den Spanischkurs, dass Sie in zwei Monaten, d.h. unmittelbar vor Ihrer Abreise nach Südamerika, flüssig eine Verkaufsverhandlung mit einem Geschäftspartner führen können, der ausschließlich Spanisch spricht!“

Ziele sollen wichtig sein.

Gelegentlich werden aus unerklärlichen Gründen, nicht selten aus unbedachter Gewohnheit, Zielvorstellungen „mitgeschleppt“, die sich überholt haben. Ist es wirklich erforderlich, dass von jeder Abteilungsbesprechung ein schriftliches Protokoll gefertigt wird? Ist es tatsächlich unumgänglich, dass auch der nächsthöhere Vorgesetzte über das Gespräch mit dem Kunden informiert werden muss? Man sollte sich jeweils fragen: „Was geschieht, wenn dieses Ziel nicht erfüllt wird?“ Und wenn die Antwort lautet: „Nichts!“, dann sollte man auf das Ziel verzichten. Die Energien bei der Arbeit sollten sich auf Wesentliches und Dringliches konzentrieren. Was weder wesentlich noch dringlich ist, das kann man sich sparen. Abbildung 3.1 (S. 90) verdeutlicht das.

Ziele sollen einander nicht widersprechen.

Es gibt nur relativ wenige Aufgaben, die ausschließlich auf ein Ziel hin ausgerichtet sind. Meist geht es – und das gilt für alle anspruchsvollen Tätigkeiten – um mehrerlei. Die Konstruktion soll innovativ, qualitativ hochwertig und kostengünstig sein. Der Verkäufer soll im Gespräch mit dem Kunden rasch zum Abschluss kommen, diesen aber dennoch langfristig zufriedenstellen und an das Unternehmen binden. Der Werksleiter soll für hohe Produktivität sorgen, die Zahl der zwischenmenschlichen Konflikte gering halten und ein gutes Betriebsklima sichern. Die Reihe der Beispiele ließe sich nahezu beliebig fortsetzen.

Wichtig ist es unter dem soeben aufgezeigten Aspekt, dass man sich zunächst klar darüber wird, was denn nun eigentlich alles erreicht werden soll. Meist fällt ja ein bislang nicht bedachtes Ziel nur da-

		Dringlichkeit niedrig	**Dringlichkeit** hoch
Wichtigkeit	hoch	*Termin im Kalender fixieren!*	*Sofort in Angriff nehmen! Alles andere zurückstellen!*
	niedrig	*Ersatzlos streichen!*	*An kompetenten Mitarbeiter delegieren!*

Abb. 3.1: Das Wichtige und das Dringliche

durch auf, dass man es in einer bestimmten Situation nicht berücksichtigt. Die Zielverletzung macht das Ziel bewusst. Besser wäre es natürlich, sich zuvor darüber klar zu werden.

Hat man dies getan und gemeinsam mit dem Mitarbeiter die für seine Tätigkeit relevanten Ziele durchdacht und aufnotiert, so gilt es zu klären, wie diese Ziele zueinander stehen. Hier sind ja unterschiedliche Beziehungen denkbar:

- Die Ziele gehen „Hand in Hand"; das eine fördert das andere (+).
- Die Ziele haben nichts miteinander zu tun; das Befördern des einen Zieles bleibt ohne jeden Einfluss auf das andere (0).
- Die Ziele behindern einander; das Verfolgen des einen Zieles erschwert oder stört das Erreichen des anderen (–).
- Über die Beziehung der Ziele zueinander ist nichts bekannt; man weiß also nicht, ob das Verfolgen des einen Zieles einen positiven oder negativen Nebeneffekt auf das andere hat (?).

Bei Zielgesprächen mit Mitarbeitern kann es nun ausgesprochen empfehlenswert sein, eine Matrix zu erarbeiten, wie sie in schematischer Weise Abbildung 3.2 zeigt.

	Ziel 1	Ziel 2	Ziel 3	Ziel 4	Ziel 5
Ziel 2	+				
Ziel 3	–	–			
Ziel 4	O	+	O		
Ziel 5	?	+	–	?	

Abb. 3.2: Beziehungen von Zielen zueinander

Konkret bedeutet dies, dass der Vorgesetzte mit seinem Mitarbeiter zunächst bespricht, um was es bei seinen Aufgaben überhaupt geht, worauf in besonderem Maße geachtet werden sollte. Diese Konkretisierungen lassen sich meist aus den übergeordneten Zielen der Abteilung, des Unternehmensbereichs oder des Gesamtunternehmens ableiten. Sodann sollte möglichst konkret an Beispielen untersucht werden, ob die jeweils erarbeiteten Teilziele sich wechselseitig fördern, neutral zueinander stehen oder sich behindern, bzw. ob man über diese Beziehung nichts weiß. Das sollte dann jeweils in das Schema eingetragen werden. Dort, wo Widersprüche zwischen den Zielen bestehen, sollte es sich der Vorgesetzte nicht zu leicht machen und in undifferenzierter Weise dem Mitarbeiter sagen: „Dafür werden Sie ja bei uns gut bezahlt, damit Sie beides unter einen Hut bekommen!" Richtiger wäre es, zu priorisieren und sich einig darüber zu werden, welches der widersprüchlichen Ziele im Konfliktfall Vorrang hat.

Ziele sollen repräsentativ für die Gesamtaufgabe sein.

Auch wenn Ziele präzise, messbar, wesentlich und widerspruchsfrei sind, bleibt offen, ob sie für die zu erledigenden Aufgaben des Mitarbeiters repräsentativ sind, d.h. ob sie all das abdecken, was erledigt werden soll. Dies wird gelegentlich bei der Formulierung von Zielen nicht berücksichtigt, da man sich auf das beschränkt, was entweder besonders wesentlich erscheint oder aber leichter zu präzisieren und zu quantifizieren ist. So kann man häufig feststellen, dass in Bankfilialen oder in Kaufhäusern sehr exakt abgesprochen wird, welche Mengen von welchen Produkten in der Zeiteinheit verkauft werden sollen, dagegen die „Back office"-Arbeit, wie z.B. Ablage, Korrespondenz, Ordnung im Lager usw. weitgehend vernachlässigt werden. Dies wiederum hat die Konsequenz, dass sich die Aufmerksamkeit und Energie des Mitarbeiters vor allem da konzentriert, wo die Ziele besprochen wurden, während die Arbeit dort ein wenig „schleifen gelassen" wird, wo keine Ziele bestehen. Das zuletzt genannte Problem verschärft sich dann, wenn an das Erreichen der Ziele spezifische Belohnungen geknüpft sind wie z.B. Prämien, anerkennende Worte, verbesserte Aufstiegschancen etc. Es wird in derartigen Fällen verständlicherweise nur wenig Kraft dort investiert, wo „nichts zu holen" ist.

Ziele sollen schwierig, aber erreichbar sein.

Für einen Hochspringer der internationalen Spitzenklasse, der bei Wettbewerben regelmäßig zwischen 2,30 m und 2,40 m hoch springt, wäre es inadäquat und ohne jede Anreizwirkung, würde man ihm die Latte auf 1,80 m legen – eine für seine Kompetenz und Erfahrung geradezu „lächerliche" Höhe. Das Allzuleichte, das ohne nennenswerten Aufwand erreicht werden kann, spornt zur Höchstleistung nicht an, aber auch eine auf 2,60 m liegende Latte würde die Reserven kaum mobilisieren, da es sich hierbei um ein unerreichbares, gänzlich utopisches Ziel handeln würde. Es gilt also, die Ziele so zu vereinbaren, dass sie die Kräfte des Mitarbeiters voll herausfordern, aber eine realistische Chance enthalten, auch erreicht zu werden. Daraus folgt für den Vorgesetzten, dass er die Kompetenzen und die aktuelle Arbeitssituation des Mitarbeiters genau kennen sollte, da sonst die Gefahr groß ist, dass er „daneben greift".

Ziele sollen glaubhaft sein.

In der Praxis kann häufig beobachtet werden, dass mit Zielen operiert wird, von denen jeder weiß, dass sie nicht ganz ernst gemeint sind. Dies gilt – je nach Situation – mit dem Blick nach unten und nach oben. Greifen wir wieder ein Beispiel aus dem Sport heraus: Vor wichtigen Wettkämpfen wie den Olympischen Spielen oder Weltmeisterschaften erklären vor der Fernsehkamera Trainer und Sportler gemeinsam, dass man „unter die ersten zehn" kommen wolle, obwohl beide tatsächlich mit gutem Grund auf eine Medaille hoffen. Da Enttäuschungen vermieden werden sollen, stapelt man tief.

Aber auch zu hoch angesetzte Ziele trifft man häufig. Greifen wir hierfür ein betriebliches Beispiel heraus. Es wird für den Abschluss eines Berichts, die Vorlage der Konstruktionspläne, das Ende der Projektgruppen- oder Kommissionsarbeit ein Zeitpunkt „vereinbart", von dem jeder der Beteiligten von Anfang an weiß, dass er unrealistisch ist und nicht gehalten werden kann.

Derartige, zu tief oder zu hoch angesetzte Ziele mögen gelegentlich aus taktischen Gründen oder wegen der Darstellung nach außen verständlich sein. In die konkrete Führungsarbeit, in die Zielvereinbarung zwischen dem Vorgesetzten und seinem Mitarbeiter, gehören sie nicht. Hier gilt es, Ziele so zu formulieren, wie sie ehrlich und für beide Seiten verbindlich gemeint sind, da sie sonst ihre vorgesehene psychologische Wirkung verlieren und langfristig – wenn sich allgemein herumgesprochen hat, dass die Ziele gar nicht ernst gemeint sind – zur unverbindlichen Floskel verkommen.

Ziele sollten akzeptabel sein.

Wenn ein Vorgesetzter ernsthaft wünscht, dass der Mitarbeiter bestimmte Ziele erreicht, so ist es wichtig, dass das schließlich festgelegte Ziel von beiden – dem Vorgesetzten und dem Mitarbeiter – als verbindlich akzeptiert wird. Damit dies erreicht werden kann, ist in aller Regel eine Abstimmung, ein grundsätzliches Gespräch zwischen beiden erforderlich, das dann schließlich zu einer Zielvereinbarung führt. In einem solchen Gespräch kann der Vorgesetzte die aus dem übergeordneten Zusammenhang stammende Notwendigkeit des anspruchsvollen Zieles begründen; er kann darlegen, warum es wichtig oder für andere betriebliche Abläufe notwendig ist, dass knappe Terminsetzungen oder hohe Qualitätsstandards erreicht werden. Der Mitarbeiter wiederum kann darlegen, warum es angesichts seiner derzeitigen Belastung mit anderen Aufgaben, aufgrund der mangelnden, ihm zur Verfügung gestellten Ressourcen oder aufgrund anderer hindernder Umstände kaum möglich sein wird, ein so anspruchsvolles Ziel zu realisieren. Jetzt kann man nach Kompromissen suchen, möglicherweise Prioritäten ändern, Unterstützung zusagen, um schließlich doch zu einem tragfähigen, gemeinsamen Nenner zu finden, als der sich die schließlich erreichte Zielvereinbarung darstellen könnte.

Allerdings wird es nicht immer möglich sein, Zielvereinbarungen zu treffen. Gelegentlich ist bereits durch Zielvereinbarungen auf einer hierarchisch höheren Ebene oder durch Vereinbarungen mit Kunden oder Lieferanten der Freiraum für den Mitarbeiter, der letztlich die Aufgabe durchführen soll, so eingeschränkt, dass kein Spielraum für eine Vereinbarung mehr besteht. Hier wäre es unredlich, von einer Zielvereinbarung zu sprechen, wenn es letztlich nur ein Ziel gibt, nämlich das, welches der Vorgesetzte vorgeben muss oder vorzugeben gedenkt. Hier ist es ehrlicher, von der Zielvorgabe oder Zielsetzung zu sprechen. Allerdings ist es auch in derartigen Fällen für den

Vorgesetzten wichtig, im Zuge von Gesprächen und gegebenenfalls notwendigen, unterstützenden, flankierenden Maßnahmen, die Akzeptanz des Mitarbeiters für das Ziel zu sichern. Tut er dies nicht und hält der Mitarbeiter von vornherein das ihm vorgegebene Ziel für unerreichbar, so wird er im Falle des Scheiterns nicht die Schuld bei sich selbst suchen, sondern beim Chef: „Ich habe es ja gleich gesagt: das konnte nicht gutgehen, das war ja eine gänzlich unrealistische Vorgabe ..."

Ziele sollten nicht zu detailliert sein.

Wenn eine große Aufgabe bewältigt werden soll, deren Abschluss erst nach Monaten oder gar Jahren erwartet werden kann, so ist es sicherlich richtig, Zwischenziele präzise zu definieren. Es macht z.B. innerhalb der chemischen Forschung nur beschränkt Sinn, wenn als Ziel vereinbart wird, dass ein marktgängiges Arzneimittel zur Behandlung einer tückischen Krankheit in fünf Jahren entwickelt sein soll. Hier müssen selbstverständlich für die Projektarbeit „milestones" beschrieben und klare Zwischenziele definiert werden.

Man kann aber auf diesem Felde auch zuviel des Guten tun. Überlegt man es genau, so ist ja der Übergang vom Weg zum Ziel fließend. Was als ein Schritt auf dem Weg zum Ziel gelten kann, lässt sich ebenso als Zwischenziel definieren. Wird nun in diesem Sinn ein jeder Schritt als Zwischenziel festgeschrieben, so ist die Freiheit der flexiblen Wahl des Weges durch den Mitarbeiter zerstört. Er fühlt sich durch Vorgaben oder durch Vorfestlegungen gegängelt, was gleichermaßen die Motivation und die Freude an der Aufgabe herabsetzt.

Ziele sollten mit „Feedback" verbunden werden.

Der Möbelschreiner sieht, wenn der Schrank fertig ist; der Kfz-Mechaniker erkennt bei der Probefahrt, dass die Reparatur des Fahrzeugmotors erfolgreich war. Hier liegt das Feedback, die Rückmeldung über Erfolg oder Misserfolg in der Aufgabe selbst. Moderne Arbeit enthält aber vielfach Aufgaben, bei denen der Stelleninhaber nicht unmittelbar erkennen kann, ob das Ziel nun erreicht wurde oder nicht. Wie soll der Werbetexter erfahren, ob der von ihm konzipierte Slogan die Kunden intensiver anspricht als der alte. Woran soll der Verhaltenstrainer abschätzen, ob es den geschulten Verkäufern nun besser als zuvor gelingt, die Kunden anzusprechen? In all diesen Fällen ist es wichtig, dass der Vorgesetzte dafür sorgt, dass rasch und präzise Rückmeldung über den Grad der Zielerreichung gegeben wird, weil es nur so zu gewährleisten ist, dass Erfolgserlebnisse sich einstellen oder im Falle des Misserfolgs eine Korrektur des zielgerichteten Verhaltens vorgenommen wird. Ergebnisse der empirischen Forschung zeigen deutlich, dass Rückmeldung über den Grad der Zielerreichung zu den wichtigsten Voraussetzungen künftiger guter Leistungen zählt.

Eine Orientierung für die Arbeit mit Zielen bietet eine Checkliste, die Abbildung 3.3 wiedergibt.

Checkliste zur Zielvereinbarung
1. Was ist das beabsichtigte Ziel? Ist es präzise beschrieben? Was ist als Ergebnis, Endprodukt bzw. erwünschte Verhaltensweise definiert worden? (Wege zu diesen Ergebnissen sind keine Ziele!)
2. Wie ist das angestrebte Ziel (Ergebnis, Endprodukt, erwünschte Verhaltensweise) zu kontrollieren? Wie kann man hinreichend genau feststellen, ob das Ziel erreicht wurde? Wie ist es messbar bzw. beobachtbar?
3. Lässt sich das Ziel mit den anderen Zielen vereinbaren, mit den Zielen • des Mitarbeiters, • seiner Stellenbeschreibung, • seiner Abteilung und • seines Unternehmens? (Ggf. Zielhierarchie entwickeln: Was hat im Zweifelsfall Vorrang?)
4. Wird das Arbeitsgebiet durch Ziele vollständig abgedeckt oder gibt es Lücken?
5. Ist das Ziel wirklich wichtig? Was passiert, wenn es nicht erreicht wird?
6. Ist das Ziel eine Herausforderung? Weder zu leicht erreichbar noch unrealistisch hoch?
7. Ist das Ziel positiv formuliert? („Ich soll ...“, nicht „Ich darf nicht ...“)
8. Wer muss mitwirken, um das Ziel erreichen zu können?

Abb. 3.3: Worauf soll man bei der Arbeit mit Zielen achten?

3.2 Anerkennungs- und Kritikgespräche

Die Rückmeldung darüber, ob ein Ziel erreicht wurde oder nicht, kann im Prinzip gänzlich wertfrei sein und unter bestimmten Bedingungen sogar über technische Geräte, gebunden an Indexzahlen, erfolgen. Derartige Basisinformationen kann auch der Vorgesetzte vermitteln. Meist aber wird er diese Information mit einer wertenden Stellungnahme, die verbal oder nonverbal geäußert wird, verbinden. Er wird Anerkennung oder Kritik zum Ausdruck bringen.

Rasch ausgesprochene Anerkennung oder Kritik sollten eigentlich in der Beziehung zwischen Vorgesetzten und Mitarbeitern eine Selbstverständlichkeit sein und zum Alltag gehören. Betriebliche Umfragen zeigen jedoch, dass dies keineswegs die Regel ist. Viele Mitarbeiter äußern in derartigen Befragungen die Meinung, dass sie eigentlich selten erfahren, ob der Vorgesetzte nun eigentlich mit ihrer Arbeit zufrieden war oder nicht – er sage dazu nie oder doch nur selten etwas. Dies ist bedauerlich, da in der angemessenen Nutzung der Anerkennung oder Kritik als Führungsmittel eine erhebliche psychologische Wirkung liegt (*v. Rosenstiel,* 1999):

Anerkennung und Kritik informieren.

Der Mitarbeiter erfährt rechtzeitig – z.B. dann, wenn er erstmals eine neue Aufgabe übernimmt –, was er so weiter machen kann wie bisher und wo es ratsam ist, seine Verhaltensweisen zu korrigieren. Keine Vorweginformation, keine Stellenbeschreibung wird dies in der Regel so präzise fassen können, dass nachträgliche Besprechungen von Details überflüssig werden.

Anerkennung und Kritik beinhalten Lernchancen.

Die Lernpsychologie hat in einer Vielzahl von Experimenten nachgewiesen, dass an Handlungen oder Objekte Emotionen gebunden werden können. Man spricht in der Wissenschaft von der „klassischen Konditionierung von Emotionen“ (*Staats/Staats,* 1958). Dies bedeutet, dass die positiven Gefühle des Mitarbeiters, die er empfindet, wenn er anerkennende Worte des Vorgesetzten hört, sich auf die Anstrengungen, die Bereitschaft zur Übernahme bestimmter Aufgaben, auf die Unterstützung von Kollegen übertragen, für die Anerkennung ausgesprochen wurde. Man kann deutlich zeigen, dass jene Tätigkeiten, die häufiger zur Anerkennung führen, künftig mit mehr Freude und Engagement ausgeübt werden. Vor diesem Hintergrund erscheint es bedenklich, dass – ganz unabhängig von der Tüchtigkeit der dort jeweils tätigen Personen – im Verkauf und in der Entwicklung deutlich mehr Anerkennung als Kritik, in der Verwaltung und in der Produktion dagegen mehr Kritik als Anerkennung ausgesprochen wird. Man sollte also, wenn man Führungsverantwortung in Bereichen hat, in denen man als Mitarbeiter nicht so sehr durch Spitzenleistungen auffallen kann, wie dies im Verkauf oder in der Entwicklung der Fall ist, nach Verhaltensweisen der Mitarbeiter suchen, die Anerkennung verdienen. Dies kann eine längere fehlerfreie Arbeit sein, es kann sich um Zuverlässigkeit oder auch um Freundlichkeit bei hohem Arbeitsdruck oder um Hilfsbereitschaft Kollegen gegenüber handeln. Der Motivationswert von Tätigkeiten, die Anerkennung finden, steigt.

Aber auch ein weiteres Lernprinzip verdient Beachtung: Verhaltensweisen eines Menschen in einer bestimmten Situation, denen positive Konsequenzen folgen, werden von dieser Person in der entsprechenden Situation künftig häufiger ausgeführt (vgl. S. 51 f.). In der Wissenschaft spricht man hier von „Verstärkung" oder „Bekräftigung" (*Thorndike,* 1921; *Skinner,* 1938). Das Grundprinzip ist allerdings vertraut und wurde von jeher vor aller wissenschaftlichen Analyse bereits von Eltern bei der Erziehung ihrer Kinder benutzt, z.B. dadurch, dass sie Lob oder Tadel aussprachen. Dennoch kann man, wenn man den Vorgang etwas differenzierter analysiert, Fehler und Inkonsequenzen in der Praxis feststellen. Die positive Konsequenz der Anerkennung wird eben nicht systematisch dann eingesetzt, wenn der Mitarbeiter erwünschte Verhaltensweisen zeigt. Manche Vorgesetzte etwa beachten den hohen Einsatz oder die guten Ergebnisse eines Mitarbeiters gar nicht, weil sie „anderes im Kopf" haben, oder aber sie äußern sich nicht dazu. Möglicherweise steht bei ihnen die Auffassung dahinter, dass es ja Anerkennung genug sei, wenn gar nichts gesagt werde – im Falle eines unerwünschten Verhaltens hätte der Mitarbeiter ja schon Kritik zu hören bekommen. Eine solche Sicht ist nicht zu rechtfertigen. Allerdings ist es nicht erforderlich, regelmäßig Anerkennung bei erwünschten Verhaltensweisen auszusprechen, die längst zur Routine und damit selbstverständlich geworden sind.

Anerkennung sollte ausdrücklich ausgesprochen werden!

Gelegentlich aber kommt es – betrachtet man das Ganze unter lernpsychologischer Perspektive – sogar zu paradoxen Effekten. Zwar nimmt der Vorgesetzte gute Leistungen für selbstverständlich, bemüht sich dann aber im Falle von Fehlern des Mitarbeiters sehr intensiv darum, ihm zu helfen und berät ihn in eingehenden Gesprächen, die vom Mitarbeiter als Zuwendung des Vorgesetzten positiv bewertet werden. Die Konsequenz aus einem solchen Vorgesetztenverhalten ist schließlich, dass der Mitarbeiter – mehr oder weniger bewusst – zu der Auffassung gelangt, dass er erst einmal einen Fehler machen muss, wenn er erreichen will, dass sich der Vorgesetzte ihm endlich intensiv zuwendet.

Anerkennung und Kritik motivieren.

Dies lässt sich recht gut nachvollziehen, wenn man in der Montagszeitung die Ergebnisse der Fußballspiele des Wochenendes studiert: Meist haben die Heimmannschaften gewonnen. Dies liegt sicherlich nicht an der besseren Ortskenntnis und wohl auch nicht ausschließlich an der Bestechlichkeit der Schiedsrichter, sondern primär daran, dass die anfeuernden und anerkennenden Rufe des Publikums bei der Heimmannschaft Kräfte freisetzen, die sonst kaum aktiviert werden können. Ein Vorgesetzter nun, der die Arbeit eines Mitarbeiters mit anerkennenden und kritisierenden Worten oder Gesten begleitet und auf diese Weise sein Interesse zeigt, wird diesen stärker motivieren als jener, der ohne Beachtung des Tuns seiner Mitarbeiter anderen Aufgaben nachgeht.

Anerkennung und Kritik formen das Selbstbild.

Es ist wichtig, dass Anerkennung und Kritik angemessen erfolgen. Anerkennung darf nicht zur unbegründeten und undifferenzierten „Lobhudelei" werden, Kritik nicht zum demotivierenden „Fertigmachen" des Mitarbeiters. Wer auch nach schlechten Leistungen oder geringer Anstrengung stets lobende Worte hört, wird ein unangemessenes, aufgeblasenes Selbstbild entwickeln und sich schließlich maßlos überschätzen. Wer nur destruktiver Kritik ausgesetzt wird, mit Bemerkungen konfrontiert wird wie: „Also, Schmidt, schon wieder Sie, aber von Ihnen kann man ja auch gar nichts anderes erwarten ...", der wird schließlich selbst nicht mehr an die eigenen Fähigkeiten glauben und tatsächlich von Misserfolg zu Misserfolg schreiten. In derartigen Fällen wird die Kritik des Vorgesetzten zur sich selbst erfüllenden Prophezeiung. Die Erwartung des Vorgesetzten, die er in derartigen Äußerungen deutlich werden lässt, prägen schließlich das Selbstbild und das Verhalten des Mitarbeiters.

Man kann also bei der Anerkennung und der Kritik Fehler machen, daher sei knapp aufgezeigt, auf was geachtet werden sollte.

Wenden wir uns zunächst der Anerkennung zu:

Anerkennung sollte in aller Regel vom unmittelbaren Vorgesetzten selbst ausgesprochen werden, da er den direkten Kontakt zum Mitarbeiter hat und meist am ehesten beurteilen kann, ob die Tätigkeit angemessen oder unangemessen ausgeführt wurde. Der Inhalt oder Anlass dieser Anerkennung sollten Verhaltensweisen oder Verhaltensergebnisse des Mitarbeiters sein, die konkret zu nennen sind. Es ist wenig hilfreich, einen Mitarbeiter dafür zu loben, dass er zuverlässig, ehrlich oder freundlich sei. Ausgesprochen falsch wäre es – mit Blick auf die anderen in der Abteilung und auf andere Situationen – zu sagen, dass er der „beste Mann" sei. Angemessen dagegen ist es, seine Freude darüber zu zeigen, dass ein schwieriger Kunde gewonnen, ein wichtiger Termin eingehalten oder der Bericht fehlerfrei vorgelegt wurde. Freilich kann die Anerkennung sich auch auf Inhalte richten, die nicht unmittelbar mit der Leistung zu tun haben. Man denke an die Hilfsbereitschaft einem Kollegen gegenüber, an die Freundlichkeit bei der Führung von Gästen, an die Loyalität dem Vorgesetzten in einer schwierigen Situation gegenüber und anderes mehr.

Es mag manchmal ratsam sein, die Anerkennung öffentlich, d.h. vor versammelter Mannschaft auszusprechen, da dann auch die „anderen" sehen, dass der Vorgesetzte gute Leistung zu würdigen bereit ist. Sie können sich dann entsprechend in ähnlicher Weise bemühen. Falls aber dieses öffentliche Lob dem betroffenen Mitarbeiter möglicherweise peinlich ist, dann ist entschieden zu empfehlen, die Anerkennung unter vier Augen auszusprechen. Es soll ja dem Mitarbeiter nicht so gehen wie früher dem Primus in der Schulklasse, der vom Lehrer öffentlich gelobt und dafür in der Pause von seinen Mitschülern verprügelt wurde.

Die Anerkennung sollte ausdrücklich ausgesprochen werden. Die Haltung: „Nichts gesagt ist genug gelobt", darf nicht akzeptiert werden. Bei der Wortwahl sollte sie dem Anlass entsprechen. Eine normale gute Leistung verdient z.B. ein „Gut gemacht!", ein ungewöhnlicher Verbesserungsvorschlag dagegen ein ausführliches Gespräch mit dem Vorgesetzten, in dem dieser sich interessiert danach erkundigt, wie der Mitarbeiter zu seiner Idee gekommen ist und in dem mit entsprechenden Worten dem Mitarbeiter gezeigt wird, wie sehr man seine Leistung schätzt.

Anerkennung kann zu spät kommen. Es gibt selten einen Anlass, sie aufzuschieben – am besten ist es, man spricht sie unmittelbar dann aus, wenn man das erwünschte Verhalten des Mitarbeiters gesehen oder die Ergebnisse dieses Verhaltens beobachtet hat. Dabei ist es durchaus so, dass angemessen geäußerte Worte oder ein anerkennender Blick wirken. Worte und Gesten sind nicht leer. Langfristig aber wird die Glaubwürdigkeit der Anerkennung des Vorgesetzten an Gewicht gewinnen, wenn auch Taten folgen. Wenn ein Mitarbeiter immer wieder Anlass zur Anerkennung und nur selten Anlass zur Kritik gab, so sollte sich ein Vorgesetzter überlegen, was er sonst noch für diesen Mitarbeiter tun kann.

Was man bei der Anerkennung besonders beachten soll, zeigt zusammenfassend Abbildung 3.4 (S. 100).

Grundregeln beim Anerkennungsgespräch	
Wer?	Derjenige, der das Verhalten des Mitarbeiters am besten kennt (i.d.R. der direkte Vorgesetzte).
Was?	Verhaltensweisen, keine „Charakterzüge"; nicht nur die Leistung, sondern auch andere erwünschte Verhaltensweisen (z.B. das Schlichten von Konflikten); nicht nur Spitzen-, sondern auch Dauerleistung.
Wo?	Verhalten eines Einzelnen in der Regel unter vier Augen; Verhalten von Gruppen in der Gruppe.
Wie?	Ausdrücklich; differenziert; konkret; angemessen.
Wann?	Möglichst unmittelbar nach dem erwünschten und damit anzuerkennenden Verhalten.
Danach?	Den Worten bei Gelegenheit auch Taten folgen lassen.

Abb. 3.4: Worauf soll man bei der Anerkennung achten?

Nun zur Kritik:

Kritik ist schwerer zu äußern als Anerkennung. Während fast jeder gern ein anerkennendes Wort hört, ist selbst der, welcher ausdrücklich um konstruktive Kritik bittet, nicht selten etwas verletzt, wenn er dann tatsächlich kritisiert wird. Die empirische Forschung (*Neuberger*, 1980) zeigt, dass Mitarbeiter nach der Kritik durch den Vorgesetzten häufig verletzt und beleidigt sind oder sich ungerecht behandelt fühlen. Dies darf nicht das Ziel von Kritikgesprächen sein. Daher ist es unbedingt erforderlich, dass ein Kritikgespräch vom Vorgesetzten sorgfältig vorbereitet und in den Formulierungen bedacht wird, damit es nicht zu persönlichen Verletzungen kommt. Man sollte zudem darauf achten, dass man während des Kritikgesprächs ungestört durch das Telefon oder andere Personen in Ruhe mit dem Mitarbeiter sprechen kann. Und – dies ist ebenfalls zu bedenken – man sollte als Vorgesetzter prüfen, ob man den Vorfall in Ruhe besprechen kann. Ist man selbst über das Vorgefallene erregt oder gar voller Wut, so ist es wohl vorzuziehen, zunächst einmal eine Nacht darüber zu schlafen.

Ansonsten gilt auch für das Kritikgespräch, dass es vom unmittelbaren Vorgesetzten geführt werden soll und nicht von der Personalabteilung, der Revision oder dem nächsthöheren Vorgesetzten. Der Vorgesetzte sollte sich dabei auf konkrete, möglichst von ihm selbst beobachtete Sachverhalte stützen, d.h. auf Verhaltensweisen oder Verhaltensergebnisse, nicht auf überdauernde Persönlichkeitsmerkmale. Die Kritik „Sie sind ja ein ganz unzuverlässiger Mensch!" ist verfehlt. Angemessen dagegen wäre die Frage: „Sie hatten mir doch den Bericht bis zum 14.2. zugesagt. Heute ist der 15., und ich habe ihn immer noch nicht. Was können Sie mir dazu sagen?"

Heikel ist es, wenn es um Gerüchte geht. Bei nicht sehr gewichtigen Inhalten ist es am besten, man geht darüber hinweg. Bei schwerwiegenden Gerüchten kann es empfehlenswert sein, mit dem Mitarbeiter darüber zu sprechen, dass man dieses Gerücht gehört habe, und ihn zu fragen, ob er dazu Stellung nehmen möchte. Weist er allerdings darauf hin, „dass kein Wort daran stimmt", so sollte der Vorgesetzte dies – bis er Beweise für das Gegenteil hat – akzeptieren. Sollte sich dann später doch herausstellen, dass „etwas dran ist", so kann die Kritik um so nachhaltiger erfolgen.

In aller Regel sollte Kritik **unter vier Augen** ausgesprochen werden, da vor Dritten oder Vierten ein offenes Gespräch kaum möglich sein kann. Allerdings gibt es auch hier Ausnahmen. Entdeckt der Meister, der schon vielfach darauf hingewiesen hat, zum wiederholten Male einen bestimmten Mitarbeiter ohne Schutzbrille bei der Arbeit, so kann er dies auch bei Anwesenheit anderer kritisieren – auch deshalb, damit diese sehen, dass ein solcher Fehler nicht toleriert wird. Es gibt hier auch Zwischenformen. Der Vorgesetzte kann etwa – für die anderen unübersehbar – einen Mitarbeiter, der einen Fehler macht, spontan in sein Zimmer bitten. Das Kritikgespräch selbst findet dann allerdings dort unter vier Augen statt.

Beim Führen des Kritikgesprächs ist es wichtig, dass man zunächst einen positiven Einstieg findet, ohne allzulange „um den heißen Brei" herumzureden. Weiß der Mitarbeiter ohnehin, was das Thema ist, kann man auch unmittelbar zur Sache kommen. Hier allerdings ist es wichtig, dass man zunächst den Sachverhalt feststellt, ohne zu werten. Der Mitarbeiter sollte Stellung nehmen können. Vielleicht kennt man als Vorgesetzter die Ursachen des Fehlers zu wenig. Vielleicht sind diese auch vom Mitarbeiter selbst gar nicht zu verantworten. Wenn allerdings der Sachverhalt geklärt ist, dann sollte der Vorgesetzte eindeutig wertend Stellung beziehen und sich nicht auf einen „ja aber"-Standpunkt zurückziehen. Diese Wertung sollte sachlich sein, d.h. weder affektiv noch persönlich oder gar beleidigend. Dies allerdings heißt nicht, dass ein Vorgesetzter eigene emotionale Betroffenheit verbergen sollte. Er könnte etwa sagen: „Ich bin selbst von diesem Vorgang sehr erregt ...", was allerdings nicht rechtfertigt, dass er laut oder gar beleidigend wird. Und wenn dies ihm in Erregung doch einmal unterlaufen sollte, dann wäre es angemessen, wenn er sich danach für seinen Ton oder seine Ausdrucksweise bei dem Mitarbeiter entschuldigt, ohne in der Sache etwas zurückzunehmen.

Schließlich sollte das Kritikgespräch konstruktiv enden, d.h. der Vorgesetzte und der Mitarbeiter sollten sich gemeinsam darum bemühen, einen positiven Abschluss in dem Sinne zu finden, dass man sich darüber einigt, wie es denn künftig anders und besser gehen könnte. Und hier sollte – wenn dies gerechtfertigt erscheint – der Vorgesetzte dem Mitarbeiter auch Mut machen und seine Überzeugung äußern, dass es diesem nun nach dem Gespräch gelingen werde, den Fehler künftig zu vermeiden.

Grundsätzlich sollte als ein Regelfall gelten, dass man sich gemeinsam überlegt, ob und wie der aktuelle Fehler korrigiert werden kann, und was künftig zu tun ist, damit ein entsprechender Fehler nicht wieder vorkommt. In einem Folgegespräch sollte geprüft werden, ob das gewünschte Verhalten sich eingestellt und stabilisiert hat.

Mit Blick in die Zukunft gilt für die Kritik, dass man von einem schwerwiegenden Vorfall nicht von heute auf morgen „zur Tagesordnung übergehen" kann. Der Vorgesetzte wird zunächst den Mitarbeiter etwas enger kontrollieren, um zu überprüfen, ob das Kritikgespräch Erfolg hatte. Wenn aber über längere Zeit nichts Einschlägiges mehr vorkommt, so gilt: „Schwamm drüber". Es ist ausgesprochen demotivierend für einen Mitarbeiter, wenn er auch nach Jahren immer wieder mit ehemaligen Verfehlungen konfrontiert wird.

Was man bei Kritikgesprächen besonders beachten sollte, zeigt zusammenfassend Abbildung 3.5.

Anerkennung und Kritik – richtig gehandhabt – können auf der Beziehungsebene dazu beitragen, dass der Kontakt zum Vorgesetzten vertrauensvoller, offener und intensiver wird. Auf der sachlichen Ebene sind derartige Gespräche ein hilfreiches Mittel, um rasch das Verhalten der Mitarbeiter zu stabilisieren bzw. zu modifizieren. Anerkennung und Kritik sollen intensiv von einem Vorgesetzten genutzt werden, dem es wichtig ist, motivierte Mitarbeiter zu haben.

3.3 Beurteilungs- und Fördergespräche

Anerkennungs- und Kritikgespräche sind meist nicht allzu ausführlich und beziehen sich auf ganz spezielle aktuelle Vorfälle. Es ist allerdings empfehlenswert, gelegentlich „aus der Vogelperspektive" Bilanz zu ziehen und mit einem Mitarbeiter eingehend und differenziert darüber zu sprechen, wie die vergangene Periode – etwa ein

Grundregeln beim Kritikgespräch	
Wer?	Derjenige, der das Verhalten des Mitarbeiters am besten kennt (i.d.R. der direkte Vorgesetzte).
Was?	Verhaltensweisen, keine „Charakterzüge"; nur berufsrelevante Aktivitäten; nur von Fakten, nicht von Gerüchten ausgehen; Analyse der Gründe für Fehlverhalten.
Wo?	Grundsätzlich unter vier Augen. Fehlverhalten der Gruppe mit der Gruppe besprechen. Bei offensichtlichem Fehlverhalten eines Einzelnen ihn für andere sichtbar zum Kritikgespräch bitten, dieses aber dann unter vier Augen führen.
Wie?	Positiver Beginn (aber nicht stereotyp). Sachlich, nicht affektiv; klar, unmissverständlich, aber schonend; gemeinsame Wertung und Suche nach Ursachen, alternativen Verhaltensweisen (und Maßnahmen, um das erwünschte Verhalten zu erreichen). Positiver Abschluss: Mitarbeiter bekommt eine neue Chance. Zweites Gespräch vereinbaren.
Wann?	Möglichst unmittelbar nach dem unerwünschten Verhalten, es sei denn, die äußeren Rahmenbedingungen sind ungeeignet oder man selbst ist zu verärgert.
Danach?	Nichts nachtragen. Zweites Gespräch: Anerkennung bzw. erneute Kritik.

Abb. 3.5: Worauf soll man bei der Kritik achten?

Jahr – gelaufen ist und welches Bild man selbst als Vorgesetzter in dieser Zeit vom Mitarbeiter gewonnen hat (*Brandstätter,* 1970; *Schuler,* 1989). Hier lassen sich, Wesentliches vom Unwesentlichen unterscheidend, Schwerpunkte setzen und ausgesprochene Stärken von den Schwächen abheben.

Jeder Vorgesetzte macht sich mehr oder weniger bewusst ein Bild von seinen Mitarbeitern. Dieses kann natürlich in Details, aber auch in zentralen Punkten unrichtig sein. Untersuchungen zu sogenannten Beurteilungsfehlern (*Brandstätter,* 1970) zeigen das immer wieder. Es ist ja auch leicht vorstellbar, dass das Urteil des Vorgesetzten mangelhaft ist, wenn er z.B. nur selten direkten Kontakt mit dem Mitarbeiter hat, wenn er falsche Vergleichsmaßstäbe entwickelt oder auch das, was er sieht, nicht angemessen in Worte fassen kann. Aber auch ein falsches Bild, das der Vorgesetzte vom Mitarbeiter hat (*Schuler*, 1980), ist für diesen häufig von existentieller Bedeutung, weil schließlich der weitere Lebensweg des Mitarbeiters oft davon abhängt. Auch hier gilt der Satz: „Wirklich ist, was wirkt."

Ein Vorgesetzter sollte sich darüber im Klaren sein, dass sein Bild vom Mitarbeiter, auch wenn er von dessen Richtigkeit überzeugt ist, dennoch fehlerhaft sein kann. Zu fordern ist von ihm nicht der Standpunkt des „allwissenden Richters", sondern ein Standpunkt kritisch verantworteter Subjektivität. Dieser kann in Formulierungen vertreten werden wie: „Ich habe mir sehr ausführlich Gedanken über Sie gemacht. Ich bin dabei aufgrund dieser oder jener Beobachtung zu folgender Meinung gelangt. Ich denke, dass ich da Zutreffendes erkannt habe. Aber mich würde interessieren, was Sie dazu sagen und ob Sie das akzeptieren können." Als Vorgesetzter sollte man dann für die Argumente des Mitarbeiters offen sein. Diese Offenheit heißt nicht, dass man in einen „Kuhhandel" über Formulierungen eintreten soll, dass man jedoch bereit ist, seine Sicht zu korrigieren, wenn der Mitarbeiter überzeugende Argumente bringt.

In vielen Fällen wird es hilfreich sein, für ein derartiges Mitarbeitergespräch einen Gesprächsleitfaden heranzuziehen, den man als Vorgesetzter zuvor durcharbeitet, um sich auf das Gespräch angemessen vorzubereiten. Ein derartiger Bogen kann eine lockere Checkliste sein oder ein Fragebogen mit differenzierten Skalen. Wesentlich ist, dass er auf die für die Aufgabenbewältigung wichtigsten Verhaltensbereiche hinweist und sich dafür eignet, das Verhalten am Arbeitsplatz und die Leistungsergebnisse angemessen zu diskutieren.

Es ist sehr nützlich, wenn man zuvor mit dem Mitarbeiter Ziele vereinbart hat (vgl. 3.1), weil dann eine Basis dafür besteht zu besprechen, ob diese Ziele in quantitativer und qualitativer Hinsicht erreicht worden sind, wie es in der Beurteilungsperiode um die Leistungsmenge und um die Leistungsgüte stand. Hat man dies besprochen, so kann man nach den Ursachen forschen. Lagen sie im Umfeld des Mitarbeiters, vielleicht sogar in der mangelnden Unterstützung durch den Vorgesetzten selbst und sind entsprechend vom Mitarbeiter nicht oder nur teilweise zu verantworten? Soweit sie auf das Verhalten des Mitarbeiters zurückgeführt werden können, ist hier differenzierter nach den Ursachen zu suchen. Lagen besondere Stärken bzw. Schwächen im kognitiven Bereich? Wie steht es z.B. um die Belastbarkeit, um die analytische Kraft und um das kreative Denken? Oder ist in erster Linie an das Sozialverhalten zu denken, an den Umgang mit anderen, Kommunikation mit Kunden, Kooperation mit Kollegen oder Unterstellten? Wie steht es um die Ausdruckskraft, um die Fähigkeit zur Vermittlung komplexer Zusammenhänge an andere in mündlicher oder schriftlicher Form?

Je nach Aufgabe wird man hier andere Persönlichkeitsbereiche in den Vordergrund stellen.

Ein derartiges Beurteilungsgespräch wird keine „Einbahnstraße" sein. Es sollte zum Gespräch zwischen dem Vorgesetzten und Mitarbeiter werden, wobei dem Mitarbeiter ausreichend Gelegenheit gegeben werden soll, sich zu den Aussagen seines Vorgesetzten zu äußern. Es sollte aber vom Vorgesetzten auch dafür genutzt werden, Information darüber zu erhalten, wie denn der Mitarbeiter ihn sieht. Etwa: „Ich habe Ihnen jetzt ausführlich dargelegt, wo ich im vergangenen Jahr Ihre Stärken und Ihre Schwächen gesehen habe. Sie haben ja nun auch mit mir zusammen gearbeitet und sich sicherlich gelegentlich über mich geärgert. Ich wäre Ihnen dankbar, wenn Sie mir auch sagen würden, was Ihnen an mir gefallen hat und was nicht!" Je vertrauensvoller die Beziehung zwischen dem Vorgesetzten und dem Mitarbeiter ist, um so eher wird der Vorgesetzte hier die Chance haben, „feed back" zu erhalten.

Das Beurteilungsgespräch wendet den Blick in die Vergangenheit. Er sollte sich allerdings nun der Zukunft zuwenden. Dies heißt zum einen, dass wiederum Arbeits- und Entwicklungsziele für die nächste Periode vereinbart werden. Da mag es darum gehen, dass ein Projekt zu Ende geführt wird, aber auch darum, dass mit dem Mitarbeiter vereinbart wird, dass er bis zum Ende des nächsten Jahres den PC auf dem Felde der Textverarbeitung beherrscht oder mit einem Geschäftspartner auf Spanisch eine Verhandlung führen kann. Es sollte darüber hinaus besprochen werden, was getan werden kann, um den Mitarbeiter beim Erreichen dieser Ziele zu unterstützen und zu fördern. Manches an Förderungsmaßnahmen wird der Vorgesetzte selbst durch Rat und gelegentliche Gespräche beisteuern können, manches wird intern oder extern über Schulungsmaßnahmen erarbeitet werden müssen, manches setzt auch erhebliche Eigenaktivität des Mitarbeiters – z.B. in seiner Freizeit – voraus.

Bei derartigen Gesprächen wird – insbesondere wenn es sich um jüngere und hochqualifizierte Mitarbeiter handelt – häufig auch die **Zukunft des Mitarbeiters** im Sinne einer mittelfristigen Karriereplanung thematisiert werden. Hier sollte ein Vorgesetzter nach bestem Wissen und Gewissen fair und offen sein. Er sollte dem Mitarbeiter sagen, wo er bei ihm Entwicklungspotentiale sieht, wo dagegen Schwächen und Defizite. Das kann die Funktion einer „Weichenstellung" haben. So kann etwa ein qualifizierter Sachbearbeiter mit erheblichem Ehrgeiz den Wunsch entwickeln, künftig eine Führungsposition zu übernehmen. Dies kann auf einem gänzlich falschen Selbstbild beruhen. Wenn der Vorgesetzte überzeugt ist, dass gerade im Umgang mit anderen Menschen ein kaum korrigierbares Defizit des Mitarbeiters liegt, wird es hilfreich sein, ihn für eine „Fachlaufbahn“ zu motivieren, d.h. seinen Ehrgeiz umzulenken und ihn anzuregen, sich in seinem Spezialistentum zu vervollkommnen. Auf diese Weise kann man dazu beitragen, dass der Mitarbeiter dort Stärken entwickelt, wo tatsächlich seine Stärken liegen.

Zur Offenheit und Ehrlichkeit gehört ein weiteres Thema, das zu besprechen allerdings gelegentlich bitter ist: das **Karrierebeendigungsgespräch.** Es kommt gelegentlich vor, dass die Ambitionen eines Mitarbeiters hoch sind, jedoch nach Auffassung des Vorgesetzten gänzlich unrealistisch. In derartigen Fällen sollte der Vorgesetzte nicht ständig die Hoffnungen des Mitarbeiters dort schüren, wo er weiß, dass sie eines Tages enttäuscht werden. Hier ist es besser, wenn der Vorgesetzte dem Mitarbeiter „klaren Wein“ einschenkt. Etwa in der Form, dass er darauf hinweist, dass er derzeit in der ausgeübten Funktion mit dem Mitarbeiter voll und ganz zufrieden ist, dass er aber nach sorgfältiger Überlegung zu der Auffassung gelangt ist, dass in höheren Funktionen ein Erfolg kaum zu erwarten sei. Er könne ihn – den Mitarbeiter – nicht guten Gewissens für den Aufstieg vorschlagen, da er sonst ihm und dem Unternehmen eine Enttäuschung, die er nicht verantworten könne, bereiten würde.

Der Mitarbeiter sollte wissen, dass sein Vorgesetzter ihn so sieht. Ist der Mitarbeiter jung genug und von der Aussage des Vorgesetzten nicht überzeugt, ist es letztlich besser, wenn er sein Glück woanders sucht. Lässt er sich dagegen überzeugen, dann ist es für das Unternehmen und für ihn selbst günstiger, wenn er nicht unrealistischen Zukunftserwartungen nachhängt, sondern sich darauf konzentriert, seine Kompetenzen auf dem Gebiet zu entwickeln, das er gegenwärtig wahrnimmt. Auch die Erhaltung und Vervollkommnung der Fähigkeiten und Fertigkeiten in der gegenwärtigen Aufgabe ist ein wichtiges Ziel jeder Personalentwicklung.

3.4 Vorbild sein

Wer führt, hat „Ansehen“. Dies ist auch im ganz wörtlichen Sinne zu verstehen. Es konnte vielfach nachgewiesen werden, dass Menschen, die in der Hierarchie „oben“ stehen, von den anderen besonders intensiv beobachtet werden (*Mulder,* 1977). Was sonst eher übersehen oder als belanglos abgetan wird, das ist Anlass hoher Aufmerksamkeit, wenn es von jemandem getan wird, der „an der Spitze“ steht. Das Verhalten von Führenden ist eine gewichtige zielbezogene Aussage im Sinne der nonverbalen Kommunikation bzw. des symbolischen Managements (*Neuberger,* 1988). Es zeigt an, was tatsächlich bedeutsam ist und worauf man im Unternehmen Wert legt.

Dies wird vor allem dann gewichtig, wenn die Worte und die Taten der „Mächtigen“ auseinanderklaffen. Man denke etwa daran, dass nicht selten Korrektheit und Verläßlichkeit von den Führenden gefordert werden, was als Botschaft fast alle Wirkung verliert, wenn in der Belegschaft über das Gerücht getuschelt wird, dass Führungskräfte ihre Reisespesen inkorrekt abrechnen. Es ist mancher Führungskraft nicht klar, dass sie ihren Forderungen an die Mitarbeiter nach Freundlichkeit und Höflichkeit mit den Kunden fast alle Glaubwürdigkeit nimmt, wenn sie selbst im Umgang mit den Mitarbeitern unfreundlich und unhöflich ist. Taten sagen hier allemal mehr als Worte. Das Beste ist es, wenn die Taten und die Worte übereinstimmen.

Was Führende tun, wird gesehen. Und es wird darüber gesprochen. Dies kann gelegentlich für den, der Verantwortung in besonders hohem Maße trägt, lästig und belastend sein. Es ist für ihn aber auch eine Chance, da er damit – ganz im Sinne einer Symbolisierung – Zeichen setzen kann. Dafür ein Beispiel:

In einem Unternehmen der chemischen Industrie spielte der Bereich „Anwendungstechnik“ eine bedeutsame Rolle. Es wurden dort neuentwickelte chemische Verbindungen auf Anwendungsmöglichkeiten hin untersucht, wobei das Ziel im Vordergrund stehen sollte, damit Probleme der Kunden zu lösen. Der langjährige Leiter der Anwendungstechnik war ein sehr fähiger und engagierter Forscher. Wann immer es seine Zeit erlaubte, war er selbst in den Labors, arbeitete aktiv in Forschungsprojekten mit und suchte fast täglich das Gespräch mit den in den Labors arbeitenden Chemikern und Laboranten, um sich über die dort bestehenden Projekte zu informieren und diese mitzusteuern und zu beeinflussen. Von den Mitarbeitern innerhalb der Anwendungstechnik wurde er wegen seiner Fachkompetenz und seines Interesses an der Alltagsarbeit in der Forschung hochgeschätzt, allerdings ... dies alles vollzog sich zu Lasten der Kundenkontakte.

Als dieser verdiente Leiter der Anwendungstechnik in den Ruhestand ging, wurde vom Vorstand sein Nachfolger bestellt. Dieser besuchte als erste Amtshandlung nicht seine neuen Mitarbeiter, sondern ließ sich zu einem der wichtigsten Kunden fahren, um mit diesem über seine einschlägigen Probleme und denkbare Problemlösungen zu diskutieren. Und er sorgte dafür, dass dies im gesamten Unternehmen und natürlich auch innerhalb der Anwendungstechnik bekannt wurde.

Seine neuen Mitarbeiter sprachen intensiv über diesen Vorfall, und sie verstanden die Botschaft.

Wie vieles andere haben auch die Geschehnisse in einer Organisation mehrere Gesichter. Das gilt auch für die Führung. Sie lässt sich ganz unterschiedlich interpretieren, wenn man sie aus verschiedenen Gesichtswinkeln betrachtet. Vielfach werden ja Organisationen als zweckrationale Gebilde verstanden (*Mayntz*, 1968), innerhalb derer strenge Kausalität herrscht. Bei einer solchen Sicht werden alle Geschehnisse in der Organisation unter dem Aspekt betrachtet werden, ob sie zum Erreichen des Unternehmenszieles beitragen.

Eine Organisation ist aber auch ein soziales Gebilde, innerhalb dessen Menschen über eine lange Zeit hinweg miteinander umgehen. Dort aber, wo Menschen dies tun, entstehen Selbstverständlichkeiten, für alle mehr oder weniger verbindliche Weisen die Dinge zu sehen und zu werten, Spielregeln des Umgangs miteinander oder – kurz gesagt – es entwickelt sich Kultur, in diesem Falle Organisationskultur. Wählt man diese Perspektive der Betrachtung, so werden die Geschehnisse in der Organisation von den Mitarbeitern gedeutet und entfalten auf diese Weise ihre Wirkung (*Neuberger*, 1995).

Dies gilt auch und ganz spezifisch für die Führung. Erinnert zum Beispiel ein Vorgesetzter seinen Mitarbeiter daran, dass er ihm bereits bei der Arbeitsbesprechung am vergangenen Montag den Auftag gegeben habe, den Marketingbericht bis zum Ende der Woche zu erstellen, so hat das – ganz im Sinne des zweckrationalen Systems – die Funktion, die rechtzeitige Erledigung der Aufgabe sicherzustellen. So betrachtet wirkt Führung faktisch. Darüber hinaus aber wird der Mitarbeiter das Verhalten des Vorgesetzten deuten und die übrigen Teammitglieder werden dies, falls sie die genannte Erinnerung des Chefs zur Kenntnis nehmen, ebenfalls tun. Warum betont er gerade diesen Punkt so eindringlich, während er über andere nicht spricht? Gewinnt Marketing in jüngster Zeit eine stärkere Bedeutung? Hofft der Vorgesetzte mit der rechtzeitigen Vorlage des Marketingplanes bei der Geschäftsführung seine eigene Karriere zu beschleunigen? Erscheint ihm die Gemeinkostenwertanalyse, an der zur Zeit ebenfalls gearbeitet wird, weniger wichtig, da er sie nicht erwähnt? Und warum wird gerade der mit dem Marketingplan beauftragte Mitarbeiter noch einmal an den Termin erinnert? Ist der Vorgesetzte misstrauisch oder hält er spezifisch diesen Mitarbeiter für wenig zuverlässig und vergesslich? Ist diese Erinnerung als eine vorweggenommene Kritik zu interpretieren? etc.

All dies jedenfalls beeinflusst das Handeln des angesprochenen Mitarbeiters, aber auch das seiner Kollegen. Hier erfolgt die Verhaltensbeeinflussung über die Deutung der Mitarbeiter, womit Führung symbolisch wirkt.

4 Das Phänomen „Führung“

Führung ist – wie schon eingangs ausgeführt – zielgerichtete Einflussnahme eines Vorgesetzten auf seine Mitarbeiter. Dabei ist der Vorgesetzte nicht nur von den vorgegebenen Zielsetzungen geleitet, sondern zugleich auch von seinen persönlichen Zielen sowie von seinem eigenen Selbstverständnis und seiner Auffassung von Führung. Allein aus diesen Gründen lohnt es sich, einmal die Hintergründe des Phänomens Führung genauer auszuleuchten.

4.1 Wie „entsteht“ eigentlich Führung?

Warum wird eigentlich jemand zum „Führer“, d.h. zum Vorgesetzten? Weil er so einzigartig toll ist? Weil er eine so herausragende Persönlichkeit ist? Oder gar ein fachliches Genie? Dem amerikanischen Führungsforscher *M. Haire* wird folgendes Beispiel zugeschrieben, das eine interessante Antwort auf diese Fragen gibt: Jemand will sich eine kleine Hütte bauen. Wie macht er das? Ganz einfach! Er wird sich Baumaterial besorgen, dazu die notwendigen Geräte, anschließend die Ärmel hochkrempeln und sich ans Werk machen. Und dabei wird er keinerlei Führungsprobleme haben, denn: Er produziert selbst! Falls der Betreffende nach diesem Do-it-yourself-Verfahren allerdings ein mehrstöckiges Haus bauen möchte, wird er entweder erst nach unendlich langer Zeit fertig sein oder zwischendurch scheitern. Genau diese Situation definiert das „Entstehen“ von Führung:

Führung heißt:
Jemand hat mehr zu tun, als er alleine schaffen kann!

Manchen Vorgesetzten kommt gelegentlich das Bewusstsein dafür abhanden, warum sie eigentlich Vorgesetzte sind: Weil sie's alleine nicht schaffen können! Ein Vorgesetzter, der das begriffen hat, der hat auch verstanden, dass er für seine Zielerreichung keine gut funktionierenden Sklaven, sondern Mit-Arbeiter haben muss. Er benötigt Leute, die ihm helfen, das zu bewältigen, was er alleine nicht schaffen kann. Demnach ist es dann auch ein ziemliches Armutszeugnis auf dem Sektor Führung, wenn sich das Führungsrepertoire eines Vorgesetzten in Drohungen gegenüber den Mitarbeitern und in der Ausübung von Macht erschöpft. Der erfolgreiche Vorgesetzte versteht es, auf andere Weise seine Mitarbeiter dafür zu gewinnen (modern: zu motivieren), dass sie ihm bei der Erreichung jener Ziele helfen, die für ihn alleine zu groß sind. Zumindest heutzutage erschließt man sich das Potenzial von Mitarbeitern nicht mehr durch Anordnungen oder Befehle.

Folgt man dem vorstehenden Beispiel, verfolgt ein Vorgesetzter genaugenommen recht egoistische Ziele. Er möchte andere Leute dazu gewinnen, ihn erfolgreich zu machen. Doch: Welcher Mensch, welcher Mitarbeiter tut das ohne Gegenleistung? Es schadet keinem Vorgesetzten, sich das gelegentlich bewusst zu machen. Vorgesetzte sollten ruhig einmal darüber nachdenken, dass Führung ein „Geschäft auf Gegenseitigkeit" ist, ein Wechselgeschäft zwischen ihnen und den Mitarbeitern. Mit einer solchen Gegenleistung ist keinesfalls allein die Bezahlung gemeint. Die erwartete Gegenleistung des Vorgesetzten besteht beispielsweise auch darin, dass er die Interessen der Mitarbeiter nach oben vertritt, dass er sich für die Befriedigung ihrer Bedürfnisse einsetzt (z.B. Lob und Anerkennung) und dass er sich bei Bedarf auch einmal schützend vor die Gruppe stellt. Ein Vorgesetzter, der dies nicht tut und das für unwichtig hält, muss sich nicht wundern, wenn

- die Mitarbeiter ihm ihr Engagement entziehen und bei ihrer Arbeit den „inneren Schongang" einlegen,
- gute Mitarbeiter ihn früher oder später verlassen oder
- die Mitarbeiter sogar eine „Notgemeinschaft gegen den Chef" bilden.

4.2 Führung und Menschenbild

Wenn im Betrieb jemand Geräte und Maschinen nicht pfleglich behandelt oder sogar bewusst „misshandelt", dann wird er früher oder später Ärger bekommen. Schließlich kosten Geräte und Maschinen Geld, und sie sollen möglichst störungsfrei und gut funktionieren. Zu diesem Zweck werden sie in Ordnung gehalten, gepflegt und nicht selten sogar präventiv gewartet (d.h. bevor überhaupt Störungen aufkommen, kümmert man sich schon um sie!). Übertragen auf die im Betrieb tätigen Menschen liegt damit ein etwas provokanter Vergleich in der Luft:

Was „kostet" eigentlich ein Mensch? Und welchen Aufwand betreibt man für seine „Pflege"? ...

Diese Frage richtet sich an den Vorgesetzten, aber ebensogut an das ganze Unternehmen, an die Organisation. Gefragt wird hier nach dem Menschenbild. Die Art und Weise wie ein Vorgesetzter mit seinen Leuten umgeht, zeigt an, was er von ihnen hält. Das Verhalten eines jeden Vorgesetzten wird nämlich beeinflusst durch seine Auffassung vom Menschen, von seinem Menschenbild. Betrachtet er sie zum Beispiel lediglich als „Vehikel", als „Instrument" für seinen eigenen Erfolg, wird er mit ihnen anders umgehen, als wenn er sie persönlich achtet, sie schätzt und zudem auch Freude am Umgang mit Menschen hat.

Das in einer gesamten Organisation gültige Menschenbild findet vor allem seinen Ausdruck in den Organisationsstrukturen und in den aufgestellten betrieblichen Steuerungsregeln.

Menschenbilder können positiv oder auch negativ sein. Sie unterliegen einem interessanten Effekt: Sie haben die Tendenz, sich zu bestätigen! Genau gesagt sind es natürlich nicht die Menschenbilder, die sich selbst bestätigen, sondern die Träger solcher Auffassungen vom Menschen tun dies. Man nennt dieses Phänomen „self-fulfilling prophecy“, eine sich selbst erfüllende Prophezeiung. Darunter versteht man, dass die Träger von Erwartungshaltungen, zum Beispiel eines bestimmten Menschenbildes, durch ihr eigenes Verhalten Situationen und auch Reaktionen der Betroffenen herbeiführen, die ihre Erwartungen bestätigen. Dies geschieht keinesfalls voll bewusst. Vereinfacht ist dieser Prozess in Abbildung 3.6 dargestellt.

Die Abbildung 3.6 soll durch ein Beispiel erläutert werden: Ein Vorgesetzter hält (fast) alle seine Mitarbeiter für (Zitat:) „Affen und Idioten, die unfähig sind, auch nur einen einzigen vernünftigen Gedanken alleine zu fassen“. Was wird nun geschehen? Er wird anfangen, mit seinen Leuten auch wie mit „Affen und Idioten“ umzugehen. Früher oder später werden daraufhin die Mitarbeiter beginnen, auf diese Art des Umganges störrisch und „idiotisch“ zu reagieren, was – natürlich! – erneut die Erwartungshaltungen des Vorgesetzten bestätigt. Die guten Leute werden sich außerdem den Umgangsstil des Vorgesetzten nicht lange gefallen lassen und weggehen. Und damit

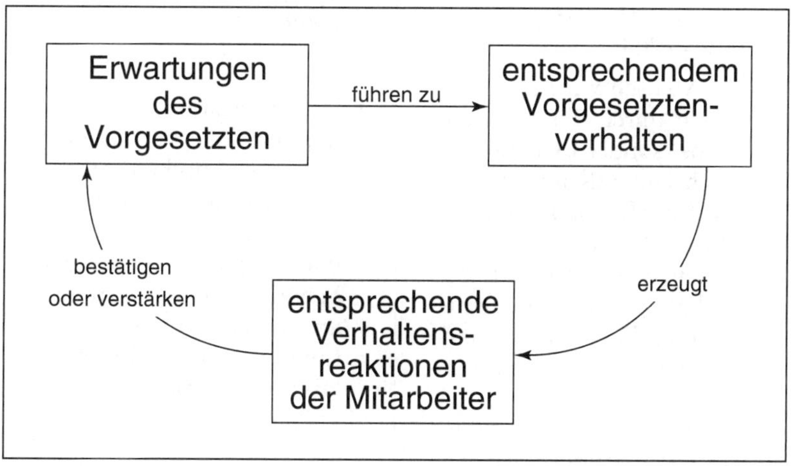

Abb. 3.6: Der Prozess der „self-fulfilling prophecy“

hat sich der Teufelskreis längst geschlossen: Der Vorgesetzte hat jetzt nur noch genau die Mitarbeiter übrig, die exakt seinem (Negativ-) Bild entsprechen.

Der Prozess der „self-fulfilling prophecy“ funktioniert natürlich nicht nur in negativer, sondern auch in positiver Richtung. Der Praktiker-Spruch, dass jeder Chef die Mitarbeiter hat, die er verdient, findet damit seine Begründung und Erklärung. Die meisten Vorgesetzten merken übrigens gar nicht, dass sie es sind, die das Verhalten ihrer Mitarbeiter in hohem Maße prägen.

In Abbildung 3.7 sind in einer Zusammenstellung von *Lilge* (1981) einige Auffassungen vom Wesen des Menschen gegenübergestellt, die im Laufe der Zeiten von verschiedenen Denkern und Autoren formuliert wurden. Die historisch jüngste Beschreibung auf der positiven Seite (u.a. *Maslow,* 1954; *McGregor,* 1971) stellt das Menschenbild der so genannten Humanistischen Psychologie dar, dem sich heute mitarbeiterorientierte Unternehmen verpflichtet fühlen.

Optimistische Auffassungen vom Wesen des Menschen	**Pessimistische Auffassungen vom Wesen des Menschen**
• Der Mensch ist vernünftig; er neigt zur Kooperation und gegenseitiger Unterstützung; er ist in der Lage, sich selbst zu kontrollieren und bevorzugt grundsätzlich eine demokratische Führung. (*Locke* 1632–1704)	• Der Mensch ist undankbar, heuchlerisch und gewinnsüchtig; er geht möglichst Gefahren aus dem Wege und wählt den Weg des geringsten Widerstandes. (*Machiavelli* 1469–1527)
• Der Mensch wird nicht primär durch biogenetische Triebe, sondern vielmehr durch von außen wirkende gesellschaftliche soziokulturelle Kräfte beeinflusst, wobei sein Streben auf die Befriedigung seiner Bedürfnisse, deren Entwicklung und Wachstum situationsabhängig ist, gerichtet wird. (*Fromm* 1900–1980, *Sullivan* 1892–1949, *Horney* 1895–1952)	• Der Mensch ist selbstsüchtig; durch die Verfolgung seiner egoistischen Interessen (subjektive Nutzenmaximierung) dient er sich und der Gesellschaft; dazu benötigt er ein Optimum an gesellschaftlicher Gestaltungsfreiheit. (Politik des laisser-faire; *Smith* 1723–1790)

Optimistische Auffassungen vom Wesen des Menschen	**Pessimistische Auffassungen vom Wesen des Menschen**
• Der Mensch ist grundsätzlich ein soziales Wesen, wobei er ein entsprechendes Verhalten in der Gruppe entwickelt. (*Mayo* 1880–1949) • Der Mensch verfügt über eine Vielzahl von Bedürfnissen, die in einer Hierarchie geordnet sind; das Streben nach Befriedigung dieser Bedürfnisse motiviert ihn zum Handeln; gerade die soziale Alltagssituation kann Möglichkeiten für individuelles Wachstum, Entwicklung und Selbstverwirklichung schaffen; hierbei schließen sich Persönlichkeitsziele und Organisationsziele nicht notwendig aus, sondern sind zumeist kompatibel, mitunter auch komplementär. (*Argyris; Bennis; Maslow* 1908–1970; *McGregor* 1906–1964; *Likert* u.a.)	• Der Mensch ist ein kampfbetontes Wesen, wobei in einem „natürlichen Selektionsprozess“ nur die physisch und psychisch Stärksten sich durchsetzen und überleben werden. (*Darwin* 1809–1882; *Spencer* 1820–1903) • Der Mensch ist von Natur aus primitiv, wild und böse; natürliche Triebe (Sex, Aggression etc.) müssen unterdrückt werden. (*Freud* 1856–1939) • Der Mensch ist wie ein Teil einer Maschine; er ist faul, egoistisch und träge; er muss permanent kontrolliert und extrem von außen (extrinsisch) motiviert werden; darüber hinaus gilt sein primäres Interesse materiellen Gütern. (*Taylor* 1856–1915)

Abb. 3.7: Wesensumschreibungen des Menschen (Lilge, 1981, S. 18)

Das Menschenbild der Humanistischen Psychologie geht davon aus, dass der Mensch von Natur aus fähig ist, für sich selbst und sein Leben Verantwortung zu übernehmen, dass alle Menschen – jeder in seiner Art – gleich wertvoll (d.h. voller Werte) sind und dass alle Menschen in sich den Wunsch haben, sich selbst zu entwickeln und zu entfalten – auch in der Arbeit. Falls Menschen eine negative Einstellung zur Arbeit und/oder auch zu sich selbst und den in ihnen schlummernden Entwicklungschancen aufweisen, dann – so die Humanistische Psychologie – nicht, weil sie so geboren sind, sondern weil diese negativen Haltungen das Ergebnis eines entsprechend negativen Prägungs- und Lernprozesses im Verlauf der bisherigen Biographie dieser Menschen sind.

Das „Bild vom Menschen" spielte schon immer, auch beim Aufbau von Unternehmensstrukturen, eine große Rolle. Das Menschenbild, welches innerhalb einer Organisation herrscht, stellt die Leitidee für die „Konstruktion" der Strukturen dar. Dabei sind solche Annahmen über den Menschen einem ständigen Wandel unterworfen – nicht zuletzt, weil auch der Mensch sich wandelt. Im Verlauf unseres Industriezeitalters und in der Wirtschaftswelt haben bis heute im Wesentlichen vier Menschenbilder eine solche Leitfunktion gehabt:

der wirtschaftlich funktionierende Mensch	→ economic man
der soziale Mensch	→ social man
der sich selbst verwirklichende Mensch	→ self-realizing man
der ganzheitliche Mensch	→ complex man

Im Einzelnen bedeutet dies: Der nur „wirtschaftlich funktionierende" Mensch wird in erster Linie durch finanzielle Anreize motiviert. Er wird im Betrieb nur als wirtschaftliche Größe gesehen, entsprechend „kalkuliert" und eingesetzt.

Für den „sozialen Menschen" sind soziale Anreize wie z.B. Zugehörigkeit zu einer Gruppe und Eingebundensein in soziale Beziehungen von hoher Bedeutung und motivierend. Sein Arbeitsverhalten wird stark von den sozialen Normen seiner Arbeitsgruppe beeinflusst.

Der „sich selbst verwirklichende Mensch" ist gekennzeichnet durch ein intensives Streben nach Autonomie und Selbstgestaltung. Er ist in seiner Arbeit hoch motivierbar durch Handlungs-, Gestaltungs- und Entscheidungsfreiräume.

Das komplexeste Menschenbild ist das des „ganzheitlichen Menschen". Es umfasst im Prinzip sämtliche Motivationsebenen der ersten drei beschriebenen Menschenbilder. Das Konzept des ganzheitlichen Menschen geht davon aus, dass es kein generell gültiges Bild vom Menschen gibt, sondern jeweils nur in unterschiedlichen konkreten Situationen handelnde, individuell unterschiedliche Menschen. Diese Menschen haben nicht nur verschiedene, sondern auch einem Wandel unterliegende Bedürfnisse (da Bedürfnisse nicht nur angeboren, sondern auch in beträchtlichem Maße erlernt sind; vgl. S. 17 f.). Die Anerkennung einer Vielfalt menschlicher Bedürfnisse, die in ständigem Wechselspiel zu den jeweils subjektiv erlebten situativen Rahmenbedingungen stehen, steht deshalb heute im Vordergrund aller Überlegungen zur Motivation von Mitarbeitern. Dies bedarf auch einer entsprechenden Führung. Der ganzheitlich ausgerichtete Manager ist dadurch effektiv, dass er situative Führung praktiziert, problemorientiert handelt und in seinem Handeln gegenüber seinen Mitarbeitern echt und glaubwürdig ist.

4.3 Gewandelte Anforderungen an den Vorgesetzten

Anspruchsvollere Menschenbilder zusammen mit anspruchsvolleren und auch komplexeren Aufgabenstellungen bleiben nicht ohne Auswirkungen auf die Ansprüche, die an Vorgesetzte gestellt werden. Die Anforderungen sind im Verlauf der vergangenen Jahrzehnte bis heute ständig gestiegen. Die Zeiten, in denen allein die **fachliche Kompetenz** eines Vorgesetzten eine ausreichende Basis für eine von den Mitarbeitern akzeptierte Führung darstellte, sind längst vorbei. Die Abbildung 3.8 zeigt – in vereinfachter Form – die Entwicklung im Wandel der Anforderungen.

Es hat einmal Zeiten gegeben, da reichte es aus (oder man glaubte es zumindest), dass jemand ein guter Fachmann war, und dann wurde er früher oder später auch Vorgesetzter. Da war zum Beispiel jemand ein hervorragender Konstrukteur, und „zur Belohnung“ wurde er irgendwann Leiter des Konstruktionsbüros oder der Konstruktionsabteilung. Und damit begannen dann auch nicht selten die Probleme: Was er bisher am besten konnte, nämlich Konstruieren und Erfinden, sollte er nun schwerpunktmäßig nicht mehr tun. Und was er bis dahin noch nie gelernt hatte, nämlich das Managen einer Konstruktionsabteilung, das war nun seine Hauptaufgabe! Doch das war für ihn – im Fußballer-Jargon gesprochen – ein „Auswärtsspiel“. Das Führen einer Gruppe, Arbeitstechniken im Team, das Leiten von Sitzungen, das Führen von Mitarbeitergesprächen, Vorbereiten und Fällen von Entscheidungen, Planen, Organisieren, Ziele setzen, Kontrollieren, Informieren usw. – auf alle diese Führungsaufgaben und die dabei anzuwendenden Techniken (management skills) war er gar nicht oder nicht ausreichend vorbereitet.

Eigentlich verständlich, dass Vorgesetzte in einer solch irritierenden Situation dann meist das tun, was man – um noch einmal die Fußballer-Sprache zu bemühen – den so genannten Heimspiel-Effekt nennt: Sie konzentrieren sich auf das, was sie am besten können. So beweisen sie sich gegenüber ihren Mitarbeitern als die nach wie vor besten Sachbearbeiter. Bestenfalls. Gleichzeitig versagen sie jedoch bei ihren eigentlichen Führungsaufgaben und versäumen bzw. verhindern sogar die Entwicklung und Förderung ihrer Mitarbeiter. Nüchtern und betriebswirtschaftlich betrachtet sind solche Vorgesetzte überbezahlt! Die Führungsleistung, für die sie entlohnt werden, erbringen sie nicht oder nur unzureichend, und für die schlich-

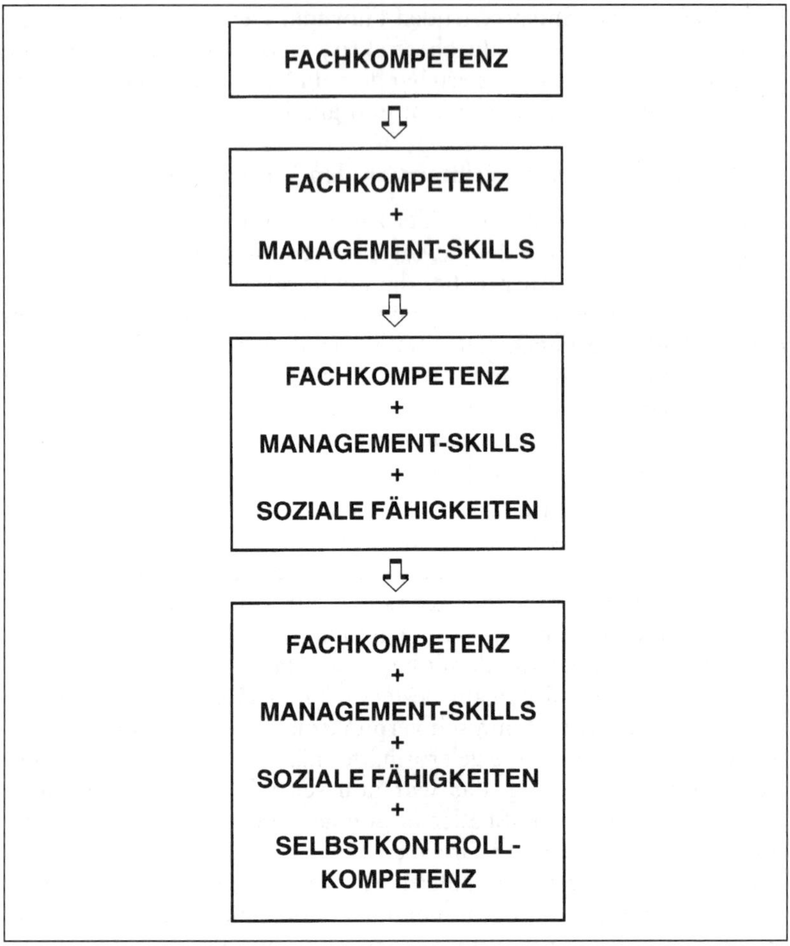

Abb. 3.8: Wandel der Anforderungen an die Kompetenz von Vorgesetzten (Comelli, 1991, S. 311)

te Ausführung einer Sachbearbeitertätigkeit bekommen sie zuviel Geld.

Entscheidungen über die Auswahl von Führungskräften wirken sich in einem Unternehmen in der Regel eher über zwanzig als zehn Jahre aus. Dies ist der Grund dafür, dass viele Betriebe auch noch heute an den Folgen von solchen, allein auf das Anforderungsmerkmal Fachkompetenz ausgerichteten Auswahlentscheidungen zu tragen haben.

Vor allem in den größeren Firmen wurde spätestens in den 70er Jahren klar, dass Fachkompetenz eine (in der Mehrheit der Fälle) zwar notwendige, aber keinesfalls hinreichende Bedingung ist, als Führungskraft erfolgreich zu sein. Parallel dazu wurde auch bewusst, dass Fachkompetenz schon längst nicht mehr bedeutet, dass jemand alles besser weiß oder besser kann. Fachliche Kompetenz kann man vielmehr auch dadurch beweisen, dass man intelligente Fragen stellt, dass man Zusammenhänge verstehen bzw. selber herstellen kann und dass man Folgewirkungen und Konsequenzen „vorausdenken“ kann.

So begannen also die Firmen, ihre (angehenden) Führungskräfte in **Management-Techniken** zu trainieren: Planung, Zielsetzung, Information, Delegation, Kontrolle, Lob und Anerkennung, Kritik, Zielvereinbarung, Problemlösungs- und Entscheidungstechniken, Gesprächstechniken usw. – zumeist bekannt unter der entsprechenden Einleitungsformel „Management by …“. Zumindest in größeren Unternehmen ist das Training dieser „basic skills“ inzwischen Standardprogramm für Führungskräfte und für jene, die es werden wollen. Doch dieser Stand der Erkenntnisse gilt noch längst nicht überall. Vor allem in vielen kleineren und mittleren Unternehmen ist das Bewusstsein, dass man (einschließlich der Neueinstellung von Führungskräften) über die Fachkompetenz hinaus auf solche „handwerkliche Grundausstattung“ eines Vorgesetzten unbedingt achten muss, auch heute noch keinesfalls zufriedenstellend ausgebildet. Gleiches gilt für die vielerorts noch fehlende Einsicht, dass man natürlich auch in die Entwicklung der eigenen Führungsmannschaft (Training, Seminare) investieren muss.

Doch unterdessen ist die Entwicklung der Anforderungen schon längst weiter vorangeschritten. Nachdem die Beherrschung von Managementtechniken als notwendige Grundausstattung für (angehende) Vorgesetzte im Prinzip nicht mehr in Frage gestellt wurde, zeigte sich schon bald, dass Fachkompetenz plus Management-Skills noch nicht ausreichen. Es wuchs (und wächst noch) das Bewusstsein dafür, dass den Führungskräften immerhin die wertvollste Ressource im Unternehmen anvertraut ist. Das sind die Mitarbeiter, das so genannte Human-Kapital. Besonders in dieser Hinsicht sind seit einiger Zeit zusätzliche und weiter steigende Anforderungen an den Vorgesetzten zu verzeichnen.

Diese Einsicht ist eigentlich nicht neu. Schon immer haben erfahrene Praktiker empfohlen, ein guter Vorgesetzter müsse ein „Händchen“ im Umgang mit Menschen haben. Heute aber kommt diesem Talent, das man jetzt als **soziale Fähigkeiten** (social skills) oder auch als „soziale oder gar emotionale Intelligenz“ bezeichnet, eine immer größere Bedeutung zu. Dies ist kein Wunder, denn wir leben in einer Zeit, in der fachlich immer kompetentere und auch selbstbewusstere Mitarbeiter gegenüber ihrem Vorgesetzten, vor allem in Bezug auf betriebliche Zusammenarbeit und Kommunikation, unmissverständlich höhere Ansprüche anmelden.

Die nachfolgende beispielhafte Auflistung soll deutlich machen, was man unter sozialen Fähigkeiten versteht und in welcher Hinsicht Vorgesetzte heute weitaus intensiver als früher von ihren Mitarbeitern gefordert sind u.a.:

- Sich verständlich ausdrücken können (d.h. sich bemühen, in Diktion und Wortwahl so zu reden, dass der andere es versteht oder dass er mitkommt),
- zuhören können (d.h. einem anderen, der redet, seine volle Aufmerksamkeit zur Verfügung stellen, aber auch Techniken des so genannten aktiven Zuhörens beherrschen wie z.B. Paraphrasieren und Verbalisieren),
- mitkriegen, was mit dem anderen „los" ist (einschließlich Situationen erfassen) – statt „auf der Leitung stehen",
- eigene Gefühle ausdrücken/mitteilen können,
- sich trauen, den Mund aufzumachen,
- offen und direkt kommunizieren – statt „verdeckte Botschaften",
- authentisch sein/echt sein (d.h. Denken, Fühlen und Handeln sind kongruent),
- seine eigene Wirkung kalkulieren können (d.h. keine großen Selbstbild-Fremdbild-Diskrepanzen),
- feedback-fähig sein (d.h. sowohl wissen, wie man „sozial intelligent" Feedback gibt, als auch wie man auf ein erhaltenes Feedback angemessen und optimal reagiert),
- durch eigenes Verhalten nicht unnötig konfliktauslösend oder konfliktverschärfend wirken.

Führungskräfte, die zusammen mit ihren Mitarbeitern erfolgreich und effizient die gemeinsamen Ziele meistern wollen, müssen heute über ein bemerkenswertes Maß an sozialen Fähigkeiten verfügen. Führen ist ein Interaktionsprozess zwischen dem Führer und den Geführten, und dabei ist soziale Intelligenz gefragt. Die Folge dieser Einsicht ist, dass Unternehmen in wachsendem Maße sowohl bei der Einstellung wie auch bei der Auswahl und Entwicklung von Führungskräften den sozialen Fähigkeiten Beachtung schenken. In der betrieblichen Aus- und Weiterbildung bildet sich diese Entwicklung dadurch ab, dass so genannte Kommunikations- bzw. Verhaltenstrainings inzwischen einen sehr hohen Stellenwert haben. Hier geht es dann selbstverständlich nicht um die oberflächliche Vermittlung von schlichten „Sozialtechniken", sondern – im Sinne einer

Persönlichkeitsentwicklung – um die Vermittlung bzw. Bekräftigung eines entsprechend positiven Menschenbildes mit den dazu passenden Einstellungs- und Wertesystemen.

In modernen Personalauswahlverfahren wie z.B. in den so genannten **Assessment-Centers** (ACs) wird dem Anforderungsbereich „soziale Fähigkeiten“ ausdrücklich Rechnung getragen. In solchen (seminarartig aufgebauten) ACs absolvieren die Auswahlkandidaten neben Tests und Interviews auch mehrere standardisierte Übungen bzw. Gruppensituationen, in denen sie jeweils ganz konkrete „Verhaltenskostproben“ liefern. Die zu einem Assessment-Center gehörenden Beobachter ziehen daraus ihre Schlüsse bezüglich der vorhandenen sozialen Fähigkeiten bei den einzelnen Kandidaten.

Übrigens: Mancher Missgriff bei der Einstellung von Führungskräften von außen ließe sich sicherlich vermeiden, wenn man bei den Bewerbern eben nicht allein die fachliche Seite abklopfen würde und das, was sie bisher geleistet haben. Es wäre empfehlenswert, sich auch einmal dafür zu interessieren, wie ihr Verständnis von Führung ist, oder ggf. auch einmal zu recherchieren, wie sie an ihrer letzten Arbeitsstelle mit den eigenen Leuten klargekommen bzw. umgegangen sind ...

In einer immer komplexer werdenden und sich ständig im Wandel befindlichen Welt rückt inzwischen ein weiterer Anforderungsbereich immer mehr ins Zentrum der Beachtung: die **Selbstkontroll-Kompetenz.** Geht man von einem Mitarbeiterbild aus, das auf Partizipation und Kooperation angelegt ist, dann erfordert dies (auf allen Ebenen) Menschen, die fähig sind, sich selbst zu steuern und die eigenen Angelegenheiten zu vertreten bzw. in die Hand zu nehmen. Dies heißt zunächst einmal nichts anderes als

- die Fähigkeit haben, seine Arbeit und seine Angelegenheiten zu planen und zu organisieren, und somit sozusagen „sich selbst einzuteilen“.

Das Planen der eigenen Arbeit, das Einteilen der verfügbaren Zeit und das Arbeiten nach gesetzten Prioritäten zählt eigentlich noch zur „Grundausstattung“ eines jeden Vorgesetzten (und ist in entsprechenden Seminaren leicht zu erlernen). Der Begriff Selbstkontroll-Kompetenz reicht jedoch weit über den unmittelbaren Arbeitsbereich hinaus. Es geht auch um das Planen, Einteilen und Setzen von Prioritäten bei sich selbst und in seinem gesamten Leben. Selbstkontroll-Kompetenz (vgl. S. 47 ff.) bedeutet deshalb auch u.a.:

- sich selbst steuern können (i.S. von Selbstkontrolle),
- mit Stress und/oder stressigen Situationen umgehen können,
- sich darüber klar sein, was mit einem selbst „los“ ist (statt z.B. Emotionen/Gefühle zu leugnen),

- mit sich selbst klarkommen,
- Verantwortung für sich selbst und für die eigenen Handlungen übernehmen können (und wollen),
- sich trauen, für die eigene Meinung/Überzeugung zu stehen,
- sein Leben richtig „einteilen“ können,
- für sich selber einstehen.

Es ist keinesfalls ein Zufall, wenn heute in Unternehmen, die eine hohe Trainingskultur besitzen, vermehrt (wieder) über Persönlichkeitsentwicklung und „Bildung“ im unmittelbaren Wortsinn gesprochen wird. Dazu passt ganz gut das Zitat eines Unternehmers aus einer Diskussion über zukünftige Führungskräfte: „Wollen wir eigentlich Leute in Vorgesetzten-Positionen haben, die mit sich selbst, ihrer Familie und dem eigenen Leben nicht klarkommen? Das heißt doch, kaputten Typen die Zukunft eines Unternehmens anvertrauen!“ Mit anderen Worten: **Wer andere führen will, sollte sich selbst führen können.**

4.4 Autorität/Akzeptanz

Autorität ist (heute noch weniger als früher) auf keinen Fall mit Positionsmacht zu verwechseln. Wenn ein Vorgesetzter Autorität besitzt, dann gehen seine Mitarbeiter – weil sie ihn akzeptieren und wertschätzen – auf seine Lenkungsimpulse ein. Der Vorgesetzte überzeugt sie, über die Sachargumente hinaus, als Person, und sie haben Vertrauen zu ihm. Dabei müssen die Mitarbeiter sich selbst und ihre Meinungen keinesfalls aufgeben. Sie akzeptieren, aber sie „parieren“ nicht einfach (letzteres wäre ja auch nichts anderes als das Resultat von Bestrafungsmacht).

Doch wie erwirbt ein Vorgesetzter heute im Betrieb und bei seinen Mitarbeitern Autorität? Wie gewinnt er Akzeptanz? Da ist zunächst die Firma, das Unternehmen. Das Unternehmen trägt mit einigen wichtigen Bausteinen zur Autorität eines Vorgesetzten bei: Es betraut ihn beispielsweise mit der Führungsaufgabe und überträgt ihm damit eine aus der Gruppe der übrigen Mitarbeiter herausgehobene Position. Dies ist verbunden mit der Übertragung von Verantwortung, Kompetenzen und Befugnissen ebenso wie mit Privilegien, Status und auch (Positions-)Macht. Darüber hinaus lässt die Firma dem Vorgesetzten bevorrechtigt Informationen zukommen und stützt ihn bzw. stellt sich bei Bedarf auch vor ihn, wenn er (ungerechtfertigt) angegriffen wird. Allerdings wird dies alles dem Vorgesetzten nicht ohne Gegenleistung übertragen. So wird – sozusagen im Gegengeschäft – vom Vorgesetzten u.a. Identifikation mit dem Unternehmen und seinen Zielen, Loyalität sowie Engagement für die Ziele erwartet.

Damit ist allerdings nur der eine Teil von Autorität hergestellt, und zwar derjenige Teil, der von dem Unternehmen dem Vorgesetzten quasi „verliehen“ werden kann. Das reicht nicht automatisch auch für die Akzeptanz durch die Mitarbeiter. Wie zeigt sich solche Akzeptanz eines Vorgesetzten durch seine Mitarbeiter? Beispielsweise durch Respektierung seiner Position und seiner Vorgesetzten-Rolle, durch Eingehen auf seine Lenkungs- bzw. Führungsimpulse, durch rechtzeitigen und umfassenden Informationsfluss von unten nach oben (einschließlich informeller Kommunikation), durch engagierte Zielbeiträge sowie Ideen und Vorschläge, und nicht zuletzt dadurch, dass die Gruppe bei Angriffen von außen zu ihrem Vorgesetzten steht. Ein Vorgesetzter, der von seinen Mitarbeitern diese umfangreiche Stützung und Unterstützung für sich und die von ihm vertretenen Zielsetzungen erhält, muss eine geschätzte Person sein und besitzt damit Akzeptanz, Autorität. Doch auch hier gilt, dass die Gruppe dies alles nicht gibt bzw. tut ohne Gegenleistung durch den Vorgesetzten. So erwarten die Mitarbeiter, dass ihr Vorgesetzter sich „nach oben“ für die Gruppe und ihre Bedürfnisse einsetzt, dass er sich für ein positives Gruppenklima verantwortlich fühlt, dass er Anerkennung zollt und Erfolgserlebnisse vermittelt und nicht zuletzt, dass er sich vor seine Gruppe stellt, wenn es Probleme gibt bzw. wenn die Gruppe angegriffen wird. Vorgesetzte, die diesen Wechselmechanismus nicht berücksichtigen, müssen sich nicht wundern, wenn ihnen ihre Gruppe die Akzeptanz entzieht (d.h. Autoritätsverlust) und ihr Engagement auf das unbedingt notwendige Maß reduziert. Gruppen haben nämlich ein sehr feines Gespür dafür, wenn sie durch ihren Vorgesetzten instrumentalisiert werden und von diesem lediglich als „Vehikel“ für den eigenen Erfolg und das persönliche Fortkommen „benutzt“ werden.

Die Abbildung 3.9 fasst zusammen, welche persönlichen Voraussetzungen ein Vorgesetzter mitbringen sollte, um von den Mitarbeitern in seiner Führungsrolle als Autorität akzeptiert zu werden. Drei Bereiche, die in Wechselbeziehungen zueinander stehen, sind von Bedeutung:

- **Fachkompetenz** – aber nicht isoliertes Spezialwissen („Fachidiot“), sondern verankert in fundierter Anwendungserfahrung,
- **Methodenwissen,** im Sinne von Vorgehens-Know-how (z.B. Arbeitstechniken, Teamtechniken, Planungstechniken, Problemlöse- und Entscheidungstechniken, Konfliktlösetechniken usw.),
- **Menschliche Qualitäten/soziale Fähigkeiten** (z.B. Offenheit, Zuhör-Fähigkeit, Feedback-Fähigkeit sowohl beim Geben wie auch beim Nehmen von Feedback, eigene Wirkung kalkulieren können, Selbstkontrolle usw.).

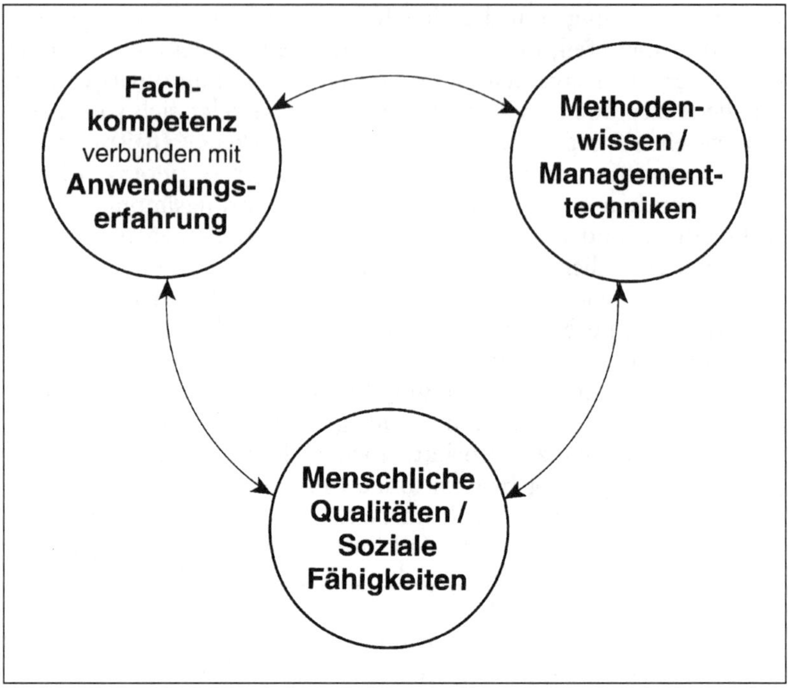

Abb. 3.9: Wichtige Voraussetzungen für Autorität und Akzeptanz eines Vorgesetzten

Bei der Auswahl und Entwicklung von Führungskräften sollten alle drei Bereiche berücksichtigt und bei Bedarf auch gefördert und entwickelt werden. Man kann sich diese drei Bereiche wie die drei Beine eines Tisches vorstellen: Ist eines der Beine zu kurz, dann steht sozusagen die Akzeptanz schief ...

4.5 Innere Kündigung

Das Gegenteil eines motivierten Mitarbeiters ist jener, der die so genannte innere Kündigung eingeleitet hat. Diese Formulierung ist keinesfalls ein flüchtiger Modebegriff, sondern dahinter verbirgt sich ein sehr ernst zu nehmendes Phänomen. Nachfolgend wird zunächst das Entstehen von innerer Kündigung beschrieben. Anschließend werden einige typische Merkmale und Auslöser dargestellt sowie verschiedene Möglichkeiten für den Vorgesetzten, das Abgleiten von Mitarbeitern in die innere Kündigung zu verhindern.

Zunächst: Welche Prozesse spielen sich ab im „Dialog“ eines Mitarbeiters mit seiner Arbeitssituation? Und welche Konsequenzen ergeben sich, je nachdem wie diese „Begegnung“ verläuft? Der Wechselprozess zwischen Wahrnehmung der Arbeitssituation und Reaktion darauf findet tagtäglich statt. Allerdings wird dieser Prozess besonders intensiv angestossen, wenn man entweder überhaupt eine neue Tätigkeit aufnimmt oder wenn sich die Arbeitsplatzsituation des Betroffenen stark ändert (etwa durch eine Umorganisation oder durch eine Umstrukturierung der Tätigkeit bzw. Veränderung des Tätigkeitsfeldes).

In Anlehnung an ein Modell, das eigentlich aus der Klinischen Psychologie stammt, zeigt die Abbildung 3.10, wie eine solche Begegnung bzw. Auseinandersetzung mit einer neuen oder veränderten Arbeitssituation abläuft.

In einem ersten „diagnostischen“ Schritt wird die Arbeitssituation, die mehr oder weniger objektiv beschreibbar ist, zunächst von dem betreffenden Mitarbeiter dahingehend bewertet, ob er sie als positiv erlebt. Diese Bewertung ist naturgemäß subjektiv, denn sie vollzieht sich an seinen persönlichen Erwartungen, Erfahrungen und Standards. Fällt diese Bewertung positiv aus, wird sich der Mitarbeiter in dieser Arbeitssituation wohlfühlen, er wird zufrieden sein und sich im Rahmen dieser Situation für die damit verbundenen Ziele engagieren. Mit anderen Worten: Er ist engagiert und motiviert, und er wird seine persönlichen Fähigkeiten und Potenziale zur Verfügung stellen.

Fällt hingegen die Bewertung der Arbeitssituation negativ aus, dann wird er diese Situation sofort einer zweiten Beurteilung unterziehen. Er wird nun prüfen, ob und welche Beeinflussungsmöglichkeiten er zur Veränderung dieser Situation hat. Auch diese zweite Bewertung wird selbstverständlich seine subjektive Einschätzung der Situation sein. Als Ergebnis dieses zweiten Prüfprozesses kann sich ergeben, dass er die Situation für ganz oder zumindest teilweise veränderbar hält oder aber, dass er keine Beeinflussungschancen wahrnimmt.

Für den Fall, dass der Mitarbeiter seine Arbeitssituation ganz oder zumindest in Teilen für veränderbar ansieht, wird er jetzt seine Erwartungen und Bedürfnisse artikulieren. Hierbei fällt dem direkten Vorgesetzten, der in aller Regel der erste und unmittelbare Ansprechpartner ist, eine wichtige Mittlerfunktion zu: Seine (Führungs-) Aufgabe besteht zunächst einmal darin, die subjektive Wahrnehmung der Realität durch den Mitarbeiter zu akzeptieren, statt sie postwendend argumentativ zu widerlegen. Dabei ist wichtig, dass er versteht, dass hinter der artikulierten Unzufriedenheit des Mitarbeiters Engagement und Motivation stehen. Der Mitarbeiter wird nämlich aktiv, um die von ihm kritisch wahrgenommene Situation so zu verändern, dass seine Entfaltungswünsche nicht behindert werden.

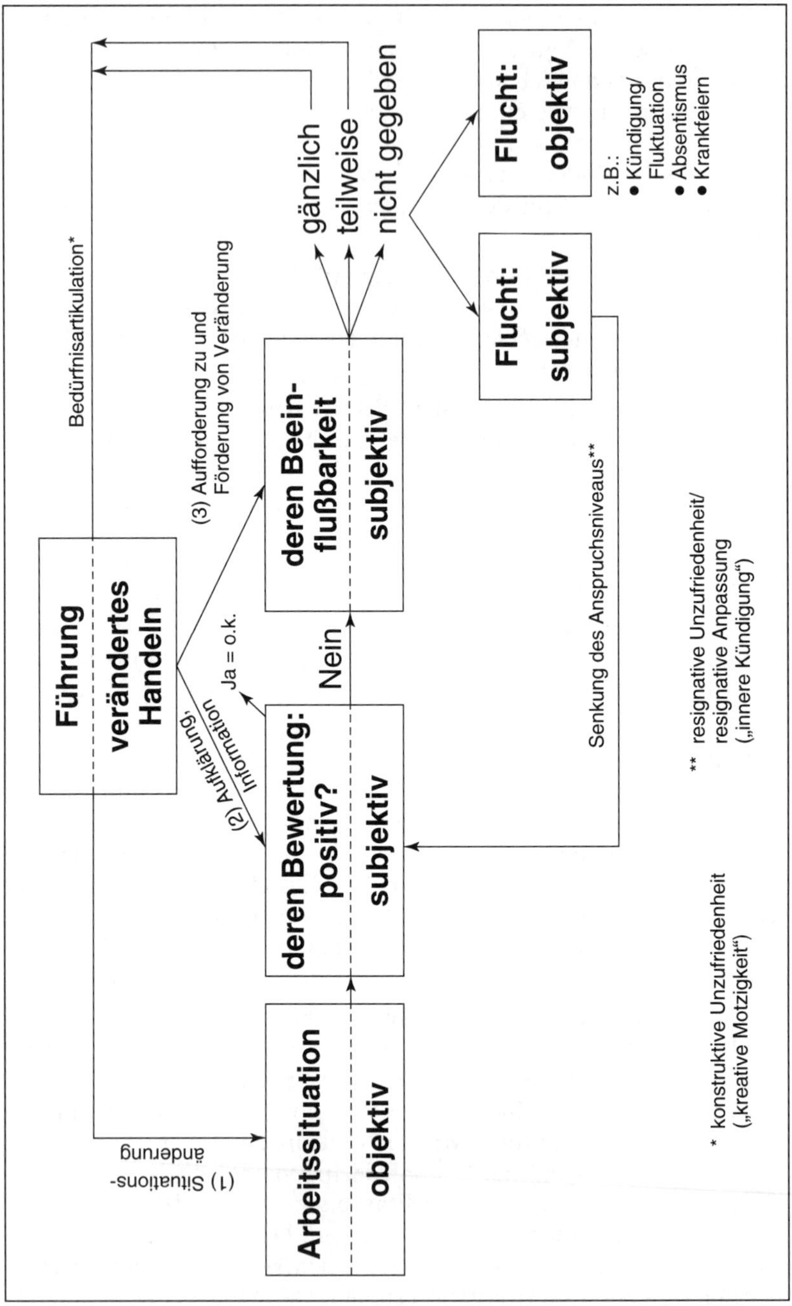

Abb. 3.10: Resignative und konstruktive Reaktionen auf die Wahrnehmung einer Arbeitssituation (in Anlehnung an Lazarus/Launier, 1981)

Man spricht in diesem Zusammenhang von konstruktiver Unzufriedenheit beim Mitarbeiter. Es fällt in erster Linie dem unmittelbaren Vorgesetzten zu, mit dieser „kreativen Motzigkeit“ (sozial) intelligent umzugehen und die vom Mitarbeiter artikulierten Veränderungsimpulse nach Möglichkeit umzusetzen.

Spätestens nach zwei, drei vergeblichen Versuchen wird sich der Mitarbeiter allerdings nicht weiter dem Eindruck verschließen können, dass – trotz all seiner Impulse – keine Beeinflussbarkeit der von ihm als nicht zufriedenstellend empfundenen Arbeitssituation gegeben ist. Aus der bisherigen konstruktiven Unzufriedenheit wird nun **resignative Unzufriedenheit,** und mit hoher Wahrscheinlichkeit wird er jetzt das tun, was jedes Lebewesen in einer ausweglos erscheinenden Situation versucht: Er ergreift die Flucht.

Dabei gibt es grundsätzlich zwei Formen von Flucht. Eine erste Form der Flucht besteht darin, dass der Betreffende sich objektiv (d.h. physisch) der von ihm negativ beurteilten Arbeitssituation entzieht. Im krassesten Fall bedeutet dies, dass der betreffende Mitarbeiter sich zur Kündigung entschließt, also Fluktuation. Es gibt aber auch weniger endgültige Formen der physischen Flucht, z.B. „Blaumachen“ (Absentismus), Krank-“Feiern“, „Flucht“ in Besprechungen und Gremien, „Sich-Absetzen“ in Form von Dienstreisen usw.

Doch die **physische Flucht** hat natürlich ihre Grenzen. Einerseits kann kein Mitarbeiter die „kleine“ Abwesenheit (Absentismus, Krank-“Feiern“ o.ä.) unendlich ausdehnen, andererseits muss und wird sich jeder Mitarbeiter natürlich auch über die Risiken und die Endgültigkeit einer Kündigung klar sein. Nach langer Betriebszugehörigkeit, in fortgeschrittenem Alter und/oder wenn man zudem vielleicht auch nicht mehr so mobil ist, kündigt es sich nicht mehr ganz so leicht. Will jemand aus diesen oder anderen Gründen den endgültigen Schritt nicht tun, dann bietet sich für solche Mitarbeiter die zweite Alternative, die so genannte subjektive oder **psychische Flucht** an. Diese vollzieht sich über den Mechanismus der **resignativen Anpassung.** Hierbei senkt der Mitarbeiter einfach sein bisheriges Anspruchsniveau und unterzieht die für ihn unausweichliche Arbeitssituation einer erneuten Bewertung. In einer Art „Saure-Trauben-Reaktion“ entschließt er sich zu der Einsicht, dass die Arbeitssituation eigentlich doch auch ihre positiven Aspekte hat (z.B. gute Bezahlung, soziales Unternehmen, nette Kollegen o.ä.). Ergänzend dazu beschließt er außerdem innerlich, sich zukünftig „kein Bein mehr auszureißen“ und statt dessen lieber die angenehmen Aspekte der Situation zu genießen bzw. zu nutzen sowie keine unnütze Energie mehr damit zu verschwenden, sich über Gebühr einzusetzen oder sich an den weniger angenehmen Aspekten der Situation zu reiben.

Er wird versuchen, das „Normalmaß" zu erfüllen und zukünftig sehr darauf achten, sich nicht unnötigerweise und übermäßig zu engagieren. Damit hat ein solcher Mitarbeiter die **innere Kündigung** ausgesprochen. Das bedeutet: Nachdem er sich über einen resignativen Anpassungsmechanismus mit den negativen Unausweichlichkeiten arrangiert hat, bleibt er in seiner Position, sucht alle Vorteile mitzunehmen und übermäßige Anstrengungen zu vermeiden.

Innere Kündigung heißt:
Ein Mitarbeiter hat endgültig beschlossen, die Firma nicht zu verlassen ...

Je größer und damit unüberschaubarer eine Organisation ist, desto leichter ist es für Mitarbeiter, in die innere Kündigung abzutauchen. Organisations- und Personalfachleute schätzen den Anteil von Mitarbeitern, die für sich – in Teilbereichen ihrer Tätigkeit oder auch ganz – die innere Kündigung eingeleitet haben, auf bis zu 50 %!

Kein Unternehmen kann es sich leisten, durch diesen lautlosen Abschied von der Leistung wertvolles Energiepotential von Mitarbeitern unerschlossen oder verpuffen zu lassen. Der unmittelbare Vorgesetzte kann am wenigsten daran interessiert sein, kaum oder nur halb motivierte Mitarbeiter zu haben. Was ist zu tun?

Das Beste ist natürlich, innere Kündigung gar nicht erst entstehen zu lassen. Ein erster Weg dazu ist in der Abbildung 3.10 mit (1) gekennzeichnet. Damit ist das schon weiter oben kurz beschriebene Eingehen des Vorgesetzten auf die Bedürfnisartikulation der Mitarbeiter bezeichnet, das mit einer ganzen oder teilweisen **Situationsänderung** verbunden ist. Doch hat der Vorgesetzte noch zwei weitere Möglichkeiten, auf Mitarbeiter einzugehen und einer inneren Kündigung vorzubeugen. Ansatzpunkte sind die beiden Bewertungsvorgänge des Mitarbeiters. In einem ersten Schritt hatte der Mitarbeiter seine subjektive Bewertung vollzogen, ob ihm die Arbeitssituation zusagt. Doch wer sagt, dass diese Bewertung realistisch, situationsgerecht und korrekt ist? Vielleicht geht er von falschen Erwartungen aus und/oder stellt unrealistische Ansprüche. Hier ist die Kommunikationsfähigkeit des Vorgesetzten gefordert. Durch (2) **umfassende und korrekte Information** kann er dafür sorgen, dass der Mitarbeiter ein **realistischeres Bild von der Situation** gewinnt. Er kann Fehleinschätzungen und Missverständnisse aufklären bzw. durch rechtzeitige Information über betriebliche Zusammenhänge und Hintergründe dafür sorgen, dass Fehleinschätzungen und Fehlwahrnehmungen gar nicht erst entstehen.

Bei seiner zweiten Situationsbewertung war der Mitarbeiter zu dem (wiederum subjektiven) Eindruck gelangt, dass er keine Chance besitzt, die Situation in seinem Sinn zu beeinflussen. Auch hier kann sich der Mitarbeiter natürlich irren. Es reicht ja, dass er nur glaubt, er könne nichts verändern. Und auch hier besitzt der Vorgesetzte die Möglichkeit, einer solchen Fehleinschätzung vorzubeugen. Dies kann dadurch geschehen, dass er (3) seine **Mitarbeiter** ständig **herausfordert, Veränderungswünsche zu artikulieren** und dass er ein **Klima von Veränderungsbereitschaft** aufbaut. Parallel dazu muss er aber auch laufend glaubwürdige Positiv-Beispiele für sein persönliches Umgehen mit „konstruktiver Unzufriedenheit“ liefern.

Da, wo ein Vorgesetzter die Bedürfnisartikulation von Mitarbeitern akzeptiert und sie ernsthaft aufnimmt, wo er seinen Mitarbeitern wirkliche Partizipation anbietet, Handlungsspielräume eröffnet und sie ständig zu „kreativer Motzigkeit“ auffordert, ist er – Glaubwürdigkeit vorausgesetzt – auf einem guten Weg, bei seinen Mitarbeitern das Abgleiten in die innere Kündigung zu verhindern.

4.5.1 Hinweise auf „innere Kündigung“

Die innere Kündigung ist ein schleichendes Phänomen. Aber es gibt typische Verhaltenssignale, die darauf schließen lassen, dass ehemals engagierte Mitarbeiter sich von der Leistungsmotivation verabschiedet haben, um sich zukünftig in der Rolle des passiven Betriebsstatisten wohlzufühlen. Die Abbildung 3.11 bietet eine beispielhafte Zusammenstellung von typischen Anzeichen, die – vor allem, wenn sie sich häufen – darauf hinweisen, dass ein Mitarbeiter nunmehr den „inneren Schongang“ eingelegt hat.

Es gibt übrigens noch eine sehr geschickte **„Tarnung“** für innere Kündigung: **Sich heftig über etwas beklagen, aber selbst nichts dagegen tun** ... Ein solcher Mitarbeiter gibt sich nach außen hin hoch-engagiert und leidend. Verräterisch ist nur, dass er – außer sich zu beklagen – persönlich nichts tut, um die bzw. seine (!) Situation zu verändern.

4.5.2 Vorgesetzten-Verhalten und „innere Kündigung“

Innere Kündigung hat immer Ursachen und meist eine längere Vorgeschichte. Dabei wird es nicht überraschen, dass hier der unmittelbare Vorgesetzte sehr schnell ins Blickfeld gerät, ebenso wie ihm ja auch eine große Bedeutung bei der Verhinderung von innerer Kündigung zukommt. In der Abbildung 3.12 findet sich eine wiederum beispielhafte Auflistung von Führungs- und Verhaltensfehlern, die Mitarbeiter recht schnell von Motivation in resignative Anpassungshaltungen und damit früher oder später voll in die innere Kündigung treiben können.

Verhaltenssignale, die auf „innere Kündigung“ schließen lassen:

- Der Mitarbeiter hat früher gerne diskutiert, ist heute zum Ja-Sager geworden.
- Der Mitarbeiter zeigt kein Interesse (mehr) an intensiver Auseinandersetzung.
- Vorschläge für Verbesserungen und Veränderungen kommen nicht (mehr).
- Der Mitarbeiter hält sich mit Kritik (wenn überhaupt) zurück, ist stets bei der Mehrheit zu finden, er geht „konform“.
- Der Mitarbeiter schöpft Kompetenzen und Spielräume nicht aus, lässt gerne andere entscheiden.
- Entscheidungen des Vorgesetzten werden überhaupt nicht oder (nach einer Scheinargumentation) zustimmend kommentiert.
- Der Mitarbeiter nimmt Eingriffe in seinen Arbeitsbereich gelassen bzw. ohne Gegenwehr hin.
- Der Mitarbeiter leidet (nicht mehr) unter unzureichender Information.
- Der Umgang untereinander und/oder mit Kunden ist gleichgültig, lasch …
- Deutlich reduzierte „Tourenzahl“ und Zurückhaltung im Auftreten.
- Zunehmendes Fehlen wegen „Krankheit“ und Familie.
- Der Mitarbeiter ist sehr angenehm im Umgang, ausgesprochen „pflegeleicht“.
- Der Mitarbeiter zeigt keine Karriere-Interessen mehr.
- Versiegender Humor.
- Man setzt sich (auch) verbal ab: Statt von ‚wir‘ und ‚uns‘ redet man von „Die da drinnen ...“, „Die da oben ...“ o.ä.

Abb. 3.11: Typische Anzeichen für „innere Kündigung“ (nach Volk, 1988, S. 175)

Bei der Betrachtung des Katalogs von Verhaltensfehlern fällt auf, dass es nicht die großen und weitreichenden Management- bzw. Führungsfehler eines Vorgesetzten sind, die Mitarbeiter in die Resignation treiben. Vielmehr sind es in überwiegendem Maße die kleinen, aber ständigen Verhaltensfehler in der Mitarbeiterführung – vor allem im zwischenmenschlichen Bereich. Hinter solchen Fehlverhal-

Verhaltensfehler des Vorgesetzten, die „innere Kündigung“ auslösen können:
• Der Vorgesetzte greift ständig in das Aufgabengebiet des Mitarbeiters ein. • Der Vorgesetzte übergeht den Mitarbeiter und nimmt unmittelbar auf dessen Mitarbeiter Einfluss („Vorbeiregieren“, „Durchregieren“). • Der Vorgesetzte lässt den Mitarbeiter Zweifel an seiner Kompetenz fühlen. • Fehlende Delegation aus mangelndem Vertrauen. • Entscheidungen und Anweisungen des Vorgesetzten erfolgen in autoritärem Stil und werden nicht oder nicht überzeugend begründet. • Fehlende oder unzureichende Information. • Der Mitarbeiter wird nicht um Rat/Vorschläge bzw. seine Meinung gefragt. • Ideen/Anregungen und Vorschläge des Mitarbeiters werden ohne (überzeugende) Begründung abgewiesen. • Für Erfolge ist nur der Chef zuständig; Leistungen der Mitarbeiter werden als eigene Leistung verkauft. • „Über-Kontrolle“. Misstrauen als Grundphilosophie. • Unqualifizierte Kritik und „Vergessen“ von Anerkennung. • Viel zu schnelle Schuldzuweisungen. Der Vorgesetzte schiebt eigene Fehlentscheidungen auf seine Mitarbeiter und lässt sie durch diese ausbügeln. • Der Vorgesetzte nimmt den Mitarbeiter nicht gegen Angriffe von außen in Schutz, statt dessen kneift er. • Ungerechte Bevorzugung einzelner Mitarbeiter (u.a. bei Lob, Kritik, Förderung etc.). • Launenhaftigkeit, Willkür und Schikane. • Bewusstes Auflaufenlassen durch unfaire Aufgabenstellungen (u.U. als „Mitarbeiterförderung“ getarnt). • Mangelndes Verständnis gegenüber persönlichen Problemen und Schwierigkeiten der Mitarbeiter.

Abb. 3.12: Vorgesetzten-Fehler, die „innere Kündigung“ auslösen können (nach Volk, 1988, S. 176)

tensweisen steht in der Regel ein längst überholtes Vorgesetztenleitbild, aus dem immer noch viele Vorgesetzte ein heute nicht mehr passendes Rollenverständnis (wenn nicht sogar Rollengehabe) ableiten.

5 Das moderne Führungsleitbild

Der Vorgesetzte, der heute – und mehr noch in der Zukunft – gefragt ist, muss um sich herum ein Team bilden und seine Teammitglieder für sich und die Ziele gewinnen können. Darin besteht in erster Linie seine Motivationsleistung. Dabei kommt seinem eigenen Verhalten gegenüber den ihm anvertrauten Mitarbeitern eine entscheidende Schlüsselrolle zu. Wer möchte, dass sich Mitarbeiter eigeninitiativ, eigenverantwortlich und sogar unternehmerisch (das wäre die moderne Beschreibung eines hoch-motivierten Mitarbeiters) verhalten, der muss sie auch entsprechend behandeln! Die Bestseller-Autoren, *Peters* und *Waterman* (1984, S. 276) empfehlen denn auch: „Behandele Menschen wie Erwachsene. Behandele sie wie Partner; behandele sie mit Würde und Achtung. Behandele sie – nicht Investitionen oder Automation – als die wichtigste Quelle für Produktivitätssteigerung."

Wie schon weiter oben beschrieben, werden in Zukunft die kommunikativen Fähigkeiten eines Vorgesetzten mehr und mehr an Bedeutung gewinnen. Das zukünftige Rollenbild eines Vorgesetzten ist das eines Teamplayers, der Menschen für sich und für die vorgegebenen Ziele gewinnen kann. Er versteht sich als „Primus inter pares" („Erster unter Gleichen") und leitet seine Akzeptanz im Team nicht mehr nur aus einer höheren Position in der Hierarchie her. Er wird akzeptiert, weil er auf der Basis fachlicher Kompetenz sowohl als Führungskraft (Management-Skills) wie auch als Person (Soziale Fähigkeiten, Vorbild) überzeugt. Nur den fachlichen Besserwisser zu spielen, reicht nicht. Wer sagt denn, dass kreative Ideen nur von oben kommen können? Gefragt ist der Vorgesetzte, der ein Kommunikationsklima schaffen kann, in dem sich Phantasie und Kreativität entfalten können und in dem ein ungehinderter Austausch von Ideen möglich ist.

Ein solcher Vorgesetzter sieht – neben dem „normalen" Führungsgeschäft – seine Hauptaufgaben

- im Auffangen und Fördern von kreativen Impulsen und Ideen seiner Leute,
- im Entwickeln eigener Ideen, möglicherweise sogar Visionen,
- in der Schaffung eines Kommunikationsklimas, in dem die Qualität eines Gedankens zählt – gleich, von welcher Person der Gedanke kommt,

- im Vermitteln von Zielen und Visionen an sein Team sowie
- im Entzünden von Begeisterung für die Umsetzung der Ziele und Visionen innerhalb seines Teams.

Wie intensiv sich das Vorgesetztenleitbild in den nächsten Jahren verändern wird, macht auch eine Studie der internationalen Beratungsfirma für Managervermittlung TASA (Brüssel) deutlich. Aufgrund einer Befragung erfolgreicher Manager verschiedener Nationen und Fachgebiete wurde schon vor einigen Jahren die in Abbildung 3.13 wiedergegebene Anforderungsbeschreibung für den Manager der Zukunft zusammengestellt.

Der Manager der Zukunft wird u.a. sein:
• Ein Top-Informierer. • Ein Praktiker, der die Realitäten kennt – aufgrund von Erfahrung und Talent (beides wird nicht im Hörsaal oder aus Büchern erworben). • In der Lage, aus einer Sache, die funktioniert, ein System zu machen. • Ein Visionär mit einer unverwüstlichen Motivation; einer, der ein Team um sich scharen kann, das die Visionen umsetzt. • In der Lage, Veränderungen der Spielregeln zu spüren und entsprechend effizient darauf zu reagieren. • In der Lage, heute Entscheidungen zu treffen, die sich erst in fünf Jahren als richtig erweisen können. • Sich bewusst, dass auf historische Daten kein Verlass sein wird. • Unendlich geduldig; fähig, zuzuhören. • Mitteilsam und hilfreich. • Hundertprozentig aufgeschlossen – für alle Ideen und gegenüber allen Einstellungen. • Eine Person, die Fehler verzeiht und die Schluss macht mit dem Terror gegen vermeintliche Versager. • Geschickt im Umgang des Unternehmens mit Außenstehenden, zum Beispiel mit Politikern und Verbrauchergruppen. • Ein „Künstler“, der diffuse Strömungen in einem Unternehmen zusammenbringt und etwas schafft, das Bestand hat und geschätzt wird.

Abb. 3.13: Anforderungen an den Manager der Zukunft (TASA, Brüssel, nach Volk, 1988, S. 177)

In der heutigen Arbeitswelt kann ein Vorgesetzter sich nicht mehr darauf verlassen, dass der Mitarbeiter allein auf der Basis der so genannten „preußischen Arbeitstugenden" (d.h. pflichtbewusst sowie pünktlich und fleißig das tun, was gefordert wird) problemlos „funktioniert". Der heutige Vorgesetzte, und noch mehr der von morgen, muss sich mit neuen und gestiegenen Rollenerwartungen und -ansprüchen auseinandersetzen. Es wird von ihm erwartet, dass er ein guter Partner in der Teamarbeit ist mit Integrationsfähigkeit und Wissen um die Grenzen der eigenen Fähigkeiten. Er muss seine eigene Meinung präzise, eindeutig und mit verständlichen Formulierungen verdeutlichen können. Er ist jemand, der die gemeinsame Problemlösung sucht; ein kreativer und systematischer Moderator und Teamleiter. Er ist offen, betreibt aktiven Informationsaustausch und erwartet dies auch von anderen. Er hat die Fähigkeit zur konstruktiven Auseinandersetzung und zum Konflikt. Grundsätzlich aber ist er verträglich und freundlich. Er hat eine ausreichende Frustrationstoleranz. Er kann auf andere eingehen, und er hört aufmerksam zu, was andere sagen. Er ist nicht zuletzt auch für seine Teammitglieder da und übernimmt dafür auch die entsprechende Verantwortung.

Zunehmend müssen Vorgesetzte damit rechnen, dass sie Mitarbeiter zu führen haben, die auf ihrem Spezialgebiet deutlich mehr wissen als sie selbst als Chef. Manchem Vorgesetzten fällt es schwer, diesen Tatbestand zu akzeptieren, obwohl er eigentlich zunehmend zur Selbstverständlichkeit wird und die eigentliche Führungsaufgabe nicht beeinträchtigt, allerdings nachhaltig verändert. Führung wird dadurch zu einer Koordination der Spezialisten.

Die Gründe sind offensichtlich. Durch die Verwissenschaftlichung nahezu aller Lebensbereiche kommt es geradezu zu einer „Wissensexplosion", was zum einen zur Folge hat, dass bestehendes Wissen immer rascher veraltet, die so genannte „Halbwertzeit" des Wissens also sinkt, und dass zum anderen die Menge des für eine bestimmte Aufgabe erforderlichen Wissens für einen Einzelnen kaum noch überblickt werden kann. Der Vorgesetzte, der früher ja auch bestimmte Spezialistenaufgaben wahrnahm, kann sich wegen seiner Führungsaufgaben kaum auf diesem jeweils aktuell kundig machen. Er hätte also bereits Probleme, allein auf seinem ehemaligen Spezialgebiet die wachsende Flut der Information zu überblicken und zu einem strukturierten Wissen zu verknüpfen. Da er aber Mitarbeiter zu führen hat, die ganz unterschiedliche Spezialkenntnisse haben und die erst durch ihre Verbindung ein Ganzes bilden, ist der Vorgesetzte gänzlich überfordert, wenn er im Detail Einblick in all diese Gebiete haben möchte. Seine Aufgaben wandeln sich; er kann nicht im Detail Befehle geben und deren Ausführung kontrollieren, sondern muss einen anderen Weg der Einflussnahme wählen. Was sich hier verändert, hat *Etzioni* (1967) in einem holzschnittartig vereinfachenden, aber aussagekräftigen Modell aufgezeigt, das Abbildung 3.14 zeigt.

	Beispiel	**Kontrollform**
Organisation mit entfremdetem Engagement	Galeere	Zwang
Organisation mit kalkulativem Engagement	Produktions-Unternehmung	Belohnung und Belohnungsentzug
Organisation mit moralischem Engagement	politische Parteien	internalisierte Normen und Werte

Abb. 3.14: Wie kontrolliert eine Organisation ihre Mitglieder?

Etzioni stellt die Frage, was Unternehmen tun, um ihre Mitglieder zu kontrollieren, dass heißt zu beeinflussen. Er unterscheidet dabei grundsätzlich 3 Wege:

- Zwang,
- Belohnung,
- Identifikation.

Ein Beispiel für die Zwangsorganisation ist die Galeere des antiken Rom. Die Mitarbeiter hießen hier Sklaven; Fehlzeiten und Fluktuation wurden durch Ketten verhindert. Der Vorgesetzte hieß Sklaventreiber und sein Führungsmittel war die Krokodilslederpeitsche. Das Modell war erfolgreich; Rom hat unter anderem mit diesem Mittel ein Weltreich erobert. Dennoch kann es kein Modell für unsere Zeit sein. Selbstverständlich sprechen zunächst Wertvorstellungen unserer Gesellschaft und die daraus abgeleiteten Arbeitsgesetzte gegen Zwangsorganisationen, zum anderen aber auch die zuvor skizzierte Situation des Vorgesetzten, der im Detail die Arbeit seiner Mitarbeiter gar nicht beurteilen kann. Der Sklaventreiber auf der Galeere war in der Lage zu erkennen, welcher Ruderer kräftig durchzog und welcher nicht. Der Leiter einer modernen Bankfiliale, früher als Privatkundenberater tätig, hat EDV-Spezialisten, Fachleute für internationale Kapitalmärkte und Firmenkundenberater etc. unter sich; deren generelle Bedeutung für seine Filiale kennt er zwar, ihre Arbeit im Detail kann er aber nicht kontrollieren.

So bietet sich als Führungsmittel das Prinzip des freien Kontraktes an, des Tausches Leistung gegen Belohnung, die in erster Linie in finanzieller Form geboten wird. Selbstverständlich ist dies nach wie vor die Basis wirtschaftlich operierender Unternehmen in der Marktwirtschaft. Dennoch reicht diese ökonomisch orientierte Belohnungsmacht der Unternehmen nicht aus, um die Mitarbeiter langfristig zu motivieren. Dies liegt zum einen an der vielfach nur lockeren Verknüpfung zwischen Leistung und Belohnung. Im strengen Sinne verstanden ist „Lohn für die Leistung“ eher die Ausnahme und „Lohn für die Mitgliedschaft“ die Regel. Nicht überall ist die Leistung so klar erkennbar wie im Verkauf, wo es immerhin möglich erscheint, wesentliche Teile des Gehalts an die Verkaufsleistung zu binden. Woran aber soll in fairer Weise der Leistungslohn für einen Personalentwickler oder für den Chauffeur eines betrieblichen Fahrbereitschaftsdienstes gebunden werden?

Ohnehin verbieten vielfach formelle oder informelle Regeln die Anpassung des Lohnes an sinkende Leistungen. Tarifliche Abschlüsse machen es unmöglich, unter ein bestimmtes Niveau zu gehen und auch im außertariflichen Bereich ist eine Herabsetzung der Bezüge eine sehr seltene Ausnahme. Außerdem – das sei wiederholend noch einmal betont – setzt das Prinzip „Lohn für die Leistung“ voraus, dass der Vorgesetzte die Leistungen seiner Mitarbeiter, seiner Spezialisten, im Detail beurteilen kann. Aber gerade dies ist ja vielfach nicht mehr gegeben.

So muss als ergänzendes Prinzip jene Kontrollform hinzukommen, die auf die Identifikation der Mitarbeiter mit den Zielen der Aufgabe, des Teams, des Unternehmens setzt. Man denke in diesem Zusammenhang an das häufig engagierte Handeln von Mitgliedern politischer Parteien oder von Anhängern bestimmter religiöser Gruppierungen. Sie bekommen für ihre Aktivitäten kein Geld und arbeiten dennoch meist mit sehr viel größerer Motivation als gut bezahlte Mitarbeiter eines Unternehmens, weil sie ihre Arbeit für bedeutsam halten und sich mit den Zielen der Organisation identifizieren, für die sie tätig sind. Es gilt also in Ergänzung zu angemessenen und leistungsgerechten materiellen Entlohnungen, die Identifikation des Mitarbeiters mit seiner Aufgabe, seinem Team, seinem Unternehmen zu sichern, so dass er das, was er tut, mit Begeisterung ausführt. Dafür sollte der Vorgesetze sorgen; wie er das machen kann, wurde in diesem Kapitel beschrieben. Macht er es richtig, so ist nicht „Druck von außen“ erforderlich, weil – aus Sicht des Mitarbeiters – „Druck von innen“ wirkt. Und dieser Druck von innen – so könnte man sagen – ist die Motivation.

6 Empfehlungen

Dieses Kapitel über Motivation aus der Führung enthält u.a. Kriterien für das Setzen von Zielen, Beschreibungen von Anforderungen an heutige und zukünftige Vorgesetzte sowie Merkmalskataloge für Anzeichen „innerer Kündigung“ bzw. für auslösende Verhaltensfehler von Vorgesetzten. Alle diese Zusammenstellungen lassen sich natürlich auch in Prüflisten zur Diagnose betrieblicher Situationen bzw. des eigenen Verhaltens verwandeln.

Ergänzend findet sich in Abbildung 3.15 noch eine Liste von Grundregeln zum Führungsverhalten. Diese Liste wurde vor einigen Jahren in einem Warenhausunternehmen erarbeitet. Im Rahmen einer Workshop-Serie wurden seinerzeit gemeinsam von Mitarbeitern und Führungskräften einige grundlegende Spielregeln für die Mitarbeiterführung formuliert.

Wann?	Wer?	Was?	Wie?
1. *Wenn ich Ziele setze:*	Vorgesetzter Stabsstelle	Ziel klar? Reicht die Frist? Zielkonflikte?	Klar formulieren! Begründen! Verständnis abfragen! Frist vereinbaren! Rückfragen ermöglichen! Termine und Kontrollen vereinbaren!
2. *Wenn ich Aufträge gebe:*	Vorgesetzter Stabsstelle	Auftrag klar? Termine einhaltbar? Aufgabenkollision? Zuständigkeit?	Klar formulieren! Verständnis abfragen! Rückfragen ermöglichen! Termine und Kontrollen vereinbaren! Termin einhalten!
3. *Wenn ich Aufträge erhalte:*	Mitarbeiter	Verstanden? Termin realistisch? Kollision mit anderen Aufträgen und Terminen?	Evtl. Fragen stellen! Verständnis zeigen! Ablauf mit Zwischenterminen planen und organisieren! Mitarbeiter instruieren!
4. *Wenn ich eigene oder Firmenentscheidungen bekanntgebe:*	Vorgesetzter Stabsstelle	Betroffene vorher befragt? Möglichkeiten Betroffener berücksichtigt? Eindeutig entschieden?	Entscheidungen eindeutig bekanntgeben und begründen! Fragen zulassen! Vorteile deutlich machen! Nachteile mit Vorteilen aufrechnen!
5. *Wenn ich Mitarbeiter informiere:*	Vorgesetzter Stabsstelle	Wer sollte wissen? Wie ausführlich?	Knapp und klar informieren! Fragen zulassen! Verständnis prüfen!

Abb. 3.15: Spielregeln für Verhalten und Führung aus einem Handelsunternehmen (Comelli, 1985, S. 188–189)

Wann?	Wer?	Was?	Wie?
6. *Wenn ich Vorgesetzte informiere:*	Mitarbeiter	Was muß der Vorgesetzte erfahren? Wie? Wann?	Festhalten, wenn Information später! Knapp, klar und sachlich informieren!
7. *Wenn ich Besprechungen abhalte:*	Vorgesetzter	Thema bzw. Agenda bekanntgegeben? Zeit gelassen?	Offen bleiben! Eigene Meinung zurückhalten! Nicht werten! Beiträge der Mitarbeiter einbeziehen! Resümee ziehen: Ggf. entscheiden!
8. *Wenn ich an Besprechungen teilnehme:*	Mitarbeiter Kollege	Vorbereitet? Für andere Meinungen offen?	Klare Stellungnahme! Zuhören! Meinungen anderer einbeziehen! Entscheidungen des Vorgesetzten akzeptieren!
9. *Wenn ich kritisiere:*	Vorgesetzter	Sachverhalt geprüft? Ziel klar? Wichtig genug? Auch Grund zu Lob? Bereit für Ansicht der Mitarbeiter?	Unter vier Augen! Sachlich, nicht persönlich! Lösung vereinbaren! Gegenargumente zulassen! Ruhig bleiben! Brücken bauen! Kontrolle vereinbaren! Positives nicht vergessen! Nicht nachtragen!
10. *Wenn ich kritisiert werde:*	Mitarbeiter	Annahmebereit? Kritik/Feedback als Lernchance?	Zuhören! Nicht persönlich nehmen! Akzeptieren, wenn berechtigt! Lösungen suchen und mittragen!
11. *Wenn ich lobe:*	Vorgesetzter	Ausnahme oder Dauerleistung? Ziele klar? Auch Negatives?	Unter vier Augen! Leistungen genau formulieren und bewerten! Sachlich, nicht persönlich! Neue Ziele vereinbaren!
12. *Wenn ich mich ärgere:*	Vorgesetzter Kollege	Wichtig? Welche Ursache? Mein eigenes Problem? Grund für Maßnahmen?	Versachlichen! Ruhig bleiben bzw. werden! Maßnahmen genau überlegen! Ärger nicht an Unbeteiligte weitergeben!
13. *Wenn ich neue Mitarbeiter bekomme:*	Vorgesetzter	Daten bekannt? Einsatz geplant? Gesprächszeit reserviert?	Zeit nehmen! Paten bestimmen! Anderen vorstellen! Am 1. Abend verabschieden! Nachgespräch vereinbaren! Fragen und fragen lassen!
14. *Wenn ich Filiale/ Zentrale besuche:*	Vorgesetzter Stabsstelle	Besuchsgrund klar? Wichtig? Kontroll- oder Freundschafts-besuch? Angemeldet? Besuchsgrund genannt? Störe ich?	Anmelden! Besuch auf die geringstmögliche Zeit beschränken! Störungen vermeiden! Ergebnis mitteilen!

Abb. 3.15 (Fortsetzung): Spielregeln für Verhalten und Führung aus einem Handelsunternehmen (Comelli, 1985, S. 188–189)

Kapitel 4
Motivation aus der Aufgabe

1 Ein Blick voraus

Menschliche Motivation muss häufig geweckt werden. Sie bedarf der Anregung von außen, der motivierenden Situation. Für den arbeitenden Menschen ist diese motivierende Situation seine Arbeit, die Aufgabe, die er erfüllt. Die darin liegenden Möglichkeiten sind bei der Führung und bei der Gestaltung von Arbeitsbedingungen häufig vergessen worden, weil man von einem falschen, zumindest aber vereinseitigten Menschenbild ausging. Der Mensch sei, so wurde angenommen, gar nicht wirklich an dem interessiert, was er tut, sondern er sehe darin nur ein Mittel zu dem Zweck, Geld zu verdienen und mit dessen Hilfe ein befriedigendes Leben außerhalb der Arbeit zu führen. Tatsächlich kann man nicht selten bei arbeitenden Menschen eine derartige Haltung beobachten; sie ist allerdings dann fast stets eine Folge davon, dass man diesen Personen befriedigende Arbeit nicht angeboten hat. Wenn die Aufgaben angemessen gestaltet werden, wird bei ihrer Strukturierung bedacht, was human und menschengerecht ist; dadurch werden Motivkräfte aktiviert, die sonst verschüttet bleiben. An was zu denken ist, wenn man Motivation aus der Aufgabe schöpfen möchte, sei nachfolgend aufgezeigt.

Dabei wird auch deutlich werden, dass dem Gehalt, dem Lohn für die Arbeit, eine andere Bedeutung zukommt als meist angenommen. Und es wird darüber hinaus erkennbar werden, dass es andere Merkmale der Aufgabe sind, die uns zufrieden machen als jene, die Unzufriedenheit verursachen.

Der russische Schriftsteller Leo N. Tolstoi hat gesagt:
„Jeder Mensch muss, um sich zu bestätigen,
unbedingt seine Tätigkeit selbst für wichtig und gut halten.“

2 Was ist eine Aufgabe?

Wir alle sind vor die verschiedensten Aufgaben gestellt und wissen daher, was darunter zu verstehen ist. Allerdings ist das Selbstverständliche vielfach zugleich das nicht Bedachte, so dass nachfolgend knapp erläutert werden soll, wie man sich eine Aufgabe vorzustellen hat (*Hackman,* 1969; *Frieling,* 1975). Abbildung 4.1 hilft dabei.

Was erkennen wir?

Da gibt es zunächst die objektiven, von Experten übereinstimmend beschreibbaren Aufgaben, die in der Arbeitssituation selbst liegen. Diese sind in aller Regel durch drei Bestandteile bestimmt:

- die Ziele, die durch das Arbeitshandeln erreicht werden sollen,
- die Vorschriften und Bestimmungen, die bei den Wegen zu den Zielen vom Einzelnen beachtet werden sollen,
- die äußeren Rahmenbedingungen, die dabei im förderlichen oder hinderlichen Sinne mitwirken.

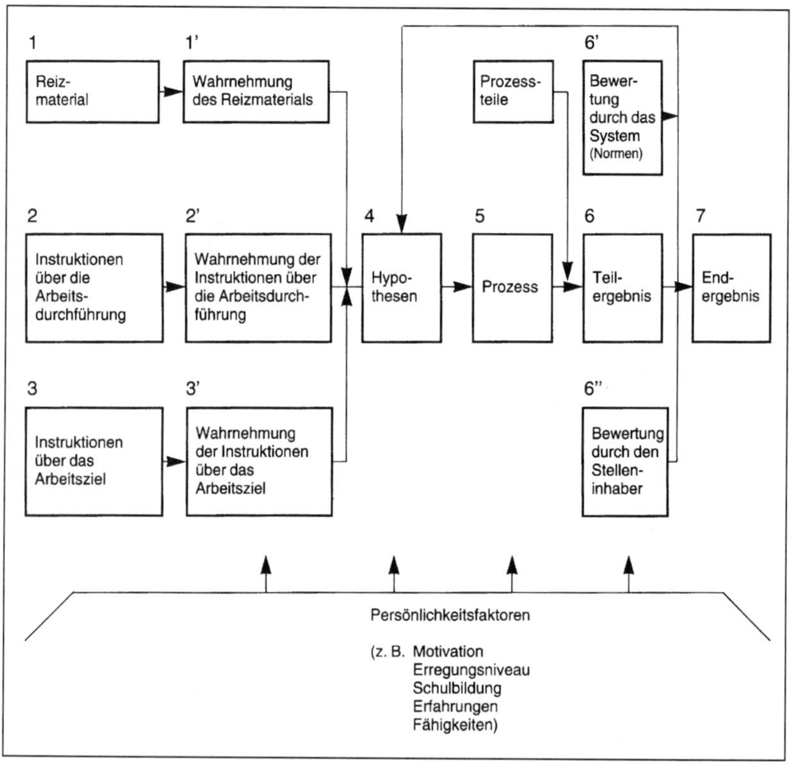

Abb. 4.1: Die Aufgabe als Ablauf gesehen

Mit all diesen objektiven Gegebenheiten wird der Arbeitende konfrontiert. Er nimmt sie wahr, allerdings nicht im Sinne eines unverfälschten Abbildes, sondern aufgrund seiner Wünsche und Hoffnungen, seiner Befürchtungen und Ängste, seiner Kompetenzen und Vorerfahrungen etc. in vielfältiger Weise verzerrt. Das hat zur Konsequenz, dass seine Sicht oft nicht mit der Sicht der gleichen Dinge übereinstimmt, welche die Kollegen oder gar die Vorgesetzten haben, was dann in der Folge leicht zu Missverständnissen oder Konflikten führen kann. Wer z.B. nicht weiß, für welche unternehmerischen Entscheidungen ein bestimmter Bericht erstellt werden muss, wird die Ziele dieser Aufgabe anders sehen als jener, der darüber informiert wurde. Wer bislang einen PC nur als komfortablere Schreibmaschine kennenlernte, wird dieses Hilfsmittel anders interpretieren als jener, der eine umfassende Schulung im Umgang mit dem PC durchlaufen hat. Wer niemals erfuhr, dass Vorschriften auch die Basis dafür sein können, sie „kreativ“ zu interpretieren, der wird sie häufig als eine bürokratische Gängelung erleben.

Ganz gleich, ob der Arbeitende die objektiven Aufgabenbedingungen angemessen oder falsch interpretiert: Auf seine Deutung der Dinge kommt es an; dies bestimmt, was er tut. Sein Verständnis der Aufgabe wird zur Folge haben, dass er sich in spezifischer Weise über sie Gedanken macht, Hypothesen bildet und innerhalb der von ihm wahrgenommenen Situation, bei Beachtung der von ihm interpretierten Vorschriften, zu den von ihm für wichtig gehaltenen Zielen gelangt. Diese Überlegung wird er sodann in die Handlung, die Erledigung der Aufgabe überführen und dabei mehr oder weniger kritisch zwischenzeitlich überprüfen, ob er sich noch auf dem richtigen Wege befindet. Wenn er dann schließlich zu Ergebnissen, d.h. zunächst zu Teilergebnissen und dann zum Endergebnis gelangt, so wird dies kontrolliert, sei es durch ihn selbst, sei es durch technische Vorrichtungen oder andere Personen im Unternehmen, z.B. durch den Vorgesetzten.

Natürlich wird, wenn die Aufgabe durch häufige Wiederholung allmählich zur Routine geworden ist, nicht der gesamte Prozess, der soeben geschildert wurde, jeweils bewusst durchlaufen. Es kommt mit der Zeit zur Gewohnheitsbildung. Wenn allerdings Aufgaben neu übernommen werden oder die Bedingungen, unter denen die Aufgaben erledigt werden sollen, sich ändern, wird man den geschilderten Prozess wieder und wieder feststellen können. Dabei wird sichtbar, wo Führungshandeln einsetzen kann:

- Es sollte bei der Einführung des Mitarbeiters in eine neue Aufgabe durch angemessene Erklärung, mit den Möglichkeiten der Rückfrage für den Mitarbeiter, dazu beitragen, dass die Ziele, die Anweisungen über die Wege zu den Zielen sowie die förderlichen Hilfsmittel und die Hemmnisse zutreffend wahrgenommen und interpretiert werden.

- Es sollte – und dies gilt zunächst für die Einarbeitungsphase – dafür gesorgt werden, dass der Mitarbeiter daraus angemessene, für den Arbeitsverlauf wichtige Schlüsse zieht. Dabei sollte allerdings mit zunehmender Qualifikation des Mitarbeiters vermehrt darauf geachtet werden, dass die Hilfen und Ratschläge des Vorgesetzten den Mitarbeiter nicht einengen, sondern ihm den Freiraum geben, solche Ideen zu entwickeln, auf die der Vorgesetzte möglicherweise selbst gar nicht gekommen wäre. Nur so kann es – ganz im Sinne der Delegation – einerseits zur Verfahrensinnovation bei der Arbeit und andererseits zur steigenden Qualifikation des Mitarbeiters kommen.
- Es sollte dafür gesorgt werden, dass die Tätigkeit selbst, in ihrem Fortschritt, in ihren Teil- und Endergebnissen an bestimmten direkten Hinweisen oder – wenn dies nicht möglich ist – durch Hinweise des Vorgesetzten im Sinne des Feedback, für den Mitarbeiter erkennbar wird, damit er sich rasch selbst korrigieren kann bzw. Korrektur von seiten des Vorgesetzten erfährt.

Wo aber liegt hier die Chance, den Mitarbeiter zu motivieren?

3 Aufgaben und ihre Wirkung auf den Menschen

Studiert man die alten Schriften der Menschheit, so wird die Ambivalenz, der Januskopf der Arbeit, sichtbar. Sie ist einerseits Fluch und andererseits Segen. So wurde – denken wir an die Bibel – dem Menschen nach dem Sündenfall auferlegt, im Schweiße seines Angesichts den dornigen und steinigen Acker zu bestellen, zum anderen ist die Arbeit im Lichte der Bibel die Fortführung des göttlichen Schöpfungsauftrages, zu der ein Mensch aufgerufen wird. Wer Aufgaben für seine Mitarbeiter gestaltet, sollte sich bemühen, die Bestandteile des Fluches klein und die des Segens groß zu halten.

3.1 Entfremdung

Geben wir nostalgischen Impulsen nach, dann träumen wir gelegentlich von einer „heilen Welt", vom ländlichen Leben auf dem Bauernhof, vom Tun des Handwerkers, der seine eigenen Ideen beim Gestalten eines Möbelstücks verwirklicht und sich sodann, wenn ihm sein Werk gelungen ist, stolz am Ergebnis freut. Die körperliche Anstrengung scheint uns dann häufig wenig, verglichen mit der Freiheit und Ganzheitlichkeit dieses Tuns. Die Industrialisierung und der mit ihr verbundene soziale Wandel brachten andersartige Arbeit mit sich: Für viele waren dies lange Stunden schlecht bezahlter, körperlich anstrengender, fremdbestimmter – „entfremdet"-erlebter –

Tätigkeit, die in sich den Stachel der Revolte, der Umwälzung bestehender Verhältnisse trugen. Nicht zufällig wurde in jener Zeit von *Karl Marx* (1848) „Das Kommunistische Manifest" geschrieben. Vielerorts allerdings gelang eine Verbesserung auch ohne Revolution aus der Kraft des Systems selbst aufgrund technischer Innovationen und steigenden Wohlstandes. Die Motive der arbeitenden Menschen wurden dabei allerdings kaum berücksichtigt. Zwar sicherten zunehmende Mechanisierung der Produktion und ein hoher Grad von Arbeitsteilung eine körperliche Entlastung des Menschen bei höherer Produktivität und gesteigerten Konsumchancen (*Taylor,* 1911), doch blieb der Sinn der Arbeit selbst auf der Strecke. Wer je in „Moderne Zeiten" Charlie Chaplin den sich stets wiederholenden Handgriff am Fließband in rasender Folge ausführen sah, wird in dieser künstlerischen Karikatur das Problem erkennen. Arbeit wurde als entfremdet erlebt, als bloßes Mittel zum Zweck der Lebenssicherung. Erst außerhalb der Arbeit war man bei sich und zu Hause. Motivation aus der Arbeit selbst konnte aus derartigen Tätigkeiten nicht erwachsen.

Was muss geschehen, damit sie – über die finanziellen Anreize hinaus – den Menschen anregt und für seine Befriedigung sorgt?

3.2 Verwirklichung eigener Möglichkeiten

In einer entwickelten Gesellschaft ist es selbstverständlich, dass menschliche Arbeit bestimmten Minimalstandards entsprechen muss, die durch Normen und gesetzliche Regelungen festgelegt werden. Man denke in diesem Sinne an Kriterien (*Ulich,* 1980) wie

- Schädigungsfreiheit,
- Beeinträchtigungslosigkeit,
- Erträglichkeit,
- Zumutbarkeit.

Es wird wohl kaum jemand derartigen Forderungen, falls sie nicht ausufernd interpretiert werden, widersprechen. Sie stellen jedoch Mindeststandards dar, aus denen langfristig Motivation und Selbstverwirklichung noch nicht erwachsen. An was also sollte darüber hinaus gedacht werden, um die soeben genannten Ziele zu erreichen?

Einige besonders wichtige, von der arbeitswissenschaftlichen Forschung immer wieder bestätigte Merkmale seien genannt (*Volpert,* 1990):

Handlungsspielraum

Dieser beinhaltet zwei Komponenten (*Ulich,* 1974), wie Abbildung 4.2 zeigt (S. 142).

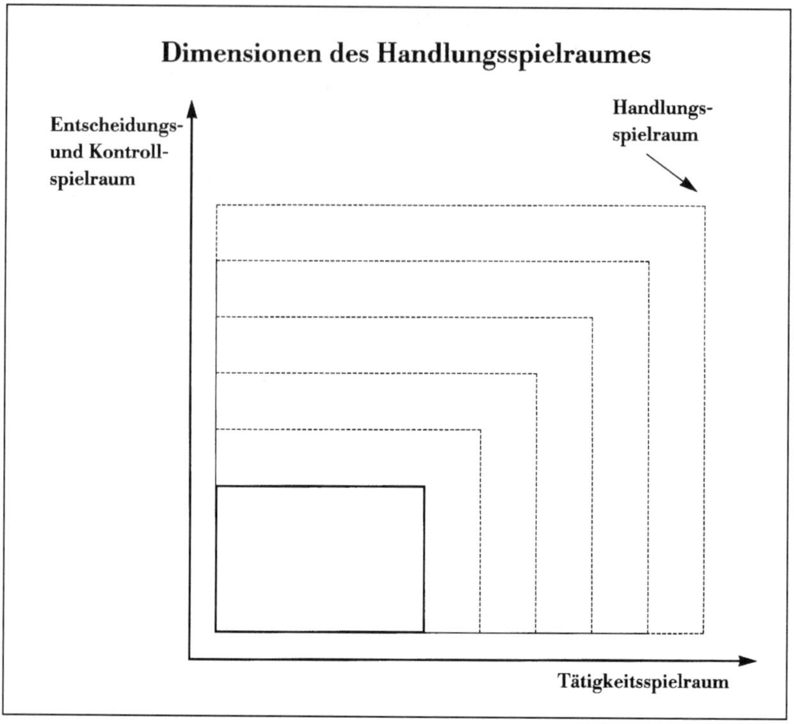

Abb. 4.2: Der Handlungsspielraum bei der Arbeit

Der Arbeitende sollte in einer seiner Kompetenz entsprechenden Weise zum einen die Möglichkeit erhalten, die für seine Tätigkeit wichtigen Entscheidungen selbst zu treffen und zu kontrollieren. Dies sollte zum anderen nicht stets die gleiche Tätigkeit sein; sie sollte vielmehr durch Abwechslung gekennzeichnet werden. Die Berücksichtigung nur einer Dimension wäre unangemessen.

Zeigen wir das am Beispiel. Wer statt einer extrem vorstrukturierten und fremdbestimmten Tätigkeit in steter Wiederholung jetzt abwechselnd vier oder fünf davon ausführt, der wird davon weder herausgefordert noch befriedigt. Die Sekretärin des autoritären Vorgesetzten, der ihr einmal befiehlt, einen Brief nach Diktat zu schreiben, sodann ihm einen Kaffee zu kochen, schließlich die Ablage zu machen oder telefonisch eine Flugkarte nach Düsseldorf für den Spätflug am Abend zu besorgen, hat zwar Abwechslung, aber keine Möglichkeit der Planung und der freien Gestaltung ihres Tuns. Hier gilt mit den Worten eines bekannten Arbeitswissenschaftlers: „Null + null + null … = null“ (*Herzberg*, 1972). Befriedigend ist aber auch die monotone, aber verantwortungsvolle Arbeit eines Menschen nicht, der die gesamte Arbeitszeit auf seinem Stuhl sitzend und einen Kontrollschirm beobachtend mit hoher Verantwortung wichtige Entscheidungen treffen muss, z.B. die Start- und Landegenehmigung für Flugzeuge oder den Ablauf der Produktion betreffend. Entscheidungsmöglichkeiten und Abwechslungschancen sollten kombiniert auftreten und dabei den Handlungsspielraum ergeben.

Zeitautonomie

Flexibilisierung der Arbeitszeit ist vielfach im betrieblichen Interesse erforderlich, damit man sich an die sich rasch ändernden Marktbedingungen anpassen kann. Aber auch aus der Sicht des arbeitenden Menschen ist die Möglichkeit, in mehr oder wenig eng gesetzten Grenzen über seine Zeit verfügen zu können, ein Stück Freiheit und gleichzeitig die Chance, das Privatleben mit den Anforderungen der Berufstätigkeit einigermaßen in Übereinstimmung zu bringen. Unterschiedliche Systeme, die eine relativ freie Positionierung der Arbeitszeit über den Tag, die Woche, den Monat, das Jahr oder gar über das Leben erlauben, verdeutlichen, dass hier zukunftsweisende Modelle entwickelt wurden, wobei jeweils geprüft werden muss, welches einen tragbaren Kompromiss zwischen den Erfordernissen des Betriebes und den Wünschen der Belegschaft darstellt.

Möglichkeit zu lernen

Der Mensch ist neugierig, er will Neues erfahren. Der Betrieb seinerseits ist darauf angewiesen, dass die Mitarbeiter flexibel und dem Neuen gegenüber offen bleiben. Entsprechend sollte Arbeit so strukturiert werden, dass ihre Ausführung immer wieder neue Anforderungen stellt oder dass durch systematisch geplante, sinnvoll aufeinander aufbauende „job rotation“ oder Schulung neben der eigentlichen Aufgabe die Kompetenzen der Mitarbeiter erweitert werden. Auch daraus erwächst Motivation, denn die neu erworbenen Kompetenzen wollen angewendet werden. In diesem Sinne ist – wie zuvor bereits betont – jede Fähigkeit ihre eigene Motivation.

Körperliche Aktivität und vielfältige sinnliche Erfahrung

Auch in Zeiten, in denen die körperliche Arbeit mehr und mehr von intelligenten Maschinen übernommen wird, bleibt der Mensch ein körperliches Wesen, das leibliche Aktivität und sinnliche Erfahrung sucht. Entsprechend ist bei der Strukturierung der Arbeit darauf zu achten, dass der Einzelne nicht ausschließlich an den Schreibtisch und vor den PC gefesselt wird, sondern Erfahrungen bei der Arbeit macht, die körperliche Aktivität von ihm fordern und dem Auge und Ohr sowie anderen Sinnen Abwechslung bieten.

Konkreter Bezug zu realen Gegenständen

Zunehmend begegnen uns die Dinge der Welt nicht mehr selbst, sondern verschlüsselt, z.B. als Symbole auf dem Bildschirm, als Zahlen in einer Statistik, als Worte in einem Bericht. Dadurch geht der unmittelbare Kontakt zur Lebenswelt, der in der Lage ist, Anregung zu geben, verloren. Dieser unmittelbare Kontakt sollte daher sichergestellt werden, etwa in der Form, dass der Arbeiter auch die Gelegenheit bekommt, das Produkt zu nutzen, das er herstellt, dass der Entwickler die Chance bekommt, mit Kunden zu sprechen, die das von ihm entworfene Gerät in der Praxis nutzen oder dass auch die Sekretärin die Gelegenheit erhält, jenen Geschäftspartner persönlich zu begrüßen, an den sie schon seit Jahren Geschäftsbriefe oder Angebote schickt.

Kooperation und unmittelbarer Kontakt

Der Mensch ist ein soziales Wesen. Geteilte Freude ist doppelte Freude, geteiltes Leid ist halbes Leid. Die meisten Menschen sind mit höherem Engagement bei der Sache, wenn sie diese gemeinsam mit anderen vorantreiben. Koordination vieler Menschen innerhalb einer Gruppe ist nicht nur aus sachlichen Gründen häufig erforderlich, sie ist auch aus psychologischer Sicht wünschenswert. (Freilich gibt es hier so etwas wie eine optimale Größe. Bei der Bearbeitung komplexer Probleme sollten nicht mehr als 5–7 Personen zusammenarbeiten (*Brandstätter*, 1989).)

Es ist lediglich eine kleine Kompensation, wenn Personen, die sonst ohne ernsthafte Kontaktchancen zusammenarbeiten, außerhalb der eigentlichen Arbeitssituation gemeinsam einen Betriebsausflug machen oder zum Kegelabend gehen. Besser ist es, wenn die Arbeit selbst – zumindest zeitweise – als Teamarbeit konzipiert wird und wenn darüber hinaus Möglichkeiten geschaffen werden – etwa in der Teeküche oder in der Kantine – informell ein paar persönliche Worte wechseln zu können. Die persönlichen Kontakte sind – falls dies nicht ausufert – keine Ablenkung von der Arbeit, sondern stellen auf der Beziehungsebene jenes „Schmieröl“ dar, das dafür sorgt, dass die Arbeitsprozesse selbst reibungsloser ausgeführt werden.

Positive Zukunft mit persönlichen Entwicklungsmöglichkeiten

Menschen sind fähig, ihre Vergangenheit und voraussehbare Zukunft zu reflektieren. Sie haben den Wunsch, mit Blick nach vorn zu wissen, was kommt, verbunden mit der Möglichkeit, darauf einzuwirken. Dies bedeutet, dass – wenn möglich über alle Ebenen hinweg – Personalentwicklungsprogramme eingesetzt werden, aus denen der Einzelne ableiten kann, wie es weitergehen könnte oder – das gilt für den qualifizierten Bereich – was er im Unternehmen noch erreichen könnte, wenn er bestimmte Kompetenzen erwürbe. Zur subjektiven Kontrolle der Zukunft gehört aber auch, dass die Mitarbeiter über die Entwicklung des Unternehmens, das ihnen die Arbeitsplätze und die materielle Existenz bietet, so offen und rechtzeitig wie möglich informiert werden.

Sinnvoller Beitrag für den Betrieb, die Konsumenten, die Gesellschaft

Eine Arbeit mag von der Belastung her gesehen noch so angenehm, vom Finanziellen her gesehen noch so gut honoriert sein – wenn der Ausführende der Auffassung ist, dass dies alles sinnlos sei, z.B. ausschließlich für den Papierkorb bestimmt, dann wird sie nicht befriedigen. Je qualifizierter und informierter Menschen sind, desto wichtiger ist es ihnen, dass das, was sie tun, einem von ihnen akzeptierten Zweck zugute kommt. Verschiedene empirische Analysen haben gezeigt, dass Mitarbeiter sich geradezu schämen, wenn sie das Gefühl haben, dass die Ergebnisse ihres Tuns zu Zwecken genutzt werden, die sie ablehnen. Für das Unternehmen bedeutet dies, dass man im Sinne ethischer Erwägungen reflektiert, was die Ziele und Nebenwirkungen der eigenen Produkte und Dienstleistungen sind. Es gehört aber auch dazu, dass die Mitarbeiter darüber informiert werden; sie interessieren sich über die engen Grenzen ihres Arbeitsplatzes hinaus für das, was das Unternehmen tut und suchen die Chance, stolz auf das zu sein, was sie machen. Und diesen Stolz tragen sie häufig auch aus dem Betrieb hinaus in die private Lebenswelt.

3.3 Flow-Erleben

Menschen unterscheiden sich voneinander. Was den einen besonders interessiert, ist für den anderen langweilig, was für den einen eine kaum zu bewältigende Herausforderung ist, geht dem anderen locker von der Hand. So lassen sich also nur grobe Aussagen dazu machen, welche Inhalte oder Bedingungen der Arbeit motivierend und welche demotivierend wirken, da man stets die Besonderheiten des Einzelnen im Auge behalten muss. Hier nun gilt es, Übereinstimmung zu sichern: die Herausforderungen der Tätigkeit sollten den Möglichkeiten des Mitarbeiters entsprechen. *Csikszentmihalyi* (1975) hat untersucht und eindrucksvoll beschrieben, was geschieht, wenn es zu dieser Entsprechung kommt, und was die Folge ist, wenn diese Entsprechung verfehlt wird. Abbildung 4.3 (S. 146) zeigt dies in modellhafter Vereinfachung.

Man erkennt, dass dann, wenn die Entsprechung zwischen den Herausforderungen einerseits und den Möglichkeiten des Mitarbeiters andererseits voll gegeben ist, ein so genanntes „Flow-Erleben" sich

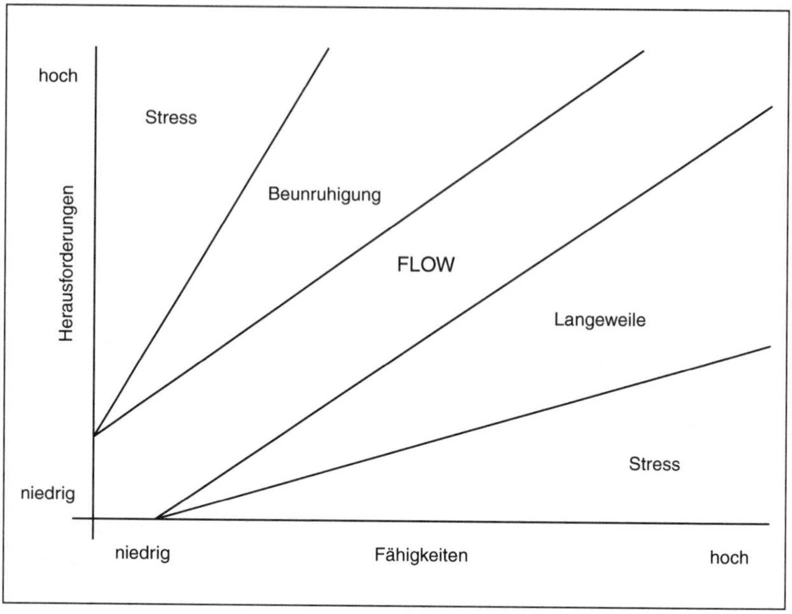

Abb. 4.3: Das Flow-Modell (nach Csikszentmihalyi, 1975)

einstellen kann. Der Einzelne und seine Aufgabe sind geradezu Eins; die Arbeit geht, verbunden mit einem Hochgefühl, wie selbstverständlich von der Hand; im Extremfall vergisst man Zeit und Stunde, wundert sich schließlich nach Abschluss der Handlung bei einem Blick auf die Uhr, wie spät es bereits ist. Sind die Anforderungen zu gering, so kommt es zunächst zum Gefühl der Langeweile und sodann – vor allem, wenn es sich um eine langfristige Unterforderung handelt – zum Stress mit all seinen negativen Auswirkungen.

Ganz parallel, lediglich mit umgekehrten Vorzeichen, entwickelt sich die subjektive Befindlichkeit bei zu hohen Herausforderungen durch die Aufgabe. Das Warnzeichen ist hier eine Beunruhigung, die schließlich, bleibt die Herausforderung auf überhohem Niveau, zu Stress durch Überforderung wird.

Wer führt und somit dafür zuständig ist, den Mitarbeitern bestimmte Aufgaben zuzuweisen, sollte diesen kennen. Er sollte wissen, welche Leistungsmöglichkeiten, welche Potenziale jeder einzelne Mitarbeiter hat, und er sollte auch in Erfahrung gebracht haben, was den Einzelnen besonders interessiert. Wenn dann auch zusätzlich die Möglichkeit gegeben ist, jedem Einzelnen spezifisch auf ihn zugeschnittene Aufgaben zuzuweisen, so kann Flow, das Flusserleben bei der Arbeit, für viele gewährleistet werden. Den Mitarbeitern macht dann die Arbeit sehr viel Spaß, und das wiederum ist eine der Voraussetzungen dafür, dass auch Führung Freude bedeutet.

4 Hygienefaktoren und Motivatoren

Die in den vorstehenden Abschnitten beschriebenen Möglichkeiten, durch die Gestaltung der Aufgabe Mitarbeiter zu motivieren, basieren auf Erkenntnissen der Motivationsforschung aus den letzten fünfzig Jahren. Dabei ist es in erster Linie das Verdienst des amerikanischen Motivationsforschers *Frederick Herzberg* (1959, 1966, 1972) und seines Forschungsteams, die Aufmerksamkeit der Wissenschaftler und noch mehr der Praktiker auf jene Motivationsmöglichkeiten hingelenkt zu haben, die in der Arbeit selbst liegen. Vor allem aus methodischen Gründen sind die Forschungsergebnisse von *Herzberg* wissenschaftlich keinesfalls unumstritten. Ziemlich unbestritten ist jedoch seine bedeutsame Rolle als Impulsgeber auf dem Gebiet der Arbeitsmotivation.

4.1 Die Pittsburgh-Studien

Ende der 50er Jahre nahm sich *Herzberg* (1959, 1972) der Frage an: „Was motiviert eigentlich Menschen bei der Arbeit?". Dabei gingen er und seine Mitarbeiter methodisch einen besonderen Weg, indem sie so genannte kritische Ereignisse zum Gegenstand ihrer Forschung machten. Im Rahmen dieser inzwischen als „Pittsburgh-Studien" berühmt gewordenen Untersuchungen forderten sie Berufstätige aus unterschiedlichen Branchen und unterschiedlichen hierarchischen Ebenen auf, über von ihnen als angenehm bzw. unangenehm erlebte Arbeitssituationen zu berichten und dabei auf die beiden folgenden Fragenkomplexe einzugehen:

- „Wann waren Sie in Ihrem Beruf ganz besonders zufrieden, welche konkreten Bedingungen spielten dabei eine Rolle? Wie hat sich das auf Ihre Leistungsbereitschaft ausgewirkt?"
- „Wann waren Sie in Ihrem Beruf ganz besonders unzufrieden, welche konkreten Bedingungen führten dazu? Wie hat sich dies auf Ihre Leistungsbereitschaft ausgewirkt?"

Die Befragten wurden dabei aufgefordert, bei der Beantwortung dieser Fragen ganz konkrete Situationen möglichst exakt zu schildern. Insgesamt sammelten die Forscher im Laufe der Zeit und in mehreren Befragungsrunden jeweils knapp 2.000 positive und negative Arbeitsepisoden.

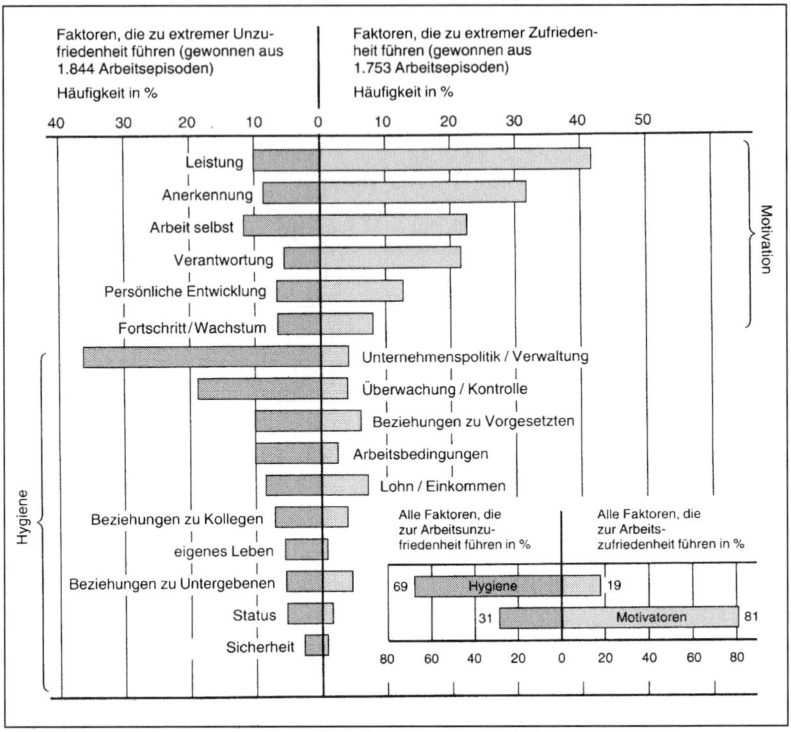

Abb. 4.4: Faktoren für Zufriedenheit bzw. Unzufriedenheit bei der Arbeit (Herzberg, 1972; 1968, S. 57)

Herzberg analysierte nun diese Berichte daraufhin, welche Faktoren die von den Befragten erlebte besondere Zufriedenheit bzw. Unzufriedenheit verursacht hatten. In einem ersten Schritt nannte er die ermittelten Faktoren dann auch zunächst Satisfiers (Zufrieden-Macher) bzw. Dissatisfiers (Unzufrieden-Macher). Die Ergebnisse dieser Analyse finden sich in Abbildung 4.4.

Bei der Auswertung der gesammelten Arbeitserlebnisse fiel Herzberg auf, dass nur relativ selten dieselben Faktoren als Ursache für gute und schlechte Erfahrungen mit der Arbeit genannt wurden. *Herzberg* gewann den Eindruck, dass es zweierlei Faktoren geben müsse, die sich in der Arbeit auswirken:

(1) Faktoren, die sozusagen darauf spezialisiert sind, Zufriedenheit herzustellen.

Folgendes wurde vorrangig als Ursache für große Zufriedenheit bei der Arbeit erlebt: Man hatte die Chance, eine Leistung zu erbringen und zu erleben, man fand Anerkennung bei der Arbeit, die Arbeit selbst war interessant und herausfordernd, man konnte Verantwortung übernehmen, man sah für sich persönlich Entwicklungsperspektiven und erlebte Förderung und Wachstum.

(2) Faktoren, die darauf spezialisiert sind, Unzufriedenheit bei der Arbeit zu erzeugen, aber keine zusätzliche Zufriedenheit hervorrufen können.
Auslöser für besonders große Unzufriedenheit bei der Arbeit waren u.a.: Unternehmenspolitik, Richtlinien und Verwaltung, Arbeitsbedingungen, zwischenmenschliche Beziehungen zu Vorgesetzten, Kollegen und Unterstellten, Entlohnung, Status, Sicherheit sowie mit der Arbeit zusammenhängende persönliche Lebensumstände.

Während die bisherigen Konzepte zur Arbeitszufriedenheit davon ausgingen, dass es ein Kontinuum von „zufrieden" auf der einen Seite bis hin zu „unzufrieden" auf der anderen Seite gebe, stellte *Herzberg* aufgrund seiner Forschungen nun seine Zwei-Faktoren-Theorie dagegen: Für ihn kommen Zufriedenheit und Unzufriedenheit in der Arbeit aus verschiedenen Quellen. Er brachte dies dadurch zum Ausdruck, dass er nur die „Satisfiers" als **Motivatoren** bezeichnete und alle übrigen Faktoren, also die „Dissatisfiers", als **Hygienefaktoren.** Er sah sich in seiner Auffassung auch dadurch bestärkt, dass die beiden Faktorenarten sozusagen unterschiedlichen Gesetzmäßigkeiten gehorchen. Während die Motivatoren – wenn sie nicht erfüllt sind – „umkippen" und dann zu zusätzlichen Unzufriedenheitsfaktoren werden können, können die Hygienefaktoren – wenn sie erfüllt sind – dies nicht. Die Hygienefaktoren können also nicht zu zusätzlichen Zufriedenheitsfaktoren und damit zu Motivatoren werden.

Dazu zwei Beispiele: Wenn etwa die Arbeit selbst nicht anregend und herausfordernd ist, wenn Anerkennung ausbleibt und Leistungserlebnisse vielleicht sogar verhindert werden, dann wird sich jeder vorstellen können, dass dies natürlich zur Ursache von (weiterer) Unzufriedenheit wird. Nicht erfüllte Motivatoren werden in diesem Fall also zu „Dissatisfiers". Andererseits können sich Hygienefaktoren nicht in Motivatoren verwandeln: Wenn der Vorgesetzte als inkompetent erlebt wird und die Beziehungen zu ihm nicht in Ordnung sind, oder wenn die Arbeitsbedingungen schlecht sind, dann ist der Mitarbeiter selbstverständlich unzufrieden. Werden diese kritischen Faktoren nun in Ordnung gebracht, kann lediglich Unzufriedenheit beseitigt, aber keine zusätzliche Zufriedenheit oder gar neue Motivation geschaffen werden! Bei den Hygienefaktoren ist eine Beeinflussungsmöglichkeit nur so lange gegeben, wie Unzufriedenheit zu beseitigen ist. Wenn jedoch die (selbstverständlich an subjektiven Maßstäben orientierten) Erwartungen erfüllt sind, gibt es keine Unzufriedenheit mehr wegzuschaffen.

Übrigens: Geht man über ein erfülltes Erwartungsniveau hinaus, kann es allenfalls passieren, dass das Anspruchsniveau nach oben verschoben wird. Wird dies dann später wieder unterschritten, entsteht plötzlich Unzufriedenheit in Situationen, in denen zuvor keine Unzufriedenheit ausgelöst wurde. Beispiel: In einem größeren Büro arbeiten alle Mitarbeiterinnen und Mitarbeiter an ziemlich unmodernen, alten Schreibtischen. Man murrt ein wenig über die nicht mehr ganz zeitgemäße Büroausstattung, aber man nimmt es eben hin. Als ein weiterer Mitarbeiter eingestellt wird, wird für diesen ein neuer, moderner Schreibtisch angeschafft. Mit einem Schlag herrscht nun plötzlich große Unzufriedenheit über die Büroausstattung! Durch die Anschaffung des neuen Schreibtisches hat sich für die Mitarbeiter des Büros das Anspruchsniveau verschoben, und die alten Schreibtische sind jetzt „nicht mehr zumutbar".

4.2 Motiviert Geld?

Auf die Frage, ob Geld bzw. Bezahlung als motivierender Anreiz wirksam ist, gibt die Wissenschaft widersprüchliche Antworten. Offensichtlich hat Geld höchst vielfältige und unterschiedliche psychologische Wirkungen. Zudem ist unsere Beziehung zum Geld sehr stark kulturell geprägt. Der amerikanische Motivationsforscher *William F. Whyte* (1955) formuliert das so: „Man is not born loving money. He has to learn to love it." Ähnlich denkt *Saul W. Gellerman* (1972) über die motivierende Kraft des Geldes, wenn er darauf hinweist, „dass das Geldmotiv von Mensch zu Mensch als Funktion seiner Lebensgeschichte variiert".

Für die überwiegende Anzahl von Menschen ist es ohnehin nicht das Geld an und für sich, das reizt, sondern was man mit diesem Geld tun kann. Insofern hat Geld instrumentalen Charakter, und man kann sich – zumindest in unserer westlich geprägten Welt – mit Geld praktisch in jede Bedürfniskategorie „einkaufen". So benötigen wir Geld zur Befriedigung und Absicherung unserer elementarsten Grundbedürfnisse (z.B. Essen, Trinken, Körperschutz, Dach über dem Kopf). Geld befriedigt auch unsere weiterreichenden Sicherheitsbedürfnisse, es ist unter Umständen ein „Eintrittsgeld" für die Zugehörigkeit zu bestimmten sozialen Klassen, es kann Ausdruck von Anerkennung oder Wertschätzung durch andere sein, es wirkt sich auf die persönliche Selbsteinschätzung aus, es verleiht schließlich eine gewisse Unabhängigkeit und Freiheit, und selbst viele Formen der persönlichen Selbstverwirklichung, z.B. Hobbys, bedürfen einer mehr oder weniger soliden finanziellen Basis.

Wie die Höhe der Bezahlung erlebt wird, darüber entscheidet zudem nicht der absolute Wert des ausgezahlten Geldbetrages (plus dem Wert der zusätzlichen Leistungen), sondern der so genannte **soziale Vergleich.** Dabei vergleicht man – nicht immer ganz realistisch – die Höhe der eigenen Bezahlung mit derjenigen von Personen, mit denen man sich bezüglich Position und Art der Tätigkeit vergleichen zu können glaubt. Auf dieser subjektiven Basis wird die Höhe der Bezahlung zum Maß für die erlebte „Wert-Schätzung" sowie – natürlich in individuell unterschiedlicher Intensität – für viele Menschen auch zu einem wichtigen Element ihres Selbstwertgefühls.

Für *Herzberg* ist das Gehalt, die Entlohnung, in erster Linie ein Hygienefaktor, also Ursache für Unzufriedenheit. Wenn die Bezahlung hingegen „stimmt", kann man nicht automatisch davon ausgehen, dass dadurch zusätzliche Zufriedenheit oder gar Motivation erzeugt wird. Am Beispiel einer Gehaltserhöhung lässt sich dies ganz gut demonstrieren: Eine Gehaltserhöhung wird in aller Regel nicht „ausgesetzt", um einen Mitarbeiter zukünftig besser zu motivieren und zu höherer Leistung anzuspornen. Vielmehr erfolgt eine Gehaltserhöhung normalerweise, um damit eine sich entwickelnde Unzufriedenheit wegen schon längst unter Beweis gestellter Leistung (subjektiv!) auszugleichen. Entsprechend ist bisher auch noch nicht überzeugend der Nachweis gelungen, dass Firmen mit überdurchschnittlicher Bezahlung sich aufgrund dieser Tatsache durch höher motivierte Mitarbeiter oder auch eine höhere Produktivität bzw. Innovationsrate von anderen Firmen ihrer Branche unterscheiden. Nachzuweisen war lediglich, dass überdurchschnittlich gut zahlende Unternehmen bei ihren Mitarbeitern längere Betriebszugehörigkeiten verzeichnen. Das überrascht wohl kaum. Schließlich bieten sie ja auch den attraktiveren „Goldenen Käfig" …

Nur in einem ganz speziellen Zusammenhang kann Geld offensichtlich als Motivator wirken, und zwar dort, wo es einen unmittelbaren und auch zeitnahen Zusammenhang zwischen der im Rahmen der Tätigkeit erbrachten Leistung und der dafür gezahlten finanziellen Zuwendung gibt. Prämien oder besondere Zulagen, aber auch ein entsprechend konstruierter Leistungslohn können unter diesen Bedingungen motivierend wirksam werden. In solchen Fällen stellt das Geld eine Rückmeldung für Leistung dar und wirkt somit als Motivator im Sinne von Anerkennung.

Und – wie soeben gesagt – es sollte beim Geld bedacht werden: es kommt – sehen wir von Situationen bitterer Not einmal ab – nicht auf die absolute Höhe an, sondern auf die wahrgenommene Gerechtigkeit. Dies ist vielfach nachgewiesen worden (*Adams,* 1963; *Nerdinger,* 1995). Der Mensch sucht nach Stimmigkeit, nach Konsonanz der Dinge, die er wahrnimmt. In diesem Sinne vergleicht er das, was er leistet und dafür an Entlohnung bekommt, mit dem, was andere leisten und dafür erhalten. Diese Relationen sollten ausgeglichen erscheinen. Hat der Einzelne das Gefühl, dass er zum Beispiel für eine gleiche Leistung mehr bekommt als andere, so bereitet ihm das Unbehagen und im Extremfall sogar Schuldgefühle und ein schlechtes Gewissen. Sehr viel häufiger allerdings wird der Fall eintreten, dass jemand glaubt, er erhalte für eine gleiche Leistung weniger als andere. Dies wird das Gefühl des Ärgers zur Folge haben. Der Einzelne fühlt sich ungerecht behandelt und – hier erfolgt der Sprung zur Motivation – entwickelt den Wunsch, ein faires Gleichgewicht wiederherzustellen. Dies kann nun auf verschiedene Weisen versucht werden, zum Beispiel dadurch, dass man darauf drängt, dass die anderen mehr tun oder weniger für ihre Leistungen bekommen oder – da der Einfluss des Einzelnen meist nicht so weit reicht – dass die eigene Leistung den Belohnungen angepasst wird. Dominiert das Gefühl, mehr für die erbrachte Leistung zu erhalten als andere, so wird dies die Motivation stärken, die Belohnung auch wert zu sein und eine höhere Leistung zu erbringen; dominiert allerdings das Gefühl, eine zu geringe Belohnung zu erhalten, so wird man sich um eine Verbesserung der Belohnungen – meist des Gehalts – bemühen oder aber die eigenen Leistungen reduzieren.

Dabei sollte man stets im Auge haben, dass es nicht auf die objektiven erbrachten Leistungen bei sich selbst und anderen ankommt und auch nicht auf die tatsächlich erhaltenen Belohnungen, sondern jeweils auf deren Wahrnehmung. In diesem Sinne wird auch verständlich, dass Menschen besonders verärgert und enttäuscht darauf reagieren, dass ein neuer Mitarbeiter von außen in eine bestehende Arbeitsgruppe integriert wird, der besser bezahlt wird als die Mitglieder des bestehenden Teams. Obwohl diese häufig durch die zusätzliche Arbeitskraft des Neuen weniger arbeiten müssen, geringerem Lohnleistungsdruck ausgesetzt werden und dennoch das gleiche Gehalt wie zuvor bekommen, fühlen sie sich plötzlich unterbezahlt; der „Neue" tut ja auch nicht mehr als sie, aber bekommt dafür mehr Geld.

Selbstverständlich lässt sich die Leistungsgerechtigkeit in der Praxis nicht einfach herstellen, denn sie beruht auf vielfältigen Wahrnehmungsverzerrungen. So wird etwa jeder das, was er als „Leistung" einbringt, besonders weit interpretieren und dabei nicht nur Arbeitsergebnisse unter dem Aspekt der Quantität und Qualität berücksichtigen, sondern auch die berufliche Vorerfahrung, das Qualifikationsniveau, das Lebensalter und vielleicht sogar die Zahl der Kinder. Er wird bei den Belohnungen ganz selektiv einmal ausschließlich auf das Geld, andererseits aber auch auf Statussymbole, Kontakt mit dem Vorgesetzten, Reisemöglichkeiten, Weiterbildungschancen etc. achten. Und in der Tendenz wird man in dem Maße das Bild der Welt so verzerren, dass man bei sich selbst die erbrachten Leistungen überschätzt, aber auch die Belohnungen der anderen. Entsprechend ist es nicht verwunderlich, dass das Gefühl der Unterbezahlung sehr viel häufiger ist als jenes der Überbezahlung und dass sich Menschen sehr viel langsamer an die Unterbezahlung als an die Überbezahlung gewöhnen.

Dies aber zeigt, dass es nicht nur zu den Aufgaben des Vorgesetzten gehört, die Entlohnung an klaren Kriterien gerecht zu gestalten, sondern auch darüber zu informieren, Gespräche zu führen und das System der Verteilung für jeden Einzelnen transparent zu machen.

4.3 Gestaltungsempfehlungen für die Arbeit

Niemand wird auf die Idee kommen, ein Auto mit angezogenen Bremsen einen Berg hinaufzuschieben. Überträgt man dieses Beispiel in die betriebliche Praxis, ist zu empfehlen, zunächst die „Motivationsbremsen“ (Unzufriedenheits- bzw. Hygienefaktoren) zu beseitigen bzw. in Ordnung zu bringen, um anschließend die Motivationsfaktoren voll wirksam werden zu lassen. Entsprechend empfiehlt *Herzberg,* die relativ leicht zu identifizierenden negativen Aspekte bei den Hygienefaktoren zu eliminieren und sich dann voll auf die Motivatoren zu konzentrieren. Er empfiehlt also, die **Arbeitsbedingungen** und die **Arbeitsumwelt** möglichst akzeptabel zu gestalten, damit auf dieser Basis durch eine entsprechende Veränderung der **Arbeitsinhalte** eine optimale Motivation erreicht werden kann.

Für die von *Herzberg* (1972) empfohlene Umgestaltung der Arbeitsinhalte ist der Begriff **„job-enrichment“** (Tätigkeitsbereicherung) populär geworden. Ein einfaches, aber treffendes Beispiel für Job-enrichment wird dem amerikanischen Führungsforscher *Rensis Likert* zugeschrieben, der einmal gesagt haben soll: „Es ist ein himmelweiter Unterschied, ob eine Putzfrau einen Putzlappen hin- und herschiebt, oder ob sie die Verantwortung für die Sauberkeit eines Raumes hat!“ An diesem Beispiel wird zugleich noch deutlich, dass eine Veränderung von Arbeitsinhalten im Sinne einer Tätigkeitsbereicherung unabhängig von hierarchischen Ebenen stattfinden kann. Die von *Herzberg* (1966) definierten Motivatoren wirken bei einem Pförtner ebenso wie bei einem Konstrukteur, bei einer Schreibkraft ebenso wie bei einem Top-Manager. Nirgendwo steht geschrieben, dass die Motivatoren nur für die Mitarbeiter auf den oberen Ebenen der betrieblichen Hierarchie bedeutsam sind.

Eine **Aufwertung von Tätigkeiten** mit dem Ziel, diese für die betreffenden Mitarbeiter reizvoller und damit motivierender zu gestalten, ist ein vertikal verlaufender Prozess. Der motivierende Effekt besteht vor allem auch darin, dass höherwertige Tätigkeiten in die Zuständigkeit und Eigenverantwortlichkeit des Mitarbeiters gegeben werden. Dies geschieht zum Beispiel durch:

- Aufhebung einiger Kontrollen unter Beibehaltung der Verantwortlichkeit,
- Vergrößerung der Verantwortlichkeit,
- Übergabe einer natürlichen Arbeitseinheit an eine Person,
- Gewährung zusätzlicher Befugnisse hinsichtlich der eigenen Arbeit,
- Einführung neuer oder schwierigerer Aufgaben, die dem Mitarbeiter bisher nicht zugewiesen wurden,
- Zuweisung von Spezialaufgaben, die dem Mitarbeiter ermöglichen, Fachmann zu werden.

Keine besonders motivierende Wirkung hingegen ist zu erwarten, wenn man – bei unveränderter Tätigkeit – lediglich den Mitarbeiter zu mehr Output herausfordert. Ebensowenig wirkt es als Anreiz, wenn man einer bedeutungslosen Aufgabe eine weitere gleicher Art hinzufügt (denn: null + null bleibt null!). Gleiches gilt für das Ersetzen von Tätigkeiten durch andere gleichwertige Tätigkeiten. Ausgesprochen demotivierend wirkt schließlich das Vereinfachen von Tätigkeiten. Hier werden – vielleicht sogar gut gemeint – schwierige Teile aus der Tätigkeit des Mitarbeiters herausgelöst und ihm entzogen. Motto: „Und Sie machen dann schon mal den Rest …“. Was vielleicht als Hilfe gemeint ist, macht statt dessen dem Mitarbeiter nur deutlich, dass man ihm nichts zutraut.

Wie schon erwähnt, werden die Studien von *Herzberg* et al. (1959) sowie die von ihm gezogenen Folgerungen in der Wissenschaft vor allem aus methodischen Gründen zum Teil recht kritisch kommentiert. Es bleibt jedoch sein Verdienst, dass er außerordentlich fruchtbare Anstöße zur Neugestaltung von Arbeit gegeben hat, die sich heute zum Beispiel in den Konzepten von Lernstätten, Qualitätszirkeln oder Kaizen erneut bestätigen. Seinen Anregungen ist es zu verdanken, dass Mitarbeitern mehr Selbständigkeit gegeben wird und damit Verantwortungsgefühl und Leistungsbereitschaft gesteigert werden. Für ihn war es zuwenig, Menschen lediglich die Ausführung einer Arbeit zu übertragen. Nach seiner Überzeugung können sich Menschen nur dann voll in ihrer Arbeit entfalten, wenn sie diese auch selbst planen und kontrollieren können. Damit brach er mit der bis dahin propagierten scharfen Trennung der drei Funktionen Planung, Ausführung und Kontrolle. Aufgrund von *Herzbergs* (1972) Empfehlungen zur Umgestaltung von Arbeit entwickelten sich in den Unternehmen u.a.

- Mitarbeiter in der Produktion, die über ihre eigenen Arbeitsplätze, die Reihenfolge der Operationen, die Arbeitsaufteilung und sogar die Arbeitsgeschwindigkeit selbst entscheiden,
- Maschinenarbeiter, die ihre Maschinen selbst pflegen und auch Störungen und Kleinschäden selbst beheben,
- ganze Arbeitsgruppen, welche die Qualität der von ihnen hergestellten Produkte selbst kontrollieren,
- Schreibkräfte, die nicht mehr wörtlich vordiktierte Briefe als „Tippse" stupide in die Textverarbeitung eingeben, sondern jetzt völlig eigenständig bzw. (bei Bedarf) nach einigen vorgegebenen Stichworten die von ihnen selbst formulierte Korrespondenz abwickeln,
- Vertreter, denen die Häufigkeit der Kundenbesuche nicht mehr vorgeschrieben ist, sondern die darüber nach eigenem Gutdünken entscheiden,
- Außendienstler, denen routinemäßige Besuchsberichte erspart bleiben und denen selbst überlassen ist, wann und was sie in die Zentrale berichten.

Die Reihe solcher Exempel ließe sich noch lange fortsetzen. In Abbildung 4.5 (S. 156) findet sich noch ein abschließendes Beispiel, das mit der betrieblichen Welt – wie es zunächst scheint – nicht unmittelbar zu tun hat.

Es stammt von *M. Scott Myers,* (zit. nach *Grothus,* 1972, S. 36), der schon in den 60er Jahren bei *Texas Instruments* erfolgreich Job-Enrichment-Programme durchgeführt hat. Am Beispiel des Kegelns illustriert er, warum diese Freizeitbeschäftigung von vielen Menschen mit so viel Spaß und so großer Begeisterung ausgeübt wird: Bei der in der Freizeit praktizierten Form des Kegelns sind offensichtlich einige jener Motivatoren wirksam, die *Herzberg* (1972) als Gestaltungsprinzipien für betriebliche Tätigkeiten empfiehlt. Das sollte Mut machen, diese Prinzipien auch in der betrieblichen Praxis umzusetzen. Kegeln nach den „üblichen Management-Verfahren" macht hingegen nicht im Ansatz so viel Spaß ...

5 Zusammenfassung

Wer zur Motivation von Mitarbeitern ausschließlich auf den Faktor Geld setzt, wird allenfalls nur bedingt Erfolg haben. Auf jeden Fall aber verzichtet er auf jene enormen Motivationschancen, die sich – wie weiter vorne ausgeführt – durch eine entsprechende Gestaltung der Aufgabe ergeben. Was das Geld anbetrifft, ist ohnehin die Tendenz zu verzeichnen, dass die jetzt in die Unternehmen hineinwach-

a) bisher übliche Spielweise	b) bei Anwendung üblicher Management-Verfahren
Der Spieler hat ein sichtbares Ziel.	Die Sicht auf die Kegel ist verdeckt durch einen Vorhang.
Das Ziel fordert den Spieler heraus, ist aber zu erreichen.	Evtl. sind die Kegel überhaupt nicht vorhanden.
Der Spieler entwickelt sich seine eigene Technik.	Die „Erfolgsberichte" kommen nach Zeitverzug und unregelmäßig, zum Teil über andere Spieler und höhere Vorgesetzte.
Spielregeln werden gemeinsam mit allen Teilnehmern abgesprochen.	Der Vorgesetzte ändert die Spielregeln ohne Beratung mit den Spielern, meist auch ohne Begründung.
Der Spieler erfreut sich gleichzeitig des gesellschaftlichen Zusammenseins. Er ist geschätztes Mitglied der Gruppe.	Gesellschaftliche Kontakte zwischen den Spielern sind unerwünscht und werden womöglich unterbunden.
Der Spieler wird gelobt.	Der Vorgesetzte lobt nicht, sondern gibt seine Meinung in Form von „konstruktiver Kritik" von sich.
Die Teilnahme ist freiwillig.	Die Teilnahme ist Pflicht. Bei Fehlen oder Unpünktlichkeit drohen Strafen oder Verlust der Existenz. Um das Spiel unter diesen Umständen reizvoller zu gestalten, erhält der Spieler eine Prämie.

Abb. 4.5: Motivations-Faktoren beim Kegeln bei a) bisher üblicher Spielweise, b) Anwendung üblicher Management-Verfahren (Scott Myers, zitiert nach Grouthus, 1972, S. 36)

sende Generation von Nachwuchsleuten eine leistungs- und marktgerechte Bezahlung keinesfalls als herausfordernden und motivierenden Anreiz, sondern als schlichte Selbstverständlichkeit betrachtet. Auf der Basis zufriedenstellend geregelter materieller Vereinbarungen stellt sich für diese Mitarbeiter erst danach die Frage nach den eigentlichen Anreizen und nach der Motivation aus der Aufgabe. Eine entscheidende Quelle für Motivation sind die Arbeitsinhalte, d.h. die Qualität der Tätigkeit. Das Kegel-Beispiel zeigt, dass Arbeit Spaß machen sollte. **„Wer Leistung will, muss Sinn geben!"**, diese Forderung gilt heute mehr denn je. Darüber hinaus soll die Arbeit den betreffenden Mitarbeiter herausfordern, entwickeln und fördern – statt ihn abzustumpfen. Weiterhin sollte der Mitarbeiter die Chance haben, mit der Verantwortung zu wachsen. Und nicht zuletzt sind es das Erlebnis von erbrachter Leistung sowie die dazugehörende Anerkennung, die einen Mitarbeiter auch weiterhin zur Leistung motivieren.

Kapitel 5
Motivation aus der Gruppe

1 Ein Blick voraus

Schon der Volksmund weiß, dass der Mensch nicht zum Einzelgänger geboren ist, und stellt fest, der Mensch sei ein „Herdenvieh". Die alten Griechen bezeichneten den Menschen als ein „politisches Wesen", und *Tucholsky* soll einmal gesagt haben, der Mensch sei ein „politisches Wesen, welches sich gerne zu Klumpen ballt". Die Wissenschaft formuliert die Tatsache, dass der Mensch sich in Gruppen organisiert, etwas nüchterner: Sie nennt den Menschen ein „soziales Wesen", d.h. ein Gruppenwesen, das Kontakt in und mit Gruppen sucht und darauf fast lebensnotwendig angewiesen ist. Der Einsiedler, der Eremit ist also nicht die „Normalausgabe Mensch", sondern der eher seltene Ausnahmefall. Der Mensch ist von seiner Natur her ein Kontakt- und Kommunikationswesen. Und was Einsiedler und Eremiten anbetrifft, sie fangen an, mit den Tieren und mit der Natur zu kommunizieren ...

„Ohne Teamwork wäre die NASA heute noch nicht auf dem Mond!" – so ein amerikanischer Spezialist vor einigen Jahren. Aus unserer heutigen Arbeitswelt ist das Wort „Team" nicht mehr wegzudenken. Angesichts einer Arbeitswelt, in der die Zusammenhänge und die Aufgabenstellungen immer komplexer werden, ist die Zeit der Alles-Wisser, der Alles-Könner und der „Kann-ich-alles-selbst"-Typen längst zu Ende. Außerdem muss man zur Kenntnis nehmen, dass sich auch auf Seiten der Mitarbeiter die Ansprüche an die Art und Weise der Partizipation und Mitbeteiligung gewandelt haben. Sie möchten heute früher und intensiver mitwirken, mitgestalten. Mehr denn je geht es in der Arbeitswelt darum, durch möglichst optimales Erschließen der Potenziale der Mitarbeiter und durch intelligentes Bündeln der individuellen Talente und Fähigkeiten gemeinsam Aufgaben zu bewältigen, die einer allein nicht hätte schaffen können. Aus diesen Gründen soll hier dem Thema Motivation aus der Gruppe ein etwas breiterer Raum zugestanden werden.

Der englische Begriff „team" bedeutet wörtlich „Gruppe" bzw. „Arbeitsgruppe". Im amerikanischen Sprachgebrauch wurde zunächst nur im sportlichen Bereich von Team und Teamleistung gesprochen. Mit der Übertragung dieses Begriffes in die Arbeitswelt klingt damit auch eine gewisse herausfordernde Komponente mit an. Durch die Verwendung dieses Begriffes wird nicht zuletzt auch die Idee des sportlichen Kampf- und Wettbewerbsgeistes an den Arbeitsplatz, ins Büro, in die Werkstatt oder in den Betrieb hineingetragen. Und nicht nur für den Sport sollte gelten, dass Leistung Spaß machen soll.

Gruppen sind sensible und komplizierte Gebilde. Sowohl die Zugehörigkeit zu einer Gruppe als auch die Arbeit innerhalb einer Gruppe können motivieren. Wer als Vorgesetzter oder Teamleiter die motivierende Kraft einer Gruppe nutzen, erfolgreich mit Gruppen umgehen und effizient mit ihnen arbeiten will, muss wissen,

- wie Gruppen aufgebaut sind,
- welche Kräfte in ihnen wirksam sind (Gruppendynamik),
- welche Faktoren bzw. Mechanismen die Gruppenmitglieder motivieren, sich im ihrem Team zu engagieren, und
- unter welchen Bedingungen Teams effizient sind.

„Viele Köche verderben den Brei“, sagt der Volksmund. Das spricht gegen Teamarbeit. „Viele Hände führen schnell zu einem Ende“, sagt auch der Volksmund. Das spricht für Teamarbeit. Beides stimmt. Die entscheidende Frage lautet nämlich nicht „Teamarbeit – ja oder nein?“, sondern „**Wann** Teamarbeit?“ Und noch wichtiger: „**Wie** Teamarbeit?“

Unter Teamentwicklung versteht man, dass bestehende oder auch neu gebildete Gruppen in einen Trainings- und Lernprozess einsteigen, um gemeinsam eine möglichst effiziente Form der Zusammenarbeit und des Miteinander-Auskommens zu entwickeln. Das Wohlbefinden in der Gruppe sowie das Gefühl, dort einen geschätzten und anerkannten Beitrag zur gemeinschaftlich akzeptierten Zielsetzung zu bringen, genau das erzeugt in dem einzelnen Gruppenmitglied die Bereitschaft, sein Potenzial (d.h. sein Engagement und seine Fähigkeiten) innerhalb der Gruppe zur Verfügung zu stellen.

2 Gruppe – was ist das?

Gruppen muss man sich vorstellen wie „Lebewesen“ mit eigenen Empfindungen (z.B. Wir-Gefühl) und mit einer eigenen Identität (Gruppengeist). Sie entwickeln eine für sie typische Dynamik, die sich auf das Verhalten ihrer Mitglieder auswirkt. Dabei gilt der Satz: Selbst wenn ich von jedem Mitglied einer Gruppe eine komplette Persönlichkeitsanalyse besitze, kann ich nicht voraussagen, wie diese Leute als Gruppe reagieren. Wer erfolgreich in bzw. mit Gruppen arbeiten will, muss ihr Wesen, ihre Dynamik verstehen.

2.1 Merkmale einer Gruppe

Allerdings reichen räumliche Nähe und das bloße Miteinander von Menschen noch nicht aus, diese als Gruppe zu bezeichnen. Eine solche Konstellation wird – fast physikalisch – als „Aggregat" bezeichnet. Von einer „echten" Gruppe wird man erst sprechen, wenn zwischen den einzelnen Mitgliedern Interaktion (= wechselseitige Beeinflussung) stattfindet. Dies ist nicht das einzige, aber ein sehr wichtiges Merkmal von Gruppen. Somit lässt sich – wenn auch noch sehr allgemein – eine Gruppe als eine Anzahl von Individuen beschreiben, zwischen denen wechselseitige Beeinflussung stattfindet. Jedes Gruppenmitglied ist einerseits beeinflusst durch die bzw. reagiert auf Verhaltensweisen der anderen Gruppenmitglieder und beeinflusst andererseits selbst durch sein Verhalten andere in der Gruppe oder die ganze Gruppe. Die Beeinflussung kann positiv oder negativ sein.

In der Literatur finden sich zahlreiche typische Merkmale einer Gruppe, die von verschiedenen Autoren formuliert worden sind. Dabei bestehen Unterschiede zwischen den einzelnen Autoren. Mehrheitlich werden folgende Merkmale immer wieder genannt:

- mehrere Personen (mindestens zwei),
- Interaktion,
- Zusammengehörigkeitsgefühl (Wir-Gefühl, Gruppenzusammenhalt/Kohäsion),
- bestimmte zeitliche Dauer,
- gemeinsames affektives Erleben,
- bestimmte „Spielregeln" untereinander (= Normen),
- Vorhandensein von Strukturen,
- gemeinsame Wertvorstellungen,
- gemeinsame(s) Ziel(e),
- gemeinsame Interessen.

Gruppen sind also soziale Gebilde mit eigenem Gefühlserleben, mit eigener Identität und mit eigenen, für die betreffende Gruppe typischen Verhaltensmustern und Reaktionen. Dabei ergibt sich die Identität einer Gruppe keinesfalls aus der „Addition" der Einzelpersönlichkeiten der Gruppenmitglieder. Die Gruppe ist etwas anderes als die Summe ihrer Mitglieder.

2.1.1 Der Zweck von Gruppen

Völlig unterschiedliche Motive können Menschen dazu veranlassen, sich einer Gruppe anzuschließen: Dem einen gibt die Gruppe Rückhalt und Unterstützung, dem anderen Schutz und Sicherheit. Der eine fühlt sich wohl in der Gruppe, weil er da ein angesehenes und geschätztes Mitglied ist, der andere sucht die Gruppe auf, um persönliche, berufliche oder geschäftliche Beziehungen anzuknüpfen. Der eine erfreut sich des sozialen Kontaktes mit netten Menschen, der andere dokumentiert über die Gruppe seine Zugehörigkeit zu einer bestimmten gesellschaftlichen Schicht. Wieder ein anderer benötigt die Unterstützung der übrigen Gruppenmitglieder, um seine Ziele zu erreichen usw. Offensichtlich haben Gruppen für ihre Mitglieder Dienstleistungscharakter: Sie befriedigen bestimmte Bedürfnisse, die individuell recht unterschiedlich sein können. Allgemein kann man deshalb sagen:

Gruppen sind „Vehikel“ zur **gemeinsamen** Befriedigung **individueller** Bedürfnisse.

Dies trifft auf jede Art von Gruppe zu – auf die Arbeitsgruppe ebenso wie auf die kleine Gemeinschaft einer Ehe, auf eine Religionsgemeinschaft ebenso wie auf einen Kegelklub. Sehr wichtig ist, dass die Bedürfnisse, welche die einzelnen Gruppenmitglieder in der gemeinsamen Gruppe zu befriedigen suchen, sehr unterschiedlich sein können.

2.1.2 Gruppenarten

Natürlich kann kein Mensch alle seine Bedürfnisse in nur einer Gruppe befriedigen. Insofern ist es sinnvoll eingerichtet, dass jeder Mensch in der Regel mehreren, nicht selten unterschiedlichen Gruppen gleichzeitig angehören kann. In diesen verschiedenen Gruppen wird er dann unterschiedliche persönliche Bedürfnisse befriedigen. In ihren Zielsetzungen können diese Gruppen gelegentlich sogar völlig konträr sein.

Man unterscheidet verschiedene Gruppenarten. Als **Primärgruppen** bezeichnet man jene Gruppen, in denen zwei oder mehrere Personen in einer engen Verbindung, sozusagen Face-to-face, d.h. von Angesicht zu Angesicht, miteinander in Beziehung stehen. Gelegentlich spricht man auch direkt von Face-to-face-Gruppen. Allein wegen der Tatsache, dass in Primärgruppen jeder jeden anderen persönlich kennt und mit ihm unmittelbar kommunizieren kann, sind solche Gruppen relativ klein. Das Prädikat ‚primär‘ erhalten diese Gruppen deshalb, weil sie **in erster Linie** (also primär) und **besonders stark Einfluss** auf ihre Mitglieder ausüben. Im Vergleich zu anderen Gruppen ist der Prozess der wechselseitigen Beeinflussung in Primärgruppen also besonders groß. Typische Primärgruppen sind z.B. die Familie, die Arbeitsgruppe, eine Mannschaft im Sportverein, eine Projektgruppe usw.

Gruppen, in denen die Mitglieder untereinander keine Face-to-face-Beziehungen haben, nennt man Sekundärgruppen. Ihr Name kennzeichnet, dass die Intensität ihres Einflusses auf die Mitglieder hinter dem der Primärgruppen rangiert und sozusagen erst „an zweiter Stelle“ wirksam wird. Sekundärgruppen sind deutlich größer als Primärgruppen, mitunter sogar sehr groß. Aufgrund ihrer Größe kann nicht mehr jedes Mitglied mit jedem anderen Mitglied in einer engen persönlichen Beziehung stehen. Typische Beispiele für Sekundärgruppen: die Firma, der Unternehmensbereich, die Sparte, die Filiale oder auch – im privaten Bereich – der (gesamte) Sportverein, eine Partei, die Gemeinde usw.

Der Einfluss von Sekundärgruppen ist aber keinesfalls unwesentlich. Man denke nur daran, welchen Stolz eine ganze Nation über gewonnenes Olympisches Gold entwickeln kann oder welche Enttäuschung bei einer verlorenen Fußballweltmeisterschaft. Oder aber man sehe sich einmal an, welche hoch-dynamischen Auseinandersetzungen sich in größeren Unternehmen gelegentlich ganze Sparten oder Bereiche liefern ... Der entscheidendere Teil der Beeinflussung des Einzelnen geschieht jedoch hauptsächlich durch die Primärgruppe(n), also über die engere Umgebung. Dies erklärt auch die Beobachtung, dass in aller Regel die Identifikation der Mitarbeiter mit ihrer Abteilung bzw. Arbeitsgruppe größer ist als die Identifikation mit ihrem Unternehmen. Hier liegt übrigens eine nicht zu unterschätzende Chance für viele kleine und mittlere Unternehmen, die wegen ihrer besseren Überschaubarkeit viel intensivere Möglichkeiten der motivierenden Einflussnahme auf die kleinen organisatorischen Einheiten, d.h. also auf Primärgruppen, haben.

Man kann Gruppen aber auch ganz anders unterteilen, beispielsweise in formelle und informelle Gruppen. Die Kenntnis dieser beiden Gruppenarten ist für die Führungspraxis ebenfalls von einiger Bedeutung, sowohl für den Umgang mit ihnen als auch für das Verständnis ihrer Reaktionen.

Formelle Gruppen sind solche, die **aufgrund bestimmter (z.B. betrieblicher) Erfordernisse bewusst und planvoll zusammengestellt** werden. Ihr Zustandekommen wird „von außen“ oder „von oben“ sozusagen „offiziell organisiert“. Einige Beispiele: die Sparte in einem Industrieunternehmen, das Dezernat in einer Stadtverwaltung, die Arbeitsgruppe in der Produktion einer Maschinenbaufirma, die Abteilung in einem Kaufhaus, das Problemlöseteam in einer Entwicklungsabteilung, die Schulklasse, die Fußball-Nationalmannschaft, die politischen Parteien oder eine Ehe (nicht die lockere Lebensgemeinschaft oder die „Beziehungskiste“!). Alle diese beispielhaft genannten Gruppen sind solche formellen Gruppen. Formelle Gruppen gibt es überall, sie können sowohl Primär- als auch Sekundärgruppen sein.

Neben den formellen Gruppen gibt es nun aber (nicht nur) in jedem

Unternehmen auch noch andere Gruppierungen, die spontan entstehen und die in keinem Organisationsplan festgelegt sind. Sie sind nie offiziell organisiert oder institutionalisiert worden. Solche Gruppen nennt man **informelle Gruppen.** Es sind Gruppen, die sich **spontan, sozusagen aus sich selbst heraus, gebildet** haben. Dies geschieht beispielsweise aufgrund gemeinsamer Interessen, Sympathien oder Freizeitbeschäftigungen, aber auch durch gemeinsame Erlebnisse und Erfahrungen oder aber auch aufgrund eines gemeinsamen Feindes (z.B. die Bildung einer „Notgemeinschaft" von Mitarbeitern gegenüber einem unbeliebten Chef). Oft sind sich die Mitglieder solcher informeller Gruppen ihrer Mitgliedschaft gar nicht so recht bewusst. Und trotzdem trifft natürlich auch auf sie die Beschreibung für eine Gruppe zu: Sie haben häufig Kontakt miteinander, sie unterliegen dem Prozess der wechselseitigen Beeinflussung, es bildet sich ein Wir-Gefühl, sie entwickeln gemeinsame Zielsetzungen usw.

Aus der Kenntnis heraus, dass Gruppen für ihre Mitglieder ein Instrument für die individuelle Bedürfnisbefriedigung darstellen, lässt das Entstehen von informellen Gruppen im Betrieb ganz allgemein darauf schließen, dass offensichtlich einige (vielleicht sogar wichtige) Bedürfnisse der Mitglieder innerhalb der formellen Arbeitsgruppe nicht oder nicht ausreichend befriedigt werden. Allerdings wird wohl auch niemand eine vollständige Abdeckung aller individuellen Bedürfnisse durch die Arbeitsgruppe erwarten. Insofern übernehmen **informelle Gruppen eine wichtige und ergänzende Funktion** innerhalb der betrieblichen Organisation. Ein Vorgesetzter, der grundsätzlich gegen informelle Gruppen bzw. Strukturen vorgeht, handelt deshalb unklug. Nehmen hingegen die informellen Gruppierungen innerhalb einer Organisation überhand, ist etwas nicht in Ordnung, und man sollte dringend die formellen Strukturen überprüfen. Ein besonders kritischer Punkt ist erreicht, wenn die Gruppenziele der informellen Gruppe sich bewußt und gezielt gegen die formelle Organisation, ihren Zweck, ihre Ziele oder ihre Repräsentanten richten. In diesem Falle hat man es – in traditioneller Bezeichnung – mit einer **„Clique"** zu tun. Eine Clique ist eine informelle Untergruppe, deren typisches Kennzeichen die Ablehnung der formalen Ziele und/oder Strukturen ist.

Schließlich beeinflussen nicht nur Gruppen, denen wir angehören, unser Verhalten, sondern auch Gruppen, denen wir nicht angehören, auf die wir aber in irgendeiner Weise Bezug nehmen. Solche so genannten Bezugsgruppen haben in gewisser Weise eine **Vergleichsfunktion** für das Individuum, etwa als Vergleichsmaßstab für die Selbsteinschätzung oder aber auch als Grundlage für die Ausrichtung persönlicher Zielsetzungen oder Erwartungen. Man unterscheidet zwei Arten von Bezugsgruppen. **Positive Bezugsgruppen** sind Gruppen, denen man in der Regel (noch) nicht angehört, aber sehr gerne oder sogar unbedingt angehören möchte. Negative Bezugsgruppen sind Gruppen, denen man (meist) nicht angehört und auch (möglichst) nicht angehören möchte. So ist das Technische Büro beispielsweise eine positive Bezugsgruppe für den jungen, ehrgeizigen Dreher in der Produktion, der sich (deshalb) in Abendkursen weiterbildet, um vom Dreher (blauer Kittel) zum Techniker (weißer Kittel) aufzusteigen. Im Prinzip nicht anders verhält sich der oberste Chef dieses Unternehmens, der keinen größeren Wunsch hat, als nun endlich in den exklusiven Golfklub in „Soundso" aufgenommen zu werden. Dieser ist dessen positive Bezugsgruppe, und die Aufnahme in diesen Klub würde er sich wahrscheinlich im wahrsten Sinne des Wortes viel kosten lassen. Auch noch ein Beispiel für eine negative Bezugsgruppe: In Ihrem Urlaub begegnen Sie am Strand einer Strohhutbewehrten und ziemlich alkoholisierten Gruppe, die sich durch das Gröhlen des Liedes „Warum ist es am Rhein so schön …" eindeutig als deutsch ausweist. Da sind Sie stolz, dass man Sie für einen Engländer hält. Diese Deutschen sind in dem Moment für Sie eine negative Bezugsgruppe, mit der Sie sich nicht identifizieren können und wollen.

Bezugsgruppen können – ähnlich wie Primärgruppen – das Verhalten von Individuen sehr stark beeinflussen.

Alle vorstehend beschriebenen Gruppenarten sind voneinander unabhängige Einteilungen. Sie können in allen erdenklichen Kombinationen vorkommen. So gibt es formelle und informelle Primärgruppen, informelle negative Bezugsgruppen, formelle und informelle Sekundärgruppen usw.

2.1.3 Der Wunsch nach Zugehörigkeit

Das Erlebnis der Zugehörigkeit zu einer Gruppe funktioniert nach dem Prinzip von Geben und Nehmen. Wie schon ausgeführt, sind Gruppen ein Instrument für die individuelle Bedürfnisbefriedigung ihrer Mitglieder. So gibt die Gruppe Schutz, das einzelne Mitglied findet in ihr Anerkennung oder sogar Wertschätzung, die Gruppe vermittelt Erfolgserlebnisse unterschiedlichster Art, und auch die Teilhabe des Einzelnen an den Erfolgen seiner Gruppe gehört dazu. Gruppen geben also dem einzelnen etwas, sie bieten ihm einen bestimmten **„Output"**. Aber Bedürfnisbefriedigung und Erfolgserlebnisse gibt es in keiner Gruppe zum Nulltarif! Denn jedes Gruppenmitglied muss sich auch aktiv in seine Gruppe einbringen, indem es Anstrengungen und Leistungen für die Gruppe erbringt: Zum Beispiel muss sich das einzelne Gruppenmitglied an bestimmte geforderte „Spielregeln" (Normen) und Standards halten, es muss sich für die Gruppe engagieren, innerhalb der Gruppe bestimmte (Teil-)Aufgaben übernehmen, Teile der persönlichen Interessen zurückstecken oder auch an anderer Stelle zugunsten der Gruppenzugehörigkeit etwas aufgeben bzw. sogar Konflikte eingehen. Alle diese Leistungen für die Gruppe werden als **„Input"** bezeichnet.

In Abbildung 5.1 ist nun dargestellt, dass die Intensität des Wunsches nach Zugehörigkeit zu einer Gruppe davon abhängt, wie die Input-Output-Rechnung für den Einzelnen ausfällt. Solange ein Gruppenmitglied empfindet, dass die Gruppe ihm mehr gibt, als es in sie „investiert", möchte es dieser Gruppe angehören. Mit einer solchen Gruppe wird sich das Gruppenmitglied identifizieren und motiviert sein, sich für diese Gruppe bzw. die Gruppenziele zu engagieren.

Dabei ist immer das **subjektive (!) Erleben des einzelnen** ausschlaggebend. Je mehr der Output den Input übertrifft, desto stärker ist der Wunsch nach Zugehörigkeit zu der betreffenden Gruppe. Je weniger günstig diese Bilanz ausfällt, desto mehr schwächt sich der Wunsch nach Zugehörigkeit ab. Entsprechend gilt: Wenn der Output zurückgeht, wird der Wunsch nach Zugehörigkeit sinken bzw. wird das Gruppenmitglied nicht mehr so viel Input erbringen wollen. Oder wenn bei gleichbleibendem Output mehr und mehr gefordert wird (d.h. der Input steigt), wird der Wunsch nach Zugehörigkeit zu dieser Gruppe geringer werden.

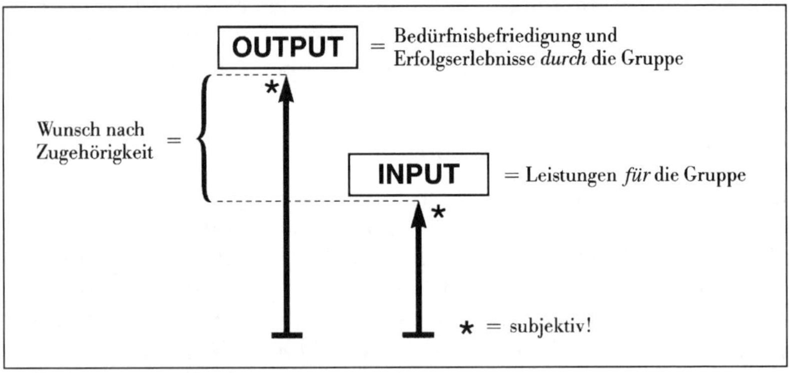

Abb. 5.1: Die Input-Output-Hypothese bei Gruppen

Da Menschen mehreren Gruppen gleichzeitig angehören, passiert es nicht selten, dass dann auch einmal zwei oder mehrere Gruppen in Konkurrenz zueinander stehen. Die Abbildung 5.2 zeigt, dass sich der Einzelne im Konfliktfall mit hoher Wahrscheinlichkeit für die

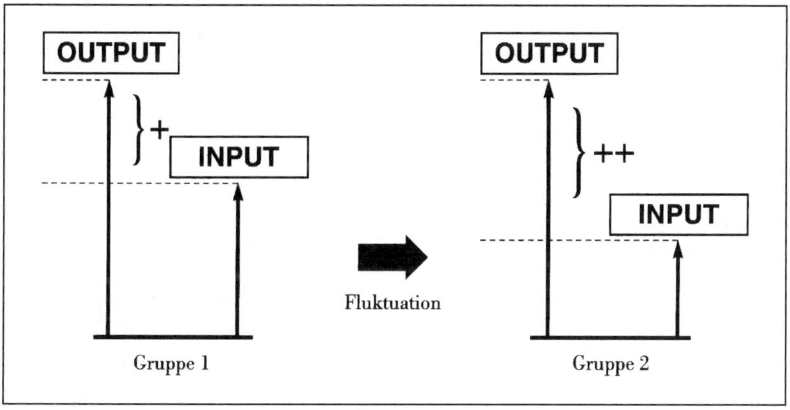

Abb. 5.2: Gruppenwechsel aufgrund einer attraktiveren Input-Output-Bilanz

Gruppe(n) mit der für ihn (subjektiv!) günstigsten Input-Output-Bilanz entscheiden wird.

Wechselt ein Mitarbeiter beispielsweise von einer Firma zur anderen, ist das nach dieser so genannten Input-Output-Hypothese so zu erklären, dass die neue Gruppe diesem Mitarbeiter im Vergleich zur bisherigen offensichtlich ein attraktiveres Input-Output-Verhältnis bietet. Gleiches gilt auch für den innerbetrieblichen Gruppenwechsel.

2.1.4 Beispiel einer betrieblichen Input-Output-Bilanz

Jeder Mitarbeiter im Betrieb kann für seine Tätigkeit und für die Gruppe, in der er diese Tätigkeit ausführt, einmal bilanzieren, wieviel er „geben“ muss und wieviel er dafür „bekommt“. Als konkretes Beispiel findet sich in Abbildung 5.3 (S. 168) eine (keinesfalls komplette) Input-Output-Bilanz für eine Führungsposition. Auf der linken Seite der Zusammenstellung ist aufgelistet, was alles von Unternehmensseite bei dieser Position von dem betreffenden Funktionsträger gefordert wird bzw. gefordert werden könnte. Das sind die Leistungen, die der Positionsinhaber für sein Unternehmen erbringen muss, also sein Input. Demgegenüber steht auf der rechten Seite der Zusammenstellung, was das Unternehmen im Rahmen einer solchen Position an Leistungen, Erfolgserlebnissen und Bedürfnisbefriedigung, also an Output, zu bieten hat bzw. bieten könnte.

Bei dieser Bilanz ist anzumerken, dass fast alle genannten Punkte „umkippen“ können: Ein gutes Gehalt ist beispielsweise ‚Output‘, das Ertragen einer schlechten Bezahlung natürlich ‚Input‘. Oder: Der eine freut sich über Training und erlebt es als ‚Output‘, für den

INPUT	OUTPUT
Leistung Zielerreichung Führungsaufgaben übernehmen Verantwortung übernehmen Engagement/Einsatz Identifikation (z.B. mit der Tätigkeit, den Produkten, der Firma und ihrem Wertesystem) Loyalität Ungünstige Arbeitszeit Überstunden Ertragen von Stress (und anderen unangenehmen Dingen – intern wie extern) Frust ertragen (z.B. Ärger, Unterforderung, schlechtes Klima) Gesundheit riskieren Freizeit opfern Familie vernachlässigen Keine Zeit für Hobbys, Freunde, Bekannte ... Einhaltung von Vorgaben, Regeln, Richtlinien u.ä. Entwicklungsbereitschaft Lernbereitschaft, Weiterlernen Abhängigkeiten ertragen (z.B. vom Vorgesetzten, Besitzer, Aktionär/Shareholder) Ortswechsel/Mobilität Flexibilität Unattraktives Umfeld ertragen (z.B. Stadt, Region, kulturelles Angebot) An- und Abfahrt zur Arbeitsstelle Öffentlichkeit „aushalten“ usw.	Gehalt/Geld/Bezahlung Benefits Soziale Leistungen Status Prestige Titel Position Sicherer Arbeitsplatz Macht/Einfluss Verantwortung/Kompetenzen Image (der Firma, des Produktes, der Tätigkeit) Gutes Klima (Gruppenklima, Führungsklima, Organisationsklima) Gute Arbeitsbedingungen Günstige Arbeitszeit Interessante Tätigkeit Selbstverwirklichung Freiräume/Handlungsspielräume Anerkennung Erfolgserlebnisse Lernchancen (Erfahrungen) Fort-/Weiterbildung Förderung/Entwicklungschancen Karrierechancen (Kunden-)Kontakte Reisen Freizeitwert der Stadt/Region usw.

Abb. 5.3: Input-Output-Bilanz für eine Arbeitsgruppe (Faktoren in zufälliger Reihenfolge)

anderen ist es eine lästige Sache, also ‚Input‘. Außerdem ist die o.a. Zusammenstellung nur beispielhaft und keinesfalls erschöpfend. Mehrere Nennungen überschneiden sich auch etwas.

Gelegentlich ist es ganz sinnvoll, sich persönlich einmal eine solche Gesamtbilanz vor Augen zu führen. Immerhin macht man sich auf diese Weise bewusst, welch große Anzahl unterschiedlichster Faktoren – zudem noch subjektiv erlebt – etwa bei der beruflichen Entscheidung „Bleiben oder kündigen?“ gleichzeitig ins Spiel kommen. Motivation durch die Gruppe ist eben das Resultat des Zusammenwirkens vieler und sehr unterschiedlicher Faktoren.

Auch zur Vorbereitung für ein Gespräch mit einem Mitarbeiter, der sich mit Veränderungsgedanken trägt, kann eine solche Bilanz sehr nützlich sein. Vielleicht ist der Mitarbeiter durch die Aussicht auf eine höhere Bezahlung in einer neuen Position und in einem neuen Unternehmen momentan sehr stark beeindruckt. Mit Hilfe einer solchen Zusammenstellung gelingt es aber möglicherweise, ihm die Vielzahl der zusätzlich noch mitwirkenden Faktoren deutlich zu machen. Vielleicht überschätzt er im Moment materielle Faktoren, während er immaterielle Faktoren nicht ausreichend wahrnimmt und berücksichtigt. Schließlich kann man eine solche Input-Output-Bilanz auch einmal zur Analyse einer Position in der Hinsicht heranziehen, dass man untersucht, welche Belastungsfaktoren (d.h. Input) eventuell verringert werden und welche positiven Faktoren (Output) noch verstärkt werden können.

Vergleicht man einmal – sinnvollerweise natürlich innerhalb der Branche und bei ähnlichen Tätigkeiten – in welchen Positionen der Input-Output-Bilanz man sich positiv von konkurrierenden Gruppen bzw. Unternehmen unterscheiden kann, ergibt sich mit ziemlicher Deutlichkeit folgende Tendenz: Im Prinzip sind die **Forderungen** gegenüber dem betreffenden Mitarbeiter ziemlich gleich. Da gibt es – von einzelnen Ausnahmen vielleicht abgesehen – keine großen Unterschiede. Was den Output anbetrifft, unterscheiden sich in aller Regel vergleichbare Unternehmen in vielen Faktoren ebenfalls nur geringfügig. So wird man in Bezug auf Bezahlung/Gehalt, Sozialleistungen, Status und Prestige der Tätigkeit, sicheren Arbeitsplatz und vielleicht auch Fort- und Weiterbildung zumindest in vergleichbaren Unternehmen kaum gravierende Unterschiede feststellen können. Entscheidende Unterschiede ergeben sich hingegen sehr häufig bei Faktoren wie: Gestaltung der Tätigkeit, Freiräume/Handlungsspielräume, Erfolgserlebnisse und Anerkennung, Verantwortung/Kompetenzen und gutes Führungsklima. Das bedeutet, dass gerade in diesen Bereichen ausgesprochene Chancen liegen, sich positiv vom Wettbewerb oder von konkurrierenden Gruppen zu unterscheiden. Dabei soll ausdrücklich angemerkt werden, dass vor allem diese letztgenannten Faktoren in beträchtlichem Maße in den unmittelbaren Gestaltungsspielraum des direkten Vorgesetzten fallen.

2.1.5 Gruppenziele

Eines der vorhin genannten Merkmale einer Gruppe waren die gemeinsamen Ziele. Soviel wie Menschen mit verschiedensten Bedürfnissen sich in unterschiedlichen Gruppen zusammenfinden, so viele unterschiedliche Gruppenziele gibt es auch. Als **Gruppenziel** gilt das **Ziel, welches von den meisten Mitgliedern einer Gruppe akzeptiert wird.** Wieso geschieht dies? Über das Gruppenziel selbst oder durch die gemeinsamen Aktivitäten zum Erreichen dieses Zieles sehen die Gruppenmitglieder Möglichkeiten, bestimmte individuelle Bedürfnisse zu befriedigen. Nur aus diesem Grund wird ein Gruppenziel akzeptiert, und aus diesem Grund setzen sich Gruppenmitglieder für das Gruppenziel ein.

Insofern ist es auch keinesfalls ein Automatismus, dass ein von „außen“ (z.B. durch den Vorgesetzten) an die Gruppe herangetragener Leistungsanspruch automatisch zum Gruppenziel wird. In den meisten Fällen ist es vielmehr erst die Führungsaufgabe des Vorgesetzten, den Gruppenmitgliedern in der vorgegebenen Zielsetzung ihre persönlichen Möglichkeiten zur Bedürfnisbefriedigung und für Erfolgserlebnisse aufzuzeigen. Die Motivationsleistung des Vorgesetzten besteht dann darin, dass er auf diese Weise die Gruppe für die von ihm bzw. dem Unternehmen gewünschten Ziele gewinnt.

Werden die Zielsetzungen von einer Gruppe nicht akzeptiert oder liegen – offen oder verdeckt – konkurrierende Zielvorstellungen vor, drückt sich dies im Ausbleiben der geforderten Gruppenleistung aus. Dies gilt analog auch für das einzelne Gruppenmitglied.

Den Fall, dass Gruppen gesetzte Leistungsziele nicht akzeptieren oder nicht ausreichend ernst nehmen, findet man in jedem Unternehmen immer wieder. Ein typisches, wenn auch etwas extremes Beispiel dafür sind die so genannten innerbetrieblichen „Harmonie-Vereine“. Sie sind gekennzeichnet durch hohen Zusammenhalt, hohe Zufriedenheit ihrer Mitglieder, aber wenig „Lust“ auf Leistung. Je größer eine Organisation ist, desto höher ist die Chance solcher Gruppen, über längere Zeit unentdeckt zu bleiben und in der Unüberschaubarkeit der Organisation unterzugehen.

2.1.6 Gruppenzusammenhalt und Gruppenleistung

Unter **Gruppenzusammenhalt** versteht man diejenigen Kräfte, die das einzelne Gruppenmitglied an die Gruppe binden, es zum Verweilen in der Gruppe bewegen und dem Verlassen der Gruppe entgegenwirken. So ist zum Beispiel bei einer Arbeitsgruppe, die nur die allernötigsten Kontakte untereinander aufrechterhält, der Gruppenzusammenhalt offensichtlich viel geringer als bei einer, die sich auch noch nach Dienstschluss privat zusammenfindet. Hoher Gruppenzusammenhalt geht in aller Regel mit starken positiven (und deshalb verbindenden) Gefühlsbeziehungen einher. In neu zusammengefügten Gruppen stellt sich der Zusammenhalt oft sehr schnell über die Identifikation mit der gemeinsamen Zielsetzung ein: Gemeinsame Ziele führen zu gemeinsamen Aktivitäten. Gemeinsame Aktivitäten benötigen räumliche Nähe und Kommunikation untereinander. Mit steigender Kontakthäufigkeit schließlich wächst die Chance zum Aufbau positiver Beziehungen zwischen den Beteiligten.

Es liegt unbedingt im Interesse des Vorgesetzten, und es gehört auch zu seinen Führungsaufgaben, ständig für einen guten Zusammenhalt in der Gruppe zu sorgen. Diese so genannte **Kohäsionsfunktion** hat ihren Sinn, denn:

- Je fester der Gruppenzusammenhalt ist, desto bessere Chancen sind für die Erreichung des Gruppenziels gegeben.
- Je fester der Gruppenzusammenhalt ist, desto wohler fühlt sich der Einzelne in der Gruppe. Durch den starken Kontakt zu den anderen fühlt man sich eingebunden und geborgen.
- Je fester der Gruppenzusammenhalt ist, desto geringer ist die Fluktuation.

In diesem Zusammenhang ist die Aussage in Abbildung 5.4 wichtig, in der die Beziehung zwischen Gruppenzusammenhalt und Gruppenleistung dargestellt ist.

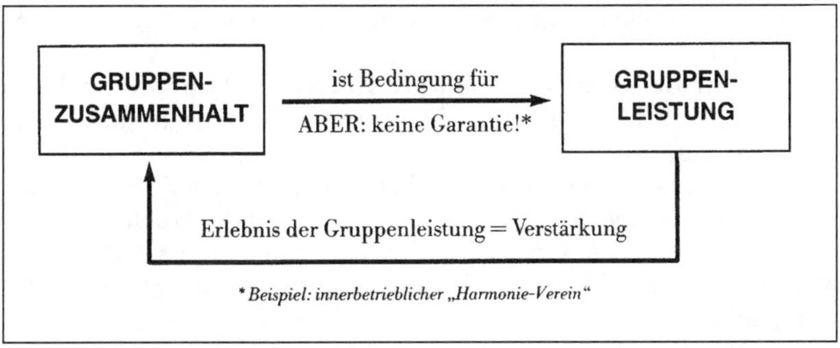

Abb. 5.4: Beziehung zwischen Gruppenzusammenhalt und Gruppenleistung

Guter Gruppenzusammenhalt ist eine wichtige **Bedingung für Gruppenleistung, aber keine Garantie** (siehe oben: „Harmonie-Vereine“)! Der Spruch „Glückliche Kühe geben mehr Milch“ passt hier offensichtlich nicht. Der Aufbau von Gruppenzusammenhalt ist ein erster und notwendiger, aber nicht ausreichender Schritt zur Leistungserbringung. Zu einer wirklichen Gruppenleistung im Sinne der Erreichung der vorgegebenen Organisationsziele kommt es – wie schon ausgeführt – eben nur, wenn die Gruppenmitglieder in diesen Zielsetzungen Chancen zur Befriedigung individueller Bedürfnisse wahrnehmen. Über das **Erlebnis einer Gruppenleistung** kommt es dann übrigens wiederum zu einer intensiven **Verstärkung des Gruppenzusammenhaltes.** Schon allein aus diesem Grund sollten Vorgesetzte die durch ihre Gruppe erzielten Erfolge unbedingt auch an diese rückmelden (Feedback), statt z.B. ein erhaltenes Lob für sich „einzustecken". Damit sich stabilisierende Erfolgserlebnisse möglichst bald einstellen und dadurch der Gruppenzusammenhalt gefördert wird, ist vor allem bei größeren Zielsetzungen zu empfehlen, abgeleitete Teilziele nicht allzu hoch anzusetzen. Eine zu lange Wartezeit bis zur Rückmeldung erster Erfolge ist (nicht nur) für Gruppen sehr irritierend. Dies gilt besonders bei neuen Gruppen in der Anfangsphase ihrer Entwicklung, aber auch bei der Übernahme von bereits bestehenden Gruppen, wo es darauf ankommt, in der neuen Konstellation schnellstmöglich stabile Beziehungsverhältnisse (wieder)herzustellen.

Die gemeinsame und von den Gruppenmitgliedern auch akzeptierte Aufgabe ist also von besonderer Wichtigkeit für die Entwicklung von Gruppenzusammenhalt. Darüber hinaus wird der Gruppenzusammenhalt um so stärker gefördert,

- je mehr solche Aufgaben gefunden werden, die es dem einzelnen Gruppenmitglied praktisch unmöglich machen, für sich allein zu arbeiten,
- je kleiner die Gruppe ist und je häufiger die Gruppenmitglieder unmittelbar, d.h. von Angesicht zu Angesicht (Face-to-face), Kontakt haben,
- je mehr der Einzelne das Gefühl hat, dass durch die Erreichung des Gruppenziels die eigenen Bedürfnisse befriedigt werden,
- je erfolgreicher die Gruppe im Erreichen des Gruppenzieles ist,
- je stärker die Teilhabe des Einzelnen an diesen Erfolgserlebnissen ausfällt,
- je stärker (auf längere Sicht gesehen) gruppenorientiert der Führungsstil des Vorgesetzten ist.

2.2 Die „Konstruktion" einer Gruppe

Gruppen sind soziale Gebilde, in denen dynamische Wechselprozesse (Interaktion) stattfinden und die mehrere Merkmale aufweisen, welche die Gruppe kennzeichnen und nach außen abheben. Besonders bedeutsam sind dabei die **Gruppennormen** und die **Gruppenstrukturen.** Möchte ein Vorgesetzer die aus einer Gruppe erwachsenden motivierenden Kräfte optimal nutzen, muss er verstehen, wie das soziale Gefüge einer Gruppe aufgebaut ist, welche Prinzipien und „Spielregeln" das Miteinander der Mitglieder steuern und welche dynamischen Kräfte innerhalb der Gruppe auftreten können. Erst dann ist er in der Lage, Rahmenbedingungen so zu gestalten und mit Gruppenprozessen so umzugehen, dass sie motivations- bzw. leistungsfördernd wirksam werden. In der Abbildung 5.5 sind zusammenfassend die wichtigsten Merkmale der „Konstruktion" einer Gruppe grafisch dargestellt.

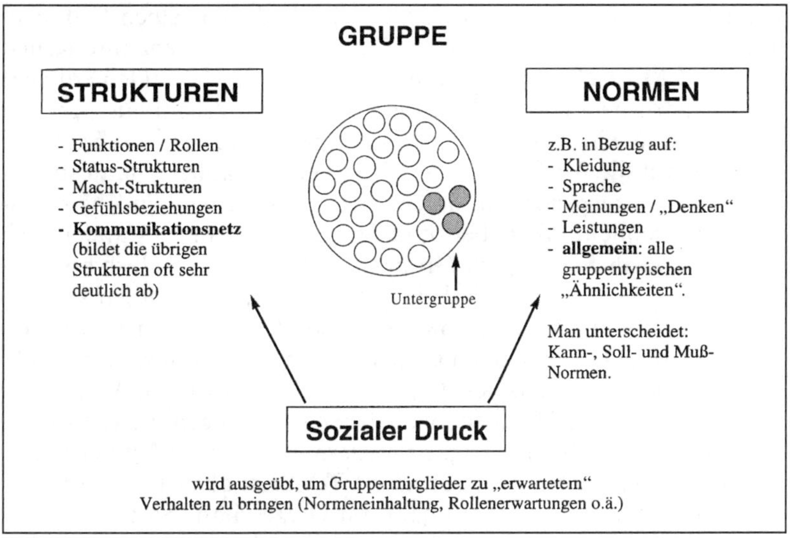

Abb. 5.5: Die wichtigsten Merkmale der „Konstruktion" einer Gruppe

2.2.1 Gruppennormen

Wenn sich Menschen zu einer Gruppe zusammenfinden, sich organisieren bzw. organisiert werden und sich der Prozess der Gruppenbildung vollzieht, ist es unabdingbar, dass sich in der Gruppe und bei ihren Mitgliedern gewisse „Ähnlichkeiten" herausbilden. Es entsteht **Konformität.** Solche gruppentypischen Ähnlichkeiten sind z.B. die Art, wie man sich kleidet, welche Sprache man spricht (Wortwahl, Dialekt o.ä.), wie man sich untereinander verhält, wie man mit anderen umgeht, wieviel und auf welche Art Leistung erbracht wird, ja sogar bei Meinungen und Überzeugungen stellt sich Konformität ein. Ganz allgemein bezeichnet man in der Gruppenpsychologie solche Ähnlichkeiten als Normen.

Unter Normen versteht man – im weitesten Sinne – diejenigen Verhaltensweisen innerhalb einer Gruppe, deren Einhaltung die Gruppe bei jedem Mitglied mehr oder weniger erwartet.

Jede Gruppe besitzt ihre eigenen und typischen Normen. Durch Übernahme und Einhaltung der Gruppennormen zeigt ein Gruppenmitglied, dass es der betreffenden Gruppe angehören möchte. Dies ist sein Input für die Gruppe. Es gibt formelle (offizielle bzw. von außen „gesetzte") und informelle (aus der Gruppe selbst heraus entstandene) Normen.

Je nach dem Grad ihrer Verbindlichkeit für die einzelnen Gruppenmitglieder unterscheidet man bei den Normen so genannte **Kann-, Soll- und Muss-Normen.** Es gibt so viele Arten unterschiedlicher Gruppennormen wie es Arten menschlichen Verhaltens gibt. Ist (oder wird) in einer Gruppe ein bestimmter Anspruch bzw. Standard in Bezug auf die Ausführung von Tätigkeiten etabliert, dann spricht man von **Leistungsnormen.** Solche Leistungsnormen sind beispielsweise betriebliche Vorgaben und Standards, denen Gruppen sich stellen bzw. mit denen sich Gruppen identifizieren. Selbstverständlich gibt es auch informelle Leistungsnormen, etwa indem sich die Gruppen selbst zusätzliche und/oder besonders hohe Ansprüche setzen (Motto: „Das wäre doch gelacht, wenn wir das nicht schaffen!" oder „Keiner macht das besser oder schneller als wir!"). Auch wenn Gruppen von ihren Mitgliedern als Beweis der Zugehörigkeit ein bestimmtes Maß an Trinkfestigkeit fordern, ist das eine Art Leistungsnorm. Leistungsnormen in bezug auf Trinkfestigkeit begegnet übrigens auch mancher Vertriebsmann im Ostgeschäft. So gehört es in manchen osteuropäischen Ländern bei Verhandlungen und Vertragsabschlüssen unabdingbar dazu, den Wodka gleich becherweise konsumieren zu können.

Leistungsstandards – besonders informelle – müssen nicht zwingend einen Spitzenanspruch darstellen. Wenn zum Beispiel in einer Gruppe die Parole gilt: „Keiner macht hier mehr als ...", dann ist das ebenfalls eine „Leistungsnorm".

Die Herausbildung von Ähnlichkeiten und das Herstellen von Konformität wirken „nivellierend". Individuelle Verhaltensbesonderheiten oder Eigenarten der einzelnen Mitglieder müssen mehr oder weniger stark aufgegeben werden. Insofern trifft die Aussage zu, dass man jede Zugehörigkeit zu einer Gruppe mit einem Stück Aufgabe von Individualität (z.B. Aufgabe von persönlichen Freiräumen) „bezahlt". Das Sich-Anpassen ist eine Leistung für die Gruppe. Entsprechend der Input-Output-Hypothese leistet ein Gruppenmitglied diesen Input allerdings nur in dem Maß, wie es auch eine entsprechende Gegenleistung als Output erlebt oder sich zumindest verspricht.

2.2.2 Gruppenstrukturen

In keiner Gruppe machen nun aber alle Mitglieder alles ähnlich oder alles gleich. Ganz im Gegenteil: Es gibt mehrere Verhaltensbereiche, in denen die einzelnen Mitglieder ausgesprochen unähnlich sind. Gruppen bilden nämlich nicht nur Ähnlichkeiten heraus, sondern auch **Strukturen** – wenn man so will: Unähnlichkeiten. Da ist als erste die **Rollendifferenzierung** zu nennen. Innerhalb der Gruppe verteilen sich die verschiedensten Funktionen. Einzelne Gruppenmitglieder übernehmen bestimmte Aufgaben (oder sie werden ihnen übertragen), und auf diese Weise kommt es zur Herausbildung von Rollen.

Unter Rolle versteht man jene Verhaltensweisen, deren Einhaltung die Gruppe nicht von jedem, sondern nur von bestimmten Einzelnen erwartet.

Die Zahl möglicher Rollen ist recht groß. Zudem gibt es wiederum formelle und informelle Rollen. Viele Rollen lassen sich einfach, oft nur durch ein Schlagwort, umschreiben: z.B. die Rolle des Vorgesetzten, die des Fachmannes, des Kritikers, des Ausgleichers, des Sündenbocks usw. Andere Rollen lassen sich nicht ganz so leicht nur mit einem Wort charakterisieren. Da ist dann eine etwas umfangreichere Schilderung der für die betreffende Person typischen Verhaltensweisen notwendig. Beispiel: die „mütterlich-dominante Sekretärin, die eifersüchtig über ihren Chef wacht, ihn von den Mitarbeitern abschirmt und Termine bei ihm vorzugsweise nach Sympathie vergibt". Mit dieser Beschreibung ist skizziert, von welcher Rollenauffassung diese Dame geleitet wird und welches Verhalten man von ihr mit hoher Wahrscheinlichkeit im betrieblichen Umgang erwarten kann.

Neben der Rollendifferenzierung gibt es noch weitere Bereiche, in denen sich die Gruppenmitglieder voneinander unterscheiden und in denen sich somit Strukturen herausbilden. So gibt es in jeder Gruppe – formell oder informell – **Macht-Strukturen.** Der berühmte Soziologe *Max Weber* (1921) soll Macht einmal sehr zutreffend beschrieben haben als „Gehorsamserzwingungsgewalt". Macht-Strukturen haben in aller Regel immer etwas mit Abhängigkeiten zu tun. Bei der so genannten Positionsmacht ist das zum Beispiel relativ eindeutig. Signalisiert hingegen jemand in Form von Andeutungen sein Wissen um eine „Leiche im Keller", dann wird Macht weitaus subtiler und verdeckter, möglicherweise aber nicht weniger wirkungsvoll ausgeübt.

Macht-Strukturen darf man auf keinen Fall verwechseln mit den **Status-Strukturen.** Im Status eines Gruppenmitgliedes bildet sich ab, welche Akzeptanz oder Wertschätzung es in der Gruppe genießt. Oder mit anderen Worten: Besitzt jemand hohen Status, dann legt die Gruppe großen Wert darauf, dass die betreffende Person der Gruppe als Mitglied auch weiterhin erhalten bleibt. Von daher ist hoher Status in einer Gruppe für die betreffende Person stets auch mit entsprechend hohem Einfluss auf die Gruppe bzw. in der Gruppe verbunden. Status-Strukturen können sich in den verschiedensten

Bereichen herausbilden. In Arbeitsgruppen kann dies beispielsweise die fachliche Kompetenz sein. Aber auch in puncto Kommunikationsfähigkeit, Integrationsfähigkeit oder auch im Witze-Erzählen können sich die Gruppenmitglieder statusmäßig unterscheiden.

Eine weitere Gruppenstruktur entsteht dadurch, dass sich unterschiedliche **Gefühlsbeziehungen zwischen den Mitgliedern** innerhalb einer Gruppe herausbilden. Diese können naturgemäß sehr unterschiedlich sein und von extrem positiv über neutral/indifferent bis extrem negativ reichen. In Bezug auf diese Struktur gibt es einen wichtigen Unterschied zwischen informellen und formellen Gruppen:

In einer **informellen Gruppe** werden die Gruppenmitglieder bemüht und auch gewillt sein, ihre Gefühlsbeziehungen positiv zu gestalten. Treten hier Störungen auf und scheitert der Versuch, den Konflikt zu bereinigen bzw. harmonische Beziehungen wiederherzustellen, dann wird die Gruppe bestrebt sein, das die Störung auslösende Gruppenmitglied (ggf. auch mehrere Mitglieder) aus der Gruppe auszuschließen.

Bei einer **formellen Gruppe,** die ja sozusagen von außen zusammengesetzt worden ist, geht das nicht oder zumindest nicht ganz so einfach. In einer Arbeitsgruppe zum Beispiel kann man sich die Mitarbeiter, den Vorgesetzten oder die Kollegen nun mal nicht „backen“ lassen! Man ist zunächst einmal gezwungen, mit jener Konstellation von Leuten klarzukommen, die formal zusammengestellt wurde. Treten zwischenmenschliche Störungen auf, kann das Unternehmen vom Grundsatz her erwarten, dass die Beteiligten diese Beziehungsstörungen, wenn schon nicht ausräumen, dann aber wenigstens so unter Kontrolle halten, dass die Sacharbeit nicht gestört oder gefährdet wird. Rein formal betrachtet, ist diese Erwartung gerechtfertigt. Die Praxis zeigt jedoch, dass ein solches Ausblenden von negativen Emotionen nur recht selten gelingt. So wird der Chef versuchen, einen ihm nicht genehmen Mitarbeiter irgendwie (eventuell auch auf unfeine Art) loszuwerden, und der unbeliebte Kollege wird geschnitten bzw. man versucht sogar, ihn aus der Gruppe hinauszuekeln. Menschen, die nicht miteinander „können“, werden wenig geneigt sein, sich optimal zuzuarbeiten und immer wieder versuchen, gegeneinander ihre mehr oder weniger verdeckten „Spielchen“ zu spielen. Falls sich die Störungen nicht beheben lassen, wird es angeraten sein, früher oder später die Gruppe umzustrukturieren und die störende Person bzw. störenden Personen herauszunehmen. Für den besonders heiklen Fall, dass die Störung von dem Vorgesetzten ausgeht, sollte man – natürlich immer vorausgesetzt, eine Konfliktlösung ist nicht möglich oder war erfolglos – auf gleiche Weise konsequent sein. Geschieht dies nicht, wird die betreffende Gruppe eine „Notgemeinschaft gegen den Chef" bilden und sich damit eine aus Sicht des Unternehmens unerwünschte, aber für die Gruppe wahrscheinlich sehr motivierende Zielsetzung geben.

Als letzte Struktur sei hier schließlich noch das **Kommunikationsnetz** (d.h. wer kommuniziert wie mit wem wie häufig) erwähnt, das sich zwischen den Gruppenmitgliedern herausbildet und in dem sich die übrigen Strukturen in der Regel recht deutlich abbilden. Dabei ist hier nicht nur die verbale oder schriftliche Kommunikation gemeint, sondern das gesamte Feld der non-verbalen Kommunikation ist mit eingeschlossen. Die nachfolgenden Beispiele sollen erläutern, wie sich andere Gruppenstrukturen in der Kommunikationsstruktur widerspiegeln.

So gehört es beispielsweise zur Rolle/Funktion des Führers (Sitzungsleiter, Moderator), dass er bei Gruppenarbeiten und Besprechungen in der Regel **häufiger** aktiv wird als die übrigen Mitglieder. Allein durch die Häufigkeit seiner Kommunikation unterscheidet er sich aufgrund seiner Rolle also von den übrigen Gruppenmitgliedern. Auch durch die Art seiner Beiträge wird er gekennzeichnet sein, denn er wird häufiger als alle übrigen Teammitglieder so genannte **Prozedurbeiträge** liefern, d.h. Beiträge, die in erster Linie der Gesprächslenkung und der Zielerreichung dienen. Oder der Status, den ein Gruppenmitglied besitzt, wird nicht selten dadurch signalisiert, dass dieses betreffende Gruppenmitglied früher als die übrigen Mitglieder der Gruppe oder sogar als Erster zur Sache Stellung nimmt. Ausnahme: Jemand befindet sich in der Rolle der so genannten grauen Eminenz. Dann kann er es sich leisten bzw. genießt es sogar, zunächst einmal abzuwarten und die anderen kommen zu lassen.

Dass sich auch die Gefühlsbeziehungen zwischen den Gruppenmitgliedern in der Art und Weise ihrer Kommunikation abbilden, ist wohl hinreichend bekannt. Gute Gefühlsbeziehungen bilden sich meist durch räumliche Nähe zwischen den Personen ab. Hingegen gehen Leute, die nicht so gut miteinander können, im wahrsten Sinne des Wortes zueinander „auf Distanz". Deshalb wird man in einer kontroversen Diskussionsrunde seine(n) Gegner (persönlich und/oder in der Sache) mit hoher Wahrscheinlichkeit nicht rechts oder links neben sich, sondern eher auf einem möglichst weit entfernten Sitzplatz (andere Tischseite oder diagonal) finden. Menschen, die sich mögen, haben häufig Kontakt und suchen gegenseitige Nähe. Entsprechend erkennt man auch einen Außenseiter in der Gruppe schon meist sehr schnell daran, dass er räumlich und kommunikativ von den übrigen gemieden wird und damit bezüglich der Kommunikationsstruktur „außen vor" ist.

Noch ein letztes Beispiel soll deutlich machen, wie gut das Kommunikationsnetz Strukturen und Verhältnisse in Gruppen abbilden kann. So kennt man als Verfahren zur Diagnose organisationspsychologischer Probleme die „Inhaltsanalyse innerbetrieblicher Dokumente“. Grundlage dieses Verfahrens ist die Tatsache, dass in jedem Unternehmen und in jeder Organisation eigentlich von morgens bis abends ständig Kommunikationsprozesse – schriftlich – dokumentiert werden. So werden Protokolle erstellt, es werden Briefe geschrieben, es werden von den einen mehr, von den anderen weniger Aktennotizen angefertigt usw. Alle diese Dokumente und Notizen sind „eingefrorene“ Kommunikation. Keiner der Schreiber bzw. Beteiligten hat bei der Erstellung der Dokumente im Sinn gehabt, auf diese Weise Material für organisationspsychologische Untersuchungen zu liefern. Nimmt man nun aber in einem bestimmten Bereich eines Unternehmens alle nur verfügbaren schriftlichen Äußerungen und Dokumente, die in einem bestimmten Zeitraum erstellt wurden, und analysiert diese mit Hilfe entsprechender statistischer Verfahren z.B. unter den Gesichtspunkten **wer** schreibt **wem** bei **welchem Anlass,** vor allem in **welchem Ton,** vielleicht auch noch **mit welchem Verteiler,** dann wird man aufgrund dieser Dokumentenanalyse mit sehr hoher Wahrscheinlichkeit eine verblüffend präzise Abbildung der zwischen den beteiligten Personen herrschenden Beziehungsverhältnisse erhalten.

2.2.3 Sozialer Druck

Einigermaßen stabile Strukturen sowie die Einhaltung gewisser Normen sind für das Bestehen und Funktionieren von Gruppen von großer Wichtigkeit. Aus diesem Grunde gibt es in Gruppen eine spezielle Dynamik zur Sicherung dieser Verhältnisse. Es wird dem einzelnen Gruppenmitglied nämlich in der Regel nicht leicht gemacht, sich anders zu verhalten, als es die Gruppe von ihm erwartet. Dies gilt für die Einhaltung von Normen ebenso wie für die Rücksichtnahme auf oder die Orientierung an bestehenden Strukturen. Diese Dynamik, dieses Phänomen, nennt man **sozialen Druck.**

So wird eine Gruppe also stets versuchen, das Verhalten eines Mitgliedes bezüglich seiner Rolle sowie der Einhaltung der Normen in Richtung der entsprechend ausgerichteten Erwartungen zu beeinflussen:

Sozialer Druck ist jener auf ein Gruppenmitglied ausgeübte Druck der Gruppe, der dieses in Richtung auf erwartete Verhaltensweisen beeinflussen soll.

Oft empfindet ein Einzelner schon diesen Druck, wenn die Gruppe eigentlich noch gar nichts Besonderes tut. Schon allein die Tatsache, dass er merkt, wie er sich anders verhält oder dass er anders ist als die übrigen Gruppenmitglieder, kann in ihm ein Gefühl von sozialem Druck entstehen lassen. Beispiel: Auf einem offiziellen Empfang, bei dem alle formell gekleidet sind, fühlt man sich mit legerer Kleidung „falsch angezogen". Dieses irritierende und unangenehme Gefühl, unpassend gekleidet zu sein, ist – selbst wenn niemand etwas sagt – sozialer Druck.

Eine Gruppe kann recht „dynamisch" werden, wenn es darum geht, sozialen Druck auszuüben. Ohne besondere Aufforderung oder Absprache innerhalb der Gruppe wird eine breite Skala von Einflussmöglichkeiten angewendet. Diese Skala beginnt vielleicht nur mit hochgezogenen Augenbrauen und kann – je nach Gruppe und Situation – bis hin zur offenen Aggression reichen. Von „ganz sanft" auf der einen bis hin zu „extrem auf Konfrontationskurs" auf der anderen Seite der Skala erstreckt sich über zahlreiche Stufen das Kontinuum des sozialen Drucks: Schweigen, Nicht-Beachten, vielsagende Blicke, Gesten, leichte Andeutungen, „Wink mit dem Zaunpfahl", Überreden, Versprechungen, Ironie, Lächerlichmachen, Diskriminierung, Sanktionen, indirekte oder direkte Aggression.

In diesem Zusammenhang soll hier auch kurz das derzeit modische Stichwort **„Mobbing"** angesprochen werden. Darunter wird verstanden, dass am Arbeitsplatz von den Kollegen (oder einigen von ihnen) eine Art „Treibjagd" auf ein einzelnes Gruppenmitglied entfesselt wird mit dem Ziel, dieses „fertigzumachen" oder „rauszuekeln". Durch die plötzliche Verwendung dieses neuen Begriffs ist der Eindruck entstanden, dass Mobbing eine neue und vorher nicht bekannte Form der betrieblichen Auseinandersetzung in Arbeitsgruppen ist. Dabei lässt sich dieses Phänomen problemlos auch mit den traditionellen gruppendynamischen Begriffen beschreiben und erklären. Die vorstehend beschriebene Skala des sozialen Drucks benennt eigentlich ziemlich genau, was beim Mobbing passiert: Mitglieder von Arbeitsgruppen werden geschnitten, lächerlich gemacht und diskriminiert, unter Druck gesetzt, indirekten oder direkten Aggressionen ausgesetzt und früher oder später sogar aus der Gruppe hinausgeekelt. Alles das ist keinesfalls neu, es ist nur als Thema in jüngster Zeit besonders augenfällig geworden (oder gemacht worden). Selbstverständlich stehen hinter solchen in der Gruppe praktizierten Verhaltensweisen immer individuelle und/oder kollektive Motive. Der Beweis, dass es sich bei Mobbing um eine wirklich neue Art des „Umganges" miteinander in Gruppen handelt, steht allerdings noch aus. Es spricht einiges dafür, dass hier ein längst bekanntes Phänomen unter einem neuen Namensetikett ins Bewusstsein der breiteren Öffentlichkeit gerückt worden ist und damit nun auch plötzlich besonders augenfällig wird.

Es soll noch einmal ausdrücklich darauf hingewiesen werden, dass der soziale Druck sich keinesfalls nur auf Verhaltensanpassung im Sinne von Einhaltung der Normen richtet, sondern ebensogut wird in Gruppen auch Druck zur Anpassung an bestimmte Strukturen ausgeübt. Da wird beispielsweise jemand in einer Diskussionsgruppe zum Moderator vorgeschlagen, aber er möchte diese Rolle nicht übernehmen. Als er das Rollenangebot ablehnt, redet man von allen Seiten auf ihn ein, er sei der richtige Mann dafür, und er werde das schon machen. Dazu signalisieren alle ihre Zustimmung durch heftiges Kopfnicken. Auch dadurch entsteht sozialer Druck, der unter Umständen so massiv ausgeübt wird, dass der Betreffende sich dem kaum entziehen kann. Ein weiteres Beispiel: In einer Runde von Führungskräften trägt ein Top-Manager eine neue Idee, ein neues Konzept vor. Als in der anschließenden Diskussion jemand daran Kritik äußert, lehnt sich der kritisierte Manager plötzlich starr zurück, fixiert den Redenden und zieht die Augenbrauen hoch ... Auch ohne ein Wort zu sagen, wird hier sozialer Druck ausgeübt. Dieses Mal geht es mit einiger Wahrscheinlichkeit um die Respektierung von Einfluss- oder Machtstrukturen.

2.2.4 Der Sinn von Normen und Rollen

Strukturen sind ebenso wie Normen für die Stabilität und für das Funktionieren von Gruppen sehr wichtig. Nachfolgend sollen der Sinn und Zweck von Normen sowie die Funktion der Rollendifferenzierung noch einmal besonders beleuchtet werden.

Zunächst zu den Normen. Die wichtigsten **Funktionen von Gruppennormen** sind:

- Sie heben die Gruppe ab von anderen Gruppen bzw. von Personen, die nicht zu der betreffenden Gruppe gehören,
- sie bekräftigen und verstärken die Gemeinsamkeiten der Gruppenmitglieder,
- sie helfen jedem einzelnen Gruppenmitglied bei der Orientierung in der Gruppe, und
- sie geben den Verhaltensweisen der Gruppe bzw. ihrer Mitglieder eine gewisse Beständigkeit und machen diese Verhaltensmuster auch für die Zukunft in etwa kalkulierbar.

Für jeden Vorgesetzten ist es sehr wichtig, über die Normen in seiner Arbeitsgruppe Bescheid zu wissen. Dafür gibt es mindestens drei wichtige Gründe:

(1) Die besondere Stellung, die ein Vorgesetzter aufgrund seiner Rolle innehat, „trennt“ diesen in gewisser Weise auch von seiner Arbeitsgruppe. Damit steht er vor der Frage, wie er diese auch von seinen Mitarbeitern erlebte Distanz überwinden kann. Die Teilnahme an bzw. die Übernahme von bestimmten Gruppennormen ist ein Weg dazu. Der Vorgesetzte signalisiert dadurch seine Bereitschaft, sich zu integrieren. Er sucht durch Übernahme bestimmter Normen (sie müssen natürlich mit seiner Vorgesetztenrolle vereinbar sein) die Nähe zur Gruppe und zeigt sein Bemühen, sich mit ihr zu identifizieren. Dies ist ganz besonders wichtig bei der Übernahme von neuen Gruppen.

(2) Durch die Kenntnis der Normen, und dies schließt wichtige informelle Normen mit ein, kann er neue Mitarbeiter besser in die Gruppe einführen und diesen eine gute Hilfestellung zur ersten Orientierung in der Gruppe geben. Manche Gruppennormen kann ein Neuer nicht gleich erkennen. Man kann ihn aber darüber informieren oder sie ihm erklären. Das kann beispielsweise der fürsorgliche Tip sein, dass in dieser Gruppe traditionell ein Einstand gefeiert wird und entsprechend von jedem Neuen erwartet wird, oder auch der Hinweis, in der betreffenden Gruppe werde eine besonders direkte und offene Form der Kommunikation praktiziert, über die er nicht erschrecken solle. Mit Hilfe solcher Vorinformationen hat der Neue sicherlich eine bessere Chance, ohne unnötige Konflikte in die Gruppe einzusteigen und schneller und leichter von ihr akzeptiert zu werden, als wenn er völlig unvorbereitet auf die Gruppe „losgelassen“ wird.

(3) Durch Beobachtung der Einhaltung von Normen bei den einzelnen Gruppenmitgliedern kann der Vorgesetzte u.U. sogar drohende Fluktuation bereits in einem frühen Stadium erkennen: So wie der Einzelne durch die Übernahme von Gruppennormen signalisiert, dass er dazugehören will, lässt eine deutliche Nicht-Beachtung von Normen darauf schließen, dass dieses betreffende Gruppenmitglied wohl nicht mehr soviel Wert auf die Gruppenzugehörigkeit legt. Schwindende Bindung an die herrschenden Gruppennormen ist ein schon sehr frühzeitiges Signal für nachlassendes Zugehörigkeitsgefühl bzw. für eine anstehende Fluktuation.

Ähnlich wie die Konformität schaffenden Normen haben natürlich auch die Differenzierung erzeugenden Gruppenstrukturen ihre besondere Bedeutung. Nachfolgend soll speziell auf die so genannte **Rollendifferenzierung** eingegangen werden, die dadurch entsteht, dass die einzelnen Mitglieder einer Gruppe unterschiedliche Funktionen, d.h. Rollen, übernehmen. Der Sinn der Rollendifferenzierung liegt darin, dass die Rollen

- die einzelnen Mitglieder voneinander abheben und einer gewissen, durch die Normen bewirkten Nivellierung entgegenwirken,
- dem einzelnen Gruppenmitglied seinen Platz innerhalb der Gruppe geben, der von den anderen akzeptiert und anerkannt wird (dieser Platz kann aber auch negativ sein: z.B. „Sündenbock") und dass sie
- dem Verhalten des einzelnen Mitgliedes eine gewisse Kontinuität und Verlässlichkeit verleihen, denn durch Übernahme der Rolle wird das Verhalten des Rollenträgers für die übrigen Gruppenmitglieder zumindest für eine gewisse Zeit einigermaßen vorhersehbar bzw. kalkulierbar.

Was den letztgenannten Punkt betrifft, können in der Gruppe natürlich unterschiedliche Vorstellungen bezüglich der Ausübung bzw. Gestaltung einer Rolle herrschen. Aus diesem Grund ist es beispielsweise zu empfehlen, dass ein Vorgesetzter bei der Übernahme einer neuen Gruppe dieser gleich zu Beginn seine Auffassung der Vorgesetztenrolle und seine Auffassung über die Art und Weise der gemeinsamen Zusammenarbeit darlegt. Durch eine solche **Rollenklärung** kann er von Anfang an falschen (oft durch den oder die Vorgänger geprägten) Erwartungen entgegenwirken und u.U. unnötigen Missverständnissen bzw. Konflikten vorbeugen.

Gleiche Klarheit sollte natürlich auch in Bezug auf die Funktionen der übrigen Gruppenmitglieder herrschen. Ein Vorgesetzter muss sich grundsätzlich für klare Rollenverhältnisse in seiner Arbeitsgruppe verantwortlich fühlen. Dies gilt im Großen ebenso wie im Kleinen. Bei einer Besprechung oder Gruppenarbeit müssen beispielsweise gleich zu Beginn und vor Einstieg in die Sacharbeit Fragen geklärt werden wie: Wer ist Leiter? Beziehungsweise: Wer moderiert? Wer ist Schriftführer? Was ist genau deren Aufgabe? usw. Kein Fußballtrainer würde seine Spieler auf den Rasen schicken mit der Aufforderung „Hauptsache, ihr seid hoch-motiviert! Und wer im Sturm spielt bzw. das Tor hütet, das wird sich schon während des Spiels herauskristallisieren ...". Vielmehr werden vor Spielbeginn die einzelnen Positionen eindeutig zugeordnet. Was beim Sportteam Sinn macht, bewährt sich auch bei der betrieblichen Gruppenarbeit. So ist es sicherlich kein Zeichen von hoher Kompetenz in puncto Teamarbeit, wenn erst am Ende einer Sitzung plötzlich gefragt wird „Und wer schreibt das Protokoll?" oder: „Und wer soll denn jetzt unser Ergebnis präsentieren?"

2.2.5 Normen- und Rollenkonflikte

Es gibt formelle und informelle Gruppen; entsprechend muss es dann natürlich auch formelle und informelle Normen sowie formelle und informelle Strukturen geben. Die Unfallverhütungsvorschriften sind beispielsweise formelle Normen, während der Einstand oder Blumen auf dem Schreibtisch für die „Geburtstagskinder" einer Abteilung informelle Normen sind. Der Vorgesetzte befindet sich in einer formellen, der „Sündenbock" in einer informellen Rolle. Der „Herr Direktor" repräsentiert die formellen Machtstrukturen im Betrieb, die „graue Eminenz" die informellen usw.

Formelle und informelle Normen sowie formelle und informelle Strukturen können ohne weiteres nebeneinander existieren, ggf. sich sogar gut ergänzen. Wächst beispielsweise neben dem Vorgesetzten (= formeller Führer) in einer Gruppe oder Abteilung auf einmal ein zusätzlicher „informeller Führer" heran, muss dies zunächst nicht unbedingt eine Gefahr für den formellen Rollenträger bedeuten. Oft kündigt sich nämlich auf diese Weise hoffnungsvoller Führungsnachwuchs an. In einer klugen Rollenverteilung kann ein solcher informeller Führer (es kann selbstverständlich auch eine Frau sein) sogar eine wichtige Funktion innerhalb der Gruppe wahrnehmen: Da der informelle Führer sich aus der Gruppe herausgeschält hat und damit durch die Gruppe schon in eine gewisse zentrale Position gebracht wurde, kann er bei bestimmten Problemstellungen für den formellen Führer die Funktion einer wichtigen und nützlichen Schalt- und Kontaktstelle übernehmen. Der Vorgesetzte kann sich seines Einflusses in der Gruppe bedienen und über den informellen Führer, der ja innerhalb der Gruppe eine Art Meinungsführerschaft (opinion leader) innehat, Anregungen, Meinungen oder Veränderungsimpulse in die Gruppe hineintragen. Dieses Modell der Beeinflussung von Gruppen in zwei Schritten (Führer – informeller Führer – Gruppe) ist auch unter der Bezeichnung **Two-Step-Flow-Hypothese** bekannt.

Das Auftreten eines starken informellen Führers innerhalb einer Gruppe kann allerdings auch das Versagen des formellen Führers dokumentieren: Möglicherweise hat der Vorgesetzte die von der Gruppe an ihn gerichteten Erwartungen nicht genügend erfüllt und/oder die ihm übertragenen Funktionen nicht oder nicht ausreichend umgesetzt. Oder es ist ihm offensichtlich nicht gelungen, wichtige Bedürfnisse von Gruppenmitgliedern ausreichend zu befriedigen. So hat er es vielleicht

- nicht verstanden, klare, akzeptable, reizvolle und realisierbare Ziele zu setzen oder
- versäumt, den Bestand und den Zusammenhalt der Gruppe hinreichend zu sichern und für eine gute Atmosphäre zu sorgen oder
- nicht geschafft, auf sachlich-fachlichem Gebiet seine Mitarbeiter von seiner Kompetenz zu überzeugen.

Möglicherweise hat er sogar in zwei bzw. gleich in allen drei dieser genannten Felder versagt. In solchen Fällen kristallisiert sich in Gruppen sehr schnell ein informeller Führer heraus, der jene Funktionen abzudecken beginnt, in denen der formelle Führer versagt bzw. die dieser vernachlässigt.

Doch nicht immer ist für den Einzelnen oder auch die Gruppe die Übernahme bzw. Vergabe einer Rolle problemlos. Gar nicht so selten entstehen dabei so genannte **Rollenkonflikte.** Diese können, aber müssen nicht zwingend ihre Ursache darin haben, dass eine Person verschiedenen Gruppen in unterschiedlichen Rollen angehört. Typische Beispiele für Rollenkonflikte sind:

- **Unvereinbarkeit von verschiedenen Rollen** in einer Person (z.B. der protokollierende Konferenzleiter; Vorgesetzter und gleichzeitig Kumpel der Mitarbeiter; die berufstätige Hausfrau und Mutter),
- objektiv oder subjektiv erlebte **Unverträglichkeit von Rollen,** die eine Person in verschiedenen Gruppen innehat (z.B. der Polizeibeamte, der als V-Mann im Milieu eingesetzt ist; der mit der Firma innerlich sehr verbundene alte Mitarbeiter, der gleichzeitig Mitglied des Betriebsrates und Gewerkschaftsmitglied ist),
- **unterschiedliche Erwartungen/Auffassungen** bezüglich der Ausführung einer Rolle bei dem Rollenträger und der Gruppe bzw. bei anderen (z.B. Rolle des Vorgesetzten, Rolle des Auszubildenden, Rolle der Sekretärin),
- **zu hohe oder falsche Erwartungen** bezüglich einer Rolle beim Rollenträger selbst oder bei anderen (d.h. der Rollenträger kann nicht das erfüllen, was die anderen von ihm oder er von sich selbst erwartet).

In allen diesen Fällen wäre eine **Rollenklärung** zwischen den Betroffenen und/oder Beteiligten zur Konfliktvorbeugung bzw. zur Konfliktbewältigung unbedingt angebracht. In der Rolle des Vorgesetzten ist übrigens sogar noch ein ständiger Rollenkonflikt programmiert: Einerseits erwartet das Unternehmen (von oben nach unten), dass der Vorgesetzte als unternehmerischer Willensträger im Sinne einer optimalen Zielerreichung engagiert ist; andererseits erwarten aber auch die Mitarbeiter (von unten nach oben), dass ihr Vorgesetzter ihre Interessen nach oben vertritt und sich auch entsprechend für sie einsetzt.

So wie es Rollenkonflikte gibt, kennt man auch typische Normenkonflikte. Besonders häufig ergeben sie sich aus den folgenden drei Gründen:

- **Kollision(en) zwischen** formellen und informellen **Normen** innerhalb einer Gruppe (z.B. Alkohol bei betrieblichen Feiern, aber striktes Alkoholverbot im Betrieb aus Gründen der Arbeitssicherheit),

- **widersprüchliche Normen,** die sich aus der Zugehörigkeit zu verschiedenen Gruppen ergeben (z.B. „Kleidungsnormen“: junger Mann mit Ring im Ohr als Kundenberater bei einer sehr konservativen Bank. Oder: Turnschuhe und legerer Disko-Outfit als Azubi in einem Top-Hotel),
- Unsicherheiten bezüglich der **Verbindlichkeit von Normen** (Sind es Kann-, Soll- oder Muss-Normen?).

Normenkonflikte können sich extrem störend auf die Zusammenarbeit in und mit Gruppen auswirken, deshalb sollte vor allem der Vorgesetzte bestrebt sein, aufkommende Konflikte durch eine **eindeutige Klärung** frühestmöglich zu regeln. Dies führt zu der Frage, wie überhaupt ein Vorgesetzter Normen in einer Gruppe beeinflussen kann.

2.2.6 Die Beeinflussung von Normen

Es gehört zu den laufenden Aufgaben eines Vorgesetzten, sich um die Einhaltung und Aufrechterhaltung der in seiner Gruppe geltenden formellen Normen zu kümmern. Schon allein weil die einzelnen Gruppenmitglieder die vorgegebenen Normen unterschiedlich genau praktizieren, muss er die Norm-Einhaltung ständig im Auge behalten. Dabei ist er gut beraten, sich konsequent an den alten lateinischen Spruch: „Wehret den Anfängen!“ zu halten. Bei festgestellten relevanten Abweichungen von einzuhaltenden Normen sollte er möglichst frühzeitig und unverzüglich reagieren. Greift er nicht oder zu spät ein, kann es ihm schnell passieren, dass die praktizierte Abweichung von der Norm schon nach kurzer Zeit innerhalb der Gruppe als neues „Gewohnheitsrecht“ etabliert ist.

Führungsprobleme können für den Vorgesetzten zudem dadurch entstehen, dass innerhalb seiner Gruppe entweder ganz neue Normen etabliert werden müssen (z.B. Umstellung auf neue Arbeitsstandards) oder dass praktizierte Normen – formell oder informell – geändert werden müssen (z.B. exaktere Einhaltung der Sicherheitsvorschriften, Abschaffung von „ausufernden Festivitäten“ während der Arbeitszeit, Einführung von Namensschildern beim Verkaufspersonal u.ä.).

Es gilt als eine nicht-delegierbare Führungsaufgabe des Vorgesetzten, sich um die Aufrechterhaltung bestehender ebenso wie um die Einführung und auch Durchsetzung neuer betrieblicher Normen in seiner Gruppe zu kümmern. Damit steht er immer wieder vor der Frage: Wie motiviert man Mitarbeiter zur Einhaltung betrieblicher Normen und Standards?

Gute Hinweise für eine geeignete Vorgehensweise zur Beeinflussung von Normen findet er, wenn er zunächst einmal die Frage reflektiert, von welchen Faktoren denn überhaupt die Einhaltung von Normen durch die Mitglieder einer Gruppe abhängt. Es sind hauptsächlich vier Faktoren, die hier mitwirken:

(1) Die Einhaltung von Normen hängt in hohem Maße davon ab, wieviel Wert das einzelne Gruppenmitglied darauf legt, dieser betreffenden Gruppe anzugehören: Je stärker der **Wunsch nach Zugehörigkeit** ist, desto bereitwilliger werden Normen eingehalten (siehe dazu auch: Input-Output-Hypothese). Das regt selbstverständlich zu der Überlegung an, auf welche Weise man bei der Einführung neuer Normen (das bedeutet: Erhöhung des Inputs) bzw. bei der Abschaffung von beliebten „Gewohnheitsrechten“ (das bedeutet: Verminderung des Outputs) das bisherige Input-Output-Verhältnis zumindest unverändert halten, wenn nicht sogar verbessern kann.

(2) Die Einhaltung von Normen hängt davon ab, welchen Status jemand in der Gruppe besitzt. Wer z.B. neu in eine Gruppe kommt und dieser angehören möchte, hat allen Anlass, sich um die Einhaltung der Normen zu bemühen (und vielleicht zuerst einmal seinen Einstand zu geben). Hat jemand hingegen in der Gruppe einen recht hohen **Status**, kann er es sich schon einmal leisten, bestimmte Normen nicht einzuhalten. Hoher Status bedeutet nämlich, dass die Gruppe sehr großen Wert auf die Zugehörigkeit dieser betreffenden Person zur Gruppe legt und ihr deshalb auch bezüglich der Einhaltung von Normen einen entsprechenden Freiraum zugesteht. Ähnlich ist es auch mit Personen, die viel **Macht** besitzen – allerdings mit dem Unterschied, dass der Mächtige sich den Freiraum zur Nichteinhaltung gewisser Normen oft einfach nimmt, auch wenn ihm die Gruppe diesen nicht von sich aus einräumen möchte. In beiden genannten Fällen gilt die **Einräumung von Freiraum** jedoch **nur bei Kann- bzw. Soll-Normen.** Bei den Muß-Normen hingegen ist der mit hohem Status bzw. derjenige, der sich in einer Machtposition befindet, aufgerufen, seine **Vorbildfunktion** wahrzunehmen. In erster Linie ist damit der Vorgesetzte angesprochen, denn er besitzt – wenn er anerkannt ist – einen hohen Status, und außerdem befindet er sich in einer Machtposition. Entsprechend fällt ihm allein aufgrund seiner formellen Rolle in der Gruppe ein hoher Einfluss zu. Schon deshalb kann eine Gruppe auch erwarten, dass ihr Vorgesetzter die Einhaltung der schließlich für alle **verbindlichen Muss-Normen** vorbildlich und demonstrativ unterstützt, anstatt sie durch gegenteiliges Verhalten zu untergraben und unglaubwürdig zu machen. Entsprechend der Two-Step-Flow-Hypothese kann er zudem noch versuchen, weitere Gruppenmitglieder mit höherem Status (informelle Führer) ebenfalls für die Einhal-

tung oder auch Änderung der Normen zu gewinnen, um auf diese Weise die Vorbildwirkung zu intensivieren.

(3) Die Einhaltung von Normen in Gruppen hängt immer davon ab, ob und wie intensiv sie kontrolliert werden. **Kontrolle** hat, soweit sie wirksam durchgeführt wird, eine stark verhaltenslenkende Wirkung. Normen, die nicht kontrolliert werden oder für die sich niemand interessiert, sind offensichtlich weniger wichtig, wenn nicht sogar unwichtig. Ihre Einhaltung wird dann auch von den Mitarbeitern entsprechend „locker" gesehen, und die Normen „verschlampen" sehr schnell. Will ein Vorgesetzter hingegen die Wichtigkeit von Normen unterstreichen, muss er sich deutlich spürbar für ihre Einhaltung einsetzen, d.h. Kontrolle „demonstrieren", und gleich bei der ersten festgestellten Abweichung unverzüglich eingreifen. Sonst entsteht im Nu ein Gewohnheitsrecht.
Bei Normen, mit denen sich die Gruppe hoch identifiziert oder die im unmittelbaren Interesse der Gruppe liegen, wird die Gruppe selbst die Einhaltung der Normen intensiv und ständig kontrollieren und auf Abweichungen bei einzelnen Gruppenmitgliedern sofort reagieren (sozialer Druck). Doch auch hier bleibt die Kontrolle der Normen in erster Linie die Aufgabe des jeweiligen Gruppenleiters, also bei betrieblichen Arbeitsgruppen die des Vorgesetzten.
Kontrolle gilt in der traditionellen Auffassung von Führung als eine nicht-delegierbare Führungsaufgabe. Weiterhin gilt: **Kontrolle hat immer Konsequenzen!** Wird die korrekte Einhaltung der Normen festgestellt, sollte positiv verstärkt werden; auf Normabweichungen bzw. Nicht-Einhaltung muss mit Kritik oder Sanktionen reagiert werden. Von dem Vorgesetzten wird also nichts anderes gefordert als die Wahrnehmung der klassischen Führungsaufgaben Kontrolle, Kritik sowie Lob und Anerkennung.

(4) Schließlich ist die Einhaltung von Normen noch davon abhängig, wie einsichtig die geforderten Normen sind. Man sollte jedoch den Faktor Einsicht nicht überschätzen. Natürlich sind Normen, die inhaltlich einsichtig und überzeugend sind, leichter zu etablieren als solche, deren Sinn niemand versteht oder an deren Sinn gezweifelt werden kann. Allerdings bedeutet dies nicht, dass Normen, die als sinnvoll erkannt werden, sofort übernommen und in Verhalten umgesetzt werden. Die vorhandene Einsicht in den Sinn einer Norm allein reicht in der Regel nicht aus, um diese Norm in eine Gruppe „einzupflanzen". So wird beispielsweise kaum jemand auf die Idee kommen, den Sinn von Normen und Standards zur Arbeitssicherheit ernsthaft zu be-

streiten. Die Einsicht ist also da. Und dennoch ist es meist ein langer und mühsamer Weg, sicherheitsgerechtes Arbeitsverhalten im Betrieb zur festen Gewohnheit zu machen.

Gleich vier Hauptfaktoren können sich also auf die Einhaltung von Normen auswirken. Am besten betrachtet man deshalb die Beeinflussung von Normen als eine Art „konzertierte Aktion“, bei der möglichst **alle** vorstehend genannten Einflussfaktoren ins Spiel zu bringen sind. Dabei ist zu beachten:

- Man muss Mitarbeitern den Sinn von erwünschten Normen **überzeugend darstellen** (das ist mehr als anordnen!).
- Um die Einhaltung gewisser Normen zu fördern, muss – soweit möglich – für das betreffende Mitglied die **Zugehörigkeit zu dieser Gruppe attraktiv(er) gemacht** werden, und es muss für alle deutlich und glaubhaft sein, dass die Einhaltung dieser Normen zum kennzeichnenden Merkmal der Gruppe gehört.
- Man muss gleichzeitig für **überzeugende Vorbilder** sorgen (das sind der unmittelbare Vorgesetzte, aber auch die nächsthöheren Vorgesetzten bis hin zur obersten Ebene).
- Man muss die **Einhaltung der für wichtig erklärten Normen laufend verfolgen** und bei Abweichungen möglichst unverzüglich eingreifen (hier ist der Vorgesetzte besonders gefordert).
- Man muss Gruppenmitgliedern, die gewünschte Normen demonstrativ nicht einhalten, unmissverständlich deutlich machen, dass dies als Nachlassen ihres Wunsches nach Zugehörigkeit zu dieser betreffenden Gruppe verstanden wird. Auf entsprechende Konsequenzen (Sanktionen) muss hingewiesen werden.

Sich in der beschriebenen Art um eine möglichst abweichungs- und konfliktfreie Praktizierung der formellen betrieblichen Normen zu kümmern, gehört – wie bereits ausgeführt – zu den unabdingbaren Vorgesetztenaufgaben. Dabei entsteht Motivation zur Einhaltung von Normen einerseits durch eine glaubwürdige Überzeugungsstrategie (Argumente sowie Vorbild), andererseits – und das in beträchtlichem Maße – durch nichts anderes als konsequent praktizierte Führung.

Aus Sicht der Gruppe wird übrigens von einem Vorgesetzten erwartet, dass auch er an bestimmten informellen Normen der Gruppe teilnimmt – zumindest solange sie nicht im Gegensatz zu formellen Normen stehen. Solche informellen Normen sind z.B. das gelegentliche gemeinsame Glas Bier nach der Arbeit, das Abteilungskegeln, vielleicht ab und zu einmal gemeinsam essen gehen oder auch die Art und Weise, wie Geburtstage gefeiert oder besondere Feiertage begangen werden (z.B. Weihnachtsessen). Bietet eine Gruppe ihrem Vorgesetzten an, bei solchen Aktivitäten teilzunehmen, tut er gut daran, dies nicht auszuschlagen. Vielmehr sollte er darin eine Geste der Akzeptanz oder sogar Wertschätzung sehen, und durch seine Teilnahme an diesen informellen Aktivitäten den Mitarbeitern gegenüber seinen Wunsch nach Integration und Gemeinsamkeit dokumentieren.

3 Die Kommunikation in Gruppen

Wohl das wichtigste soziale Geschehen innerhalb von Gruppen sind die ablaufenden Kommunikationsprozesse. Diese Prozesse dienen keinesfalls allein der Übermittlung von Sachinhalten, sondern natürlich auch der Befriedigung menschlicher Grundbedürfnisse. Gleichzeitig bilden sich in ihnen auch die in der Gruppe herrschenden Verhältnisse ab. Es lohnt sich also, die Kommunikation etwas genauer unter die Lupe zu nehmen.

3.1 Kommunikationsstrukturen

In einer Gruppe, die eine als gemeinsam empfundene Aufgabe meistern und ihr Ziel erfolgreich erreichen möchte, muss die Kommunikation optimal funktionieren. So sollte im Prinzip jeder in der Gruppe mit jedem anderen Gruppenmitglied in Kontakt treten können. Allein dies begrenzt auf natürliche Weise die Gruppengröße, denn mit wachsender Größe steigt die Anzahl der theoretisch denkbaren Kontaktmöglichkeiten (d.h. jeder mit jedem) steil an. Stellt die Ausschöpfung der gegebenen Kontaktmöglichkeiten in einer Gruppe von fünf Personen noch kein großes Problem dar, kann dies bei einem Dutzend Teilnehmern unter Umständen kaum noch steuerbar sein. Wenn beispielsweise bei einer Sitzung mit zwölf Teilnehmern jeder mit jedem auch nur eine Minute sprechen möchte, nimmt dies bereits mehr als eine Stunde in Anspruch! Immerhin ergeben sich – rein rechnerisch – in diesem Fall schon mehr als fünf Dutzend Möglichkeiten für die Kontaktaufnahme zwischen den einzelnen Personen.

Allerdings werden niemals in einer Gruppe alle Kontaktmöglichkeiten zwischen den einzelnen Mitgliedern ständig genutzt. Außerdem ergreifen die einzelnen Teilnehmer unterschiedlich häufig das Wort. Nach einer groben Faustregel kann man davon ausgehen, dass die drei bis vier aktivsten Gruppenmitglieder etwa zwei Drittel der gesamten Kommunikationsaktivitäten bestreiten. Die übrigen Gruppenmitglieder teilen sich den Rest des Aktivitätsspielraumes. Dass einige Gruppenmitglieder aktiver sind als andere, hängt u.a. natürlich auch mit ihren unterschiedlichen Rollen zusammen. So werden beispielsweise der Besprechungsleiter oder der Problemträger in einer Gruppe selbstverständlich häufiger aktiv und auch häufiger angesprochen als die übrigen Gruppenmitglieder.

In jeder Gruppe bilden sich typische Kommunikationsstrukturen heraus. Man unterscheidet zwei Grundmuster. In Abbildung 5.6 ist die so genannte **Sternstruktur** der Kommunikation dargestellt. Man bezeichnet dieses Kommunikationsmuster auch als „Rad", denn wie bei einer Radnabe, auf die alle Speichen zulaufen, steht hier eine Zentralperson im Mittelpunkt. Alle Redebeiträge werden an diese Person gerichtet bzw. durch diese Person „weitergeschaltet".

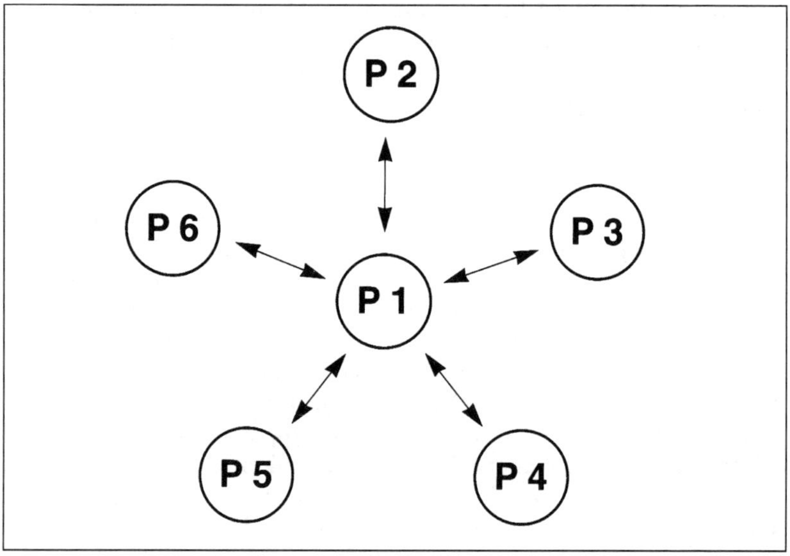

Abb. 5.6: Die Sternstruktur der Kommunikation

Jeder kennt dieses Kommunikationsmuster aus der Schule durch den klassischen Frontalunterricht: Der Lehrer spricht während des Unterrichts mit den einzelnen Schülern, während diese untereinander keine Kommunikation aufnehmen dürfen. Das wäre nämlich „Schwätzen"; das ist verboten und wird bestraft.

Die Sternstruktur findet man auch in Arbeitsgruppen. Ein solches Kommunikationsmuster ist typisch für einen autoritären, direktiven (d.h. stark lenkenden) Führungsstil. Das soll gar keine kritische Bewertung sein, denn ein solcher Führungsstil und die damit verbundene Kommunikationsstruktur können ja situativ ohne weiteres angemessen und notwendig sein.

Die **Vorteile** der Sternstruktur sind: Die Struktur ist eindeutig und klar, das Ziel wird schnell erreicht, und es wird Zeit gespart. Allerdings sind die **Nachteile** der Sternstruktur nicht zu unterschätzen: Ein solches Kommunikationsmuster ist für die Gruppenmitglieder nicht sonderlich motivierend, es ist kreativitätshemmend, die Zufriedenheit der Teilnehmer sinkt, und die Flexibilität ist relativ gering. Insofern empfiehlt sich ein solches Kommunikationsmuster nur für relativ einfache Probleme bzw. in Notsituationen (z.B. bei Zeitdruck).

Hat innerhalb einer Gruppe jedes Mitglied prinzipiell die Möglichkeit, mit jedem anderen Gruppenmitglied Kontakt aufzunehmen, bezeichnet man dies als **Vollstruktur** der Kommunikation oder auch als Kreismuster. In Abbildung 5.7 ist dargestellt, wie viele Möglichkeiten zur gegenseitigen Kontaktaufnahme sich allein bei einer Gruppe von sechs Personen ergeben.

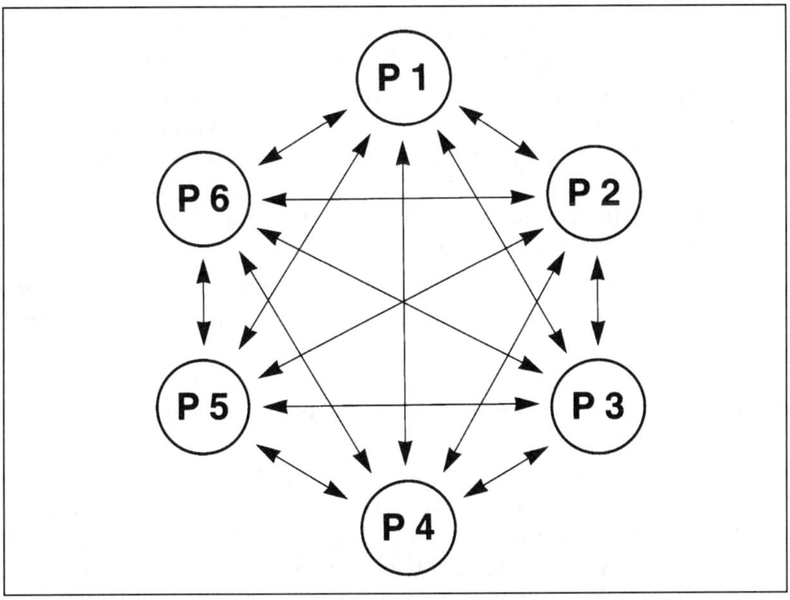

Abb. 5.7: Die Vollstruktur der Kommunikation

Eine solche Vollstruktur der Kommunikation muss gegeben sein, wenn man wirklich das Potenzial aller Gruppenmitglieder ausschöpfen möchte. Dies ist vor allem dann notwendig, wenn es um die Lösung schwieriger und vielschichtiger Probleme geht und jeder von dem Wissen und den Ideen des anderen profitieren möchte bzw. soll.

Der große **Nachteil** dieses Kommunikationsmusters liegt darin, dass ein solcher Kommunikationsprozess sehr zeitaufwendig ist. Manche halten es auch für einen Nachteil, dass die Kommunikation über diese Vielzahl von Kommunikationskanälen nicht ganz so klar geordnet ist und „immer ein wenig durcheinander“ aussieht.

Auf der anderen Seite der Waagschale fallen aber gleich mehrere Vorteile ins Gewicht: Den beteiligten Gruppenmitgliedern macht diese Form der Zusammenarbeit Spaß (vorausgesetzt, alle halten sich dabei an bestimmte Regeln, und die Gruppe ist nicht zu groß), die **Motivation ist sehr stabil**, und nicht zuletzt kann man aufgrund der vielen Interaktionschancen mit einem kreativen und qualitativ hochwertigen Arbeitsergebnis rechnen. Darüber hinaus werden durch diese intensive Form der Kommunikation auch noch die Beziehungen der Gruppenmitglieder untereinander gestärkt.

3.2 Die verschiedenen Aspekte einer „Nachricht“

Ganz allgemein wird Kommunikation als Austausch von Nachrichten zwischen zwei (oder mehr) Kommunikationspartnern bezeichnet. Allerdings leistet Kommunikation weitaus mehr als nur die Vermittlung von Sachinformationen im Sinne von Faktenwissen. Der Kommunikationsprozess ist gleichzeitig auch ein beziehungsschaffendes Ereignis, bei dem – offen oder verdeckt – zwischen den Kommunikationspartnern zum Beispiel auch Gefühlsinhalte, Einstellungen, Wünsche etc. vermittelt werden.

Der Prozess der Kommunikation geht also weit über das hinaus, was man populär als „miteinander reden“ oder „sich etwas schreiben“ versteht. Privat wie beruflich gibt es für den Menschen praktisch keine Sekunde **ohne** Kommunikation: Man grüßt den Pförtner (oder auch nicht), man führt ein Mitarbeitergespräch, man schreibt eine Aktennotiz, man führt ein Telefonat, man leitet eine Besprechung, man liest einen Fachartikel, man trägt etwas in seinen Terminkalender ein, man bereitet eine Präsentation vor usw. Die Aufzählung ist unvollständig. Im Prinzip ist alles, was man tut, Kommunikation. Auch die Art, wie der Schreibtisch aussieht oder das Büro eingerichtet ist, die Art, wie sich jemand kleidet (z.B. schwarzer Anzug oder Freizeit-Look) ist jeweils Kommunikation – denn dies erzählt etwas von dem Betreffenden. Dabei ist es nicht zwingend notwendig, dass die Kommunikationspartner die von ihnen wahrgenommene Botschaft jeweils richtig „entcodieren“.

Jedes Verhalten ist Kommunikation. Diese Tatsache haben *Paul Watzlawick* und seine Mitarbeiter (1967/1969) einmal treffend in die Formulierung gegossen: „Man kann nicht nicht-kommunizieren!“ Mit anderen Worten: Kommunikation findet immer statt.

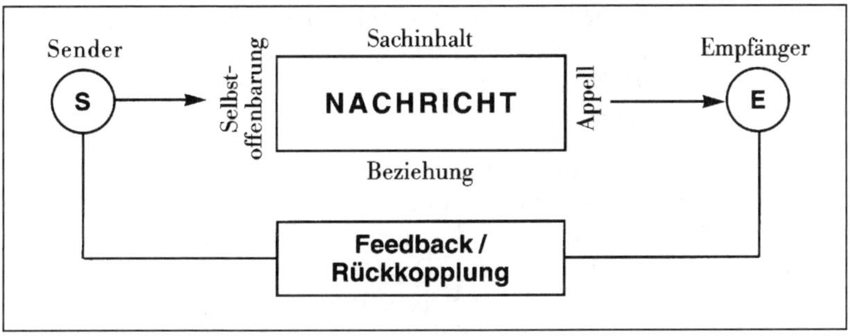

Abb. 5.8: Die vier „Seiten" einer Nachricht (nach Schulz von Thun, 1981, S. 30)

Wie vielschichtig Kommunikationsprozesse sein können, wird aus der Abbildung 5.8 deutlich. In dieser Darstellung, die vor mehreren Jahren von *Friedeman Schulz von Thun* (1981) zusammen mit einer Hamburger Psychologengruppe entwickelt wurde, sind insgesamt vier verschiedene Aspekte des Kommunikationsgeschehens visualisiert. Ergänzend ist dazu noch anzumerken, dass auch jede Rückmeldung (Feedback) eine Nachricht darstellt, die diese vier „Seiten" hat bzw. haben kann.

Kommunikation hat also mehrere Seiten. Nachfolgend werden die vier unterschiedlichen Aspekte der Kommunikation kurz beschrieben.

1. Aspekt: Der Sachinhalt

Dieser Aspekt bezieht sich ausschließlich auf den rein sachlichen Gehalt, auf den Faktengehalt einer Nachricht. Dabei geht es in erster Linie um die **Verständlichkeit der Darstellung,** damit die Sachinhalte möglichst klar und unverzerrt beim Empfänger ankommen.

2. Aspekt: Der Appell

Sehr oft möchte der Sender nicht nur Sachinhalte übermitteln, sondern mit seiner Nachricht beim Empfänger auch etwas bewirken, etwas erreichen. Dies bezeichnet man als die Appellfunktion einer Nachricht. Sie bezieht sich auf den **Kommunikationszweck**. Allgemein formuliert: Durch den Kommunikationsakt soll ein bestimmter Ist-Zustand in einen gewünschten Soll-Zustand überführt werden. Geschieht dies, ist der Appell erfolgreich gewesen. Ein Kritikgespräch hat zum Beispiel in hohem Maße Appellcharakter. Der Vorgesetzte möchte durch das Kritikgespräch bei dem betreffenden Mitarbeiter eine Verhaltensänderung bewirken. Deshalb sollte es ein Vorgesetzter in einem Kritikgespräch auch nicht mit der Beschreibung des (zu beklagenden) Ist-Zustandes bewenden lassen, sondern er sollte auch in der Lage sein, den gewünschten Soll-Zustand klar und präzise darzustellen und auf diese Weise seinen Appell ausreichend deutlich machen.

Es ist übrigens ein Problem unserer betrieblichen wie auch privaten Kommunikation, dass Appelle oft nicht offen und klar, sondern statt dessen verdeckt, undeutlich oder nur indirekt ausgedrückt werden. Man traut sich nicht so recht ... Die Gründe können sein, dass man vielleicht schon von Kind an entsprechend erzogen worden ist, oder auch, weil man mit offener und direkter Kommunikation schon ausreichend negative Erfahrungen gesammelt hat. Dazu ein Beispiel. Ein Mitarbeiter fragt seinen Vorgesetzten: „Haben Sie meinen Bericht gefunden?“ Mit einiger Wahrscheinlichkeit möchte dieser Mitarbeiter sich aber nicht danach erkundigen, ob sein Chef den Bericht gefunden hat. Vermutlich ist in dieser scheinbaren Sachfrage vielmehr der Appell verborgen: „Ich hätte gerne ein Feedback zu meinem Bericht.“ Oder sogar: „Ich möchte gelobt werden!“ Leider kommen Appelle, die nicht ausreichend deutlich ausgedrückt werden, sehr oft falsch oder auch gar nicht beim Empfänger an.

3. Aspekt: Die Beziehungsebene

Jede Nachricht sagt immer auch etwas aus über die Beziehung, die zwischen den Kommunikationspartnern herrscht. In der Art und Weise, wie Sender und Empfänger miteinander kommunizieren, kommen ihre Einstellungen zueinander sowie ihre gegenseitigen Gefühle, Erwartungen und auch Vorurteile zum Ausdruck. Der allergrößte Teil dieser Kommunikation unterliegt übrigens nicht der willentlichen Kontrolle und läuft zudem „unter der Oberfläche“, also verdeckt ab. Lange bevor Einstellungen und Gefühle zwischen zwei Gesprächspartnern offen in Worte gefasst werden, künden sie sich meist schon über den Weg der non-verbalen Kommunikation an (Mimik, Gestik, Sprechweise, Wortwahl, Betonung usw.). Nicht selten liegt sogar der wichtigste Teil einer Nachricht (und damit die eigentliche Botschaft) im wahrsten Sinne des Wortes zwischen den Zeilen.

Ein gutes Beziehungsklima ist die wichtigste und entscheidende Grundlage für ungestörte und erfolgreiche Kommunikation. Die Qualität der Beziehungen wirkt sich auf alle übrigen Aspekte der Kommunikation aus! Nur wenn die Beziehungsebene einigermaßen tragfähig ist, können zwischen den Kommunikationspartnern heikle Sachverhalte offen und ohne Belastung durch Verletzlichkeit oder Misstrauen angesprochen werden. Auch Appelle werden erst dann einigermaßen unverdeckt geäußert, wenn man sich der Tragfähigkeit der Beziehungsebene in etwa sicher ist. Ist die Beziehungsebene gestört, häufen sich eben nicht nur auf der Sachebene die Missverständnisse. Stimmen hingegen die Beziehungen zwischen zwei Kommunikationspartnern, klappt die Kommunikation in allen Aspekten geradezu „auf Zuruf".

4. Aspekt: Die Selbstoffenbarung

Jeder Kommunikationsakt ist zugleich auch immer eine „Kostprobe" der Persönlichkeit des Senders – ob der Sender dies beabsichtigt oder nicht. Die Art, wie jemand etwas sagt, was jemand sagt und zu welchem Zweck jemand etwas sagt, kommuniziert auch stets etwas über den Sender selbst. Dies bezeichnet man als den Selbstoffenbarungsaspekt der Kommunikation, und der bezieht sich auf den Bereich der offenen Kommunikation ebenso wie auf den verdeckten, den non-verbalen Bereich. Vielen Menschen ist es gar nicht so recht bewusst, was sie alles (gleichzeitig) über sich erzählen, wenn sie erzählen ... Da ist zum Beispiel der Vorgesetzte, der laut über schlechte Leistungen seiner Mitarbeiter lamentiert. Ob ihm bewusst ist, dass er allein durch die Wahl seiner Formulierungen wahrscheinlich auch eine ganze Menge über seine Grundeinstellung zu Menschen offenbart?

In vielen Situationen ist es für den Kommunikator (Sender) sehr wichtig, sich vor anderen nicht zu blamieren bzw. mit seiner Kommunikation besonders gut abzuschneiden. Das erzeugt kommunikativen Leistungsdruck. Dieser selbsterzeugte innere Leistungsdruck ist die Ursache für die so genannten **Selbstoffenbarungsängste.** Typische Beispiele dafür sind die jedem bekannten Prüfungsängste aus der Schul- oder Ausbildungszeit oder die von vielen Menschen erlebten Redeängste, etwa bei einer wichtigen Präsentation bzw. bei einem Vortrag. Selbstoffenbarungsängste entwickeln sich besonders gerne dann, wenn sich ein Sender seiner Beziehung zu seinem oder seinen Kommunikationspartner(n) nicht ausreichend sicher ist und/oder aber wenn er die gesamte Situation nicht recht einschätzen kann und sich unwohl fühlt.

In dem Bemühen, nichts Verräterisches von sich „herauszulassen" und bestimmte innere Zustände oder auch Schwächen zu verbergen, kommt es bei vielen Menschen leicht zu taktierendem Kommunikationsverhalten sowie zum „Mauern" bzw. „Fassadenbau". Oder aber man zieht sich ganz aus der Situation zurück, beschränkt seine Kommunikation auf das unbedingt Notwendige und vermeidet jegliche spontane (und damit riskante) Äußerung. Auf diese Weise minimiert man sein Selbstoffenbarungsrisiko. Die Kommunikation wird automatisch offener, je positiver das Beziehungsklima zwischen Kommunikationspartnern entwickelt ist. Dann muss man nicht mehr jedes Wort auf die Goldwaage legen und braucht nicht zu fürchten, dass etwas Gesagtes schon im nächsten Moment als Material gegen einen verwendet wird.

Schließlich gibt es auch noch die Variante, dass jemand keinesfalls von großen Selbstoffenbarungsängsten geplagt ist und „dicht" macht, sondern – ganz im Gegenteil – seine Kommunikation üppig mit „Meldungen über sich selbst" spickt. Tut jemand bei diesen „hochwertigen Personalmeldungen über die eigene Person" eindeutig des Guten zuviel, dann spricht man von so genanntem Imponiergehabe.

In der Kommunikation unter Menschen ist es in der Regel so, dass gleichzeitig mehrere der oben beschriebenen Aspekte bei einem Kommunikationsakt beteiligt sind. Es ist deshalb sehr wichtig, dass man seine Aufmerksamkeit also nicht nur auf den reinen Sachinhalt richtet, sondern dass man vor allem für die verdeckten und (meist) nonverbal gesendeten Anteile einer Botschaft sensibel wird. Beispiele: Da verbirgt sich hinter einer scheinbaren Sachfrage: „Wieviel Tagesordnungspunkte haben wir noch?" ein verdeckter Appell: „Wir sollten langsam Schluss machen", und da verraten sich bei der Frage: „Was haben Sie sich eigentlich dabei gedacht?" allein durch Wortwahl und Betonung vielleicht innere Stimmungen wie Ungeduld, Ärger, Dominanz oder Ablehnung. In dem abschließenden (erfundenen) Beispiel sind gleich alle Aspekte der Kommunikation beteiligt: Der Ehemann kommt verspätet und leicht schwankend von der Arbeit nach Hause. „Emma, wo ist das Bier?", ruft er mit etwas schwerer Zunge durch die Wohnung, während er im Wohnzimmer seinen Stammsessel ansteuert. Vielleicht will er sich wirklich nur erkundigen, wo sich das Bier befindet, weil er durstig ist. Doch wahrscheinlich ist seine Formulierung eher ein Appell nach dem Motto: „Hoffentlich ist das Bier bald hier!" Wenn man jetzt noch ein Tonband hätte und hören könnte, in welchem Ton er gerufen hat, dann wüsste man sicherlich auch etwas über die häuslichen Machtverhältnisse (= Beziehungsebene). Schließlich gibt dieser Ehemann uns auch noch etwas über den vierten Kommunikationsaspekt bekannt. Es ist eine ziemlich eindeutige Selbstoffenbarungsnachricht, denn seine Artikulation (Lallen, schwere Zunge) lässt mit einiger Verlässlichkeit auf seinen physiologischen Zustand schließen: Er ist angetrunken.

4 Ein bisschen Gruppendynamik: Einige Gruppenphänomene

Ein typisches Merkmal von Gruppen sind – wie bereits ausgeführt – die in der Gruppe ablaufenden Interaktionsprozesse. Diese dynamischen Wechselwirkungen und die dabei auftretenden Kräfte bezeichnet man auch als **Gruppendynamik.** Sie beeinflussen selbstverständlich das Verhalten der einzelnen Gruppenmitglieder. Dabei ist die Reaktion einer Gruppe keinesfalls das Resultat der Addition ihrer Mitgliederpersönlichkeiten. Die bereits zu Beginn dieses Kapitels formulierte These „Selbst wenn man von jedem Mitglied einer Gruppe eine komplette Persönlichkeitsanalyse besitzt, kann man nicht voraussagen, wie diese Personen **als Gruppe** reagieren werden!" erhält aufgrund der gruppendynamischen Prozesse ihre Berechtigung. Sehr oft sind sich die Gruppenmitglieder allerdings dieser Wechselwirkungen und dieser zum Teil sehr dynamischen Einflussfaktoren nicht bewusst. Nachfolgend sind einige wichtige gruppendynamische Phänomene beschrieben.

4.1 Gefahr durch Gruppengeist

Im so genannten Wir-Gefühl einer Gruppe drückt sich der Gruppenzusammenhalt aus. Der einzelne fühlt sich wohl in der Gruppe und ist gerne dabei. Ebenfalls drückt sich in dem Wir-Gefühl das Selbstwertgefühl einer Gruppe und ihr Stolz auf sich selbst aus. Aus diesem für die Gruppe notwendigen und an sich sehr wichtigen Wir-Gefühl heraus ergibt sich aber auch eine Gefahr: Gruppen haben die gefährliche Neigung, sich selbst und ihre eigene Leistung auf Kosten von rivalisierenden oder konkurrierenden Gruppen (das sind dann „die anderen") zu überschätzen (vgl. auch S. 211).

Ein typisches Beispiel dafür ist die recht häufig auftretende so genannten Euphorie von Projektgruppen. Diese haben nicht selten die Tendenz, nach ersten Erfolgserlebnissen leicht „abzuheben" und sehr schnell den Bezug zur Realität zu verlieren.

Gruppen können also recht überheblich und unter bestimmten Bedingungen sogar – extrem formuliert – „größenwahnsinnig" werden. Die Gefahr durch diesen „Gruppengeist" (group mind) besteht nicht nur darin, dass man die eigene Leistung zum Teil unrealistisch überschätzt, sondern auch darin, dass man konkurrierende Gruppen nicht ernst nimmt sowie Risiken und Gefahrensignale von außen entweder überhaupt nicht wahrnimmt oder aber nicht adäquat einschätzt.

Dieses Phänomen findet man übrigens nicht nur bei kleineren Gruppen, sondern auch auf Unternehmensebene. Dies ist zum Beispiel die Arroganz großer und erfolgreicher Konzerne, die gelegentlich recht lange benötigen, um kleinere Wettbewerber ernst zu nehmen. Da kombiniert sich eine mehr oder minder starke Überschätzung der eigenen Position im Markt, der eigenen Produkte und/oder der eigenen Kompetenz mit einer gelegentlich sogar lebensgefährlichen Unterschätzung anderer, meist kleinerer Gruppen oder Organisationen.

4.2 Der Nivellierungseffekt

Unter Nivellierungseffekt versteht man in Gruppen den „Trend zur Mitte“. In der Abbildung 5.9 ist dieses Phänomen grafisch dargestellt. Dieser Nivellierungseffekt hat seine Ursache in der Tendenz von Gruppen, Ähnlichkeiten zu erzeugen und entsprechenden Konformitätsdruck auszuüben. Dabei ist es keinesfalls so, dass hier ins Auge springende und für jedermann deutlich wahrnehmbare Kräfte wirksam werden. Vielmehr werden diese „gleichschaltenden“ Beeinflussungsprozesse – zumindest von ungeschulten Beobachtern – in der Regel gar nicht bewusst registriert.

Unter Nivellierungseffekt versteht man, dass auf Gruppenmitglieder mit abweichenden Meinungen bzw. mit abweichendem Verhalten mehr oder minder starker Druck in Richtung Konformität ausgeübt wird. Bei Diskussionen kann es zum Beispiel schon ausreichen, dass nach einer Meinungsäußerung eines Gruppenmitgliedes die Mehrheit der übrigen Mitglieder zustimmend mit dem Kopf nickt. Allein dadurch kann sich ein weiteres Gruppenmitglied, das eine ganz andere Meinung vertritt oder vertreten möchte, bereits unter Druck gesetzt fühlen. Bei der Analyse von Meinungsbildungsprozessen in Gruppen kann man gelegentlich sehr leicht nachweisen, dass nach intensiver Diskussion oft nichts anderes als das arithmetische Mittel der bereits vorher vorliegenden Meinungen herausgekommen ist.

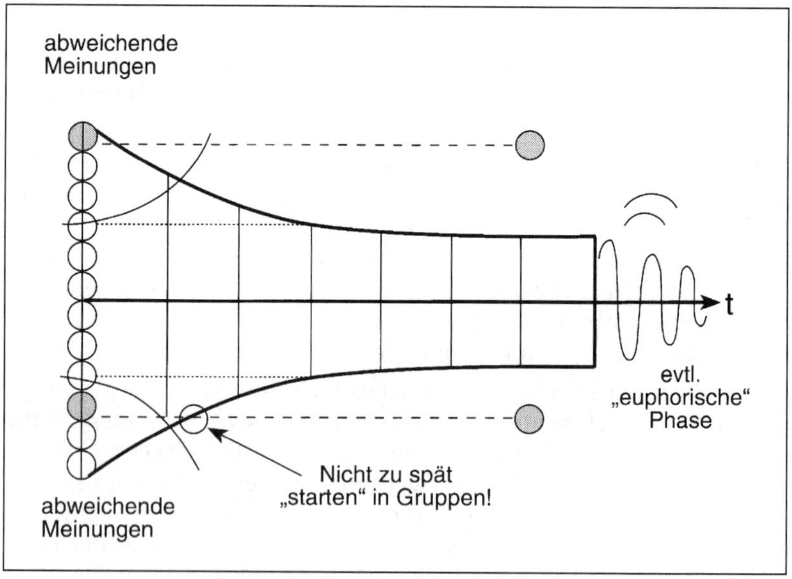

Abb. 5.9: Der Nivellierungseffekt

Die ganze „Arbeit" der Gruppe bestand dann darin, die „abweichenden Meinungen" konform zu machen. Ist man sich auf diese Weise „einig" geworden, schließt sich nicht selten auch noch eine kleine euphorische Phase an, in der sich die Gruppenmitglieder gegenseitig die Qualität ihrer Arbeit bestätigen („Prima Ergebnis!", „Da werden sich die anderen aber wundern!", „Starke Leistung innerhalb der Zeit!" usw.).

Nicht nur Meinungen werden in dieser Art gruppendynamisch beeinflusst, sondern es gibt den Nivellierungseffekt auch im Verhaltensbereich. Ein typisches Beispiel ist die so genannte **Leistungsnivellierung.** Jeder Praktiker wird dieses Phänomen wahrscheinlich schon einmal beobachtet haben: Gruppen haben einerseits die (anerkennenswerte) Tendenz, leistungsschwache Gruppenmitglieder „hochzuziehen", andererseits aber auch die (weniger schöne) Neigung, leistungsmäßig besonders hervorragende Gruppenmitglieder herunterzuziehen oder zumindest zu „bremsen". Lassen sich die Betreffenden nicht darauf ein, werden sie zu Außenseitern gestempelt. Mancher Klassenprimus hat dieses Schicksal in der Schulzeit erlitten. Gruppen können (zu) abweichende Meinungen oder (zu) abweichendes Verhalten nicht gut ertragen. Es irritiert sie. Gemeinsamkeiten und Konformität hingegen vermitteln wechselseitig Sicherheit und stabilisieren den Zusammenhalt.

Dazu noch ein Tip: Wie man der Abbildung 5.9 ebenfalls entnehmen kann, sollte man in Gruppen nicht zu spät starten, wenn man am Meinungsbildungsprozess wirkungsvoll teilnehmen möchte. Immer wieder passiert es, dass bei einer Teamarbeit Gruppenmitglieder mit guten und intelligenten Gedanken leider viel zu spät aktiv werden. Ihr Problem ist, dass der Trend der Gruppenmeinung sich immer mehr von ihnen wegentwickelt, je länger sie inaktiv bleiben und auf Einflussnahme verzichten. Je später sie sich artikulieren, desto größer ist die Wahrscheinlichkeit, dass sie mit ihrer noch nicht in die Gruppe eingebrachten Meinungsposition immer mehr zu Außenseitern werden.

Wenn bei einer Teamarbeit oder einer Gruppensitzung nicht mehr herauskommt als das arithmetische Mittel der schon vorher vorliegenden Meinungen, dann wird wohl niemand von echter Gruppeneffektivität oder Teameffizienz reden. In der Abbildung 5.10 wird versucht, grafisch darzustellen, welchen Anspruch man eigentlich an Teamarbeit haben sollte: Aus der Bandbreite des zu Beginn vorliegenden Meinungs- und Ideenangebotes sollte die Gruppe zumindest mehr als das arithmetische Mittel schaffen. Aber das ist noch nicht besonders viel. Normalerweise nämlich wird angestrebt, daß eine Gruppe bzw. ein Team besser sein sollte als ihr bestes Einzelmitglied.

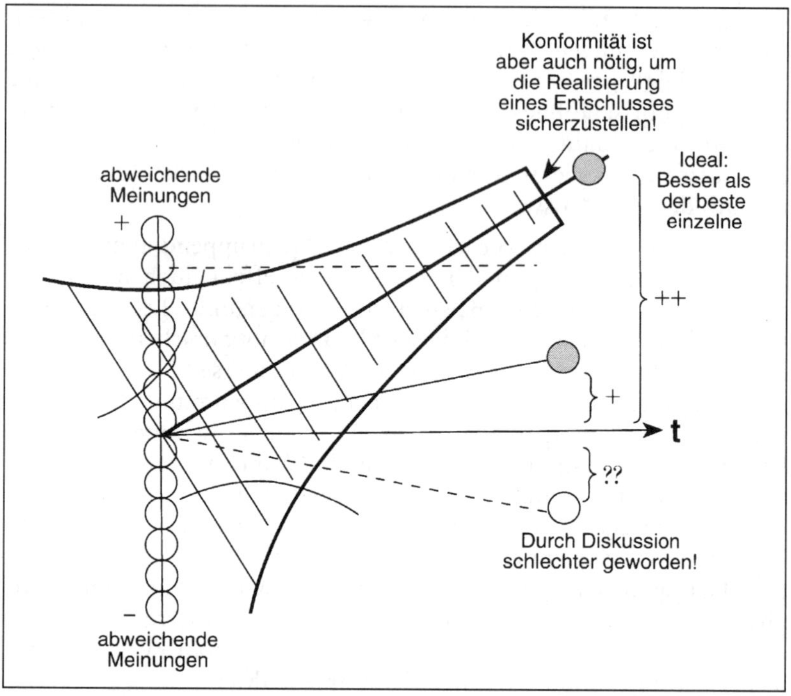

Abb. 5.10: Anspruch an Teamarbeit: Gemeinsam besser sein als das beste Gruppenmitglied

(Um diesen Qualitätssprung auch grafisch darstellen zu können, wurde in der Abbildung 5.10 durch ein Plus- bzw. Minuszeichen auf der Meinungsachse eine Wertung eingeführt).

Wie kommt es zu einem solchen **Leistungssprung?** Gerade die abweichenden (d.h. die extremen, die irritierenden) Beiträge können jene Impulse setzen, mehr zu schaffen, als die addierten Einzelbeiträge eigentlich erwarten lassen. Die Abbildung 5.10 stellt übrigens auch dar, dass am Ende eines solchen Meinungsbildungs- oder auch Entscheidungsprozesses **Konformität hergestellt sein muss.** Diese Konformität ist unbedingt notwendig, da die Realisierung der gefassten Beschlüsse bzw. der getroffenen Entscheidungen nicht gewährleistet ist, wenn nicht alle Gruppenmitglieder überzeugt dahinterstehen. Allerdings ist diese Konformität jetzt nicht durch „Niedermachen", „Wegschieben" oder „Unter-den-Tisch-fallen-lassen" von abweichenden Beiträgen hergestellt worden, sondern dadurch, dass man sich mit der Qualität der eingebrachten Gedanken auseinandergesetzt und die gegebenen Impulse als Kreativitätsanstöße genutzt hat.

Es ist keinesfalls so, dass durch Teamarbeit und Gruppendiskussion grundsätzlich und automatisch bessere Ergebnisse erzielt werden. **Effiziente Teamarbeit muss vielmehr erlernt werden.** Ungeübte bzw. untrainierte Gruppen schaffen es mit Leichtigkeit, trotz engagierter Gruppenarbeit (aber ohne Wissen um die Regeln) im Ergebnis sogar noch schlechter abzuschneiden, als es das „gemittelte Qualitätspotenzial“ hätte erwarten lassen.

Im Zusammenhang mit dem Nivellierungseffekt ist interessant, dass beispielsweise einige der wichtigsten Regeln für die Durchführung von **Brainstormings,** der wohl populärsten Ideenfindungsmethode, diesem Effekt ihre Existenz verdanken. So sollten Brainstorming-Gruppen heterogen zusammengesetzt sein, um das Meinungsangebot möglichst breit zu machen und um nicht schon gleich zu Beginn mit zu großer Konformität zu starten. Eine weitere Brainstorming-Regel fordert, dass keine Idee bzw. kein Vorschlag bewertet oder kritisiert werden darf – weder positiv noch negativ. Damit wird die Ausübung von Konformitätsdruck durch bewertende Kommentare gleichsam verboten. Wieder eine andere Regel fordert die Brainstorming-Teilnehmer auf, einfach „loszuspinnen“ und nach dem Motto „Quantität vor Qualität!“ ganz spontan extreme, verrückte, absurde und nicht sofort stets logisch abgeprüfte (und damit innerlich zensierte) Ideen zu äußern. Mit dieser Regel werden die Teilnehmer geradezu herausgefordert, abweichende Beiträge zu produzieren.

Auch die in vielen Teams und Arbeitsgruppen praktizierte **Moderationsmethode** (auch Karten-Methode oder „Metaplan“-Technik genannt) ist in ihrer Vorgehensweise unter anderem darauf angelegt, Nivellierungseffekte zu vermeiden. Wenn bei dieser Arbeitstechnik beispielsweise die einzelnen Teilnehmer gebeten werden, nicht sofort loszudiskutieren, sondern ihre Ideen, Meinungen oder Anregungen zunächst nur auf Karten zu schreiben und an eine Pinnwand zu heften, dann sind auf diese Weise (a) in der Anfangsphase weitestgehend wechselseitige Beeinflussungsprozesse und Konformitätsdruck ausgeschaltet und ist (b) dafür Sorge getragen, dass Beiträge nicht mehr so schnell und so einfach unter den Tisch fallen können. Sie sind schließlich an der Pinnwand angeheftet. Damit können sie nicht mehr so leicht übersehen werden, und es ist zudem auch noch optisch kontrollierbar, ob und wie man sich mit ihnen beschäftigt hat.

4.3 Risikoverschiebung

Unter Risikoverschiebung (risky shift) versteht man das Phänomen, dass Gruppen beispielsweise bei Entscheidungsprozessen deutlich höhere Risiken eingehen als jedes einzelne Gruppenmitglied dies tun würde, wenn es alleine für sich entscheiden müsste. Gruppen haben also die gruppendynamische Tendenz, in bezug auf Risiken mutiger zu sein. Es gibt verschiedene Hypothesen, die dieses Phänomen zu erklären versuchen. Nachfolgend sind einige genannt (wobei natürlich auch mehrere Hypothesen zusammenwirken können):

- Auswirkungen von **Konformitätsdruck** (das einzelne Gruppenmitglied wagt keine abweichenden, kritischen Meinungen oder keine Warnungen mehr zu äußern).
- **Selbstüberschätzung** der Gruppe (Risiko-Blindheit durch überhöhtes Wir-Gefühl).
- **Gegenseitiges „Hochschaukeln"** (Interaktionsphänomen: Mut „steckt an").
- **Desensibilisierung gegenüber Risiken** (im Verlauf des Umganges mit Risiken wird man mehr und mehr „immun" gegenüber Gefahren- oder Warnsignalen).
- Man glaubt (irrtümlich!), in der Gruppe verteile sich die **Verantwortung auf mehrere Schultern** und jedes Gruppenmitglied trage davon dann jeweils nur einen entsprechenden Anteil.
- **Einfluss einzelner Gruppenmitglieder** (z.B. „knackiges" Rollenverständnis des Vorgesetzten nach dem Motto: „Keine Feigheit! Wir packen das schon!").

4.4 Reaktion einer Gruppe auf Angriff

Es gibt gelegentlich Vorgesetzte, die gerne ihre Gruppe oder eine andere pauschal kritisieren. Ihnen ist dabei wohl kaum bewusst, dass sie dadurch bei den Betroffenen eine mit hoher Wahrscheinlichkeit vorhersagbare negative Reaktion auslösen. Verschiedene Experimente haben nämlich eindrucksvoll belegt, dass bei einem **pauschalen Angriff auf eine Gruppe jedes Gruppenmitglied so reagiert, als sei es persönlich angegriffen worden!** Dies gilt selbstverständlich nur für den Fall, dass sich das einzelne Mitglied auch mit dieser Gruppe identifiziert. Außerdem gilt: Je höher der Grad der Identifikation, desto intensiver die Betroffenheitsreaktionen der einzelnen Gruppenmitglieder. Vorgesetzte mit einer solchen Neigung zur Pauschal- bzw. Globalkritik sollten sich darüber klar sein, dass sie diese Reaktion selbst dann hervorrufen, wenn die Kritik im Prinzip berechtigt ist. Zudem müssen sie damit rechnen, dass sich sogar auch diejenigen Gruppenmitglieder, die sie gar nicht unmittelbar gemeint bzw. angesprochen haben, ebenfalls persönlich attackiert fühlen. Nicht zuletzt aus diesem Grunde gibt es die Empfehlung: Kritik nur unter vier Augen (im Einzelfall) bzw. nur an die, die es wirklich angeht.

4.5 Die Entwicklung von Gruppen

Ähnlich wie man in Bezug auf das Individuum von Entwicklungspsychologie spricht, gibt es auch eine Psychologie der Entwicklung von Gruppen. Das in Abbildung 5.11 dargestellte englische Wortspiel nennt treffend die vier Entwicklungsstufen, nach denen in aller Regel jede Gruppenentwicklung (mehr oder weniger dynamisch) abläuft:

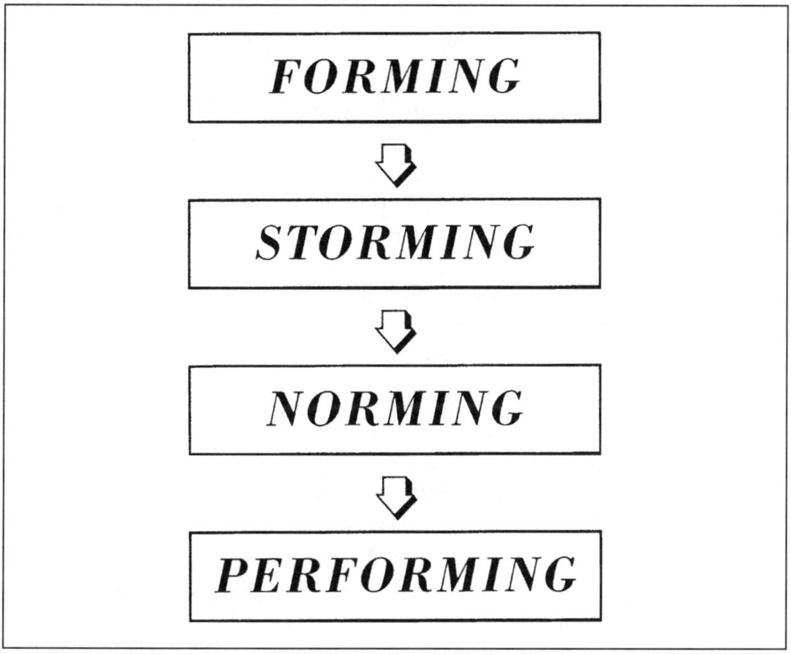

Abb. 5.11: Entwicklung einer Gruppe

Keine Gruppe, die neu zusammengefügt worden ist (**forming**), kann und wird von Beginn an reibungslos und optimal funktionieren. Es bestehen Ängste, man prüft die Situation, man taxiert die übrigen Gruppenmitglieder, man lotet die Abhängigkeit von dem bzw. einem Führer aus, und man prüft die Frage nach dem angemessenen Verhalten. Das gilt für formelle Gruppen (wie z.B. Arbeits- oder Projektgruppen) ebenso wie für informelle Gruppen im betrieblichen, privaten oder im Freizeitbereich (z.B. Reisegruppe, Club/Verein, aber auch Partnerschaften). Jede neue Gruppe – und „Gruppe“ beginnt schon bei zwei Personen – muss sich erst einmal zusammenfinden. Sie muss sich organisieren, die Rollenverteilung regeln, die

Beziehungen untereinander klären, gegenseitige Akzeptanz aufbauen, Einigung über die gemeinsame Zielsetzung herbeiführen usw.

Dies geht niemals ohne Reibungen bzw. ohne mehr oder weniger deutliche Konflikte (**storming**) ab. Solche gruppendynamischen Turbulenzen können zum Beispiel sein: emotionaler Widerstand gegen die Aufgabe bzw. die Anforderung der Aufgabe, Konflikte zwischen einzelnen Gruppenmitgliedern, unterschiedliche Auffassungen über die Art des Umgangs miteinander oder auch Rebellion gegen den Führer und/oder seine Ausübung von Führung. Wie ein neuer Motor oder ein neues Getriebe sich erst einlaufen muss, muss auch eine Gruppe ihr gemeinsames Funktionieren einüben und erproben.

Am Ende dieses Prozesses stehen dann geklärte Rollenverhältnisse, und es haben sich bestimmte „Spielregeln" des Miteinander-Klarkommens ergeben (**norming**), die nach Durchlaufen eines gemeinsamen Lernprozesses nun in der Gruppe als sinnvolle Normen akzeptiert werden. Auf der Basis dieser für alle Gruppenmitglieder verbindlichen Normen entwickelt sich zunehmend Offenheit im Austausch von Meinungen und Gefühlen, der Gruppenzusammenhalt wird stabiler und das für diese Gruppe typische Wir-Gefühl stellt sich ein. Kooperation entfaltet sich.

Nachdem unnütze Reibungen und damit Energieverluste überwunden wurden, sind jetzt alle Energien frei für die Zielverfolgung. Die Struktur der Gruppe steht, und im Rahmen der vereinbarten Spielregeln stellt jedes einzelne Gruppenmitglied sein Potenzial in den Dienst der Gruppenzielsetzung. Die Gruppe läuft „glatt", und sie kann nun optimale Leistung bringen (**performing**).

Die vorstehend beschriebenen Phänomene sind nur eine Auswahl aus einer größeren Zahl von typischen gruppendynamischen Prozessen. Wer effizient in und mit Gruppen arbeiten will und wer erfolgreich eine Gruppe leiten möchte, sollte wenigstens die wichtigsten Gruppenprozesse kennen und sie auch wahrnehmen können. In der Realität ist alles natürlich noch ein wenig komplizierter, weil solche gruppendynamischen Phänomene nicht isoliert auftreten, sondern in der Regel mehrere zugleich wirksam werden.

5 Auf dem Weg zur Teameffizienz

Grundsätzlich reicht es nicht aus, eine Anzahl von Personen zusammenzuwürfeln und dann auf effiziente Teamarbeit zu hoffen. Bevor man realistisch mit einer Teamleistung rechnen kann, müssen zumindest die folgenden Bedingungen erfüllt sein:

- **Die Aufgabenstellung muss für Teamarbeit geeignet sein.** Nicht jede Aufgabe eignet sich für Gruppenarbeit. Der Vorgesetzte muss entscheiden, welche Aufgaben er Einzelnen übertragen möchte und wann er auf Teamarbeit baut.
- **Die situativen Rahmenbedingungen müssen Teamarbeit zulassen.** Damit sind in erster Linie die zeitlichen, räumlichen und materiellen Voraussetzungen gemeint. In Teamarbeit muss man schon ein bisschen „investieren“: Beispielsweise benötigt man einen geeigneten Arbeitsraum mit entsprechender Ausstattung (Overhead-Projektor, Flip-Chart, Pinnwände etc.), damit überhaupt bestimmte Gruppenarbeitstechniken möglich sind. Vor allem aber benötigt man Zeit. Schließlich ist Teamarbeit in aller Regel zeitaufwendiger als Einzelarbeit. Wer diese Zeit nicht investieren möchte, sollte die Finger von Teamarbeit lassen.
- **Motivation allein reicht nicht aus.** Man muss Teamarbeit auch können! Ohne die Kenntnis der notwendigen Kommunikations- und Arbeitstechniken, ohne systematisches Vorgehen und ohne Orientierung an bestimmten „Spielregeln“ der Zusammenarbeit kann ein Team schwerlich effizient sein.
- **Die Gruppe muss funktionieren.** Es reicht mitunter schon, dass zwei Gruppenmitglieder nicht miteinander „können“, und die Gruppe wird von ihrer eigentlichen Aufgabenstellung massiv abgelenkt. Zwischenmenschliche Störungen, aber auch Disziplinlosigkeit und Nichteinhaltung von Spielregeln sind mehr als „nur“ hinderlicher „Sand im Getriebe“. Sie können unter Umständen die Effizienz einer Gruppe völlig lahmlegen.

Die Abbildung 5.12 (S. 206) sagt etwas aus über den Stellenwert von Kooperation und Teamarbeit in der heutigen Arbeitswelt. Die Autoren dieser Darstellung sehen in Kooperation und Teamarbeit eine unbedingt notwendige Voraussetzung für die Überlebensfähigkeit einer Organisation. Die Basisvoraussetzung dafür ist eine tragfähige Vertrauensbasis zwischen den einzelnen Gruppen- bzw. Organisationsmitgliedern. Dieses Vertrauen ist die Grundlage für eine offene Kommunikation untereinander. Es befähigt auch die Beteiligten, die bei teamorientiertem Arbeiten unvermeidbaren Konfliktsituationen zu bestehen und die Konflikte erfolgreich zu regeln. Gruppenarbeit ist keine Harmonie-Veranstaltung! Gruppenarbeit bedeutet immer Widerstreit der Meinungen, gedankliche Auseinandersetzungen sowie gelegentlich heftiges und engagiertes Ringen um Alternativen. Damit ist die Fähigkeit zur Konfliktregelung eine unabdingbare Voraussetzung für Gruppenleistung. Leistungsfähigkeit und Konfliktfähigkeit zeichnen jene erfolgreichen Teams aus, die immer wieder innovative Impulse setzen und damit zur ständigen Revitalisierung einer Organisation beitragen.

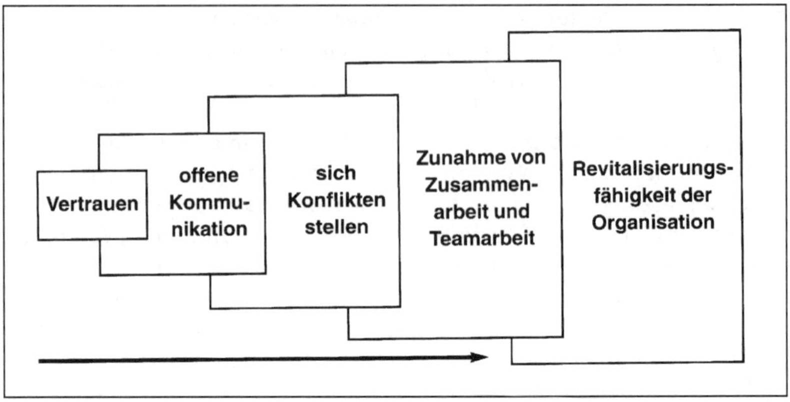

Abb. 5.12: Hypothetische Sequenz von Zielen für die Erhaltung einer Organisation (nach Porter/Lawler III/Hackman, 1975, S. 497)

5.1 Einzel- oder Gruppenarbeit?

Die Frage, ob Einzelarbeit oder Gruppenarbeit letztendlich effektiver ist, wird immer wieder kontrovers diskutiert. Dabei ist die Frage falsch gestellt: In bestimmten Situationen und angesichts bestimmter Aufgabenstellungen ist es sicherlich besser, auf Einzelarbeit zu setzen. In anderen Situationen und bei anderen Aufgaben ist der Vorgesetzte gut beraten, teamorientiert zu arbeiten. Die Frage muss also lauten: Wann Teamarbeit? Aber selbst wenn Situation und Aufgabenstellung für Teamarbeit geeignet sind, ist das noch kein Freibrief für Gruppenleistung, wenn nämlich die Gruppe in sich nicht funktioniert und/oder bestimmte Regeln für Zusammenarbeit nicht beachtet werden.

Selbstverständlich muss man auch die Kriterien bedenken, nach denen man Einzel- und Gruppenarbeit vergleicht. Geht es um die Übereinstimmung mit vorherrschenden gesellschaftlichen Normen? Steht im Vordergrund der Aspekt der Personalentwicklung, d.h. das Lernen und sich Qualifizieren im Zuge der Arbeit? Soll die Zufriedenheit möglichst vieler maximiert werden? Geht es primär um den Zeitbedarf und wenn ja, um die Dauer, bis die Arbeit erledigt ist oder um die man hours, die man insgesamt benötigt? Sollen – wenn Leistungsmaße im Vordergrund stehen – Quantität oder Qualität der Leistung stärker gewichtet werden? Geht es um Fehlerfreiheit oder um Originalität und das Finden neuer Wege? Die Liste der Kriterien ließe sich fortsetzen, und man wird je nach Kriterium oder Kriterienkombination möglicherweise zu ganz unterschiedlichen Empfehlungen gelangen. Meist interessiert in der Praxis irgendein

Indikator der Leistung. Daher soll dieser Aspekt nachfolgend auch in der Vordergrund gerückt werden.

Wenn es um das Tragen oder Bewegen schwerer Lasten geht, wird niemand bezweifeln, dass hier Gruppenarbeit angesagt ist: Alle legen Hand an und schaffen gemeinsam eine Leistung, die ein Einzelner nicht geschafft hätte. Gleiches gilt für das Erbringen geistiger Leistungen. Wenn ein einzelner beispielsweise nicht die nötige fachliche Kompetenz und keinen ausreichenden Informationsstand für die Lösung eines Problems besitzt, dann ist man auf das Wissen und die Anregungen anderer angewiesen, und man sollte dies nutzen. So sind beispielsweise Gruppen beim Lösen eines Kreuzworträtsels viel erfolgreicher als ein Einzelner. Gilt es jedoch, ein Kreuzworträtsel zu konstruieren, dann ist der Einzelne überlegen. Es kommt also auf die Struktur der Aufgabe an. Gruppenarbeit ist im Prinzip immer dann zu empfehlen, wenn man das Wissen, die Kompetenz oder auch die Ideen vieler zusammenführen möchte und zusätzlich noch der Effekt der gegenseitigen Anregung und Befruchtung genutzt werden soll. Andererseits kann es bei der gedanklichen Entwicklung von komplexen Konzepten äußerst irritierend sein, von anderen durch (störende!) Anregungen oder auch Fragen ständig aus der eigenen gedanklichen Konstruktion herausgerissen zu werden.

Der Vorgesetzte muss deshalb jeweils entscheiden, ob eine bestimmte Aufgabenstellung für Gruppenarbeit geeignet ist. Ganz allgemein ist Gruppenarbeit zu empfehlen:

- **Bei allen Schätzaufgaben:** Diese Aufgaben sind dadurch gekennzeichnet, dass keine eindeutigen und konkreten (Rechen-)Formeln für ihre Lösung zur Verfügung stehen. Statt dessen ist man auf die Zusammenführung von Erfahrungswerten mehrerer Leute angewiesen. Man macht ein so genanntes Experten-Rating.
- **Bei allen größeren Problemlöseaufgaben:** Hier nutzt man den Effekt, dass Beteiligte am Problem, aber auch Beobachter und andere Leute, die schon Erfahrung bei der Bewältigung ähnlicher Probleme haben, gemeinsam eine größere Problemlösekompetenz besitzen als Einzelne.
- **Zur „Kontrolle“ von Spezialisten:** Hier lässt man zunächst einen Fachmann, einen Spezialisten in Einzelarbeit eine Problemlöseaufgabe bis zur Lösungsreife vorantreiben. Anschließend diskutiert und prüft eine Gruppe sozusagen als „Fehlersuchgerät“ den vorgeschlagenen Lösungsweg und die Lösungsalternativen.

Das letztgenannte Verfahren geht übrigens in aller Regel nicht ohne Schmerz für den betroffenen Spezialisten ab. Niemandem fällt es leicht, die Früchte intensiven und engagierten Nachdenkens noch einmal von anderen, d.h. in diesem Fall von der Gruppe, in Frage stellen zu lassen. Dazu gehört persönliche Souveränität. Man muss kritisches Hinterfragen und Feedback durch die Gruppe akzeptieren und auch ertragen können. Dabei helfen die Einsicht und der Wunsch, mit Hilfe der Gruppe **gemeinsam** ein bereits vorliegendes Ergebnis noch zu optimieren.

Es gibt aber auch noch ein weiteres gewichtiges Argument, sich bei einer Aufgabenbewältigung kooperativer, d.h. teamorientierter Arbeitsweisen zu bedienen. Wie aus der in Abbildung 5.13 dargestellten und den beiden amerikanischen Sozialforschern *Vroom* (1960) und *Strauss* (1963) zugeschriebenen „Hypothese über die Wirkung der Partizipation“ (Kooperation) zu entnehmen ist, gibt es zwei Argumente für gruppenorientiertes Arbeiten: Bereits angesprochen wurde, dass man sich von Teamarbeit eine Effizienzsteigerung dahingehend erwartet, dass durch Mitwirkung anderer sowohl Fehler korrigiert als auch zusätzliches Wissen, Kompetenz und Ideen eingebracht werden. Dadurch wird die Entscheidungsqualität verbessert. Darüber hinaus aber bewirkt Kooperation noch den zusätzlichen psychologischen Effekt, dass dadurch die so genannten **Durchsetzungswiderstände** verringert werden.

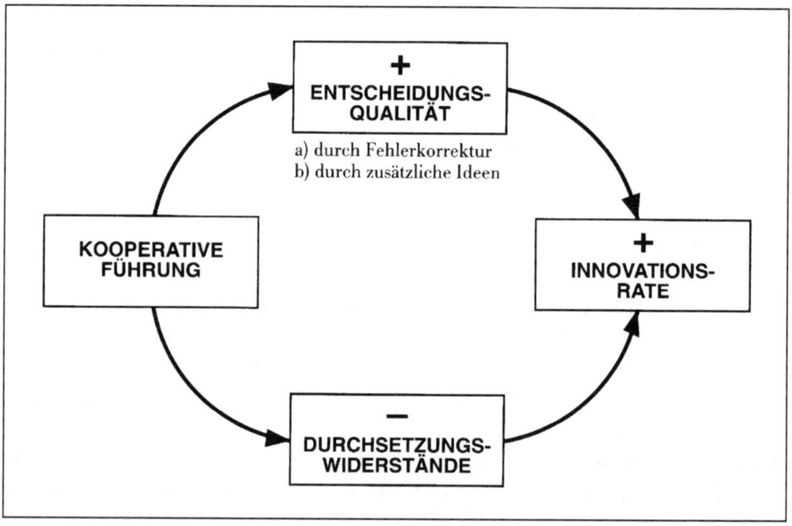

Abb. 5.13: Hypothese über die Wirkung der Kooperation

Durch das Angebot zur Mitwirkung macht man – so ein populärer Slogan – „Betroffene zu Beteiligten“. Dadurch werden sie zu (Mit-) Vätern der entwickelten Ideen und Lösungsansätze, was bei ihnen auch die Motivation weckt, sich bei der Umsetzung zu engagieren (statt Widerstände zu entwickeln). Schließt man hingegen Betroffene von Problemlösungen und Veränderungsplanungen aus, dann steigert man den so genannten „NIH-Faktor“. NIH ist Praktiker-Jargon und bedeutet: „Not invented here!“, d.h. die Idee ist nicht von uns, also kann sie schon nichts sein!

Geht es um komplexe Aufgaben, etwa das Treffen von Entscheidungen oder das Lösen von Problemen, so lassen sich drei Effekte grundsätzlich voneinander unterscheiden:

- die Gruppenleistung liegt über der besten Einzelleistung,
- die Gruppenleistung entspricht der besten Einzelleistung,
- die Gruppenleistung liegt unter der besten Einzelleistung.

Für die Gruppenarbeit wird man sich in der Regel nur dann entscheiden, wenn man hoffen darf, dass deren Ergebnis über der besten Einzelleistung liegt. Dann aber sollten folgende Voraussetzungen gewährleistet sein:

- Die Aufgabe sollte für die Gruppenarbeit geeignet sein. Dafür ein Beispiel: ein Kreuzworträtsel kann von einer Gruppe deutlich besser gelöst werden als von einem guten Einzelnen. Dieser aber ist der Gruppe beim Konstruieren des Kreuzworträtsels überlegen. Was kennzeichnet nun strukturell das Lösen von Kreuzworträtseln? Verschiedene Wissensbestandteile, über die nur einzelne verfügen, können additiv zusammenkommen. Der eine weiß dies, was die anderen nicht wissen und der andere jenes, worüber die übrigen nicht informiert sind. Gelegentlich zeigen sich auch Synergieeffekte. Der eine hat einen Erinnerungsrest, spricht diesen vorsichtig aus, und ein anderer ergänzt; gemeinsam also finden sie – um beim Beispiel des Kreuzworträtsels zu bleiben – das richtige Wort. Beim Konstruieren des Kreuzworträtsels hingegen kommt es auf ein Konzept an, das schwer gemeinsam erarbeitet werden kann. Hier wird durch das gemeinsame Bemühen die gute Idee des einen durch die Vorschläge der anderen eher irritiert und gebremst. Die Reibungsverluste sind größer als der Gewinn durch die gemeinsamen Anstrengungen. Es ist also hier wie in Naturwissenschaft und Technik: Große naturwissenschaftliche Innovationen – man denke an die Relativitätstheorie – sind in der Regel die Ideen einzelner. Technische Umsetzungen, z.B. der Bau eines Atomkraftwerkes oder die Entwicklung eines innovativen Fahrzeugantriebs, sind in aller Regel Teamarbeit.

Wenn allerdings die Aufgabe für die Gruppenarbeit geeignet ist, dann muss bei der Zusammensetzung und bei der Arbeit der Gruppe auch auf einige Punkte geachtet werden, die gegeben sein müssen, damit der potentielle Vorteil, der nun in der Gruppenarbeit liegt, auch realisiert werden kann. Folgendes sollte (in Ergänzung zu dem auf S. 205 gesagten) beachtet werden:

- Die Gruppe sollte klein sein und maximal 5–7 Mitglieder umfassen.
- Die Gruppenmitglieder sollten alle am Problem interessiert sein, dies aber jeweils unter verschiedenen relevanten Aspekten sehen. So ist es z.B. wenig sinnvoll an ein Personalproblem im Betrieb fünf Arbeitsrechtler zu setzen. Besser wäre es neben einem Juristen ein Mitglied des Betriebsrats, einen Psychologen, einen Betriebswirt und einen Techniker (falls es sich um ein Problem in der Produktion handelt) zu beteiligen.
- Auch wenn die Personen aus verschiedenen Fachkulturen und Ausbildungsgängen stammen, sollten sie gelernt haben, eine für die jeweils anderen verständliche Sprache zu nutzen.
- Die zwischenmenschlichen Beziehungen sollten möglichst unbelastet sein, sonst besteht die Gefahr, dass jemand in der Sache widerspricht, weil er dem, der die Idee entwickelt hat, deshalb nicht zustimmen möchte, weil er ihn nicht leiden kann. So kann es besser sein den fachlich Zweitbesten in die Gruppe zu integrieren, wenn dieser zu den übrigen Mitgliedern der Gruppe unbelastete zwischenmenschliche Beziehungen hat.
- Die Gruppe sollte sich an bestimmte Spielregeln (Normen) halten, die am besten gemeinsam im Rahmen eines Teamentwicklungstrainings erarbeitet wurden.

Die Leistung der Gruppe entspricht dann der eines guten Einzelnen, wenn es sich um ein typisches Spezialistenproblem handelt und alle wissen, wer in der Gruppe der einschlägig kompetente Spezialist ist. Wird das Problem genannt, dann schauen alle ihren Spezialisten an, der den Lösungsvorschlag macht. Dieser wird dann von den übrigen akzeptiert.

Man sieht: die Bearbeitung des Problems in der Gruppe führt zwar bei den übrigen zu einer Verbreiterung ihrer Wissensbasis, sie werden qualifiziert. Qualitativ besser aber wird die Lösung dadurch nicht; es dauert durch die Gruppensituation nur länger, bis die Lösung erarbeitet ist.

Schlechter als die Leistung eines guten Einzelnen ist die Gruppenleistung dagegen dann, wenn alle Regeln, die soeben für den umgekehrten Fall genannt wurden, verletzt sind. D.h.:

- Die Aufgabe ist für die Gruppenarbeit ungeeignet
- Die Gruppe ist zu groß.
- Die Gruppenmitglieder sind am Problem nicht interessiert und/oder sehen es alle unter der gleichen einseitigen Perspektive.

- Die Gruppenmitglieder nutzen eine Sprache, die von den anderen nur schwer verstanden wird und Missverständnisse zur Folge hat.
- Die Beziehungen zwischen den Gruppenmitgliedern sind stark belastet.
- Die Gruppe hat keine Regeln der Zusammenarbeit oder ihre Mitglieder halten sich nicht an die erarbeiteten oder vorgegebenen Regeln.

Eine besonders eindrucksvolle Untersuchung zu Fehlentscheidungen von Gruppen hat *Janis* (1972) am Beispiel von Beratergruppen der US-amerikanischen Regierung durchgeführt. Die Prozesse während dieser Gruppenarbeit waren so gut dokumentiert, dass man sie in der Forschung nachzeichnen konnte. Derartige Prozesse, die zu einem – wie man nachträglich aus der historischen Perspektive beurteilen konnte – schlechten Ergebnis führten, waren dadurch gekennzeichnet, dass in den Gruppen

- ein unrealistischer Optimismus herrschte, der geradezu durch eine Illusion der Unverletzbarkeit gekennzeichnet war,
- gemeinsam Rationalisierungen und Scheinbegründungen erarbeitet und akzeptiert wurden, wo tragfähige Argumente fehlten,
- potentielle Kritiker von außen stereotypisiert und abgewertet wurden,
- die geplante eigene Handlungsweise nicht nur als erfolgsträchtig beurteilt, sondern auch moralisch gerechtfertigt wurde,
- abweichende Meinungen in der Gruppe unterdrückt und negativ sanktioniert wurden, so dass schließlich,
- einzelne ihre Zweifel und abweichenden Auffassungen nicht mehr äußerten und darüber hinaus,
- „Gesinnungswächter" außerhalb der Gruppe, z.B. das Vorzimmer, Informationsselektion betrieben und nur solche Informationen der Gruppe zugänglich machten, die die präferierten Auffassungen stützten,
- was insgesamt zur Konsequenz hatte, dass die Einmütigkeit der Gruppe überschätzt und ein nicht zu rechtfertigendes Sicherheitsgefühl aufgebaut wurde.

Um derartige schädliche Effekte bei der Gruppenarbeit zu vermeiden, erarbeitete *Janis* (1982) folgende Regeln:

- Aufklärung der Gruppenmitglieder über die Gefahren derartiger gruppendynamischer Prozesse,
- Zurückhaltung des Vorgesetzen oder Gruppenleiters mit eigenen Stellungnahmen,
- Ermutigung der Gruppenmitglieder zur Kritik und zum Äußern abweichender Meinungen,

- gelegentliche Übernahme der Rolle eines „Advocatus Diaboli“ durch ein Gruppenmitglied, insbesondere wenn sich Einmütigkeit in der Gruppe anzudeuten scheint,
- Bildung von Untergruppen, die (in Konkurrenz zueinander) Teilprobleme unabhängig voneinander bearbeiten,
- sorgfältige Analyse der Handlungsmöglichkeiten und vermutlichen Absichten eines möglichen Gegners oder Konkurrenten,
- erneutes Überdenken der Lösung bei einer zweiten Besprechungsrunde („zweite Lesung“),
- Heranziehen eines externen und unabhängigen Beobachters oder Kritikers, der selbstverständlich über schon in der Gruppe bestehende Meinungen und Auffassungen nicht vorinformiert werden sollte,
- Erfragen der Meinungen kompetenter und vertrauenswürdiger Personen, die der Gruppe nicht angehören und deren Normen und Denkgewohnheiten noch nicht übernommen haben,
- Einsetzen einer parallel am gleichen Problem arbeitenden Gruppe.

5.2 Gruppenbezogene Voraussetzungen

Selbst wenn die Aufgabenstruktur wie auch die Rahmenbedingungen eine Gruppenarbeit durchaus angebracht erscheinen lassen, ist dies allein noch keinesfalls eine Gewähr dafür, dass die Gruppenleistung der Leistung eines qualifizierten Einzelnen überlegen sein wird. Im Folgenden sind einige weitere wichtige (auf S. 210 bereits angedeutete) Voraussetzungen genannt, die für die Erbringung einer Gruppenleistung gegeben sein müssen.

Ein sehr häufiges Problem ist schon allein die **Gruppengröße.** Zwar kann man keine absolute Zahl für die optimale Gruppengröße angeben, jedoch sollte die Gruppe relativ klein sein und nach Möglichkeit nicht mehr als fünf bis sieben Mitglieder umfassen (besonders bei anspruchsvollen geistigen Tätigkeiten). Dies ist nicht nur ein Koordinationsproblem, sondern mit wachsender Mitgliederzahl erhöht sich in der betreffenden Gruppe schlicht die Anzahl derer, die meist schweigend dabeisitzen und somit zum Ergebnis eigentlich nichts beitragen. In zu großen Gruppen wird die Kommunikation erfahrungsgemäß von wenigen Einzelnen bestritten, die gelegentlich auch noch der Verführung erliegen, dieses Forum für ihre persönliche rhetorische Selbstdarstellung zu nutzen. Ein weiterer Punkt ist, dass nur bis zu einer bestimmten Gruppengröße die Teilnehmer die Vielzahl von Ideen, Anregungen und Vorschlägen präsent halten und verarbeiten können. Schließlich leidet auch die Spontaneität (wichtig für Kreativität!), wenn eine Gruppe zu groß wird. Die Wartezeit, bis man schließlich einmal wieder zu Wort kommt, wird schlicht zu lang. Oder aber man muss undiszipliniert werden und das Wort an sich reißen.

Nun kann es passieren, dass eine sehr umfangreiche oder komplexe Aufgabenstellung es erforderlich macht, eine größere Anzahl von Leuten zu beteiligen. Dann ist der beste Weg, diese Großgruppe in mehrere Teilgruppen aufzuteilen. Diese arbeiten entweder parallel oder aber sie werden phasenweise eingesetzt bzw. ihnen werden Teilaufgaben übertragen.

Eine weitere Voraussetzung für effiziente Gruppenarbeit ist, dass die Teilnehmer bestimmte **Arbeitstechniken und Vorgehensweisen** (z.B. Metaplantechnik, Problemlöse- und Entscheidungstechnik, Brainstorming etc.) ausreichend beherrschen. Niemand sollte ein Auto fahren, ohne einen Führerschein zu besitzen. Gleiches gilt selbstverständlich auch für Gruppenarbeit. Die für Teamarbeit notwendigen Arbeitstechniken können in betriebsinternen oder in externen Seminaren erlernt und trainiert werden.

Ein gravierendes Hindernis für Gruppeneffizienz sind **gestörte Beziehungen** zwischen einzelnen Personen (oder auch Teilgruppen). Die daraus resultierenden Kommunikationsprobleme und Konflikte können gelegentlich die Zielerreichung völlig blockieren. In einem solchen Fall müssen zunächst die Beziehungen geklärt und die Konflikte bereinigt werden, ehe die Sacharbeit überhaupt eine Chance hat.

Teamarbeit lebt vom gedanklichen Austausch. Dazu müssen die einzelnen Gruppenmitglieder gut und störungsfrei miteinander kommunizieren. Hier sind **soziale Fähigkeiten und Fertigkeiten** gefordert. Das beginnt schon damit, dass man sich überhaupt traut, den Mund aufzumachen. Wer sich nicht artikuliert oder artikulieren möchte, kann nichts beitragen. Zum Sich-trauen gehört aber auch ein Gruppenklima, in dem abweichende und kontroverse Beiträge jederzeit willkommen sind und ernsthaft geprüft werden. Für erfolgreiche Gruppenarbeit sind Zuhörfähigkeit und Feedbackfähigkeit, aber auch die Fähigkeit, die eigene Wirkung zu kalkulieren, sowie die Bereitschaft zu offener und ehrlicher Kommunikation unbedingt notwendig. Selbstverständlich ist auch wichtig, dass die Gruppenmitglieder nicht „Opfer“ bestimmter gruppendynamischer Prozesse werden (z.B. Nivellierungseffekt), die sie – weil unbekannt – nicht wahrnehmen und demzufolge auch nicht steuern und beeinflussen können.

Schließlich ist es bei der Gruppenarbeit notwendig, dass sich die beteiligten Gruppenmitglieder auf bestimmte normierende **„Spielregeln“** zur Organisation ihrer Gruppe und zur Optimierung der Zusammenarbeit einigen. Solche Spielregeln beziehen sich nicht nur auf die Systematik der Vorgehensweise, sondern ebenso auf ganz konkretes Kommunikationsverhalten, wie zum Beispiel: keine längeren Monologe, die anderen ausreden lassen, Ideen erst sammeln und nicht sofort bewerten, alle wichtigen Fakten, Beiträge und Ideen grundsätzlich visualisieren usw.

Betrachtet man allein die hier genannten Voraussetzungen für erfolgreiche Gruppenarbeit, wird es niemanden überraschen, wenn ein undisziplinierter „chaotischer Haufen“ trotz idealer Gruppengröße nichts vollbringt, während vielleicht ein Dutzend hochdisziplinierter und trainierter Leute **trotz** der Gruppengröße noch eine eindrucksvolle Gruppenleistung erbringen kann.

5.3 „Spielregeln“ für Gruppenarbeit: TZI

Wenn Menschen in koordinierter Form und möglichst erfolgreich ein gemeinsames Ziel erreichen wollen, bedarf es gegenseitiger Rücksichtnahme und Abstimmung. So ist es empfehlenswert – entsprechend dem schon erwähnten Wortspiel über die Entwicklung von Gruppen: Forming → Storming → Norming → Performing –, unter den beteiligten Gruppenmitgliedern gegenseitig akzeptierte „Spielregeln“ (Normen) zu etablieren, um auf diese Weise die Basis für eine möglichst effiziente Zusammenarbeit in der Gruppe zu legen.

Als ein Beispiel für solche Normen sind nachfolgend einmal einige Regeln für Kooperation in Gruppen aufgeführt, die von *Ruth Cohn* (1970, 1976) aus ihrem Konzept der sogenannten **Themen-zentrierten Interaktion** (**TZI**) entwickelt wurden: Das TZI-Konzept geht von der Überzeugung aus, dass eine optimale Zusammenarbeit in einer Gruppe am ehesten dann gewährleistet ist, wenn die Bedürfnisse und Interessen des Einzelnen (Ich) und der Gruppe (Wir) gleichermaßen berücksichtigt werden und dabei das Ziel (Thema) nicht aus den Augen verloren wird (Abbildung 5.14).

Bei der Themen-zentrierten Interaktion wird versucht, mit Hilfe bestimmter Kommunikationsregeln die drei Faktoren Thema, Ich und Wir möglichst optimal auszubalancieren. Die TZI-Regeln sollen dabei helfen, die Kommunikation untereinander offener, präziser, schneller und direkter zu gestalten. Nur wenn Ziele und Interessen aller Beteiligten in einem ausgewogenen Verhältnis berücksichtigt werden, kann das Ergebnis für alle befriedigend sein und wird die Umsetzung der Ergebnisse von allen getragen werden. Nachfolgend die wichtigsten TZI-Regeln – jeweils mit kurzer Erläuterung:

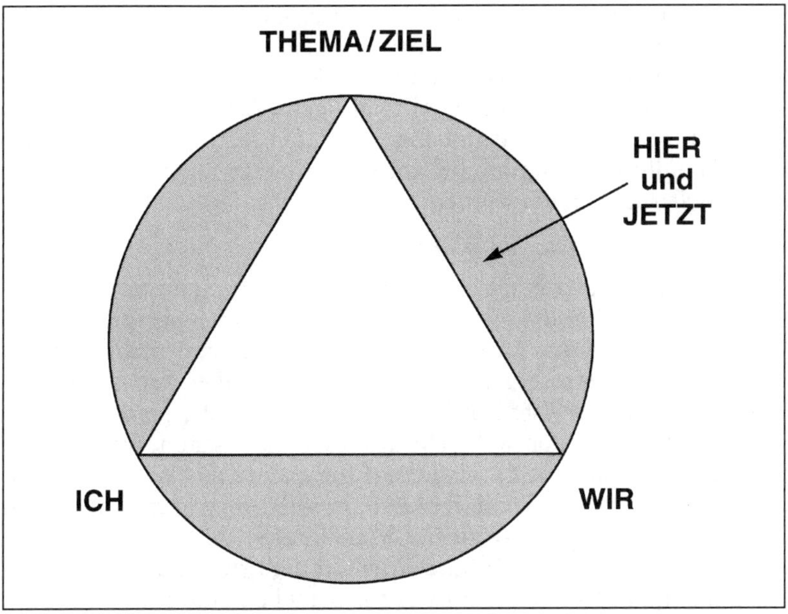

Abb. 5.14: Elemente der Themen-zentrierten Interaktion (TZI)

(1) Hier und Jetzt

Je konkreter sich eine zu bearbeitende Problemstellung an der gegenwärtigen Situation orientiert, desto konstruktiver können Verbesserungen für die Zukunft erarbeitet werden. Ständig in der Vergangenheit zu leben („Früher war alles viel besser ..." oder: „Wenn man damals nicht ..., dann ...") ist genauso ineffektiv, wie nur auf die Zukunft zu hoffen („Wenn wir andere Arbeitsbedingungen hätten, dann könnten wir besser ..."). Beides ist Flucht aus der Wirklichkeit!

(2) Jeder ist für sich selbst verantwortlich

Jedes Gruppenmitglied hat die freie Entscheidung, wie es sich in die Gruppe einbringt und welche Aktivitäten es dort entwickelt. Unauflösbar damit verbunden ist aber auch, dass jeder für seine Entscheidungen und Handlungen auch die Verantwortung übernehmen muss. Ein Beispiel: Niemand außer dem Betroffenen selbst kann wissen, ob die laufenden Gruppenaktivitäten und die Art und Weise der Zielerreichung seinen Interessen gerecht werden. Im Zweifelsfall muss er aktiv werden, denn für das Artikulieren eigener Anliegen ist jeder selbst verantwortlich. Wer auf diese Einflussnahme verzichtet, soll sich später nicht beklagen. Von *Voltaire* soll der Satz stammen:

„Wir sind nicht nur verantwortlich für das, was wir tun, sondern auch für das, was wir nicht tun!“ Nutzt also jemand den ihm gebotenen Freiraum nicht aus, muss er (auch) dafür die Verantwortung übernehmen. Gleichzeitig sollte er sich übrigens darüber klar sein, dass er durch seinen Verzicht auf Eigeninitiative verfügbaren persönlichen Handlungsspielraum auf andere überträgt, die ihn – statt seiner – sicherlich nutzen werden.

(3) Jeder ist sein eigener Chairman

Diese Formulierung ist einerseits die Aufforderung an jeden Einzelnen, für sich selber das Wort zu ergreifen und auch persönlich seine eigenen Standpunkte zu erläutern. Das sollte man nicht anderen überlassen. Andererseits bedeutet diese Regel aber auch, dass niemand – ungebeten – stellvertretend für einen anderen reden und für ihn das Wort ergreifen sollte (Motto: „Ich weiß schon, was Herr … meint, er will sagen …“). Ungefragt für andere das Wort zu ergreifen und deren Positionen darzulegen, ist – das mag hart klingen – eine Art Entmündigungsstrategie: Man hindert den anderen daran, sich selbst zu artikulieren (und offensichtlich traut man ihm das ja auch nicht zu). Gelegentlich ist es für manche Leute aber auch ganz bequem, andere für sich reden zu lassen; besonders, wenn es um unangenehme Dinge geht. In einem solchen Fall sollte man anderen jedoch nicht die Lern- und Übungschance nehmen, für sich einzutreten. Sie sind schließlich für sich selbst verantwortlich.

(4) Wünsche muss man aussprechen

Dieser Satz ist eigentlich eine alte Volksweisheit. Wer etwas von (einem) anderen will, sollte seine Wünsche und Bedürfnisse offen und direkt aussprechen. Statt non-verbale Appelle auszusenden und seiner Umgebung kommunikative Kreuzworträtsel aufzugeben, sollte man schlicht und einfach sagen, was man will bzw. möchte. Dann wissen die anderen, woran sie sind, und sie können darauf eingehen. Oder auch nicht, denn: Wer anderen gegenüber seine Wünsche artikuliert, muss auch damit leben können, dass sich die anderen die Freiheit nehmen, „Nein“ zu sagen. So oder so herrschen dann aber auf jeden Fall klare Verhältnisse. Beispiel: Wem eine Sitzung zu lang wird oder wer in einer Sitzung eine Pause haben möchte, braucht dies eigentlich nur zu sagen. Ist jedoch eine solche Spielregel nicht vereinbart, fehlt häufig der Mut, sich offen zu äußern. Man will ja auch nicht stören. Statt dessen gibt es Störungen „unter der Oberfläche“ (man hat keine Lust mehr, klinkt sich innerlich aus, denkt an etwas anderes usw.).

(5) Jeder kann jederzeit „Nein“ sagen

In jeder Gruppe kommt es immer wieder zu Spannungen oder Konflikten, weil die Bedürfnisse eines Einzelnen und die Bedürfnisse der restlichen Gruppe nicht deckungsgleich sind. Gruppen können in einer solchen Situation oft beachtlichen (sozialen) Druck entwickeln, um das einzelne Mitglied „konform“ zu machen. Die Regel, dass jeder jederzeit „Nein“ sagen kann, ist eine Art Schutzmechanismus für den Einzelnen gegenüber einem zu starken Anpassungsdruck durch die Gruppe. Allerdings: Wer „Nein“ sagt, muss dafür auch die Verantwortung übernehmen. Und wer immer „Nein“ sagt, blockiert nicht nur die Gruppenaktivität, sondern verspielt früher oder später seine Akzeptanz in der Gruppe. Jeder muss es sich also sehr genau überlegen, wann und in welcher Situation er von diesem „Veto-Recht“ Gebrauch macht.

(6) Störungen haben Vorrang

Störungen bedeuten, es ist Sand im Getriebe. Ein Gruppenmitglied, das verärgert, abgelenkt oder gelangweilt ist oder das aus einem anderen Grund im Moment nicht wirklich an der Gruppenarbeit teilnehmen kann, sollte dies in der Gruppe unverzüglich aussprechen. Das ist übrigens im Interesse aller, denn ein „Abwesender“ vergibt nicht nur die Möglichkeit seiner Interessenverfolgung, er bedeutet auch einen Verlust für die Gruppe. Schließlich fehlt – im wahrsten Sinne des Wortes – der Gruppe ein Mit-Arbeiter. Es gilt: Solange Störungen im Gruppenprozess vorliegen, kann kein optimales Gruppenergebnis erwartet werden. Erfolgt in einer Gruppe eine Störmeldung, wird sofort die Sacharbeit gestoppt und vorrangig die Störung bearbeitet. Nach erfolgter Klärung wird dann die Sacharbeit mit einer wieder störungsfrei funktionierenden Gruppe fortgesetzt. Dazu ein (leicht übertragbares) technisches Beispiel: Kein vernünftiger Mensch würde sein Auto mit knirschendem Getriebe noch eine längere Strecke fahren. In der betrieblichen Praxis hingegen arbeiten oft Gruppen, Abteilungen oder ganze Bereiche über Monate und Jahre hinweg mit „knirschendem Getriebe“… Das ist weder effizient noch für die Beteiligten motivierend.

(7) Keine Seitengespräche

Diese Regel bezieht sich auf einen speziellen Fall von Störung: Es ist bei einer Gruppenarbeit ungemein irritierend, wenn zwei oder drei Teilnehmer plötzlich mit einem eigenen Thema eine Untergruppe bilden und an der Kommunikation der übrigen nicht mehr teilnehmen. Diese Regel soll solche Störungen unterbinden. Falls trotz dieser Regel Seitengespräche stattfinden, ist es vorrangig die Aufgabe des Gruppenleiters oder Moderators, unverzüglich zu unterbrechen und die „ausgeklinkte“ Teilgruppe wieder zum Thema zu rufen.

(8) Ich spreche per „ich“ und nicht per „man“, „wir“ oder „es“

Durch diese Regel werden die Gruppenmitglieder dazu aufgerufen, durch Ich-Formulierungen unmissverständlich zu bekunden, dass sie für sich reden und zu ihrer persönlichen Meinung stehen. Wer per „man“, „es“ oder (unautorisiert) per „wir“ spricht, versteckt sich hinter einer Allgemeinaussage, für die er keine Verantwortung übernimmt (oder vielleicht nicht übernehmen möchte). Zudem suggerieren vor allem das „Wir“ und das „Man“, dass mehrere Personen hinter der gemachten Aussage oder Behauptung stehen. Beispiel: „Wir sollten nun endlich einmal eine Pause machen!“ Oder: „Man kann es schon langsam nicht mehr hören, dass ...“. Die strohtrockene Gegenfrage „Wer ist denn eigentlich ‚wir‘ bzw. ‚man‘?“ macht nicht selten auf verblüffend ernüchternde Weise klar, dass hinter der kommunikativen Fassade des „Wir“ oder „Man“ lediglich die Meinung oder das Bedürfnis des betreffenden Einzelnen steht. Wer mit Formulierungen wie „Man versteht das nicht“, „Wir können damit nichts anfangen“, „Es ist uninteressant“ etc. operiert, ergreift automatisch immer das Wort für andere mit, ohne sicher zu wissen, ob diese das überhaupt wünschen. Ein „Wir“ ist nur dann angebracht, wenn ein Einzelner von den anderen autorisiert wurde, für sie und in ihrem Namen zu reden. Ansonsten ist jeder nur „befugt“, für einen einzigen Menschen auf der Welt zu sprechen: für sich selbst (und da kann und darf ihm auch keiner hineinreden!).

(9) Ich formuliere meine Meinung (statt sie hinter Fragen zu verstecken)

Nicht jede Frage in einer Besprechung oder Gruppenarbeit dient der Beschaffung von Sachinformationen. Hinter Fragen können sich die unterschiedlichsten Motive verbergen, und Fragen können deshalb auch als kommunikative Fassadentechnik genutzt werden. Einige Beispiele: „Ich stimme Ihnen ja gerne zu und finde das auch ganz gut, was Sie hier präsentiert haben, doch was machen Sie für den Fall, dass ...“. Statt eine Frage aufzuwerfen, hätte der Sprecher auch direkt sagen können, dass er noch keinesfalls völlig überzeugt ist und dass ihm die präsentierten Argumente noch nicht ausreichend erscheinen. Oder: In einer Diskussion über neue Marketing-Konzepte wirft jemand die Frage auf: „Was verstehen wir denn überhaupt konkret unter ‚Marketing‘, und wie wollen wir das definieren?“ Möglicherweise geht es dem Fragesteller überhaupt nicht um eine klärende Definition; seine Absicht ist vielmehr, durch die nun ausgelöste kontroverse Diskussion über die verschiedenen Definitionen von Marketing den Fortgang der Sitzung zu blockieren. Vielleicht schiebt er später sogar noch die Frage nach: „Sollten wir zur besseren Klärung nicht lieber zunächst einmal eine Arbeitsgruppe bilden?“ Sehr oft entdeckt man erst auf den zweiten oder dritten Blick, dass sich hinter scheinbaren Sachfragen ganz andere Motive verbergen: Vermutungen, Hypothesen, kontroverse Meinungen, Ablenkungsversuche, Materialbeschaffung zum Gegenangriff oder auch das Bedürfnis zur Selbstdarstellung. Dies alles kann eine Gruppenarbeit sehr behindern. Durch die oben stehende Regel sind alle Gruppenmitglieder aufgefordert, ihre Meinungen, Positionen oder Motive direkt und unmissverständlich statt in verdeckter Form zu äußern.

(10) Ich bin offen, echt und ehrlich – soweit möglich

Diese Regel schließt an einige der voranstehenden Regeln an. Eine unbedingte Voraussetzung für erfolgreiche Gruppenarbeit ist offene Kommunikation (siehe dazu auch Abbildung 5.12, S. 206). Doppelbödige oder verdeckte Kommunikation sowie „Fassadentechniken“ signalisieren, dass die Vertrauensbasis offensichtlich nicht ausreichend tragfähig ist. Ohne offene Kommunikation aber bleibt Spontaneität aus und kann sich keine Kreativität entwickeln. Allerdings fordert diese Regel keinesfalls von den Gruppenmitgliedern Offenheit um jeden Preis, denn Offenheit am falschen Platz kann rücksichtslos, verletzend oder sogar brutal sein. Hier gilt die so genannte „Zwei-T-Regel“, d.h. **Takt** und **Timing.** Jeder muss also für sich den Grad seiner Offenheit definieren. Er wird dies abhängig machen von seiner subjektiven Wahrnehmung der situativen Rahmenbedingungen, von seiner Einschätzung der Tragfähigkeit der/des anderen sowie von der vermuteten Vertrauensbasis. Auch die Eigenverantwortlichkeit für das, was man sagt und wie man dies tut, ist mit ins Kalkül zu ziehen. Grundsätzlich geht es bei dieser Regel darum, die **Verlässlichkeit von Aussagen und Beiträgen** zu sichern. Für jeden Einzelnen sollte gelten: **Was** ich sage, **meine** ich auch. Darauf sollten alle anderen sich verlassen können, ebenso wie der Einzelne dies auch bei den übrigen Gruppenmitgliedern erwartet.

(11) Ich sichere Vertraulichkeit zu

Vertrauen untereinander ist die Basis für funktionierende Kommunikation und damit auch eine wichtige Grundvoraussetzung für den Gruppenerfolg. Wenn ich bei Teamarbeit jedes Wort auf die Goldwaage zu legen habe, weil ich damit rechnen muss, dass es sofort im Gegenzug (oder aber auch viel später) gegen mich verwendet wird, dann ist diese Vertrauensbasis nicht gegeben. Man muss sich nicht wundern, wenn unter solchen Bedingungen die Beteiligten „dicht“

machen. Statt sich einfach zu verschließen, wäre es natürlich besser, den Mangel an Vertrauen offen auszusprechen und zu begründen, warum man (im Moment) nichts sagen möchte.

Es gibt eine recht zutreffende Beschreibung dessen, was man unter Vertrauen verstehen kann: **„Vertrauen heißt, einem anderen Informationen in die Hand geben, mit denen er mich ‚in die Pfanne hauen' könnte, wenn er wollte."** Von dieser Beschreibung kann man übrigens auch sehr gut ableiten, wie sich Misstrauen darstellt: extreme Kontrolle über alle Informationen, nichts rauslassen (oder nur, wenn man genau weiß, was damit geschieht), abschotten, dicht machen, mauern ... Vertrauen ist immer eine Investition ins Ungewisse, d.h. stets mit einem kleinen Risiko verbunden. Dieses muss jeder Einzelne innerhalb seiner Gruppe für sich alleine abschätzen.

Die Zusicherung gegenseitiger Vertraulichkeit verpflichtet übrigens keinesfalls zur Geheimbündelei. Es wird lediglich von jedem Einzelnen garantiert, dass die gemeinsam vereinbarte Vertraulichkeit in der Sache eingehalten wird und dass niemand die von einzelnen Gruppenmitgliedern investierte Offenheit und Spontaneität gegen diese verwenden wird. Dazu eine wichtige Anmerkung: Jeder kann natürlich nur für seine eigene Vertraulichkeit garantieren und niemals auch noch die Verantwortung für die Vertraulichkeit der anderen übernehmen.

Die beschriebenen TZI-Regeln sind in den vergangenen Jahren bei Teamarbeit sehr populär geworden. In vielen Seminaren über Teamtechniken sind sie inzwischen traditioneller Lehrinhalt. Ebenso sind die TZI-Regeln (oder ähnliche) inzwischen ein Standard-Baustein in den Trainingsprogrammen vieler Unternehmen, wo sie auch in der Alltagssituation praktiziert werden. Zweifellos setzen die Regeln einen hohen Anspruch an die Art und Weise der Zusammenarbeit sowie der Kommunikation miteinander, aber es macht natürlich Spaß und motiviert sehr, unter solchen Bedingungen mit anderen zusammenzuarbeiten. Das Einhalten der Spielregeln – besonders der Regel „Jeder ist für sich selbst verantwortlich" – bedeutet für jeden Einzelnen, dass er seinen Anteil an Verantwortung für die Gestaltung der gemeinsamen Arbeitssituation übernimmt und sich persönlich dabei ständig an folgenden Fragen orientiert:

- Was ist für **mich** wichtig?
- Was will **ich** ändern?
- Was will **ich** in die Praxis übertragen?
- Was tue **ich**, um die Situation so zu beeinflussen, wie ich sie haben möchte?

5.4 Störungen: Killerphrasen

„Es mangelt uns nicht an Ideen, es mangelt uns an Realisierungen“, hat – sinngemäß – der amerikanische Führungsforscher *Harold J. Leavitt* (1963, S. 73) einmal zutreffend festgestellt. Viele gute Ideen gelangen aber gar nicht erst bis zur Realisierungsreife, weil sie (leider) schon vorher auf der Strecke bleiben. Dies kann viele Gründe haben. Vielleicht kam die gute Idee nicht vom richtigen Mann, nicht von der richtigen Frau oder nicht aus der richtigen Gruppe. Oder die Betroffenen wurden nicht oder nicht ausreichend bei der Entwicklung der Idee beteiligt. In diesen Fällen wurde der bereits beschriebene „NIH-Faktor“ (= not invented here!) wirksam: Die Idee ist nicht von mir/uns, also kann sie auch nichts sein. Widerstände gegen eine Idee können aber auch dadurch entstehen, dass sie nicht überzeugend präsentiert wurde. Diejenigen, die man für die Umsetzung benötigte, wurden offensichtlich nicht gewonnen. Wieder andere Gründe, eine Idee zu be- oder sogar zu verhindern, sind zum Beispiel: Man scheut die mit der Umsetzung verbundenen Mühen, man macht sich für eine Idee nicht stark, um die vielleicht implizit enthaltene Kritik am Bisherigen nicht zu bestätigen, man sieht durch die Umsetzung der Idee unter Umständen persönlichen Status, Macht oder Einfluss gefährdet, und schließlich hat man ja auch schon ausreichend „Erfahrung“ im Scheitern von Ideen. Warum sich also anstrengen?

Ideen sind oft schon unmittelbar nach ihrer „Geburt“ gefährdet. Kaum sind sie ausgesprochen, werden schon die ersten Widerstände artikuliert (wobei die vorstehend genannten Motive Pate stehen). Schon allein der gruppendynamische Effekt, dass eine Idee außerhalb der Toleranzbandbreite einer Gruppe liegt (siehe 4.2 in diesem Kapitel: Nivellierungseffekt), kann diese in Gefahr bringen.

Die beliebteste Methode, neue Gedanken und Ideen möglichst schon im Keim zu ersticken, sind die so genannten **Killerphrasen.** Diese zielen darauf ab, den Vater der Idee abzuwerten, ihm Kompetenz abzusprechen und in die Position des Unterlegenen zu bringen. Auf diese Weise vermeidet man den Austausch von Argumenten. Statt die Qualität der Gedanken zu prüfen, wird der Ideenlieferant abgewertet. Und ist dies erst einmal gelungen, dann ist es um die Idee selbst auch nicht mehr gut bestellt.

Gelegentlich muss man in Diskussionen gut zuhören, um solche Killerphrasen zu entdecken. Nachfolgend eine (keinesfalls erschöpfende) Auswahl typischer „Killer“-Formulierungen:

- „Das haben wir doch vor zehn Jahren schon ausprobiert!“
- „Das ist alles viel zu theoretisch!“

- „Das lässt sich bei uns überhaupt nicht durchführen!"
- „Das sieht in der Praxis alles ganz anders aus!"
- „Sie haben vielleicht noch nicht die Erfahrung ..." oder: „Als ein fähiger ... müssten Sie eigentlich ..."
- „Das wird viel zu teuer!"
- „Dazu liegen noch gar nicht genügend Erfahrungen vor!"
- „Wie immer in ähnlichen Situationen haben Sie auch diesmal ..."
- „Jeder weiß doch, ..."
- „Das wird die Betriebsleitung nie genehmigen!"
- „Sie haben wohl noch nicht genug zu tun!"
- „Das haben wir doch alles schon in x Versionen probiert!"
- „Daraus entstehen Schwierigkeiten, die Sie/wir gar nicht übersehen können!" usw.

Es gibt auch noch andere, subtilere Methoden, unerwünschten oder ungeliebten Ideen den Garaus zu machen. Das sieht dann vielleicht so aus:

- Die Idee einfach ignorieren, sie „unter den Tisch fallen lassen" und kommentarlos zur (Fortführung der) Tagesordnung übergehen.
- Den Vorschlagenden auffordern, eine noch bessere Idee zu produzieren, obwohl sein Vorschlag „ja schon recht gut war" ...
- Die Idee „schlachten", d.h. in viele Teile zerlegen, bis sie zerredet ist und sich niemand mehr länger damit befassen möchte.
- Sich für die Anregung bedanken, aber die Behandlung aufschieben, bis keine Zeit mehr dafür ist oder bis sich die Gruppe in einem anderen Thema engagiert hat. Wenn man die Idee in einem solchen Moment dann plötzlich noch einmal auf den Tisch bringt, macht man Idee und Autor mit hoher Wahrscheinlichkeit vollends kaputt.
- Schließlich kann man auch noch vorschlagen, eine Kommission/Arbeitsgruppe zu bilden, die sich mit der Idee auseinandersetzen soll. Am besten wählt man dazu Leute aus, denen ohnehin andere Dinge unter den Nägeln brennen. In der Praxis bedeutet das für diese Idee meist ein „Begräbnis erster Klasse".

5.5 Der Umgang mit Konflikten

Überall, wo Menschen zusammenarbeiten, gibt es unterschiedliche Auffassungen, gibt es einen Wettbewerb von Ideen und voneinander abweichende Auffassungen darüber, was und wie irgendetwas zu tun ist. Mit anderen Worten: Es gibt Konflikte. Sie entwickeln sich überall, wo Menschen miteinander umgehen müssen, und sie sind eine völlig normale Erscheinung. Den meisten fällt bei dem Wort Konflikt allerdings eher Negatives ein. Konflikte stören, sie belasten, sie machen Angst, sie erzeugen Stress. Lange Zeit war es sogar gängige Ansicht, dass Konflikte in Gruppen oder Organisationen als destruktiv, als Krankheitszeichen und als dysfunktionale Erscheinung zu betrachten sind. Inzwischen hat sich die Beurteilung von Konflikten deutlich gewandelt. Nicht der Konflikt als solcher wird als Krankheitszeichen angesehen, sondern die Unfähigkeit, Konflikte zu regeln. In jedem Konflikt liegt Spannung. Dies ist ein Energiepotential, das – ungeregelt – Gruppen- oder Organisationsziele gefährden kann, geregelt jedoch neue Impulse und Schub für Innovationen liefert. Jeder Konflikt ist prinzipiell eine **Lern- und Innovationschance!**

Bei manchen Vorgesetzten, aber auch in vielen Gruppen und sogar in ganzen Organisationen ist diese positive Betrachtungsweise eines Konfliktes jedoch noch nicht anzutreffen. Hier löst das Wort Konflikt noch immer, fast reflexartig, vielfältige Ängste und entsprechende Abwehrmechanismen aus. Es ist nicht verwunderlich, dass sich auf dieser Basis gerne die starke Neigung entwickelt, Konflikte zu unterdrücken, sie zu „übersehen" oder sie „unter den großen Harmonieteppich zu kehren". Man ist eben unsicher im Umgang mit Konflikten und weicht aus, statt sich der Bewältigung der Konflikte anzunehmen.

5.6 Phasen der Konfliktbearbeitung

Konflikte können zwischen einzelnen Personen auftreten oder in bzw. zwischen Gruppen. Bei der Bearbeitung bzw. Aufarbeitung von Konflikten folgt man im Prinzip der Systematik der Problemlösetechnik. Ein Phasenmodell, das fünf aufeinanderfolgende Stufen der Konfliktbearbeitung vorsieht, sieht folgendermaßen aus:

Phase 1: Erkennen und Akzeptieren des Konfliktes

Konflikte sind in der Regel nicht plötzlich da, sondern sie haben immer eine (oft sehr lange) Entwicklungsgeschichte. Ehe es zwischen den Beteiligten „knallt" und dadurch der Konflikt für alle wahrnehmbar wird, gibt es vorher schon eine längere Phase, in der **Konfliktsignale** auf den sich entwickelnden Konflikt hinweisen. Oft werden diese allerdings erst im Nachhinein als solche identifiziert. Typische Konfliktsignale sind zum Beispiel kleine „Spitzen", die zwischen Einzelnen oder Gruppen hin- und hergehen, Ironisierungen, mimische Reaktionen bei Beteiligten, stichelnde Nebenbemerkungen, Rückgang der Kontakthäufigkeit etc. In der Abbildung 5.15 (S. 224) ist dargestellt, dass ein Konflikt oft längere Zeit verdeckt unter der Oberfläche schwelt, ehe er über der Oberfläche deutlich wird und dann meist sehr schnell eskaliert.

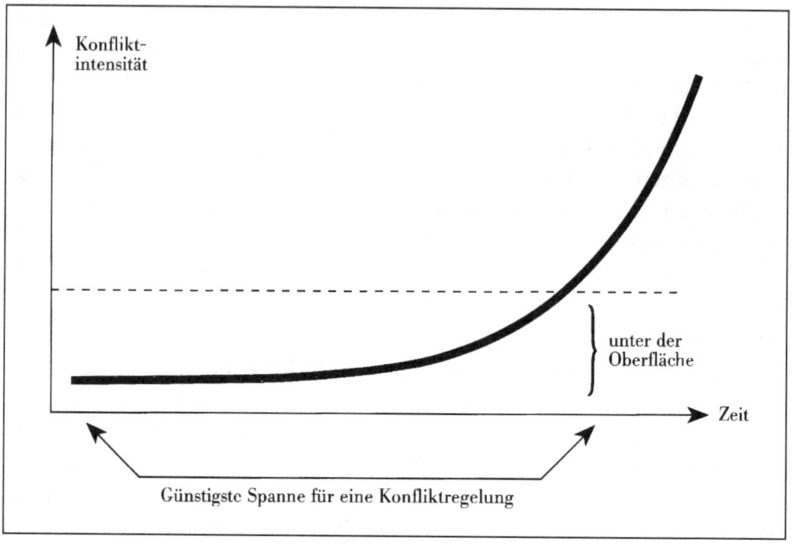

Abb. 5.15: Verlaufskurve eines Konfliktes

Je früher man auf Konfliktsignale reagiert und sie über der Oberfläche besprechbar macht, desto größer ist die Chance einer zügigen Regelung, weil die Konfliktdynamik noch nicht so weit fortgeschritten ist. Ist ein Konflikt erst einmal eskaliert, sind die Beteiligten zumeist ohne die Hilfe eines neutralen Dritten nicht mehr in der Lage, den Konflikt zu regeln. Das Ende und Ziel dieser ersten Phase der Konfliktbearbeitung ist erreicht, wenn alle Beteiligten das Vorliegen des Konfliktes akzeptiert haben und bereit sind, sich ihm zu stellen. Damit ist der Konflikt sozusagen zur Bearbeitung freigelegt. Solange die Existenz des Konfliktes jedoch geleugnet wird (Zitat: „Wir haben keine Probleme!"), machen die Bemühungen zur Lösung des Konfliktes wenig Sinn. Bevor man in die Konfliktbearbeitung einsteigt, muss übrigens auch geprüft werden, ob nicht etwa nur ein **Scheinkonflikt** vorliegt, der schlicht aufgrund von meist sehr schnell ausräumbaren Missverständnissen entstanden ist.

Phase 2: Formulierung der Interessen und Bedürfnisse durch die Konfliktparteien sowie Beurteilung des Konfliktes

Nachdem die Existenz eines Konfliktes von den Beteiligten akzeptiert ist, kann man in die Analyse des Konfliktes einsteigen. Dazu werden die Konfliktparteien aufgefordert, ihre zur Zeit blockierten oder **gefährdeten Bedürfnisse und Interessen offenzulegen.** Dies geschieht in der Hoffnung, dass dadurch die Konfliktsituation transparenter wird. Es muss versucht werden, die **Konfliktart** (z.B. Sachkonflikt, Beziehungskonflikt, Wertekonflikt) und den **Konfliktgegenstand** (z.B. Kompetenzen, Mittel, Ziele etc.) herauszufinden. Zudem ist es sehr wichtig, zwischen den eigentlichen **Konfliktursachen** und den **Konfliktsymptomen** zu unterscheiden.

Dazu zwei Beispiele: Ein Abteilungsleiter verweigert einer anderen Abteilung „seinen" Besprechungsraum, weil er „ihn selber braucht". Was sich darstellt wie ein Raumproblem ist eventuell aber nur ein Symptom für die wirkliche Ursache der Raumverweigerung, nämlich gestörte Beziehungen zwischen den beiden Abteilungsleitern. Oder: In einer Abteilung hat sich eingespielt, dass man sich gelegentlich in der Mittagspause aus der nahe gelegenen Pizzeria etwas zu essen holt. Plötzlich verbietet der Hauptabteilungsleiter das Essen am Arbeitsplatz mit der Begründung, gegessen werde ausschließlich in der Kantine. Nach Meinung der Mitarbeiter gibt es bisher in dieser Firma überhaupt gar keine Regel, dass ausschließlich in der Kantine gegessen werden muss. Auf jeden Fall weigern sich die Mitarbeiter, der Anweisung Folge zu leisten, und berufen sich auf ein schon lange existierendes Gewohnheitsrecht. Die Konfrontation ist da. Was mag den Vorgesetzten zu seiner Aktion angetrieben haben? Vielleicht hatte er nur den Eindruck, es sei wieder einmal an der Zeit, seinen Mitarbeitern zu zeigen, wer hier eigentlich „das Sagen" hat.

Es ist zuweilen nicht leicht, an die tieferen Ursachen von Konflikten heranzukommen. Dies gilt besonders, wenn die Konflikte schon eine sehr lange Geschichte haben.

Phase 3: Formulierung der gegenseitigen Erwartungen und Wünsche

In dem nächsten Schritt sollen nun die beiden Konfliktparteien ihre zuvor formulierten Bedürfnisse und Interessen in **konkrete Appelle an die Gegenseite** (Forderungen) umformulieren. Auf diese Weise soll möglichst unmissverständlich und eindeutig auf den Tisch kommen, was von der anderen Seite erwartet wird und welche Wünsche man an sie hat. Dies bringt Klarheit. Jede Seite kann nun prüfen, ob und wie weit sie auf die vorgelegten Wünsche und Erwartungen der Gegenseite eingehen kann und möchte. Die Offenlegung der Erwartungen und Wünsche ist die unabdingbare Voraussetzung für eine wirklich erfolgreiche Konfliktlösung. Wenn dazu keine Bereitschaft vorliegt (und sei es auch nur von einer Seite), ist eine konstruktive Konfliktlösung kaum mehr möglich. Der Konflikt läuft dann mit einiger Wahrscheinlichkeit auf eine Machtprobe hinaus. Möglicherweise wird er auch chronisch.

Phase 4: Beschaffung von weiteren Daten und Fakten

Um bei der Konfliktlösung voranzukommen, ist es in den meisten Fällen notwendig, zusätzliche Daten und Fakten zu beschaffen – eventuell auch von dritter Seite. Dies geschieht beispielsweise, um **Behauptungen** bezüglich ihres sachlichen Faktengehaltes zu überprüfen bzw. um gegenseitige **Wahrnehmungsverzerrungen abzubauen.** Was die gegenseitigen Wahrnehmungsverzerrungen betrifft, ist gelegentlich der Austausch von Selbst- und Fremdbildern (Wie sehe ich mich? Wie sehe ich die anderen?) sehr klärend und hilfreich. Weiterhin können Informationen über die Hintergründe bzw. die Vorgeschichte des Konfliktes natürlich das Gesamtverständnis vertiefen. In dieser Phase sollte schließlich auch noch herausgearbeitet werden, wer Konfliktbeteiligter und wer die Konfliktbetroffenen sind. Letztere sind nicht unmittelbar involviert, aber sie bekommen die Auswirkungen des Konfliktes zu spüren. Alle diese zusätzlichen Informationen helfen bei der richtigen Einschätzung der Dimensionen des Konfliktes.

Phase 5: Gemeinsame Suche nach und Vereinbarung von Lösungen

Nachdem die gegenseitigen Erwartungen und Wünsche offengelegt und in konkrete Appelle umformuliert worden sind, sollen nun gemeinsam möglichst viele Lösungsalternativen gesucht werden. Die einzelnen Lösungsvorschläge werden jeweils daraufhin überprüft, inwieweit sie die jeweiligen Interessen und Bedürfnisse abdecken. Damit ist keinesfalls die Herstellung eines so genannten faulen Kompromisses gemeint. In diesem Zusammenhang ist allerdings entscheidend, welchem Denkschema die Beteiligten bei der Lösungsfindung folgen. Das am häufigsten anzutreffende Denkmuster ist (leider) immer noch das so genannte Gewinner-Verlierer-Denken. Eine solche Denkweise geht von der Annahme aus, dass eigener Vorteil nur auf Kosten von „Verlusten bei der Gegenseite" zu erzielen ist. In den auf der Basis dieses Denkmusters gefundenen Lösungen spiegeln sich in aller Regel die herrschenden Machtverhältnisse wider. Wenn ich beispielsweise glaube, bei einem Verteilungskonflikt einen Anspruch auf 70 % der Gesamtmenge zu haben, kann der andere eben nur 30 % bekommen. Und will ich meinen Anteil von 70 % auf 80 % steigern, so geht dies nur, wenn ich dem anderen noch 10 % mehr wegnehme. Bei der **Gewinner-Gewinner-Strategie** hingegen gehen beide Seiten von der Überzeugung aus, dass es Kompromisse gibt, die beiden Konfliktparteien zugleich Vorteile verschaffen, so z.B. 70 % für beide oder 75 % für den einen und 65 % für den anderen (was auf jeden Fall zusammen mehr als „fifty-fifty" bzw. mehr als insgesamt 100 % ist).

Gewinner-Verlierer-Denken ist reines Konfrontationsdenken und verstellt den Blick für die oft sehr großen Chancen und Möglichkeiten, die in einem Gewinner-Gewinner-Ansatz liegen können. Eine Gewinner-Gewinner-Strategie setzt allerdings gegenseitiges Vertrauen voraus, und sie funktioniert nur bei Offenheit und klarer Artikulation der Bedürfnisse auf beiden Seiten.

Gewinner-Gewinner-Denken gehört keinesfalls in den Bereich sozialromantischer Vorstellungen. So liegen inzwischen mehrere Studien – sowohl aus dem politischen Bereich wie auch aus multinationalen Konzernen – vor, dass zur erfolgreichen Lösung von Krisen- und Konfliktsituationen unbedingt die Fähigkeit vonnöten ist, die Argumente der anderen Seite zu begreifen und zu verstehen, gute Beziehungen aufzubauen und auch die Informations- und Einstellungskluft zur anderen Seite zu überwinden. Es setzt sich die Überzeugung durch, dass ein Konflikt nicht dadurch erfolgreich beendet ist, dass man der anderen Seite eine Niederlage beigebracht hat oder dass man als großer Sieger vom Feld geht. Das wäre zu einfach gedacht. Vielmehr sollte man niemals vergessen, dass zu einer erfolgreichen Konfliktlösung gehört, dass **beide beteiligten Seiten die getroffenen Vereinbarungen auch hundertprozentig tragen und umsetzen.** Dies ist bei einer Gewinner-Gewinner-Lösung mit viel höherer Wahrscheinlichkeit zu erwarten.

Die von beiden Seiten akzeptierten Lösungen werden übrigens nicht selten in Form einer schriftlichen Vereinbarung (Kontrakt) dokumentiert, um auf diese Weise die Umsetzung von Konfliktlösungen besser überprüfbar zu halten.

5.7 Rolle und Aufgaben eines Konfliktreglers

Viele Konflikte können aus der Welt geschafft werden, indem sich die unmittelbar Beteiligten einfach zusammensetzen und nach gemeinsamen Lösungen suchen. In vielen anderen Fällen ist es jedoch notwendig, dass ein **Konfliktregler** als zusätzliche Instanz mitwirkt. Entweder kommt über ihn überhaupt erst der Impuls zur Konfliktlösung oder aber er wird sozusagen als neutraler Dritter benötigt, weil sich die Fronten bereits derart verhärtet haben, dass die Beteiligten allein nicht mehr ausreichend kommunikationsfähig sind. Ein Vorgesetzter zum Beispiel, der bei Spannungen in seiner Arbeitsgruppe nicht wegsieht, sondern initiativ wird und den von ihm erkannten Konflikt auf den Tisch bringt, begibt sich damit in die Rolle eines solchen Konfliktreglers. In seiner Vorgehensweise kann er sich an dem vorstehend beschriebenen Phasenmodell orientieren. In seiner Rolle als Konfliktregler fallen ihm schwerpunktmäßig die folgenden Aufgaben zu:

- **Atmosphäre schaffen** (z.B. Wahl einer geeigneten Situation, persönliche Offenheit und Ehrlichkeit – auch bezüglich der eigenen Interessen, Ich-Botschaften, d.h. eigene Gefühle mitteilen).
- **Unterstützung der am Konflikt Beteiligten** (z.B. durch offenes Ansprechen der Störung, Eingreifen bei Kommunikationsstörungen, Mithilfe bei der Formulierung der jeweiligen Bedürfnisse und Erwartungen sowie bei der Formulierung der einzelnen Standpunkte).
- **Entwickeln von Spielregeln und Überwachen ihrer Einhaltung** (d.h. bei Missachtung der Spielregeln durch entsprechendes Feedback die vereinbarten Normen wirksam erhalten).
- **Information zutage fördern** (durch Fragen nach Bedürfnissen und Interessen der Beteiligten; Suche nach Fakten zum Verständnis bzw. zur Vorgeschichte des Konfliktes; Entschärfen der Positionen durch Umformulierung von Bedürfnissen in Wünsche oder Erwartungen etc.).
- **Konstruktive Mitwirkung an der Lösungsfindung** (z.B. Mithilfe bei der Suche nach Lösungsalternativen im Sinne einer Gewinner-Gewinner-Strategie; Formulierungshilfe).
- **Sicherstellung der Realisierung und Erfolgskontrolle** (d.h. darauf achten, dass getroffene Vereinbarungen konkret, eindeutig, überprüfbar und verbindlich gestaltet werden; „Kontrollschleifen" vereinbaren).

Jeder Konflikt ist einzigartig; kein Konflikt gleicht exakt dem anderen. Aus diesem Grund vertreten auch viele Trainer die Auffassung, dass man Konfliktlösung sozusagen nicht „per Trockenübung" im Seminar schulen und trainieren kann. Wirkliche Konfliktlösung lässt sich nur am echten Fall betreiben. Dem steht nicht entgegen, dass es bestimmte Grundvoraussetzungen sowie eine bestimmte Vorgehenssystematik bei der Konfliktbearbeitung gibt. Der großen Vielschichtigkeit und der Dimension eines Konfliktes kann man jedoch nur dann gerecht werden, wenn man am konkreten Fall arbeitet. Unabdingbare Voraussetzung dafür ist allerdings, dass man die wirklich Beteiligten für einen Versuch zur Konfliktlösung gewinnt – was nicht zuletzt auch wieder eine Frage der Motivation ist.

6 Das Training von Arbeitsgruppen: Teamentwicklung

Das Arbeiten im Team kann riesigen Spaß machen und deshalb stark motivieren! Allerdings muss dann alles stimmen:

- Die Aufgabenstellung muss für Teamarbeit geeignet sein,
- die Rahmenbedingungen müssen Teamarbeit möglich machen (besser noch: fördern),

- die Beteiligten müssen die für Teamarbeit erforderlichen Arbeitstechniken beherrschen,
- es müssen von allen akzeptierte Spielregeln für die Zusammenarbeit existieren und praktiziert werden, und vor allem
- die Gruppenmitglieder müssen miteinander „funktionieren“ und teamfähig sein. Letzteres bezieht sich darauf, dass die Beteiligten neben den „handwerklichen“ (z.B. bestimmte Arbeitstechniken) auch die für Teamarbeit notwendigen sozialen/kommunikativen Fähigkeiten mitbringen.

Ein funktionierendes und effizientes Team entsteht allerdings nicht dadurch, dass man einfach ein paar Leute zusammentrommelt und sie zu einer Gruppe ernennt. Ein leistungsfähiges und für seine Mitglieder motivierendes Team steht in der Regel am Ende einer gemeinsamen Gruppenentwicklung und eines nicht selten auch harten Lernprozesses. Diesen gruppendynamischen Prozess kann man so, wie es sich gerade ergibt, „passieren“ lassen, man kann ihn aber auch gezielt initiieren und systematisch betreiben. Dafür haben sich die Begriffe **Teamentwicklung,** Teamentwicklungstraining oder auch (verkürzt:) Teamtraining eingebürgert.

Bei einer traditionellen Schulung in Seminarform werden üblicherweise Personen aus verschiedenen Unternehmensbereichen (wenn nicht sogar aus verschiedenen Firmen) zusammengewürfelt. Sie arbeiten sich gemeinsam durch einen vorgegebenen „Stoff“ (Theorie) und absolvieren ergänzend dazu Übungen, Planspiele, Rollenspiele und/oder auch Simulationen. Ein Teamentwicklungstraining hingegen unterscheidet sich von dieser klassischen Schulung vor allem in zwei Punkten:

- Die Trainingsgruppe besteht aus Personen, die auch im betrieblichen Alltag wirklich und unmittelbar zusammenarbeiten bzw. zusammenarbeiten sollen.
- Gelernt wird anhand von konkreten (und damit echten!) betrieblichen Vorgängen, Vorkommnissen und Ereignissen, bei denen die Trainingsteilnehmer Betroffene bzw. Beteiligte sind.

Ein solches Training geht den Teilnehmern natürlich näher und mehr unter die Haut als eine eher theoretisch ausgerichtete und – notgedrungen – von der konkreten Praxis weiter entfernte Schulung. Bei einem Teamtraining gibt es kein „Ist bei uns alles anders!“, „Viel zu theoretisch!“ oder „Nicht konkret genug!“, weil in einem solchen Training das echte betriebliche Leben unmittelbar zum Gegenstand gemeinsamen Lernens gemacht wird und gleichzeitig die wirklich beteiligten Personen einbezogen sind.

Teamentwicklungsmaßnahmen werden entweder für in der Organisation ständig bestehende Arbeitsgruppen durchgeführt oder aber für Projektgruppen, die für die Dauer eines Projektes bzw. einer bestimmten Aufgabenstellung zusammenarbeiten und sich dann wieder auflösen. Der Begriff Teamentwicklung wird inzwischen aber nicht mehr nur auf das Training einzelner Teams bezogen, sondern auch bei der Bearbeitung von Problemen in der gruppenübergreifenden Zusammenarbeit angewendet. So verstanden, wendet sich Teamentwicklung also nicht ausschließlich an einzelne Gruppen, sondern kann sich auch auf mehrere Gruppen beziehen, wenn es um Fragen der abteilungs- bzw. bereichsübergreifenden Kooperation geht.

Teamtrainings sollten nicht erst durchgeführt werden, wenn es in der Gruppe bereits „knirscht". Man kann vielmehr ohne weiteres schon bei der Gründung einer Arbeitsgruppe (z.B. Neu-Zusammenstellung nach einer Umorganisation oder Bildung einer Projektgruppe) sofort mit einem Teamtraining starten, um gleich zu Beginn gemeinsam Spielregeln für die zukünftige Zusammenarbeit festzulegen. Teamentwicklungstrainings können also darauf abzielen, entweder neu gebildete Teams schnellstmöglich zu voller Leistungskraft zu bringen oder bestehende Teams in ihrer Effizienz zu optimieren bzw. – im Störfall – die Leistungskraft und die Leistungsbereitschaft des Teams und seiner Mitglieder wiederherzustellen. Ein erfolgreiches Teamentwicklungstraining befähigt die Beteiligten, sowohl ihre Leistungsfähigkeit als organisatorische Einheit(en) optimal zu entfalten als auch die Qualität der Arbeit bzw. die Qualität des Zusammenlebens im Team so zu organisieren, dass sich für das einzelne Teammitglied motivierende Rahmenbedingungen und herausfordernde persönliche Entfaltungsspielräume für die Arbeit ergeben. Das zusammen ist der ideale Nährboden für Teamleistung. Teilziele für ein Teamentwicklungstraining können z.B. sein:

- Verbesserung der Kommunikation untereinander, ggf. Erlernen von speziellen Kommunikationstechniken,
- Erlernen und Erwerb von Arbeitstechniken für Teamarbeit,
- Erlernen von Systematiken und Vorgehensweisen bei Teamarbeit (z.B. Problemlösetechnik),
- Klärung der Gesamtzielsetzung(en) für die entsprechende organisatorische Einheit sowie Ableitung bzw. Vereinbarung entsprechender Teilziele,
- Klärung der einzelnen Rollen bzw. des (gegenseitigen) Rollenverständnisses im Team,
- Vertiefung des Verständnisses für die ablaufenden Gruppenprozesse (Gruppendynamik) und Entwicklung der Fähigkeit, solche Prozesse bewusst wahrzunehmen und zu steuern,
- Klärung und Verbesserung von Beziehungen zwischen Beteiligten bzw. Teammitgliedern, d.h. gegenseitiger Aufbau von Vertrauen

und Stärkung der Bereitschaft, sich gegenseitig zuzuarbeiten und/oder zu unterstützen,
- Anpacken und Aufarbeiten von Problemen sowohl auf der Sach- wie auch auf der Beziehungsebene sowie Klärung bzw. Ausräumung von Konflikten innerhalb des Teams bzw. zwischen Gruppen,
- Entwicklung der Fähigkeit, Konflikte positiv (statt destruktiv) zu nutzen,
- Stärkung des Bewusstseins, dass man gegenseitig aufeinander angewiesen ist,
- Definition des Selbstverständnisses des Teams und/oder Klärung der Position des eigenen Teams im Umgang mit anderen,
- Verbesserung der Fähigkeit bzw. der Bereitschaft des Teams, mit anderen Arbeitsgruppen innerhalb der Organisation konstruktiv zusammenzuarbeiten.

Natürlich werden bei einer Teamentwicklungsmaßnahme nicht alle diese Ziele zugleich angestrebt. Je nach Problemlage konzentriert man sich auf einzelne davon. Stets aber geht es darum, dass sich Mitglieder einer oder mehrerer Gruppen, die einer gemeinsamen Zielsetzung verpflichtet sind, zusammen in einen Lernprozess begeben, um die Art und Weise der zukünftigen Zielerreichung zu optimieren.

In verschiedenen, meist größeren Unternehmen, gehören Angebote zur Teamentwicklung heute schon zu den Standardmaßnahmen im Rahmen der betrieblichen Bildungsaktivitäten. In zahlreichen anderen Firmen werden solche Trainingsgruppen allerdings immer noch sehr gerne stigmatisiert und als „therapeutischer Fall“ betrachtet. Dabei ist es eigentlich das Normalste der Welt, wenn jene Leute, die ohnehin von morgens bis abends miteinander zu tun haben, auch in einen gemeinsamen Lernprozess einsteigen. Im Bereich des Sports ist das kein Problem: Kein Sporttrainer wird darauf verzichten, ständig seine Mannschaft zu trainieren. Bezogen auf das Training betrieblicher Gruppen, von denen auch tagtäglich Höchstleistungen erwartet werden, ist jedoch dieser Gedanke für viele Vorgesetzte und auch Mitarbeiter noch sehr ungewöhnlich.

Grundsätzlich wird ein Teamentwicklungstraining von einem (aus Sicht der Teilnehmer) externen Moderator geleitet. Dies kann ein entsprechend geschulter Mitarbeiter des eigenen betrieblichen Bildungswesens ebenso sein wie ein externer Fachmann außerhalb der Firma. Wichtig ist nur, dass das Teamentwicklungstraining von jemandem moderiert wird, der nicht im Verdacht steht, „eigene Aktien in der Sache drin zu haben“.

Teamentwicklungstrainings gibt es nicht als vorkonfektionierte und standardisierte Seminarbausteine, sondern ein solches Training muss

„maßgeschneidert“ auf die jeweilige Situation und Problemlage ausgerichtet werden. Trotz aller Variationen im Detail gibt es jedoch eine bestimmte und bewährte Systematik bei der Vorbereitung (z.B. Auftragsklärung, Diagnosephase) und Durchführung (z.B. Design des Trainings, Nachfassen, etc.) solcher Teamentwicklungsmaßnahmen, die u.a. *Comelli* (1987, 1994) ausführlicher beschrieben hat.

7 Abschließende Empfehlungen und Tipps

Ein Vorgesetzter, der mit seinen Mitarbeitern erfolgreich als Gruppe zusammenarbeiten möchte, muss Regeln und Prinzipien der Gruppenpsychologie ebenso berücksichtigen wie kommunikative Aspekte. Dabei ist er ständig gleich mehrfach gefordert: als Impulsgeber, als Kommunikator, als Motivator, als Diagnostiker. So muss er die gruppendynamischen Prozesse in seinem Team wahrnehmen, adäquat darauf reagieren und sie zielorientiert lenken. Außerdem ist er durch den täglichen Dialog mit seinen Mitarbeitern – besonders natürlich bei Auseinandersetzungen und Konflikten – in seiner Kommunikationsfähigkeit gefordert. Es werden also recht hohe Anforderungen an seine soziale Kompetenz gestellt. Motivierung zur Teamleistung ist für den Vorgesetzten eine herausfordernde Aufgabe, die viel Aufmerksamkeit, hohe Sensibilität und auch einiges Fingerspitzengefühl erfordert. Im Folgenden findet sich eine Zusammenstellung von wichtigen Empfehlungen bzw. Tips, die beim Umgang mit Gruppen und/oder für erfolgreiche Teamarbeit hilfreich sein können.

7.1 Empfehlungen für den Umgang mit Gruppen

- Bilden Sie keine zu großen Gruppen. Gruppenzusammenhalt wird gefördert durch die Möglichkeit häufiger und intensiver Kontaktaufnahme, einschließlich informeller Kontakte.
- Machen Sie der Gruppe möglichst gleich zu Beginn Ihr Rollenverständnis als Vorgesetzter deutlich: Erläutern Sie Ihre Auffassung von Führung und wie Sie sich die Zusammenarbeit, aber auch die Regelung von Problemen und Konflikten vorstellen. Dies gilt ganz besonders bei der Übernahme einer neuen Gruppe.
- Führen Sie relativ häufig Besprechungen durch. Häufige Kommunikation verringert Missverständnisse und stabilisiert den Zusammenhalt. Verdeutlichen Sie immer wieder die gemeinsamen Zielsetzungen.
- Setzen Sie die Ziele für Ihre Gruppe nicht zu hoch an, so dass es nicht zu lange dauert, bis die Gruppe eigene Erfolgserlebnisse ver-

buchen kann. Erfolgserlebnisse stärken den Gruppenzusammenhalt. Formulieren Sie deshalb umfangreichere Zielsetzungen in greifbare Teilziele um.

- Fordern Sie nichts von Ihren Mitarbeitern, was Sie nicht selbst erfüllen. Seien Sie ein überzeugendes Vorbild! Bei Abweichungen von betrieblichen Normen und Standards greifen Sie so früh wie möglich ein und steuern Sie gegen. Sie etablieren sonst falsche „Gewohnheitsrechte“.
- Demonstrieren Sie Ihren Mitarbeitern ständig am eigenen Beispiel, wie offene, direkte und ehrliche Kommunikation aussieht.
- Fordern und fördern Sie kritische Fragen und kritische Anmerkungen. Auch wenn es um Sie geht! Zeigen Sie, dass Sie Feedback wünschen und dass Sie es auch vertragen können.
- Fördern Sie bei Ihren Mitarbeitern das Bewusstsein für Eigenverantwortlichkeit, aber geben Sie auch den dazu notwendigen Spielraum.
- Beteiligen Sie die Gruppe an der Gestaltung der Arbeitssituation und der Festlegung der Arbeitsinhalte. Machen Sie Betroffene zu Beteiligten!
- Vergessen Sie nicht, Gruppenleistungen anzuerkennen und erzielte Erfolge der Gruppe in Form von Anerkennung an diese zurückzukoppeln. Gruppen reagieren extrem empfindlich, wenn ein Vorgesetzter Leistungen der Gruppe als eigene Leistung ausgibt.
- Feiern Sie gelegentlich wichtige gemeinsam erarbeitete Erfolge zusammen mit Ihrer Gruppe.
- Beweisen Sie Aufgeschlossenheit für informelle Kommunikation und Kontakte. Ein Arbeitstag kann nicht nur aus „dienstlicher“ Kommunikation bestehen, und Gruppenarbeit ist keine todernste Veranstaltung. Lassen Sie auch einmal einen Spaß zu, und nehmen Sie sich (und geben Sie) auch Zeit für ein paar private oder persönliche Worte. Das kann – klimatisch – Wunder wirken.
- Auch außerhalb der unmittelbaren beruflichen Tätigkeit sollten Sie gelegentlich gemeinsame Gruppenaktivitäten initiieren, die mit positiven Erlebnissen verbunden sind (kleine Feiern, gemeinsames Essen, Kegelabend, kleine Ausflüge etc.). Das fördert den Gruppenzusammenhalt.
- Wenn die Gruppe Sie zu informellen Aktivitäten einlädt, sagen Sie nicht „Nein“ – außer Sie haben einen wirklich triftigen Grund. Solche Einladungen sind eine positive Geste der Gruppe und signalisieren, dass man Wert auf Ihre Zugehörigkeit legt.
- Stellen Sie sich vor Ihre Gruppe, wenn diese angegriffen wird. Prüfen Sie zunächst den Sachverhalt, und nehmen Sie dann erst inhaltlich Stellung.
- Konflikte sind keine „Krankheit“, sondern eine Chance! Reagie-

ren Sie sehr früh auf Konfliktsignale, und bemühen Sie sich um eine konstruktive Konfliktlösung.
- Seien Sie sehr konsequent bei „desintegrativem Verhalten", d.h. wenn ein Gruppenmitglied über längere Zeit und trotz aller Appelle unverändert stört oder destruktiv ist. Wenn Gespräche und Appelle nichts fruchten, sollten Sie sich unbedingt von einem nicht teamfähigen Mitarbeiter trennen, ehe die ganze Gruppe Schaden nimmt.

7.2 Einige spezielle Tips für Teamarbeit

- Die Zusammensetzung der Gruppe muss so sein, dass die verschiedenen Aspekte und die Vielschichtigkeit der Aufgabe abgedeckt werden. Keine fachliche Inzucht und nicht im eigenen Saft schmoren!
- Nicht allein die Sachkompetenz ist wichtig für die Auswahl der Gruppenmitglieder. Man sollte die Beziehungsseite nicht vergessen. Da ist jemand ein exzellenter Fachmann, aber ein schwieriger Charakter. Dann ist es vielleicht besser, den zweitbesten Fachmann hinzuzunehmen, der dafür aber ein guter Teamarbeiter ist.
- Sorgen Sie bei Besprechungen für eindeutige und klare Verhältnisse: pünktlicher Beginn, vorher bekannte Tagesordnung, nur Teilnehmer, die es auch wirklich angeht, bei Bedarf Pausen, verlässliches Sitzungsende (vorher angekündigt).
- Nutzen Sie – natürlich der Aufgabenstellung angemessen – moderne Arbeitsmittel wie Flip-Chart, Pinnwände, Overhead-Projektor etc. Mit Hilfe dieser Medien kann man ausgezeichnet große Informationsmengen und komplizierte Zusammenhänge visualisieren. Damit hat man einen hervorragenden „optischen Speicher", denn niemand kann eine größere Faktenmenge im Kopf präsent und überschaubar halten und dann gleichzeitig noch neue Gedanken produzieren.
- Teamarbeit muss man können. Auch hier fallen die Meister nicht vom Himmel. Sorgen Sie dafür, dass Ihre Mitarbeiter bei Bedarf ein Training in den wichtigsten Teamtechniken (Problemlösetechnik, Entscheidungstechnik, Brainstorming usw.) erhalten.
- Bei Teamarbeit nie mehrere Rollen in einer Person vereinigen! Zum Beispiel ist jemand entweder ein guter Konferenzleiter/Moderator oder ein guter Schriftführer. Beides zugleich funktioniert nicht. Oder jemand ist engagiert in Problemen, aber dann sollte er lieber nicht auch noch Konferenzleiter sein (weil Engagement „blind" macht).
- Sorgen Sie für ein Gruppenklima, in dem „abweichende Beiträge" jederzeit willkommen sind. Achten Sie darauf, dass die Qualität von Gedanken geprüft wird – ohne Ansehen der Person.

- Geben Sie als Vorgesetzter in Besprechungen und Sitzungen Ihre Meinung nicht zu früh bekannt. Lassen Sie zunächst mal die anderen sprechen, ohne dass Sie diese bereits vorab beeinflusst haben.
- Ermutigen Sie Ihre Mitarbeiter ständig, Einwände und Zweifel zu äußern. So erhalten Sie die besten Anregungen.
- Greifen Sie bei Besprechungen sofort ein, wenn eine Idee mit Killerphrasen „tot gemacht“ werden soll.
- Fordern Sie Ihre Gruppenmitglieder bei Problemlösungen und Entscheidungsvorbereitungen dringend auf, sich wiederum mit ihren eigenen Mitarbeitern zu den entsprechenden Themen zusammenzusetzen und nach Möglichkeit Anregungen einzuholen.
- Um die Gruppe vor eigener Blindheit zu schützen, lassen Sie ein Gruppenmitglied einmal die Rolle des „Advocatus diaboli“ übernehmen. Seine Aufgabe ist es, gezielt und kompromisslos die Gegenposition zur Gruppenmeinung einzunehmen, vor allem wenn sich Einigkeit zu schnell einstellt.
- Besonders wenn es um wichtige Entscheidungen geht, sollte man eventuell zwei parallel arbeitende Gruppen Entscheidungsvorschläge ausarbeiten lassen. Erst danach werden diese Vorschläge in der Gesamtgruppe diskutiert.
- Auch wenn ein Ergebnis schließlich feststeht, sollte man es sicherheitshalber noch einmal auf den Prüfstand bringen und in Frage stellen.
- Vergessen Sie nach Beschlüssen und Entscheidungen nie, „den Sack zuzubinden“. Das heißt: Klären Sie, wer tut was und zwar bis wann. Sorgen Sie auch für entsprechende Rückmeldeschleifen, um Zielabweichungen möglichst rechtzeitig zu erfahren.

8 Fragebögen für Gruppen und Gruppenarbeit

Nachfolgend finden sich drei Fragebögen, die zur Befragung von Gruppenmitgliedern und zur Analyse der Qualität der Zusammenarbeit geeignet sind. Die beiden Bögen „Erfassung der Kooperation im Team“ und „Fragebogen zum Gruppenklima“ sind jeweils zur Befragung der ganzen Gruppe geeignet. Ihre Anwendung erfolgt so, dass zunächst jedes Gruppenmitglied für sich und anonym den betreffenden Bogen ausfüllt. Die Auswertung erfolgt dann durch Übertragung der Einzelreaktionen in Form einer Strichliste in ein gemeinsames Formular. Am besten sollte dies durch ein Gruppenmitglied und nicht durch den Vorgesetzten geschehen, um auf diese Weise ein möglichst hohes Maß an Anonymität und Vertraulichkeit zuzusichern. Das Ergebnis der Abfrage könnte dann in der nächsten gemeinsamen Besprechung vorgelegt werden. Über die „Juckepunkte“, die sich bei bestimmten Items durch Stimmenhäufung im kritischen Bereich der Skala anzeigen, müsste dann diskutiert werden. Dabei hängt es in hohem Maße von dem Vertrauenskredit des Vorgesetzten sowie von seinen Reaktionen ab, ob und wie intensiv eine solche Diskussion in Gang kommt. Ziel der Diskussion wäre, Empfehlungen und Regeln zur Verbesserung der als kritisch empfundenen Punkte zu vereinbaren.

Eine andere Vorgehensweise ist, dass man zunächst die Gruppe allein, d.h. ohne den Vorgesetzten, über das Abfrageergebnis diskutieren lässt. Dabei soll die Gruppe die Ursachen der Kritikpunkte analysieren und Lösungsvorschläge entwickeln. Das Ergebnis wird dann von einem Gruppensprecher in der nächsten Sitzung präsentiert und anschließend gemeinsam mit dem Vorgesetzten besprochen.

Der „Fragebogen zur Problemidentifizierung in einem Team“ kann ebenfalls in der oben beschriebenen Form für eine Gruppenbefragung eingesetzt werden, er kann aber auch als Diagnosebogen nur für den Vorgesetzten dienen. Vorausgesetzt, der Vorgesetzte sieht die Gruppensituation ausreichend realistisch, kann er anschließend aus dem bearbeiteten Bogen mit Hilfe des angefügten Auswertungsschemas eine Gesamtpunktzahl ermitteln, die ihm ggf. Hinweise auf die Notwendigkeit von Teamentwicklungsmaßnahmen gibt.

Erfassung der Kooperation im Team
(v. *Rosenstiel,* 1992, S. 148)

Verhalten der Gruppe	trifft völlig zu 1	2	3	trifft gar nicht zu 4	5
1. Wir nehmen uns selten Zeit, einander unsere Zielvorstellungen und Erwartungen mitzuteilen.	○	○	○	○	○
2. Der Informationsfluss zwischen uns lässt zu wünschen übrig.	○	○	○	○	○
3. Wir verhalten uns in dieser Gruppe häufig nicht wirklich frei und offen zueinander.	○	○	○	○	○
4. Die Ziele einiger von uns stimmen nicht mit denen der anderen überein.	○	○	○	○	○
5. Meinungsverschiedenheiten zwischen uns werden selten restlos geklärt und die individuellen Standpunkte zu wenig berücksichtigt.	○	○	○	○	○
6. Versuche, Sachverhalte kritisch zu werten, werden oft als negativ und verletzend gesehen.	○	○	○	○	○
7. Manche von uns verfolgen ihre persönlichen Ziele auf Kosten der Gruppe.	○	○	○	○	○
8. Wir halten uns oft nicht an getroffene Entscheidungen oder setzen sie nur zum Teil in die Tat um.	○	○	○	○	○
9. Wir investieren zu wenig Zeit in die Kontrolle unserer Problemlösungsstrategien.	○	○	○	○	○
10. Wir sprechen kaum über die Qualität unserer Zusammenarbeit.	○	○	○	○	○
11. Manche von uns sind sich nicht im Klaren über ihr Verhältnis zum Leiter.	○	○	○	○	○

Fragebogen zum Gruppenklima
(*Francis/Young*, 1982, S. 207)

Offenheit: Verhalten sich die Mitglieder offen zueinander? Gibt es geheime Absprachen? Gibt es Themen, die in der Gruppe tabu sind? Können die Mitglieder ihre Meinungen über andere offen ausdrücken, ohne zu verletzen?

Die Mitglieder sind sehr offen zueinander	① ② ③ ④ ⑤ ⑥ ⑦	Die Mitglieder sind sehr zurückhaltend

Konformität: Hat die Gruppe Methoden, Rituale, Dogmen und Traditionen, die eine effektive Arbeit behindern? Werden die Meinungen der älteren Mitglieder als Gesetz betrachtet? Können die Mitglieder abweichende oder unpopuläre Ansichten frei äußern?

Starre Konformität, schablonenhaftes Verhalten	① ② ③ ④ ⑤ ⑥ ⑦	Freie Gruppe, flexible Verhaltensmuster

Loyalität: Ziehen die Mitglieder alle an einem Strang? Was geschieht, wenn ein Mitglied einen Fehler macht? Kümmern sich die stärkeren Mitglieder um die anderen, die weniger erfahren oder leistungsfähig sind?

Hohes Maß an Loyalität in der Gruppe	① ② ③ ④ ⑤ ⑥ ⑦	Wenig gegenseitige Unterstützung der Mitglieder

Konfrontation mit Schwierigkeiten: Werden schwierige oder unbequeme Fragen erörtert? Werden Konflikte offen ausgetragen oder unter den Teppich gekehrt? Können sich die Mitglieder Meinungsverschiedenheiten mit dem Vorgesetzten leisten? Setzt sich die Gruppe dafür ein, ihre Schwierigkeiten vollständig auszuräumen?

Schwierige Fragen werden vermieden	① ② ③ ④ ⑤ ⑥ ⑦	Probleme werden offen und ohne Umschweife angepackt

Risikobereitschaft: Merken die Mitglieder, dass sie Neues ausprobieren und Fehlschläge riskieren können und trotzdem noch Loyalität genießen? Werden die Einzelnen von der Gruppe ermuntert, ihre Fähigkeiten voll auszuschöpfen?

Risikobereitschaft bei der Arbeit nicht gefragt	① ② ③ ④ ⑤ ⑥ ⑦	Experimentieren und eigenes Nachprüfen sind selbstverständlich

Gemeinsame Wertvorstellungen: Haben die Mitglieder ihre persönlichen Wertvorstellungen einander nahegebracht? Sind ihnen sowohl die Ursachen (warum?) als auch die Wirkungen (was?) bewusst? Besitzt die Gruppe gemeinsame Grundwerte, denen sich alle Mitglieder verpflichtet fühlen?

Keine gemeinsamen Grundwerte	① ② ③ ④ ⑤ ⑥ ⑦	Weitgehende Übereinstimmung in den Wertvorstellungen

Motivation: Kümmern sich die Mitglieder genügend um die Vertiefung ihrer gegenseitigen Beziehungen? Wirkt die Zugehörigkeit zu dieser Gruppe stimulierend und motivierend auf die Einzelnen?

Die Mitglieder pflegen ihre Gruppe	① ② ③ ④ ⑤ ⑥ ⑦	Die Mitglieder vernachlässigen ihre Gruppe

Fragebogen zur Problemidentifizierung in einem Team
(*Dyer,* 1977, S. 36–37; frei übersetzt)

Problemfelder der Teamarbeit	schwache Hinweise		einige Hinweise		starke Hinweise
1. Verlust an Produktivität/Leistungsabfall der Gruppe.	1	2	3	4	5
2. Klagen oder Beschwerden in der Arbeitsgruppe.	1	2	3	4	5
3. Konflikte oder Feindschaft zwischen Gruppenmitgliedern.	1	2	3	4	5
4. Unklare Kompetenzen oder Beziehungen zwischen den Mitarbeitern.	1	2	3	4	5
5. Mangel an klaren Zielen oder geringe Identifikation mit diesen.	1	2	3	4	5
6. Apathie, allgemeine Interessenlosigkeit oder Mangel an Engagement bei den Teammitgliedern.	1	2	3	4	5
7. Mangel an Innovation/Risikobereitschaft/Kreativität/Initiative.	1	2	3	4	5
8. Ineffektive Besprechungen.	1	2	3	4	5
9. Probleme in der Zusammenarbeit mit dem Vorgesetzten.	1	2	3	4	5
10. Unzureichende Kommunikation: Die Mitarbeiter wagen nicht, zu widersprechen, man hört einander nicht zu, man spricht nicht miteinander.	1	2	3	4	5
11. Mangel an Vertrauen zwischen dem Vorgesetzten und seinen Mitarbeitern bzw. den Mitarbeitern untereinander.	1	2	3	4	5
12. Es werden Entscheidungen getroffen, die von den Mitarbeitern nicht verstanden werden oder denen sie nicht zustimmen.	1	2	3	4	5
13. Die Mitarbeiter haben den Eindruck, dass gute Arbeit nicht anerkannt oder belohnt wird.	1	2	3	4	5
14. Die Mitarbeiter werden nicht zur Zusammenarbeit und zu gemeinsamen Anstrengungen ermutigt.	1	2	3	4	5

Auswertung siehe nächste Seite.

Auswertung:
Die Gesamtpunktzahl ergibt sich aus der Addition der Zahlenwerte in den 14 Kategorien.

14–28 Punkte	=	Es sieht so aus, als seien Maßnahmen zur Teamentwicklung nicht erforderlich.
29–42 Punkte	=	Es gibt einige Hinweise, aber keine unmittelbare Notwendigkeit für Teamentwicklungsmaßnahmen. Ausnahme: Besonders hohe Punktzahlen in zwei oder drei Bereichen.
43–56 Punkte	=	Maßnahmen zur Teamentwicklung sollten ernsthaft erwogen werden.
über 56 Punkte	=	Teamentwicklungsmaßnahmen sollten höchste Priorität erhalten.

Kapitel 6
Motivation durch die Organisation

1 Ein Blick voraus

Nicht nur Wirtschaftsunternehmen bezeichnet man als Organisationen. Auch z.B. Institutionen oder Verbände, die öffentliche(n) Verwaltung(en), die Kirchen und das Militär sind ebenfalls Organisationen. Für jede Organisation gilt, dass in ihr zur Erreichung des Organisationsziels Menschen und Dinge in einer bestimmten Form organisiert sind.

Organisationen entstehen und sie können auch wieder vergehen. Organisationen entwickeln sich und können entwickelt werden. Sie sind offene Systeme und interagieren so mit ihrer Umwelt, d.h. sie beeinflussen und werden beeinflusst.

Alle Organisationen – nicht nur die in der Wirtschaftswelt – entwickeln ihr eigenes Selbstverständnis und ihre eigene **Organisationskultur.** Dies gilt für das kleine oder mittlere Unternehmen genauso wie für den Großkonzern. Über die einzelnen organisatorischen Einheiten (z.B. Bereiche, Abteilungen, Arbeitsgruppen) ist jeder einzelne Mitarbeiter mit der Organisation verbunden und damit Betroffener, Träger und Gestalter dieser Kultur. In seinem Arbeits- und Leistungsverhalten wird jedes Organisationsmitglied stark durch die innerorganisatorischen Verhältnisse beeinflusst: **Verhältnisse prägen Verhalten!** Leistungsbereitschaft und Motivation hängen maßgeblich davon ab, in welchem Maße ein Mitarbeiter seine Firma insgesamt als befriedigend bzw. nicht befriedigend erlebt. Das bezieht sich nicht nur darauf, wie die Arbeit und die Abläufe organisiert sind, sondern auch darauf, welchem Menschenbild man sich innerhalb der Organisation verpflichtet fühlt, an welchem Wertesystem man sich orientiert, welche Führungsphilosophie gilt, wie die Arbeit des Mitarbeiters sowie das Arbeitsumfeld gestaltet sind, welche Chancen dem Einzelnen für persönliche Entwicklung, Wachstum und Aufstieg geboten werden usw.

Wer nur die rationalen und funktionalen Aspekte einer Organisation zur Kenntnis nimmt, erfasst in seinem Verständnis nur einen Teil des Gesamtsystems.

Organisationen sind nicht unabhängig vom gesellschaftlichen Wandel. Vielmehr stehen sie in intensiven Wechselbeziehungen zu ihrem sich ständig wandelnden Umfeld. Aus diesem Grund ist es für sie wichtig, die Signale des Wandels frühzeitig zu erfassen, sie zu werten und ggf. darauf zu reagieren. Herausforderung und überlebenswichtiges Zukunftsziel für jedes Unternehmen ist es dabei, den eigenen Wandel aktiv zu gestalten und diesen auch möglichst optimal mit dem Wandel im Umfeld zu synchronisieren. Denn: **Wer die Evolution verpasst, holt sich die Revolution ins Haus.**

Ein organisatorischer Wandel sollte nicht gegen die Organisationsmitglieder, nicht gegen die Menschen betrieben werden. Unter dem Begriff **Organisationsentwicklung** (OE) versteht man eine partizipative Veränderungsstrategie, bei der die „Betroffenen zu Beteiligten gemacht" werden. Im Rahmen eines gemeinsamen Lern- und Veränderungsprozesses werden hier die Mitarbeiter zu Mitgestaltern des Wandels in „ihrer" Organisation.

2 Organisation – was ist das?

Der Begriff Organisation hat zwei Seiten. Einerseits kann man ihn verstehen als Bezeichnung für jenes Netzwerk, mit dem im Rahmen der gegebenen Möglichkeiten die Beziehungen der einzelnen Organisationsmitglieder zueinander und miteinander möglichst so geregelt sind, dass der Organisationszweck und/oder die Organisationsziele optimal erreicht werden. Die so entstehenden Organisationsstrukturen sind im so genannten **Organigramm** grafisch dargestellt. Dort ist auch abgebildet, wo innerhalb des betrieblichen Aufbaus die für die verschiedenen organisatorischen Einheiten sowie für die Erledigung der Teilziele verantwortlichen Organisationsmitglieder positioniert sind (Positionen).

Ein zweites Verständnis von Organisation ist, sie als lebendigen und dynamischen **Organismus** und als ein aus verschiedenen Subsystemen bestehendes Gesamtsystem anzusehen. Die Dynamik von Organisationen ist dabei nicht nur nach innen gerichtet, sondern auch nach außen. Organisationen stehen im Wechselspiel zu ihrer Umwelt, zu ihrem Umfeld. Das aber bedeutet in einer ständig sich wandelnden Welt, dass Organisationen sich ebenfalls verändern und fortentwickeln müssen.

Organisationen müssen organisiert sein. „Die Bürokratie war eine gewaltige Entdeckung, um die menschliche Muskelkraft für die industrielle Revolution einzuspannen. Heute ist sie eine Krücke, ohne weiteren Nutzen. Denn wir brauchen jetzt freie Strukturen, die den Ausdruck des Spiels und der Phantasie gestatten und uns das neuartige Vergnügen der Arbeit auskosten lassen", so äußert sich der amerikanische Organisationspsychologe *Warren G. Bennis* (1975, S. 482) in einem Artikel über Organisationswandel zum Thema Bürokratie. Schon vor mehr als zwei Jahrzehnten galten für ihn bürokratische Mechanismen und Strukturen, wenngleich „im Laufe der industriellen Revolution zu hoher Vollkommenheit ausgebildet" und „heute der überwiegende und weitestentwickelte Organisationstyp" (1975, S. 470), als überholt, weil sie angesichts einer sich laufend verändernden (Wirtschafts-)Welt und des damit zwingend verbundenen organisatorischen Wandels den Anforderungen nicht mehr genügten.

Organisationen werden irgendwann einmal „geboren", und sie können auch wieder „sterben". Während ihres Bestehens durchlaufen sie verschiedene Entwicklungsphasen. Man kennt mehrere Phasenmodelle für die Entwicklung von Organisationen. Zwei von ihnen werden nachfolgend beispielhaft beschrieben.

2.1 Die Entwicklung von Organisationen

Ein erstes Beispiel für ein solches Phasenmodell zeigt die Abbildung 6.1 (S. 244). Es stammt von *Larry E. Greiner* (1972/1975). In dieser Darstellung werden fünf Phasen genannt, die eine Organisation in Abhängigkeit von ihrem Alter (d.h. von ihrem wachsenden Reifegrad) und von ihrer Größe durchläuft.

Jede der in Abbildung 6.1 dargestellten Phasen ist dadurch gekennzeichnet, dass ein längerer Zeitraum der Evolution durchlaufen wird, der dann jeweils in eine für diese Phase typische Krise einmündet. Diese „Revolution" (Krise) muss mit Hilfe bestimmter Mittel und (Management-)Techniken bewältigt werden, wodurch gleichzeitig der Übergang zur nächsten Phase vollzogen wird. Diese beginnt dann wiederum mit einem evolutionären Verlauf mit Zuspitzung auf die nächste, für diese betreffende Phase kennzeichnende Krise. Die Entwicklung einer Organisation ist demnach also von dem ständigen Wechsel zwischen Evolution und anschließender Krise als Durchgangsstation zur nächsten Evolutionsphase gekennzeichnet. Selbstverständlich kommen neben dem Alter der Organisation und ihrer Größe auch noch weitere interne und externe Faktoren mit ins Spiel, so z.B. Struktur und Reifegrad der Mitarbeiter, die Entwicklung des entsprechenden Wirtschaftszweiges, technologische Veränderungen sowie gesellschaftliche, politische und wirtschaftliche Veränderungen bzw. Rahmenbedingungen usw. Da gibt es natürlich vielfältige Wechselwirkungen.

Für Organisationen ist es deshalb nicht nur wichtig, Veränderung in oder durch Außenfaktoren zu bemerken und gegebenenfalls zu analysieren, sondern auch den jeweiligen Wachstums- und Reifestatus

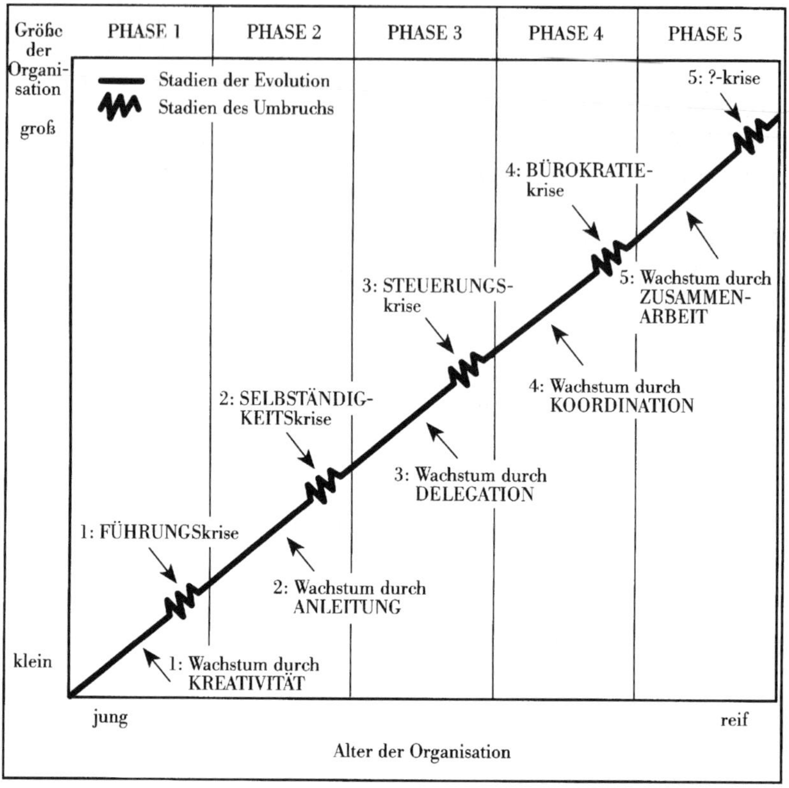

Abb. 6.1: Wachstumsphasen einer Organisation (Greiner, 1975, S. 500)

bei sich selbst mit ins Kalkül zu ziehen. Jede Phase besitzt nämlich die für sie typischen Schwerpunkte in den Zielsetzungen, hat ihre typischen Steuerungs- und Belohnungssysteme und weist auch einen bestimmten, kennzeichnenden Managementstil auf. Dies ist in der Abbildung 6.2 für die einzelnen Phasen dargestellt. Anhand der jeweiligen Phasenbeschreibungen ist es übrigens ganz gut möglich, zumindest eine grobe Feststellung des Entwicklungsstandes einer Organisation vorzunehmen.

Neben den fünf in Abbildung 6.2 herangezogenen Kategorien können natürlich noch weitere Variablen und Faktoren ihre phasentypischen Ausprägungen erfahren, so zum Beispiel das in den einzelnen Phasen geltende Menschenbild, Stand und Aufgaben des betrieblichen Bildungswesens bzw. der Personalentwicklung, praktizierte Informations- und Kommunikationsformen usw.

Kategorie	Phase 1	Phase 2	Phase 3	Phase 4	Phase 5
Konzentration des Management auf:	Selbermachen & Verkaufen	Operative Leistungsfähigkeit	Marktexpansion	Konsolidierung der Organisation	Problemlösen und Innovation
Organisationsstruktur:	informell	zentralisiert und funktional	dezentralisiert und regionalisiert	Stab-Linie + Produktgruppen	Matrix-Organisation (auf Teambasis)
Führungsstil des Top-Managements:	individualistisch und unternehmerisch	direktiv	delegierend	kontrollierend und überwachend	partizipativ
Kontroll- und Lenkungssystem:	Marktergebnisse	Kostenstellen und Standards	Berichte und Profitcenters	Investitionsplanung	Zielvereinbarung
Hauptsächliches Anreiz- und Belohnungssystem:	Eigentumszuwachs	Steigerung von Gehalt und Sonderzulagen	individuelle Gratifikationen	Gewinnbeteiligung und Kapitalbeteiligung	Gruppenprämien (Teambonus)

Abb. 6.2: Typische Praktiken während der Evolution in den fünf Phasen des Wachstums einer Organisation (Greiner, 1975, S. 505; frei übersetzt)

Das Phasenmodell von *Greiner* zur Entwicklung von Organisationen lässt übrigens offen, auf welche Krise die durch Zusammenarbeit und Teamorientierung gekennzeichnete 5. Phase zuläuft. Eine Hypothese dazu ist, dass die hier zu erwartende Krise sich wahrscheinlich um das Phänomen einer **„psychologischen Sättigung"** der Mitarbeiter zentrieren wird. Diese Vermutung fußt auf der Vorstellung, dass die Mitarbeiter irgendwann physisch sowie auch psychisch regelrecht erschöpft sind von der hohen Intensität der Teamarbeit und von dem hohen Druck innovativer Lösungsbemühungen. Eine solche Krise müsste in eine neue Phase der Evolution einmünden, in der neue Organisationsstrukturen und neue Programme zur Personalentwicklung den Mitarbeitern erlauben, sich periodisch zu entspannen, zu reflektieren und sich selbst zu „revitalisieren".

In Abbildung 6.3 (S. 246) ist ein weiteres Entwicklungsmodell dargestellt, das von *Max Zuberbühler* (1989) vorgestellt wurde. In Anlehnung an die bekannten Lebenszyklen von Produkten beschreibt er in fünf Phasen den Lebenszyklus eines Unternehmens. In seinen Erläuterungen weist *Zuberbühler* ausdrücklich darauf hin, dass hochkomplexe Systeme wie Unternehmen zwar in der Regel durch Überlappungen und Gleichzeitigkeit mehrerer Zustände gekenn-

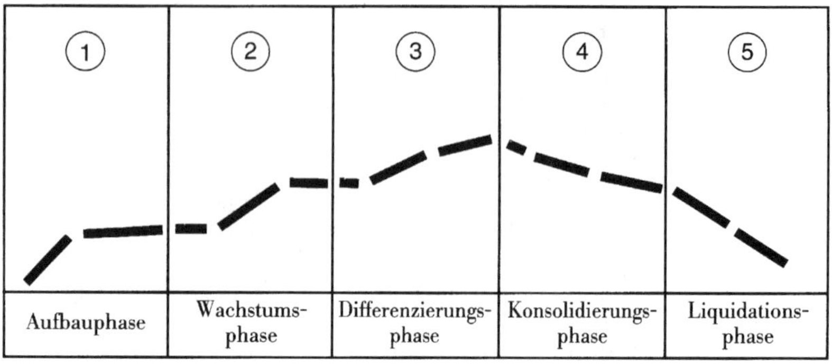

Abb. 6.3: Der unternehmerische Lebenszyklus (Zuberbühler, 1989, S. 31)

zeichnet sind, dass seiner Meinung nach aber dennoch fünf verschiedene Phasen im unternehmerischen Lebenszyklus zu beobachten sind.
Die entscheidende Aussage dieses Phasenmodelles ist, dass die einzelnen Phasen jeweils sehr unterschiedliche Situationen darstellen, die am besten durch dafür „maßgeschneiderte" Führungspersönlichkeiten zu meistern sind. Die einzelnen Phasen sind gekennzeichnet durch ein unterschiedliches Verständnis der Führerrolle mit entsprechendem Verhaltensrepertoire sowie entsprechender Dominanz bestimmter Merkmale. Nachfolgend, in enger Anlehnung an den Autor, die Kurzbeschreibungen der Phasen:

(1) Aufbauphase

Diese Phase ist gekennzeichnet durch Gründungsgeist. Es ist die Pionierphase eines Unternehmens, bei der typischerweise Kreativität und Spontaneität im Mittelpunkt stehen. Kommunikation und die Beziehungen untereinander funktionieren in hohem Maße informell; nur das Notwendigste ist bereits formal geregelt. In dieser Phase ist die typische Unternehmerrolle die eines **Pioniers.** Es ist der Innovator, vielleicht sogar der Visionär. Er ist getragen von einer Idee und steckt voller Begeisterungsfähigkeit. Die Aufbauphase ist geprägt durch seine Person, er reißt die Leute mit, setzt immer wieder ansteckende Impulse und beeindruckt durch seine Initiative, Entschlusskraft und Risikofreudigkeit.

(2) Wachstumsphase

Mit wachsendem Erfolg wächst auch das Unternehmen und wird notgedrungen auch komplexer. Die Wachstumsphase beginnt. Dabei wird sehr bald deutlich, dass die bisherige Organisation (sie platzt schon aus allen Nähten) sowie Führungsstil, Führungsinstrumente und das eigene Selbstverständnis der gewandelten Situation angepasst werden müssen. Das Unternehmen braucht für seine Fortentwicklung nicht nur Kapital, sondern auch einen starken Führer, den **Macher**, der jetzt gezielt das in die Hand nimmt, was das Unternehmen in dieser Phase braucht: effiziente interne Abläufe, eine funktionale Organisationsform, formalisierte Planungs- und Kontrollprozesse, eine eindeutige und einheitliche Führungsstruktur sowie ein systematisches Marketing. Es wäre leichtsinnig, sich in dieser Phase an den alten Pioniergeist und die (schon historische) Aufbruchstimmung zu halten. Formale Management-Methoden halten ihren Einzug in die Organisation, und die spezifische Rolle des Unternehmers während dieser Wachstumsphase lässt sich in etwa so kennzeichnen: tatkräftiger Anpacker, glasklarer Analytiker sowie überzeugender, entschlusskräftiger und zielstrebiger Umsetzer.

(3) Differenzierungsphase

Die Differenzierungsphase wird eingeleitet durch die Erkenntnis, dass jedes Wachstum irgendwann einmal Sättigungstendenzen zeigt und dass die bis dahin zentralisierte Organisationsform der weiter steigenden Komplexität nicht mehr gewachsen ist. Zudem wird mehr und mehr deutlich, dass man – hoch engagiert bei der Bewältigung des starken Wachstums und voll konzentriert auf das Tagesgeschäft – offensichtlich versäumt hat, sich längerfristig auf die Zukunft auszurichten. An der Unternehmensspitze wird jetzt der **Stratege** gebraucht! Dieser ist zukunftsorientiert, verfügt über Weitblick, ist ein guter Systematiker und konzeptioneller Denker. Er ist längst nicht mehr derjenige, der alles selber kann und macht, sondern er ist ein guter Delegierer, der auf diese Weise seine Führungskräfte zu unternehmerischer Initiative herausfordert. Er versteht sich vornehmlich als Impulsgeber, der seine Aufgabe darin sieht, durch eine klare strategische Positionierung (z.B. Neudefinition des Geschäftszwecks, Neupositionierung im Markt, Sicherung bzw. Ausweitung der Wettbewerbsvorteile) und durch angepasste Strukturen die Firma wieder zu dynamisieren.

(4) Konsolidierungsphase

Nach der strategischen Neuausrichtung muss der jetzt eingeschlagene Kurs stabilisiert werden. Dies geschieht in der Konsolidierungsphase. Ein beträchtlicher Teil der Kräfte ist jetzt nach innen gerichtet, um die unternehmerische Komplexität in den Griff zu bekommen. Es werden umfangreiche Planungs- und Kontrollmethoden entwickelt, die Qualität der Kommunikation zwischen den verschiedenen Unternehmensbereichen ist von entscheidender Bedeutung für die reibungslose Zusammenarbeit, und es ist notwendig, das Unternehmen in einer starken Kultur zu verankern. In dieser hochkomplexen Unternehmenssituation hat sich der Unternehmer in erster Linie als **Coach** zu verstehen. Als Coach erschöpft er sich keinesfalls nur in der Rolle des Koordinators, sondern er sieht sich mit besonderem Schwerpunkt als Teamplayer, Kommunikator und Integrator. Der Coach bemüht sich um die Schaffung eines positiven emotionalen Umfeldes. Er fühlt sich einem positiven Menschenbild verpflichtet, ist ein überzeugender Motivator – vor allem, weil er durch Emotionalität und Glaubwürdigkeit guten Zugang zu Menschen findet. Seine Führung ist situativ. Die Gefahr in dieser Phase besteht darin, dass das Unternehmen zuviel wertvolle Energien nach innen richtet und in seinem Bemühen um Integration, innere Harmonie und optimale Kommunikation versäumt, ausreichend Kräfte für innovative Präsenz und dynamische Teilnahme am Marktgeschehen einzusetzen.

(5) Liquidationsphase

Gerät ein Unternehmen zu stark in die Beschäftigung mit sich selbst und/oder verliert das Unternehmen in Bezug auf seine Produkte, Dienstleistungen, Kundenorientierung oder Qualität den Anschluss an die Entwicklung des Marktes, dann „trudelt“ es in eine existenzbedrohende Krise. Dieser fünfte (und vielleicht letzte) Lebensabschnitt ist die so genannte Liquidationsphase. In dieser Phase tritt der **Sanierer** auf den Plan. Seine Aufgabe ist es, in einer unternehmensumfassenden Kurzzeitaktion das Unternehmen aus seiner Lethargie zu lösen und seine Anpassungsdynamik an veränderte Umweltbedingungen wieder neu zu entzünden. Schnellstmöglich müssen Rentabilität und Innovationsfähigkeit des Unternehmens wiederhergestellt werden und bei den Mitarbeitern durch Motivation sowie durch eine inspirierende Vision ein neuer Kräfteschub ausgelöst werden. Der Führungsstil in dieser Situation ist in der Regel direktiv, hart, gelegentlich brutal (zumindest in seiner Außenwirkung). Denn viel Zeit bleibt nicht. Gelingt es, in einer solch letzten Anstrengung das Steuer wieder herumzureißen, wird das Unternehmen revitalisiert und beginnt – auf einer höheren Ebene – mit einem neuen Lebenszyklus. Gelingt dieser Versuch nicht, bleibt nur die Liquidierung.

Das Lebenszyklus-Modell von *Zuberbühler* legt nahe, entsprechend den Lebenszyklen jeweils die dazu passenden Führungspersönlichkeiten auszusuchen. Am ehesten überzeugt dies im Fall des Sanierers. Es gibt in unserer Wirtschaft mehrere Beispiele von Top-Managern, die offensichtlich auf die Rolle des Sanierers „spezialisiert“ sind. Ist eine Sanierung abgeschlossen, „wandern“ sie sozusagen ab zur nächsten Sanierung. Es liegt ihnen offensichtlich nicht so recht, die Stabilisierung und Konsolidierung des neuen Zustandes zu betreiben. Den Fall, dass ein Sanierer nach der Sanierung das Unternehmen auch längerfristig und erfolgreich durch neue Phasen seines Lebenszyklus führt, erlebt man eher selten.

Andererseits kann es aber eigentlich nicht so sein, dass ein Unternehmen sich pro Zyklusphase jeweils den passenden Top-Manager bzw. das passende Management sucht. Vor allem ist hier zu bedenken, dass der Lebenszyklus eines Unternehmens in aller Regel deutlich länger dauert als (heute) die Produktzyklen. Für das Management bedeutet dies die Herausforderung, aber zugleich auch die Chance, in seinem Führungs- und Rollenverständnis **gemeinsam mit dem Unternehmen zu wachsen.** Angesprochen sind hier keinesfalls nur der Unternehmer oder das Top-Management, sondern alle Führungskräfte auf allen Ebenen. Für jeden Träger von Führungsverantwortung gilt, dass er sich als ein „Veränderungsagent" (change agent) verstehen sollte, der sich sozusagen synchron mit der Entwicklung seines Unternehmens persönlich fortentwickelt und der es als seine Aufgabe betrachtet, rechtzeitig und vor dem Eintreten gravierender „Lähmungserscheinungen" in seinem Verantwortungsbereich die Impulse zum Übergang in die nächste Zyklusphase zu setzen.

Den wirklich guten Manager bzw. Vorgesetzten zeichnet **situationsadäquates Handeln und Reagieren** aus. Mit anderen Worten besagt dies, dass man von jeder Führungskraft ausreichende **Rollenflexibilität** erwartet, dass sie situativ – und das umschließt den jeweiligen Reifegrad des Unternehmens – ein entsprechendes Verhaltens- und Führungsrepertoire entwickelt.

2.2 Einige Organisationsmetaphern

Über das Wesen einer Organisation, einer Unternehmung, kann man sehr unterschiedliche Auffassungen haben. Sogar die Mitglieder der gleichen Organisation können sich ohne weiteres an völlig unterschiedlichen Vorstellungen orientieren. *Oswald Neuberger* (1986) hat einmal einige solcher Vorstellungsbilder (Organisationsmetaphern), die in Köpfen von Menschen über Organisationen existieren können, zusammengestellt: So gibt es Menschen, in deren Verständnis eine Organisation so etwas ist wie ein „Gebäude", eine „Maschine" oder sogar ein „Computer". Andere begreifen eine Organisation mehr als System oder Prozess im Sinne von „Organismus", oder als „Population", als „Persönlichkeit", als „Kultur" oder vielleicht auch als „große Familie". Dann wieder gibt es Menschen, die eine Organisation als „Kampfarena", als „Spiel" (etwa mit Betonung auf „Sport“ und/oder auf Wettbewerb), als „Theater“ (zum Beispiel als eine Art Dekoration für die Inszenierung von Personen) oder als „politische Veranstaltung“ auffassen. Und wieder andere schließlich empfinden ihre Organisation – wohl eher resignativ – als eine „Ad-hoc-kratie“ (was nichts anderes bedeutet als „Durchwursteln“).

Je nachdem, welches Bild von Organisation die einzelnen Organisationsmitglieder im Kopf haben, werden sie darauf auch ihr Verhalten ausrichten. Jede dieser Metaphern ist verknüpft mit typischen Leitideen und folglich gekennzeichnet durch typische Verhaltensmuster der Organisationsmitglieder – einschließlich entsprechender „Überlebenstechniken“. Gleichfalls besitzt jedes Organisationsleitbild sein kennzeichnendes Wertesystem, verbunden mit typischen Erwartungen, Befürchtungen und Ängsten (siehe auch *Neuberger/Kompa*, 1987).

Interessant ist auch eine auf *Stanley N. Herman* zurückgehende Organisationsmetapher, der „organisatorische Eisberg“ (Abbildung 6.4).

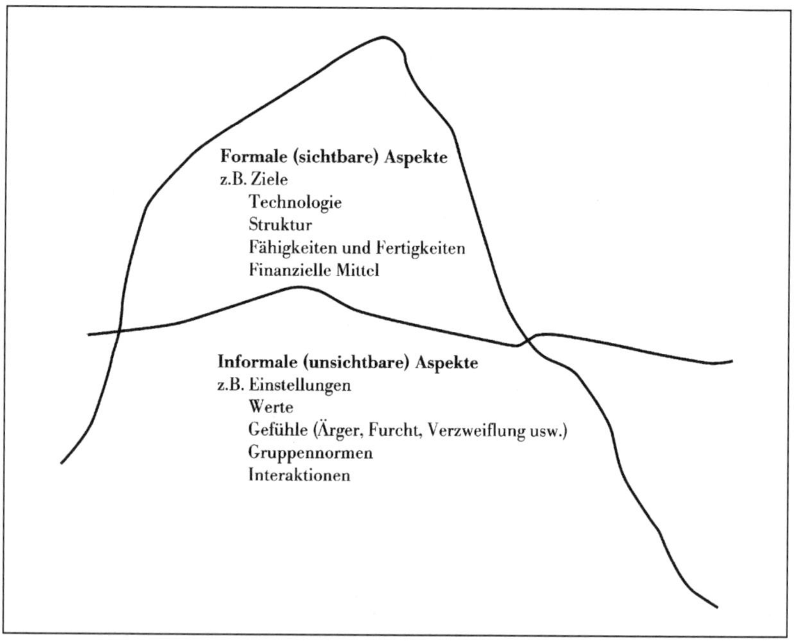

Abb. 6.4: Der organisatorische Eisberg (nach Herman, entnommen aus: Golembiewski, 1975, S. 108)

Bei dieser Darstellung wird unterschieden zwischen den formalen Aspekten einer Organisation (das ist der über der Wasseroberfläche liegende Teil des Eisberges) und den informalen Aspekten, damit ist jener – wie jeder aus dem Schulunterricht weiß – gewichtigere Teil des Eisberges gemeint, der sich verdeckt unter der Wasseroberfläche befindet.

Der sichtbare Teil des Eisberges ist herkömmlich gut zu managen; hier fühlt sich die klassische Betriebswirtschaft zuständig. Manager und Organisatoren müssen aber auch lernen, den unter der Oberfläche befindlichen Teil des Organisationseisberges nicht nur in seiner vollen Bedeutung zu akzeptieren, sondern diesen Teil bewusst und gezielt zu „pflegen" und zu entwickeln. Organisationen bestehen schließlich aus Menschen, und eine Vielzahl von sozialen Faktoren wie Einstellungen, Werten, Gefühlen, Gruppennormen und zwischenmenschlichen Wechselwirkungen sind für das Funktionieren und das Klima einer Organisation von entscheidender Bedeutung. So ist beispielsweise keine Organisation ohne Identifikation der Organisationsmitglieder sowie ohne Vertrauen, Sicherheit, Motivation etc. auf die Dauer wirklich erfolgreich zu führen.

Betrachtet man den oberen Teil des Eisberges einmal als „rationalen Teil", so ist der untere Teil des Eisberges in hohem Maße „emotional geladen". Der aus der Werbung stammende Satz „Die Gefühle sind das Trojanische Pferd, um in die Herzen der Konsumenten zu gelangen" lässt sich zweifellos auch auf Organisationen übertragen. Insofern besteht eine äußerst wichtige Führungsaufgabe in der **emotionalen Ansprache der Mitarbeiter,** in der Vermittlung von Orientierung und Sicherheit sowie im Wecken von Vertrauen und im Entzünden von Begeisterung bei den Mitarbeitern. Dazu bedarf es allerdings auch einer entsprechenden Kommunikationsfähigkeit und einer adäquaten Sprache. Der gefühlsarme, kopfgesteuerte betriebliche Funktionärstyp wird sich hier sicherlich schwer tun. In diesem Zusammenhang ist zu bedenken, dass es inzwischen ohnehin eine sehr deutliche Tendenz gibt, den „weichen" Fakten einer Organisation (wie z.B. den Werten sowie den Gefühlen und Bedürfnissen der Organisationsmitglieder) mehr Beachtung zu schenken. Organisationen sind schließlich weitaus mehr als nur eine betriebswirtschaftliche Veranstaltung.

2.3 Der Trend zur „Mensch-gerechteren" Organisation

Manche Unternehmen und Firmen tun sich immer noch sehr schwer, dem nicht zu leugnenden Tatbestand Rechnung zu tragen, dass in ihnen schließlich **Menschen** mit ihren individuellen Einstellungen, Wertesystemen, Bedürfnissen und Erwartungen arbeiten, und dass diese sich in der Organisation einigermaßen wohlfühlen wollen (und auch müssen). Nur dann kann man von ihnen auch entsprechende Leistungsmotivation erwarten. Aber immer noch scheinen sich viele Organisatoren und auch Manager an der Fiktion des „homo functionalis" oder des „rational man" auszurichten. Wahrscheinlich ist es für sie das leichter zu bewältigende Feld, sich beim Entwerfen oder der Gestaltung von Organisationsstrukturen vorzugsweise den funktionalen, d.h. den eher logischen Aspekten der Problemstellung zu widmen, als sich auf das unbekanntere (oder möglicherweise sogar verdächtig erscheinende) Feld der „Psycho-Logik" zu begeben.

Dass sich in unserer heutigen Zeit Unternehmen mehr als früher auf veränderte Menschen einrichten müssen, ist jedoch nur die eine Seite der Medaille. Gleichzeitig wächst auch das Bewusstsein dafür, dass Organisationsstrukturen ihrerseits den Mitarbeiter, der – grob gerechnet – immerhin etwa acht Stunden täglich und fünf Tage in jeder Woche in sie eingebettet ist, prägen und somit auf seine Persönlichkeitsentwicklung Einfluss nehmen! Neben den bereits seit langer Zeit aktuellen Forderungen nach **physisch akzeptablen** Arbeitsbedingungen in Organisationen verstärkt sich inzwischen die Forderung nach Arbeitsbedingungen, welche – im weitesten Sinne – auch **psychisch akzeptabel** sind. Gemeint sind damit Arbeits- und Organisationsstrukturen,

- die eine positive „Lernumwelt" für das Organisationsmitglied darstellen,
- welche die individuelle Entfaltung der Person nach Möglichkeit fördern und
- die damit zur Persönlichkeitsentwicklung des Mitarbeiters beitragen (statt sie zu deformieren).

Dabei ist die Forderung nach einer „Mensch-gerechteren" Organisation keinesfalls neu. Schon seit vier, fünf Jahrzehnten (!) wird von verschiedenen Organisationsforschern immer wieder der Gedanke in die Diskussion gebracht, eine **Organisation als** einen **Prozess** zu betrachten, bei dem die mehr oder minder kontroversen Bedürfnisse des Individuums (= Organisationsmitglied) und die Bedürfnisse der Organisation (= Unternehmen) ständig gegeneinander abgeglichen und nach Möglichkeit zu einem optimalen Kompromiss geführt werden müssen (siehe dazu auch *Oldendorff*, 1970, S. 54 ff.). Neu hingegen ist, dass heute Mitarbeiter intensiver und sicherlich auch selbstbewusster als früher ihre Bedürfnisse gegenüber der Organisation anmelden und ihre Vorstellungen artikulieren. Sie streben danach, im Rahmen ihrer Zugehörigkeit zum Unternehmen dort auch persönliche Ziele verwirklichen zu können, sie möchten eine möglichst große Deckungsgleichheit zwischen persönlichen Werten und denen ihrer Organisation erfahren, und sie erwarten – trotz der mit dem Status eines Mitarbeiters natürlich verbundenen Abhängigkeit – im Rahmen ihrer Tätigkeit ein befriedigend großes Stück aktiver Unabhängigkeit. Stichworte wie Identifikation mit den Organisationszielen und -werten, persönliche Entwicklungs- und Entfaltungsmöglichkeiten, Sinngebung in der Arbeit sowie Handlungs- und Gestaltungsspielräume haben hier ihren Platz.

2.4 Ein neues Organisationsverständnis

Um die inneren Wechselwirkungen und die Dynamik von Organisationen, welcher Art sie auch immer sind, wirklich zu verstehen, reichen statische Modelle nicht aus. Nach dem heutigen Verständnis betrachtet man eine Organisation (und damit ist nicht das so genannte Organigramm, also die grafische Darstellung der Organisationsstrukturen, gemeint) als **lebendigen Organismus** und als ein **offenes System.** Organisation als offenes System bedeutet, dass eine Organisation in ständiger Wechselwirkung mit der sie umgebenden Umwelt steht: Veränderungen „draußen" (z.B. Änderungen von Einstellungen und Werten bei den Menschen, wirtschaftliche oder technologische Veränderungen etc.) wirken in die Organisation hinein und erfordern dort entsprechende Reaktionen. Dies gilt natürlich besonders auch für geänderte Bedürfnis- und Motivationsstrukturen bei den Mitarbeitern. Reagieren muss dabei übrigens keinesfalls immer und zwingend sofortige Anpassung heißen. Auf jeden Fall aber sollten Veränderungen überhaupt registriert und selbstverständlich auch bewertet werden.

2.4.1 Die Subsysteme einer Organisation

Darüber hinaus besteht wiederum jede Organisation aus verschiedenen Sub- oder Teilsystemen mit ihren Elementen, die alle zusammenwirken und gemeinsam den Bestand des Ganzen sichern müssen. Als Vergleich kann man sich einen Menschen als ein ‚Mensch-System' vorstellen, das aus verschiedenen Subsystemen wie beispielsweise dem Kreislaufsystem, dem Nervensystem, dem Muskelsystem, dem Knochensystem usw. besteht. Und was beim Menschen gilt, gilt analog auch für Organisationen: Solange die verschiedenen Subsysteme optimal zusammenwirken, ist das Gesamtsystem „gesund". Andererseits wird eine Störung in einem der Subsysteme mit absoluter Sicherheit Auswirkungen auf die anderen Subsysteme haben. Schließlich hat auch das Durchtrennen des Kreislaufsystems bei einem Menschen Folgen für das Überleben – egal wie gut und stabil etwa das Knochensystem ist ...

Das Bewusstsein, dass solche gegenseitigen Abhängigkeiten zwischen den Subsystemen in Organisationen bestehen, wächst in jüngster Zeit nicht nur bei Organisatoren. In der Abbildung 6.5 (S. 255) sind drei wichtige Subsysteme einer Organisation dargestellt. Aus ihrem Zusammenspiel untereinander sowie mit dem externen System (Umwelt) erwächst die Leistung, der Output, eines Wirtschaftsunternehmens oder auch jeder anderen Organisation, die Leistungsziele verfolgt. Dieser Output kann sich u.a. in folgenden Leistungsvariablen ausdrücken: Produktion oder Produktivität, Umsatz, Cash-flow, Qualität, Motivation usw., aber auch in Faktoren wie Fehlerquote, Beschwerderate, Fluktuationszahl, Demotivation und damit in der so genannten inneren Kündigung. So betrachtet kann man **Motivation** verstehen als das **Resultat des guten Zusammenwirkens der verschiedenen Subsysteme.**

Wie sehen die Subsysteme nun im Einzelnen aus? Da ist zunächst das **soziale System**, wenn man so will: das Mensch-System. Diese Bezeichnung drückt eigentlich die Selbstverständlichkeit aus, dass jede Organisation aus Menschen besteht, welche zusammenarbeiten, um die Organisationsziele zu erreichen. Diese Menschen verfügen über bestimmte Fähigkeiten, Fertigkeiten und Kenntnisse, aber sie haben auch bestimmte Einstellungen, Gefühle und Erwartungen. Sie folgen bestimmten Normen und Werten. Zwischen diesen Menschen spielen sich Kommunikationsprozesse ab, und es entwickeln sich – formell wie informell – Beziehungen zwischen ihnen. Zudem übernehmen diese Menschen auch innerhalb der Gruppe Rollen, haben bzw. gewinnen einen bestimmten Status und verfügen – von Person zu Person selbstverständlich unterschiedlich – über Einfluss, Macht, Kompetenzen und Entscheidungsbefugnisse. Nicht zuletzt entwickelt sich zwischen ihnen ein wie auch immer geartetes Klima der Zusammenarbeit und des Miteinander-Klarkommens.

Ein zweites Subsystem ganz anderer Art ist das so genannte **betriebliche System,** das zuweilen auch als technisches oder als betrieblich-technisches System bezeichnet wird. Diesem System sind sozusagen die physikalischen Faktoren der Arbeit und des Arbeitsumfeldes zuzurechnen: Standort, Bauten, Einrichtungen, Wegstrecken und Entfernungen, Maschinen, Werkzeuge, technische Ausstattung, Material, aber auch Abläufe, Verfahren, Zeitpläne, Arbeitsplätze bzw. deren konkrete Gestaltung sowie schließlich auch das physikalische (Raum-)Klima.

Das sogenannte **administrative System** ist das dritte Subsystem. Hierunter fallen z.B. alle betrieblichen Richtlinien, Regeln und festgelegten Prozeduren, welche der Verwaltung, der Organisation, der Planung und der Steuerung innerhalb der betreffenden Organisation

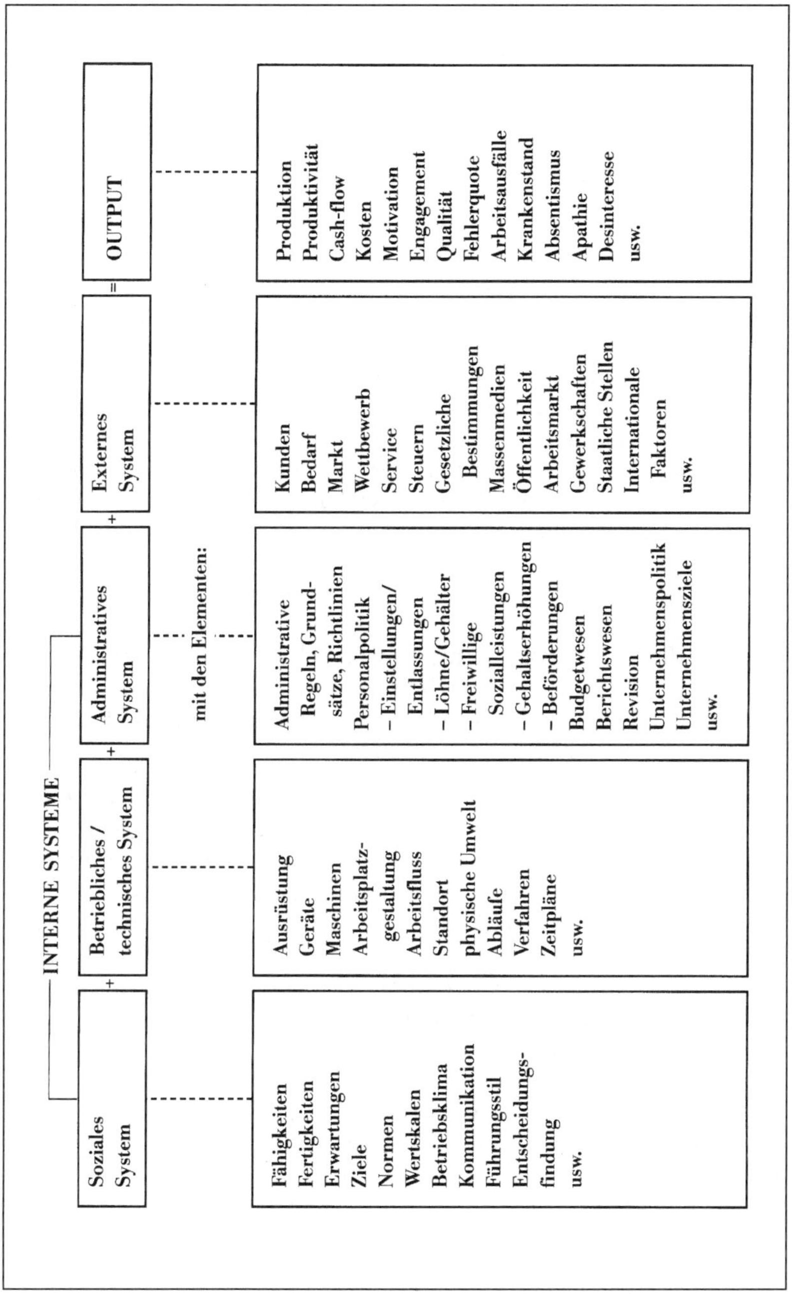

Abb. 6.5: Der „Output“ einer Organisation als Resultat des Zusammenwirkens von Subsystemen (nach Dyer, 1978)

sowie der Erreichung ihrer verschiedenen Organisationsziele dienen. Stichworte wie Budgetwesen, Revision, Controlling, Berichtswesen, Prüfwesen, Gehaltspolitik, Personalplanung, Einstellungen und Entlassungen, Karrierepolitik, freiwillige Sozialleistungen, Unternehmensziele, Unternehmensleitlinien, Unternehmensphilosophie usw. – sie alle sind dem administrativen System zuzurechnen.

Die drei bisher skizzierten Subsysteme werden auch als **interne Systeme** bezeichnet. Auf sie hat das Unternehmen unmittelbar Einfluss. Wie schon ausgeführt, steht eine Organisation, ein Unternehmen, jedoch nicht isoliert im Raum. Jede Organisation ist zu jeder Zeit auch eingebunden in ihre Umwelt und in gesellschaftliche Zusammenhänge. Das gilt für Profit-Organisationen ebenso wie für Nicht-Profit-Organisationen. Gerade deshalb bezeichnet man ja Organisationen als offene Systeme, weil sie im ständigen Austausch mit ihrer Umwelt stehen. Sie werden von dort beeinflusst, aber sie beeinflussen auch ihrerseits die Umwelt. Diese Außenwelt einer Organisation wird als **externes System** bezeichnet. Eine große Vielzahl von Faktoren ist diesem externen System zuzurechnen und kann mehr oder weniger intensiv auf die Organisation Einfluss nehmen: der Markt, der Wettbewerb, Gesetze und Verordnungen, Beschränkungen, die Medien, der Arbeitsmarkt, die Gewerkschaften, die Finanzmärkte, im Prinzip alle gesellschaftlichen Veränderungen und natürlich – nicht zu vergessen! – die Kunden, die ihrerseits ja ebenfalls auf die genannten externen Faktoren reagieren.

Alle diese Faktoren wirken in die Organisation hinein. Keine Organisation, kein Unternehmen kann sich ihnen entziehen. Dazu einige Beispiele: Geänderte Wertesysteme bei den Mitarbeitern (z.B. geänderte Einstellung zur Arbeit, geänderte Einstellung zu Umweltproblemen) werden selbstverständlich beim Betreten des Betriebsgeländes nicht „wie ein nasser Regenmantel beim Pförtner abgehängt", sondern an den Arbeitsplatz mitgenommen und dort in entsprechende Erwartungen, vielleicht auch Ansprüche umgesetzt. Oder die jeweilige Arbeitsmarktsituation kann sich auf die Motivation von Mitarbeitern, auf den praktizierten Führungsstil, auf die Personalpolitik o.ä. auswirken. Vielleicht hat mancher auch schon erlebt, dass ein kritischer Fernseh-, Zeitungs- oder Magazin-Bericht über Missmanagement in der betreffenden Firma wie eine Bombe einschlagen kann. Solche Störungen aus dem externen System führen in der Regel zu starken emotionalen Reaktionen in der Mitarbeiterschaft (und selbstverständlich auch im Management), wenn nicht sogar zu massiven Konflikten. Schließlich ist auch wohl jedem bekannt, mit welcher Schnelligkeit gelegentlich selbst behäbige Organisationen reagieren bzw. reagieren müssen, wenn der Wettbewerb plötzlich auf dem Markt mit einem neuen oder auch nur verbesserten Produkt anspruchsvollere Standards setzt.

So wie Impulse aus dem externen System intensiv in eine Organisation hineinwirken, wirkt andererseits auch jede Organisation in das externe System „hinaus" und erzeugt dort Reaktionen. So wird beispielsweise der fahrlässige Umgang mit Giftstoffen in einem Chemiekonzern mit einiger Wahrscheinlichkeit die kritische Haltung der breiten Bevölkerung gegenüber der Branche verstärken, wenn nicht sogar durch solche Vorfälle verschärfte gesetzliche Bestimmungen ausgelöst werden. Oder die Tatsache, dass die Mitarbeiter eines Unternehmens verbesserte Sozialleistungen erhalten, erzeugt postwendend bei den Mitbewerbern oder sogar in der ganzen Branche entsprechenden Anspruchsdruck seitens der dortigen Mitarbeiter. Selbstverständlich wirkt auch jedes Produkt und jede Dienstleistung eines Unternehmens nach außen und ist deshalb als ein Beispiel für die Beeinflussung des externen Systems anzusehen.

2.4.2 Systemdenken – Denken in Netzen

Nicht nur zwischen „innen" und „außen" bestehen Wechselbeziehungen, sondern zwischen allen Subsystemen einer Organisation. Da entscheidet sich beispielsweise eine Firmenleitung (vielleicht unter entsprechendem Druck aus dem externen System, sprich: Wettbewerb) dazu, in dem Unternehmen TQM, d.h. Total Quality Management, einzuführen und die entsprechende ISO-Zertifizierung (International Standardization Organization) anzustreben. Wenn man wirklich „total" und unternehmensumfassend Qualität etablieren möchte, ist es allerdings dann nicht damit getan, das Thema Qualität in Form der für die Zertifizierung notwendigen Dokumentation sozusagen innerhalb des administrativen System in den Griff zu nehmen. Selbstverständlich muss man gleichzeitig auch im betrieblich-technischen System die notwendigen Voraussetzungen schaffen, damit Qualität überhaupt und im wahrsten Sinne des Wortes machbar ist, sowie – noch wichtiger! – im sozialen System die Denkweisen, Einstellungen und das Verhalten der Mitarbeiter entsprechend so verändern, dass Qualität als hoher Wert wirklich verinnerlicht und somit gelebt und praktiziert wird.

Änderungen oder Veränderungen in einem der Systeme erzeugen stets Auswirkungen in einem oder auch mehreren anderen Subsystemen. Dies muss unbedingt berücksichtigt werden, wenn man versucht, Störungen in einer Organisation zu verstehen und zu beheben. Es ist gar kein seltener Fall, dass die eigentlichen Ursachen eines Problems in dem einen Subsystem liegen, während sich die Auswirkungen des Problems aber in einem anderen Subsystem zeigen. Sehr schnell passiert es dann, dass man die äußeren Anzeichen, die

Symptome, mit den Ursachen verwechselt und bei der Suche nach Lösungen auf die falsche Spur gerät. Beim Verständnis von Organisationen und besonders bei der Diagnose von Problemen ist deshalb eine Denkweise gefordert, die als **Systemdenken** oder als **Denken in Netzen** bezeichnet wird. Das Bild eines Spinnennetzes kann dazu gut als illustrierendes Beispiel dienen: Zieht man an einem einzelnen Faden des Spinnennetzes, so bewegt sich eben nicht nur dieser eine Faden. Vielmehr werden alle anderen Fäden des Spinnennetzes mitbewegt, und es ergeben sich Auswirkungen auf jedes einzelne Segment und Feld dieses Spinnennetzes. Überträgt man dieses Beispiel auf die betriebliche Praxis, so kann man mit Sicherheit davon ausgehen, dass z.B. eine Veränderung im technischen System, etwa die Einführung von PCs und Bildschirmarbeitsplätzen, mit hoher Wahrscheinlichkeit auch Auswirkungen im sozialen System haben wird. Mit Sicherheit wird sich die gesamte Kommunikation verändern: Neue Kommunikationswege entstehen, und auch neue Kommunikationsformen kommen auf (z.B. schickt man nun „Messages“ von einer Mailbox zur anderen, statt persönlich miteinander zu reden). Darüber hinaus sind bei den betroffenen Mitarbeitern auch emotionale Reaktionen festzustellen, wie etwa persönliche Ängste, der neuen Technologie nicht mehr gewachsen zu sein.

Dieses Denken in Netzen, d.h. gedankliches Berücksichtigen von Aus-, Neben- und (vielleicht sogar sehr langfristigen) Folgewirkungen, ist in vielen Unternehmen noch keinesfalls ständig geübte Praxis. Überall ist jedoch eine steigende Sensibilität in Bezug auf komplexe Vernetzungen zu verzeichnen. Nachfolgend werden vier Praxisbeispiele geschildert, um die Wechselwirkungen zwischen den Subsystemen zu illustrieren. Die ersten beiden Beispiele schildern betriebliche Veränderungen in einem Subsystem mit entsprechenden Folgewirkungen in einem anderen Subsystem. Die Beispiele 3 und 4 sollen hingegen deutlich machen, wie schnell man bei der Lösung eines betrieblichen Problems auf die falsche Spur kommt, wenn man nicht genau genug diagnostiziert, in welchem Subsystem sich lediglich Symptome des Problems zeigen und in welchem Subsystem die eigentliche Ursache des Problems liegt.

1. Beispiel

In einem Warenhaus wird es durch einen Umbau notwendig, dass eine bisher auf einer Etage befindliche Abteilung für diese Zeit getrennt wird. Ein Teil der Abteilung wird für die Zeit des Umbaus provisorisch eine Etage höher untergebracht. Es dauert nur kurze Zeit, und plötzlich sind Probleme da: Fast unversehens sind aus der einen Abteilung zwei getrennte Gruppen geworden, und zwar „die da oben“ und „wir hier unten“. Die neue Gruppenbildung hat auch sofort Auswirkungen auf die Arbeit, denn nur noch mit Mühe gelingt es dem Abteilungsleiter, jemanden auch nur aushilfsweise und kurzfristig einmal in die „andere Etage“ zu schicken. Der Abteilungsleiter hat auf einmal ein neues Führungsproblem, denn statt einer bis dahin gut funktionierenden Abteilung hat er nun zwei sich offensichtlich und deutlich voneinander abhebende Gruppen zu führen.

Was ist passiert? Schon allein die „physische“ Trennung von Gruppen hat Auswirkungen im sozialen System. Die räumliche Entfernung zwischen den einzelnen Gruppenmitgliedern ist durch die Plazierung der Abteilung auf zwei Etagen verändert worden. Da wo räumliche Nähe ist, bietet sich häufige Kommunikation an, und die Beziehungen intensivieren sich. Da wo die Kommunikationsdistanz länger geworden ist (und seien es auch nur die paar Meter zwischen den Etagen), wird weniger häufig und weniger intensiv kommuniziert. Da dauert es nicht lange, und man blendet die jeweils anderen kommunikativ aus. Die früher guten Beziehungen verflüchtigen sich.

Was kann der Vorgesetzte tun? Er muss sich etwas einfallen lassen, damit zwischen den Mitgliedern seiner Abteilung – gerade wegen der räumlichen Entfernung – über die Etagengrenzen hinweg kommuniziert wird. Im fachlichen Bereich kann dies dadurch geschehen, dass er häufiger kleine gemeinsame Besprechungen macht und dabei auch immer wieder die Gemeinsamkeit der Zielsetzungen verdeutlicht. Vor allem aber im informellen Bereich könnte er gemeinsame Aktivitäten anregen, um die früheren guten Beziehungen zu pflegen (z.B. gemeinsam essen gehen, Erfolge gemeinsam feiern, gemeinsam kegeln o.ä.).

2. Beispiel

In einem mittelständischen Textilunternehmen hat vor einigen Monaten der Inhaber aus Altersgründen die Leitung des Unternehmens in die Hände seines Sohnes gelegt. Dieser hört wenig später auf einem Unternehmer-Seminar der Industrie- und Handelskammer einen Vortrag über betriebliche Mitarbeiterbeurteilung. Er ist von der Idee eines Mitarbeiter-Beurteilungssystems sehr angetan. Nach Rücksprache mit seinen Abteilungsleitern, die grundsätzlich positiv reagierten, beschließt er, schnellstmöglich im eigenen Unternehmen ein solches Beurteilungssystem einzuführen. Er besorgt sich von einem befreundeten Unternehmen der Branche den dort praktizierten Beurteilungsbogen und stellt ihn seinem Führungskreis in einer der nächsten Sitzungen vor. Zu seiner großen Überraschung wird nun auf einmal massive Kritik geäußert. Die Abteilungsleiter lassen kein gutes Haar an dem Beurteilungsbogen.

Was ist passiert? Der wahrscheinlich etwas übermotivierte junge Chef wollte ein Beurteilungssystem einführen. Das ist zunächst eine Veränderung im administrativen System. Damit löst er aber gleich mehrere Störungen und Turbulenzen vor allem im sozialen System aus. Zunächst hat er mit hoher Wahrscheinlichkeit den Reifegrad der Unternehmenskultur in seiner Firma falsch eingeschätzt. Sein Vater hatte über lange Zeit das Unternehmen ziemlich patriarchalisch geführt. Die Leute waren gewöhnt, zu tun, was ihnen gesagt wurde. In partizipativen Kommunikationsformen (d.h. kontrovers diskutieren, für die eigene Meinung einstehen und Dinge kritisch hinterfragen etc.) waren sie bislang wenig geübt. Der junge Unternehmer nimmt offensichtlich gar nicht wahr, dass seine Abteilungsleiter lediglich „von der Logik her“ dem Beurteilungssystem zustimmen. Man kann ja auch nicht leugnen, dass die Beurteilung von Mitarbeitern ein sehr sinnvolles Instrument ist, zumal die Beurteilung offengelegt und darüber auch ein ausführliches Gespräch mit dem betreffenden Mitarbeiter geführt werden sollte. Die vehemente Detailkritik am Verfahren lässt jedoch vermuten, dass hier verdeckte Ängste vorliegen.

Die Abteilungsleiter entwickeln wahrscheinlich gleich in zweierlei Hinsicht Ängste: Einerseits entsteht Angst, weil sie selbst auf einmal „offiziell bewertet“ werden sollen, verbunden mit großer Unsicherheit, wie weit man in dem vorgesehenen Gespräch über die Beurteilung gegenüber seinem Chef den Mund aufmachen kann. Andererseits entwickeln sie Angst bzw. Unsicherheit bezüglich ihrer Vorgesetztenrolle, denn sie sollen ja nun auch ihrerseits ihre Mitarbeiter beurteilen. Da kommt natürlich schnell die bange Frage auf, wie man ein solches Gespräch durchsteht, wenn sich Mitarbeiter zum Beispiel weigern, die Beurteilung ihres Vorgesetzten zu akzeptieren? Außerdem ist ihnen wahrscheinlich sehr schnell bewusst geworden, dass Mitarbeiterbeurteilung nur dann wirklich Sinn macht, wenn klare Zielsetzungen gegeben werden und wenn der Vorgesetzte sich anschließend auch für die Art und Weise der Zielerreichung interessiert, d.h. seine Kontrollfunktion ausübt. Zielsetzung und Kontrolle gehörten aber bislang nicht gerade zu den Führungsstärken sowohl der Unternehmensleitung als auch der Abteilungsleiter. Solange alles gut lief, ließ man es weiterlaufen. Das war die bis dahin geübte Praxis. Die geplante Einführung eines Beurteilungssystems wirkte sich also gleich in zwei Subsystemen aus: Im sozialen System entstanden emotionale Turbulenzen, Unsicherheiten und Ängste; im administrativen System wurden gleichzeitig Schwächen in der Zielsetzung sowie in der Führung bzw. bei einigen Führungstechniken offengelegt.

Was kann der Vorgesetzte tun? In diesem Fall hat es wahrscheinlich wenig Sinn, dass er die Einführung des Beurteilungssystems einfach durchboxt. Ein solches „verordnetes“ Beurteilungssystem wird entweder unterlaufen (z.B. schönfärberische oder sogenannte Gefälligkeitsbeurteilungen), oder es wird nur formal und ohne innere Überzeugung praktiziert. Damit scheitert es als Führungsinstrument. Die speziell von dem Beurteilungsgespräch erwartete motivierende Wirkung wird sich unter diesen Bedingungen bei den Mitarbeitern nicht einstellen. Der junge Unternehmer sollte besser die Einführung eines Beurteilungssystems als mittelfristige Zielsetzung anvisieren und zuvor dafür sorgen, dass konkrete Zielsetzungen, Kontrolle der Zielerreichung und offene Kommunikation darüber (d.h. Kritik bei Abweichungen sowie Lob und Anerkennung bei Zielerreichung) gelebte Führungspraxis werden. Das Kommunikationsklima muss auf jeden Fall offener werden. Wahrscheinlich ist es auch sehr sinnvoll, vor der endgültigen Einführung des Beurteilungssystems nicht nur eine Testphase einzuplanen, sondern vor allem alle Beteiligten in einem Kommunikationstraining mit einigen Gesprächstechniken für die (nicht immer ganz leichten) Beurteilungsgespräche auszustatten.

3. Beispiel

In einer Werkzeugmaschinenfabrik kommt es seit einiger Zeit zu immer stärkeren Spannungen zwischen der Bohrerei, die maßgenau in die präparierten und entsprechend markierten Gussteile (Rohlinge) Löcher zu bohren hat, und der Anreißerei, welche diese Markierungen auf den Rohlingen anbringt. Auslöser der Spannungen sind gravierende Qualitätsmängel, d.h. Ungenauigkeiten bei den Bohrungen. Es wird erhöht Ausschuss produziert. Die Schuld dafür wird zwischen den beiden Abteilungen heftig hin- und hergeschoben. Die Anreißerei hätte „nur Idioten beschäftigt“, behaupten die einen, die Bohrerei sei „völlig unfähig“, setzen die anderen dagegen. Man schreit sich gegenseitig an, und die Auseinandersetzung erfasst bald auch die beiden zuständigen Abteilungsleiter, die sich jeweils vor ihre Leute stellen.

Kommunikations- bzw. Klimastörungen, so meinte man, beeinflussten hier offensichtlich die Arbeitsleistungen sehr negativ. Außerdem legte die Heftigkeit der Auseinandersetzung auch die Vermutung nahe, dass zwischen den beiden Abteilungen starke (Status-)Rivalitäten herrschten. Als Lösung wurde überlegt, mit Hilfe eines Konfliktlöse- bzw. Kooperationstrainings die beteiligten Mitarbeiter zu beruhigen und ein verbessertes Klima der Zusammenarbeit herzustellen. Eine vorgeschaltete genaue Problemanalyse förderte dann allerdings die wirkliche Ursache zutage: Die Auseinandersetzungen (d.h. die Störungen im sozialen System) waren nur äußere Symptome und rührten sogar von sehr hoher (!) Leistungsmotivation aller Beteiligten her. Gerade deshalb war man ja auch so ärgerlich über die auftretenden Fehler und den Ausschuss.

Als eigentliche Fehlerursache entpuppte sich dann ein Mangel im technischen System, als man nämlich feststellte, dass die Geräte zur genauen Markierung der Bohrlöcher „ausgeleiert“ waren und unzulässige Toleranzen aufwiesen. Mit einem Kooperationstraining hätte man nur an den Symptomen herumgedoktert; die eigentliche Problemlösung bestand im Nachjustieren bzw. in der Neuanschaffung einiger Geräte in der Anreißerei. In diesem konkreten Fall war es übrigens mit der technischen Lösung alleine nicht getan, denn die eigentlichen Problemursachen waren viel zu spät entlarvt worden, und die daraus resultierenden Spannungen hatten sich unterdessen verselbständigt. Aus diesem Grunde wurde dann auch ein Workshop sozusagen „für den Neuanfang“ durchgeführt.

4. Beispiel

Das nachfolgende Beispiel ist zwar recht allgemein, jedoch immer wieder in der betrieblichen Praxis anzutreffen. Jedem Personalentwickler und jedem Bildungspraktiker ist die betriebliche Anfrage bzw. Aufforderung bekannt, für die Mitarbeiter einmal ein „Motivationsseminar“ zu entwickeln und durchzuführen. Irgend jemand in der Organisation hat unmotivierte Mitarbeiter ausgemacht und schlägt nun eine solche Maßnahme vor. Ganz eindeutig zielt ein solches Seminar auf Probleme im sozialen System, denn die betreffenden Mitarbeiter sollen ja besser motiviert werden. Bevor man sich zur Durchführung einer solchen Maßnahme entschließt, ist dringend anzuraten, zunächst einmal genauer zu analysieren, ob wirklich mangelnde Motivation bei den Mitarbeitern das eigentliche Problem ist. Dies kann man z.B. durch eine Befragung tun oder durch den Einsatz eines entsprechend konstruierten Fragebogens zur Arbeitszufriedenheit u.ä.. In vielen Fällen zeigt sich bei einer solchen Analyse allerdings, dass mangelnde Motivation keineswegs das wirkliche Problem ist. Vielmehr wären die Mitarbeiter vielleicht höchst motiviert, wenn nicht ein Wust von mehr oder weniger unsinnigen bzw. unnötigen Vorschriften und Richtlinien den letzten Funken an Motivation in ihnen töten würde! Die echte Problemursache liegt also im administrativen System. Eine Änderung der demotivierenden Verhältnisse (z.B. Abschaffung von Über-Bürokratisierung) statt Verhaltenstraining für die Mitarbeiter wäre der erfolgversprechendere Lösungsansatz. Ein „Motivationsseminar“ würde möglicherweise sogar die Demotivation und Frustration der Mitarbeiter noch verschärfen.

3 Organisationen im Wandel

Es wurde schon einige Male angesprochen, dass Organisationen Elemente des gesellschaftlichen Gesamtszenarios sind. Sie bestehen nicht isoliert von den gesellschaftlichen Verhältnissen, sondern sie stehen in Wechselbeziehung zu ihrer Umwelt, zu ihrem Umfeld. Sie nehmen deshalb am sich ständig vollziehenden Wandel teil.

3.1 Die Selbstverständlichkeit des Wandels

Wandel und Veränderung gab es stets, doch beschleunigen sich diese Prozesse. Wir leben in einer ständig sich wandelnden Welt und sind – ob wir wollen oder nicht – der Stetigkeit des Wandels unterworfen. Die Frage lautet also nicht, **ob** wir an dem Wandlungsprozess teilnehmen wollen, sondern **wie** wir mit dieser Tatsache des Wandels umgehen und welche Beeinflussungschancen wir wahrnehmen. Dies gilt für jeden Einzelnen ebenso wie für Organisationen.

Ein Familienvater, der anlässlich der Konfirmation seines Sohnes diesen in einen neuen Anzug steckt, wird sich kaum der Illusion hingeben, dieser Anzug würde nun für alle Zeiten passen. Dieser Sohn wird vielmehr im wahrsten Sinne des Wortes aus diesem Anzug herauswachsen (vielleicht auch seine Meinung zu diesem Anzug ändern). Und irgendwann wird der Moment kommen, in dem dieser, bis dahin sicherlich passende und vielleicht sogar einmal sehr schöne Anzug, zwickt und zwackt und auch die Säume nicht weiter ausgelassen werden können. Spätestens dann muss ein neues Kleidungsstück her. Dieses Bild lässt sich übertragen. Auch ganzen Organisationen wie zum Beispiel Wirtschaftsunternehmen passt von Zeit zu Zeit der „Anzug“ nicht mehr, weil in ihrem gesamten Umfeld laufend Veränderungen passieren, die für sie Konsequenzen haben, auf die sie reagieren müssen. Zum Beispiel:

- Neue Techniken und neue Technologien wirken sich auf Produkte und Produktion aus. Sie verändern ganze Betriebsstrukturen, machen neue Formen des Arbeitsflusses und der Arbeitsplanung notwendig und wirken sich auf Arbeitsinhalte, Arbeitsformen sowie auf die Anforderungsprofile für die Beschäftigten aus. Sie erzeugen neue Kommunikationswege, neue Kommunikationsformen und neue Kommunikationsmöglichkeiten.
- Absatz- wie Beschaffungsmärkte ändern sich. Eine veränderte Wettbewerbssituation, eine veränderte Nachfragesituation und Veränderungen in der gesamtwirtschaftlichen Situation erzeugen die Notwendigkeit zu flexibler Anpassung. Ständig neue Standards für Produkte, Dienstleistungen, Service und Vertriebsfor-

men, die sich im Kraftfeld von Markt, Kunden und Wettbewerb entwickeln, sind der Normalfall.

- Die zu bewältigenden Aufgaben und Problemstellungen werden immer komplexer. Gleichzeitig verringert sich der Zeitraum zu ihrer Bewältigung. Dies erfordert neue Bewältigungsstrategien, neue Denk- und Entscheidungstechniken.
- Die Zeittakte werden kürzer. Die Lebenszyklen von Produkten nehmen ab, die Reaktionszeiten des Wettbewerbs werden schneller, so dass beispielsweise die Phase des so genannten Imitationsschutzes (d.h. jener Frist, bis man von Wettbewerbern eingeholt bzw. sogar überholt wird) immer kürzer wird. Dies alles erfordert schnelleres Reagieren und höhere Flexibilität.
- Veränderungen auf dem Arbeitsmarkt (Entwicklung von Bevölkerungsstruktur und der Struktur der Erwerbstätigen, Personalkosten, Arbeitsbedingungen, Bildungs- und Ausbildungsniveau etc.) stellen die Unternehmen vor neue Problemsituationen, mit denen sie fertig werden müssen. Neue Strategien bei der Beschaffung von Personal und andere Formen von Arbeitsgestaltung und Zusammenarbeit werden nötig, um eine möglichst optimale Ausschöpfung der Mitarbeiter-Ressourcen zu erreichen.
- In ihren Einstellungen, Ansprüchen und Wertesystemen geänderte Menschen erwarten als Mitarbeiter eine andere Art des Umgangs und der Führung. Sie stellen beträchtlich höhere Ansprüche an Komunikation und Mitwirkungsmöglichkeiten.
- Kein Unternehmen bleibt ausgenommen von Einflüssen aus dem politischen, gesellschaftlichen und sozialen Umfeld. Der Einfluss von Gewerkschaften und Verbänden, die Gesetzgebung, aber auch neue gesellschaftliche Wertorientierungen (z.B. Umwelt) nehmen Einfluss auf Unternehmen. Sie haben zusätzliche Aufgaben in Organisationen zur Folge und liefern neue Kriterien für unternehmerische Entscheidungen.

Diese Zusammenstellung ist nur beispielhaft und keinesfalls vollständig. Sie steht stellvertretend für die große Zahl von Veränderungsimpulsen, die ständig auf Unternehmen bzw. Organisationen einwirken.

3.2 Veränderungsbewusstsein

Veränderungen kommen in der Regel nicht über Nacht und urplötzlich. Vielmehr künden sie sich meist längerfristig an. Nicht jeder aber nimmt solche Veränderungssignale wahr bzw. interessiert sich dafür. Auch in den Unternehmen ist das Bewusstsein über die ständige Veränderungsnotwendigkeit bei Managern wie Mitarbeitern noch recht unterschiedlich ausgeprägt. Dabei ist es eigentlich nur klug und weitsichtig, wenn sich das Unternehmen und natürlich auch seine Führungskräfte bemühen, Veränderungssignale möglichst frühzeitig zu erkennen, damit sie darauf adäquat und rechtzeitig (und nicht mit Not- oder Crash-Programmen) reagieren können. Jedes Unternehmen muss dabei zwei Fragen beantworten:

(1) Auf **welche Veränderungssignale** sollen bzw. müssen wir reagieren? Hier geht es darum, Veränderungssignale möglichst früh zu erkennen, damit wohlüberlegte Anpassungsstrategien entwickelt werden können und nicht ein sich eskalierender Veränderungsdruck die Gesetze des Handelns diktiert.

(2) **Wie** sollen wir auf den Veränderungsdruck reagieren, d.h. wie sollen die für notwendig erachteten Anpassungs- bzw. Veränderungsprozesse betrieben werden?

Das Problem bei solchen Anpassungs- und Veränderungsprozessen besteht vor allem darin, durch möglichst frühzeitiges Erkennen der Veränderungsnotwendigkeit und durch rechtzeitiges Eingehen auf die Veränderungsimpulse nach Möglichkeit Synchronität mit dem sich vollziehenden Wandel herzustellen. Es muss allerdings festgestellt werden, dass die meisten Menschen in ihrem Veränderungsbewusstsein (noch) nicht übermäßig sensibilisiert sind und ihre Einsicht in die Notwendigkeit von Veränderungen relativ enge, meist nur kurzfristige Grenzen hat. Folglich versäumt man, die Veränderungssignale als Frühwarnsystem zu nutzen. Es scheint wohl zu anstrengend und/oder auch zu irritierend zu sein, sich in die Komplexität und Unwägbarkeiten der Zukunft hineinzudenken. So verharrt man – nicht nur gedanklich – in der (vermeintlichen) Geborgenheit und Sicherheit der Gegenwart und verschenkt kostbare Zeit, die man zur Entwicklung und Umsetzung intelligenter Anpassungsstrategien nutzen könnte. Es wurde zu Beginn dieses Kapitels schon einmal gesagt: Wer die Evolution verpasst, holt sich die Revolution ins Haus.

Das Antizipieren der Zukunft und das Offen-Sein für Veränderungssignale bedarf offensichtlich eines besonderen Lern- und Erfahrungsprozesses. In der Abbildung 6.6 (S. 266) ist dargestellt, wie sich die räumliche und zeitliche Entfernung einer Problemsituation bzw. eines Problemfalles u.a. auf die Intensität des Betroffenseins von Menschen auswirkt.

Das Gefühl des Betroffenseins, d.h. also das Problembewusstsein, stellt sich bei Veränderungen am intensivsten, am schnellsten und am häufigsten dann ein, wenn die Veränderung zeitlich schon recht bald ansteht und/oder wenn das persönliche Umfeld relativ unmittelbar tangiert wird. Hingegen verlieren Problemhinweise und Veränderungszeichen ihren bewusstmachenden Signalcharakter, je

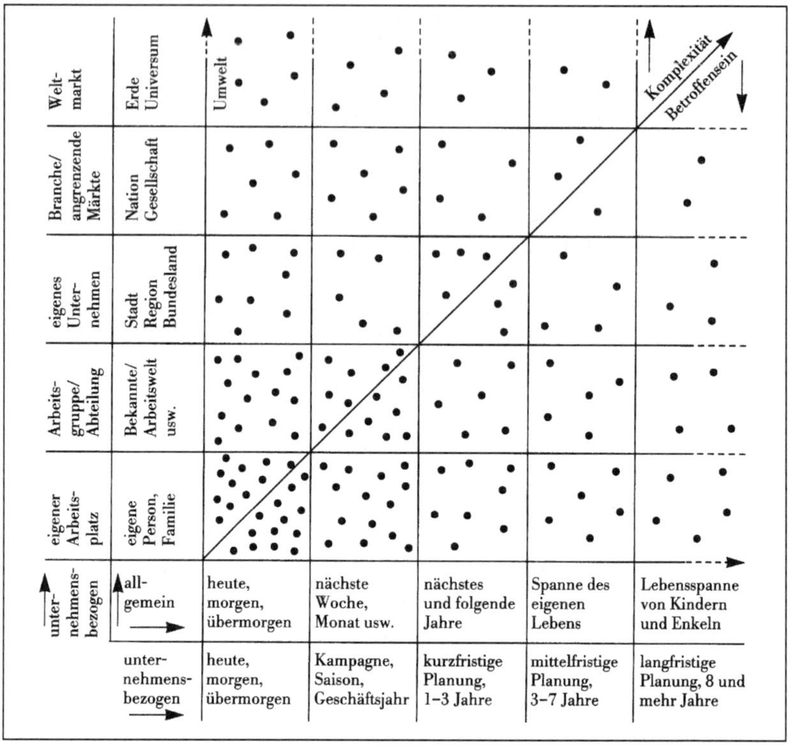

Abb. 6.6: Bewusstsein und Betroffenheit bei allgemeinen bzw. unterschiedlichen Problemen (Goerke, 1981, S. 18)

weiter sie zeitlich und räumlich entfernt sind. Erschwerend tritt dann allerdings noch hinzu, dass – während das Problembewusstsein sozusagen „mit der Ferne“ schwindet – gleichzeitig die Komplexität der Zusammenhänge steigt.

3.3 Organisationsentwicklung

Eine von verschiedenen Möglichkeiten, notwendige Veränderungs- und Anpassungsprozesse zu betreiben, ist die Methode der Organisationsentwicklung (abgekürzt: OE). Diese Bezeichnung ist inzwischen ein sozialwissenschaftlicher Fachterminus, der für ein ausgesprochen **partizipatives Konzept** steht. Mit diesem Konzept verbunden sind eine bestimmte Vorgehensweise, eine bestimmte Methode der Steuerung und Beeinflussung der Veränderungsprozesse sowie eine ganz bestimmte Denkweise und „Philosophie“. Der Slogan „Betroffene zu Beteiligten machen“ trifft das Konzept eigentlich ziemlich genau.

Organisationsentwicklung ist nicht zu verwechseln mit der klassischen Umorganisation oder Umstrukturierung, die in der Regel durch betriebsinterne Spezialisten (Organisationsabteilung, Projektgruppe) oder aber mit Hilfe von externen Beratern vorbereitet und durchgeführt wird. Die Methode der Organisationsentwicklung fühlt sich ganz besonders dem Gedanken verpflichtet, dass Organisationen immerhin aus Menschen bestehen und dass eine Veränderung einer Organisation eben mehr ist als das Nachjustieren oder Optimieren von Produktionsfaktoren und Kostenaspekten bzw. mehr als das Planen, Organisieren und Administrieren von betrieblichen Abläufen. Mit dem Begriff Organisationsentwicklung meint man, dass eine Organisation als Gesamtsystem sich fort- und weiterentwickelt. Eine ausschließlich auf funktionale Aspekte reduzierte Betrachtungsweise (möglichst noch: Mensch als Störfaktor!) wird dem nicht gerecht. Ein Veränderungsprozess im Sinne der Organisationsentwicklung bezieht ausdrücklich die in der Organisation tätigen Individuen in den Veränderungsprozess mit ein.

Organisationsentwicklung in dem vorstehend beschriebenen Sinn ist durch die folgenden beiden Hauptziele gekennzeichnet:

(1) Humanisierung der Arbeitswelt, um mehr Raum für die Persönlichkeitsentwicklung und Selbstverwirklichung der Mitarbeiter zu schaffen und **gleichzeitig**
(2) Erhöhung der Leistungsfähigkeit einer Organisation sowie mehr Flexibilität, Veränderungs- und Innovationsbereitschaft.

Hinter dieser doppelten Zielsetzung steht die Grundüberzeugung, dass dies nicht unvereinbare Gegensätze sind, sondern dass sich in einem gemeinsamen Lern- und Entwicklungsprozess Konzepte und Lösungen finden lassen, bei denen sowohl die Organisationsmitglieder als auch die Organisation selbst profitieren. Die Leistungsgerichtetheit einer Organisation und eine humane Gestaltung von Arbeitsprozessen und -strukturen schließen sich nicht zwingend gegenseitig aus. Nicht nur zwischen einzelnen Personen bzw. zwischen Gruppen, sondern auch im Zusammenspiel einer ganzen Organisation gibt es „Gewinner-Gewinner-Lösungen“.

Für den Begriff Organisationsentwicklung selbst liegen in der Literatur inzwischen gleich dutzendweise Definitionen vor, die sich nicht nur im Grad ihrer Präzisierung unterscheiden. Die nachfolgende Begriffsbestimmung wurde bereits 1973 im Rahmen eines Reports für das New Yorker Wirtschaftsforschungsinstitut „The Conference Board Inc.“ vorgelegt. Sie ist recht umfangreich, beschreibt dafür aber ziemlich erschöpfend, was unter Organisationsentwicklung zu verstehen ist:

Organisationsentwicklung ist ein geplanter, gelenkter und systematischer Prozess zur Veränderung der Kultur, der Systeme und des Verhaltens einer Organisation mit dem Ziel, die Effizienz der Organisation bei der Lösung ihrer Probleme und der Erreichung ihrer Ziele zu verbessern (*Rush,* 1973, S. 2).

Diese Definition macht deutlich, dass Organisationsentwicklung ein gezielt unternommener und umfassender Veränderungsprozess ist. Die Abbildung 6.7 beschreibt die typischen Merkmale für Organisationsentwicklung im Vergleich zu den üblichen Formen von Managemententwicklung bzw. zur traditionellen Organisationsplanung.

Bei dieser Darstellung spürt man allein an den Formulierungen von *Lauterburg* sehr deutlich, dass er ganz klar dem Konzept der Organisationsentwicklung nahesteht. Den beiden geschilderten Alternativen begegnet er deutlich distanzierter. In der Gegenüberstellung wird aber dennoch das Typische für Organisationsentwicklung ausreichend deutlich: Gemeinsam mit den Betroffenen und am besten „vor Ort" setzt man sich mit konkreten Themen der Zusammenarbeit auseinander und versteht dies als kontinuierlichen (Lern-)Prozess.

3.4 Die Philosophie der Organisationsentwicklung

Organisationsentwicklung (OE) ist ein vielversprechender Weg zu einer motivierenden Organisation. Die hinter dem OE-Konzept stehenden Grundannahmen und Überzeugungen, auch als „Philosophie" der Organisationsentwicklung (*Comelli,* 1985, S. 143 ff.) bezeichnet, sollten am ehesten zu jenen innerorganisatorischen Verhältnissen leiten, die Mitarbeiter animieren, sich mit den Organisationszielen zu identifizieren und ihr Potenzial zugunsten dieser Ziele einzubringen. Die nachfolgenden sechs Punkte sind eine Kurzbeschreibung dieser Philosophie der Organisationsentwicklung. Sie sind als Thesen zu verstehen, die bei Organisationsentwicklungsmaßnahmen möglichst weitgehend verwirklicht werden sollten.

(1) Möglichst transparente und weitgehende Beteiligung der Betroffenen

Veränderungen in Organisationen haben dann die besten Realisierungschancen und die höchste Erfolgswahrscheinlichkeit, wenn sie unter Berücksichtigung der Bedürfnisse und Erwartungen, aber auch unter Einbeziehung der Kenntnisse und Erfahrungen der Betroffenen durchgeführt werden. Bewusst und gezielt werden deshalb bei Or-

	Organisationsentwicklung (OE)	Übliche Formen der Managemententwicklung	Traditionelle Organisationsplanung
Wer	**organisatorische „Familien“** – natürliche organisatorische Einheiten – Gruppen/Abteilungen/Betriebe	eine bunt zusammengewürfelte Schar von Teilnehmern, die sonst wenig oder gar nichts miteinander zu tun haben	eine Beratungsfirma, die Geschäftsleitung, die zentrale Stabsstelle für Organisation (oder eine daraus zusammengesetzte „Mafia“)
Was	**konkrete Probleme der täglichen Zusammenarbeit und der gemeinsamen Zukunft** – Sachprobleme und Kommunikationsprobleme – interne und externe (Umwelt-)Beziehungen	theoretischer Wissensstoff	organisatorische Strukturen und Abläufe
Wie	**offene Information und aktive Beteiligung der Betroffenen** – Kommunikation in und zwischen Gruppen – direkte Mitwirkung, Partnerschaft	vorgegebener Lehrplan, Fachlektionen, Fallstudien, Sandkastenspiele	Eingriff von oben aufgrund einsamer Entscheidungen (hierarchische Macht) und/oder bilateraler Absprachen (Manipulation)
Wann	**fortlaufend, regelmäßig** – kontinuierlicher Prozess – rollende Planung	punktuelle „Ein-für-allemal“-Veranstaltungen oder kurz befristete Lernprozesse mit minimalen oder gar keinen Transferchancen	plötzliche, unvorhersehbare, in den Kausalzusammenhängen undurchschaubare Einzelmaßnahmen; „Hau-ruck“-Aktionen
Wo	**Arbeitsplatz, Betrieb** – On-the-Job-Training in Problemlösung – integrierter Bestandteil der täglichen Arbeit	in der keimfreien Atmosphäre eines Bildungsinstitutes, eines Hotels oder allenfalls eines internen Schulungsraumes	im stillen Kämmerlein von Chefetagen und an den Schreibtischen interner und externer Experten
Warum	**Leistungsfähigkeit der Organisation (Produktivität) und Qualität des Arbeitslebens (Humanität)** – Motivation/Kooperation/Flexibilität – Selbständigkeit/Beteiligung/Wachstum	Aufbau von Wissen und Fertigkeiten bei ausgewählten Einzelindividuen (ohne Berücksichtigung der gegebenen organisatorischen Strukturen und Abläufe)	Steigerung der Effizienz der Organisation (ohne Berücksichtigung der Bedürfnisse, Einstellungen und Verhaltensweisen der Menschen)

Abb. 6.7: Kriterien der Organisationsentwicklung im Vergleich zu traditioneller Managemententwicklung und Organisationsplanung (Lauterburg, 1980, S. 3)

ganisationsentwicklung die Betroffenen zu Beteiligten gemacht. Die sinnvolle Nutzung des Wissens und der Fähigkeiten derjenigen, die sich „vor Ort“ wahrscheinlich am besten auskennen, ist aber nur das eine von zwei Hauptargumenten für Partizipation. Das zweite Argument besteht darin, dass (glaubwürdig praktizierte!) Partizipation bei den Beteiligten den nicht zu unterschätzenden Effekt einer Verringerung der so genannten Durchsetzungswiderstände bewirkt. Durch die Beteiligung wird die Veränderung zum „eigenen Kind“, und der Widerstand gegen die Veränderung geht zurück. Der Abbau von Veränderungswiderständen und die durch Nutzung des „Geistkapitals“ der Beteiligten erzielte bessere Planungs- oder Entscheidungsqualität wiegen den Nachteil solcher kooperativer Strategien, nämlich den meist deutlich höheren Zeitaufwand, in aller Regel bei weitem auf. Zwei wichtige Voraussetzungen müssen allerdings gegeben sein: Die Handlungsspielräume dürfen nicht durch äußere Zwänge (z.B. Zeitdruck, Krise) beschränkt sein, und die beteiligten Mitarbeiter müssen das notwendige Maß an Kooperations- und Kommunikationsfähigkeit mitbringen. Die Beteiligung der Betroffenen sollte sich nach Möglichkeit über den gesamten Veränderungsprozess erstrecken.

(2) Anwendung sozialwissenschaftlicher Erkenntnisse bei Planung, Durchführung und Bewertung von Veränderungsprozessen

Bei Veränderungsprozessen in Organisationen bzw. Veränderungen von Organisationen sind auch immer Menschen mit betroffen. Da liegt es nahe, bei Planung, Durchführung und Evaluation von Veränderungsmaßnahmen die vorliegenden sozialwissenschaftlichen Erkenntnisse über das Verhalten (Reagieren) und Erleben von Menschen bzw. von Gruppen in Organisationen unbedingt zu berücksichtigen. In anderen Zusammenhängen zögert man ja auch nicht, zum Beispiel die Erkenntnisse der Betriebswirtschaft oder die der Statistik zu nutzen.

(3) Betonung des Systemdenkens

Diese These bezieht sich auf das bereits weiter vorne beschriebene Verständnis einer Organisation als offenes System, das aus verschiedenen Subsystemen besteht und insgesamt mit seiner Umwelt (externes System) interagiert. Es ist typisch für den Ansatz der Organisationsentwicklung, dass dem so genannten „Denken in Netzen“ eine hohe Bedeutung beigemessen wird und dass die Bewertung von identifizierten Problemen ebenso wie die Bewertung von Lösungsansätzen auf der Basis eines systemischen Organisationsverständnisses erfolgt.

(4) Bindung an ein bestimmtes, der Humanistischen Psychologie verpflichtetes Menschenbild

Das in einer Organisation gültige Menschenbild lenkt das Verhalten der Macht- und Entscheidungsträger: Es bestimmt, welche Organisationsstrukturen geschaffen werden, und es entscheidet über die

Art und Weise, wie in der betreffenden Organisation überhaupt mit Menschen umgegangen wird. Im Konzept der Organisationsentwicklung bezieht man sich auf das Menschenbild der Humanistischen Psychologie (siehe Kapitel 4.2). Es ist das Bild eines Menschen, der im wahrsten Sinne des Wortes „wert-voll“ ist, der entwicklungsfähig ist und der ein Recht auf Entfaltung besitzt. Ein solcher Mensch ist in hohem Maße zu Initiative, Engagement und somit zu Motivation fähig, wenn ihm seine Arbeit Sinn gibt und sie seinen Bedürfnissen, Neigungen und Interessen entgegenkommt. Allein deshalb bedarf es bedürfnisgerechter Organisationsstrukturen, die – zum beiderseitigen Gewinn – die Mitarbeiter zur Entfaltung und zu persönlicher Entwicklung herausfordern.

(5) Betonung des Erfahrungslernens

Bei Organisationsentwicklung bevorzugt man das Lernen am echten Vorfall, an wirklichen Ereignissen. Dies bedeutet, dass die beteiligten Personen kognitiv, emotional und aktional voll involviert sind. Die Formulierung „Lernen am eigenen Leib“ trifft diesen Punkt. Es ist konkretes Lernen, das jeden Beteiligten unmittelbar betrifft – und auch betroffen machen kann. Der Begriff Erfahrungslernen betont außerdem den experimentellen Charakter dieses Lernens: Es wird verstanden als ein sich ständig wiederholender Prozess mit der Abfolge von Diagnose (Fakten sammeln), Lösungsversuch (Maßnahme durchführen), Erfolgsüberprüfung (wieder Fakten sammeln und daraus lernen!), erneutem Lösungsversuch usw.

(6) Betonung des Prozesses

Für Veränderungsprozesse gilt: Das „Wie“ ist mindestens so wichtig wie das „Was“! Fühlen sich die Betroffenen bei einer Veränderung ausreichend und vor allem glaubwürdig einbezogen (d.h. also beim „Wie“), dann hat die Umsetzung der Maßnahmen (also das „Was“) gute Chancen. Aus diesem Grund wird bei Organisationsentwicklung sehr viel Wert auf systematisches Vorgehen gelegt. Dabei entspricht die Vorgehensweise im Prinzip der klassischen Problemlöse-Systematik. Der Prozess beginnt mit dem Erkennen akuter und/oder zukünftiger Probleme bzw. – bei Bedarf – zuvor noch mit der Schaffung von Problembewusstsein. Bevor man Betroffene zu Beteiligten machen kann, muss man gelegentlich die Beteiligten erst einmal betroffen machen ... Das Erkennen sowie das Akzeptieren von Problemen ist ein unabdingbar notwendiger Schritt für jede Veränderung. Jeweils unter Beteiligung der Betroffenen folgen dann die nächsten Schritte: Fakten-Sammlung zur Analyse und zum Verständnis des Problems, Organisations- bzw. System-Diagnose zum Verständnis der Vernetzungen des Problems, Entwicklung von Lösungsalternativen, Lösungsauswahl, Planung und später Durchführung von Maßnahmen mit anschließender Erfolgsüberprüfung.

Gerade beim „Wie“ werden sehr leicht und oft Fehler gemacht. Über dadurch entstehende Durchsetzungswiderstände sollte man sich dann aber nicht wundern. Nachfolgend eine beispielhafte und keinesfalls vollständige Auflistung einiger typischer Mängel bzw. **Vorgehensfehler bei betrieblichen Veränderungsprozessen:**

- Kein oder nicht ausreichendes Problembewusstsein;
- Fehlen einer seriösen Problemanalyse; statt dessen kopfloses Reagieren nach dem Motto: „Problem erkannt – Action!“;
- Lösungsalternativen werden nicht ausreichend in Bezug auf ihre Konsequenzen und Nebenwirkungen geprüft; „Denken in Netzen“ fehlt;
- kein oder zu spätes Einbeziehen der Betroffenen (hier sind die Widerstände und/oder die Demotivation besonders groß, wenn die Betroffenen vor ihrer Einbeziehung über informelle Kanäle von der geplanten Veränderung schon längst erfahren haben);
- eine Evaluation, d.h. eine Überprüfung und kritische Bewertung, der durchgeführten Maßnahmen findet nicht statt (hier wird nicht nur eine Lernchance vertan, sondern durch die Nicht-Überprüfung auch die Ernsthaftigkeit der Maßnahme in Frage gestellt.

3.5 OE-Maßnahmen

Maßnahmen zur Organisationsentwicklung – natürlich gestützt auf eine umfassende und tiefgehende Diagnose – können in einem Unternehmen auf drei verschiedenen Ebenen ansetzen und dort jeweils zur Gestaltung motivierenderer Verhältnisse beitragen. Man unterscheidet Interventionen auf der

- individuellen Ebene,
- interpersonellen und Team-Ebene und
- Intergruppen- und Organisationsebene.

Maßnahmen auf der **individuellen Ebene** zielen auf den einzelnen Mitarbeiter ab. Hier gibt es eine große Bandbreite möglicher Maßnahmen, zum Beispiel: Gestaltung der individuellen Arbeitssituation bzw. des Arbeitsumfeldes, Umstrukturierung der Arbeitsinhalte, individuelles Feedback, Coaching, individuelles Training der sozialen Kompetenz, Entwicklung der Fähigkeit, mit (Arbeits-)Belastungen klarzukommen bzw. umzugehen, individuelle Beratung bezüglich Lebens- und Karriereplanung, persönliche Entwicklungsberatung.

Bei den Maßnahmen auf der **interpersonellen** und **Team-Ebene** ist an hervorragender Stelle das bereits beschriebene Teamentwicklungstraining zu nennen. Andere Maßnahmen können sein: Teamaufbau-

Trainings mit neu gebildeten Teams, Rollenanalyse und Rollenklärungen, Rollenverhandeln, Problemlöse-Workshops und Konfliktlöse-Workshops.

Bei Interventionen auf der **Intergruppen-** bzw. **Organisationsebene** sind ganze Organisationsbereiche oder die Gesamtorganisation in den Prozess mit einbezogen. Maßnahmen auf dieser Ebene, wie zum Beispiel umfassende Veränderung des Wertesystems (z.B. Qualität), Implementierung von Grundsätzen oder Leitlinien (z.B. zur Mitarbeiterführung, zur Kundenorientierung) oder auch Einführung neuer Standards (z.B. Umweltschutz, Arbeitssicherheit) sind außerordentlich zeitaufwendige Prozesse, die sich in der Regel über Jahre hinweg erstrecken. Ganze Ketten von Problemlöse-Workshops, Kooperationstrainings, Sitzungen zur Konfliktbewältigung sowie Konfrontationsmeetings oder auch Info-Märkte können Bausteine in einem solchen Gesamtkonzept sein. Organisationsumfassende Veränderungsprozesse sind in der Regel aber nur dann erfolgreich, wenn sie glaubwürdig, sehr konsequent und als Management-Prozess „top-down“ und mit voller Überzeugungskraft betrieben werden.

4 Organisationskultur

Wie alle sozialen Gebilde entwickeln auch Organisationen eine eigene, sie kennzeichnende Kultur. Diese bildet Hintergrund und auch Basis des jeweiligen Systems. Wenn beispielsweise das Management eines bestimmten Unternehmens von Insidern der Branche als „Mafia“ bezeichnet wird, so lässt dies Rückschlüsse auf die kulturellen Verhältnisse in dieser betreffenden Organisation zu. Oder vergleicht man bestimmte typische Verhaltensweisen in einer großen Behörde, etwa in einem Ministerium, mit denen in der deutschen Tochterfirma eines amerikanischen Konzerns, wird man mit Sicherheit auf beträchtliche „kulturelle Unterschiede“ stoßen. So ist es in dem Ministerium wahrscheinlich ein Skandal, wenn ein Gruppenleiter versehentlich mit der Kugelschreiberfarbe seines Abteilungsleiters oder sogar des Staatssekretärs unterzeichnet. In dem Konzern hingegen würde niemand auch nur stutzen, wenn ein Mitarbeiter seinen Chef einmal kurz um den Kugelschreiber bittet. Kultur hat also sehr viel mit typischem Verhalten und mit den praktizierten Werten, aber natürlich auch mit Tradition zu tun.

Der Begriff der Unternehmenskultur wird gelegentlich missverstanden oder zu eng gesehen. Dies gilt etwa dann, wenn davon gesprochen wird, dass ein Unternehmen Kultur habe und sich der Blick dann lediglich auf Kunstsponsering, die architektonische Gestaltung der Hauptverwaltung, Kunst am Bau und Ähnliches mehr bezieht.

Tatsächlich ist es empfehlenswerter, den Begriff der Unternehmenskultur weiter zu fassen, in ihm eine Betrachtungsperspektive zu sehen, die alles im Unternehmen – verbale Äußerungen, zwischenmenschliche Interaktionen, objektivierte Gestaltungen – in den Blick nehmen kann. All diese Prozesse oder Dinge lassen sich selbstverständlich auch ausschließlich unter dem Aspekt der Zweckrationalität sehen. Organisationen werden ja vielfach als zweckrationale Gebilde definiert (*Mayntz,* 1968).

Das neue Gebäude eines Großunternehmens wäre bei einer solchen Betrachtung ein geeigneter Arbeitsplatz für Mitarbeiter, das die Möglichkeit eröffnet Kunden zu empfangen, Konferenzen abzuhalten, Dokumente zu speichern und ähnliches mehr. Warum aber sieht es so aus, wie es sich darstellt? Warum das aufwendige Portal, die repräsentativ gestalteten Eingangshallen, die schwarz verspiegelten Fensterflächen, die Höhe, die alle umgebenden Gebäude überragt? Dies und vieles andere mehr wird von den Mitarbeitern – und vielfach auch von den Kunden – gedeutet. Hat das Unternehmen eine längere Tradition, sind die Mitarbeiter mehrheitlich schon seit Jahren in Kooperationsbeziehungen, so werden diese Deutungen in einer übereinstimmenden, einander sehr ähnlichen Weise erfolgen. Dies verbindet.

Bei den Deutungen, die zum Teil bewusst, meist aber unreflektiert erfolgen, geht es auch darum, auf was diese Zeichen hinweisen, welche Werte im Hintergrund wirken. Dies hat Einfluss auf die Selbstselektion der Mitarbeiter, d.h. darauf, wer sich um eine Position im Unternehmen bewirbt, und es hat darüber hinaus Einfluss auf die Entwicklung jedes Einzelnen im Unternehmen, auf dessen Prägung. Und schließlich – das ist mit Blick auf die Motivation besonders wichtig – wird dadurch Identifikation ermöglicht. Werden die sichtbaren Zeichen und Verhaltensweisen, z.B. die architektonische Gestaltung des Hauptgebäudes, das Firmenlogo, das Auftreten der Führungskräfte, die Legenden von der Gründung des Unternehmens etc. als Zeichen für Fortschrittlichkeit, Macht, Offenheit und Größe interpretiert, so werden sich jene Mitarbeiter, denen dies wichtig ist, mit dem Unternehmen identifizieren, während sich andere, die Familiarität, Geborgenheit und Stabilität suchen und sich eher als bescheiden interpretieren, im Unternehmen nicht heimisch fühlen, möglicherweise den Arbeitgeber wechseln oder langfristig fremd im Unternehmen bleiben.

Bei der Unternehmenskultur lassen sich also verschiedene Ebenen unterscheiden: Das Sichtbare sowie das, was dahinter steht. *Schein* (1985) hebt dabei drei Ebenen voneinander ab, wie Abbildung 6.8 zeigt.

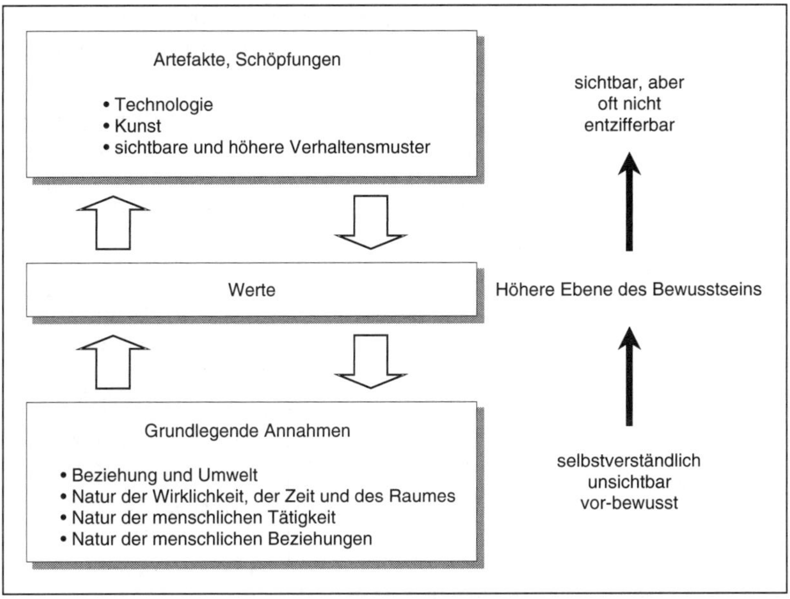

Abb. 6.8: Ebenen der Unternehmenskultur nach Schein

Es entwickeln sich – folgen wir *Schein* – im Laufe eines längeren Zusammenlebens und -Arbeitens von Menschen ganz bestimmte grundlegende Annahmen, die von nahezu allen geteilt werden und die so selbstverständlich sind, dass man darüber gar nicht nachdenkt. So betrachtet sind sie vorbewusst; sie werden gelebt aber nicht erlebt. Diese basalen Annahmen stehen dann in Wechselwirkung mit den bewusstseinsfähigen Werten, die nun ihrerseits das Sichtbare im Unternehmen prägen und wiederum von diesen sichtbaren und gedeuteten Dingen beeinflusst werden. Das sei am Beispiel verdeutlicht. Das im Unternehmen vorherrschende Menschenbild, das in der Annahme besteht, jeder suche nur seinen Vorteil und versuche den anderen oder das Unternehmen zu hintergehen, wann immer dies möglich ist, prägt das Unternehmen. „Kontrolle" wird dabei zu einem leitenden Wert; nahezu alle Mitarbeiter – ganz gleich, welcher hierarchischen Ebene sie angehören – würden dem Satz „Vertrauen ist gut, Kontrolle ist besser" zustimmen. Entsprechend werden als sichtbare Zeichen Kontrollsysteme und kontrollierende Verhaltensweisen im Unternehmen eine große Rolle spielen. Elektronische Zeiterfassungsanlagen an der Pforte, detaillierte Formulare zur Abrechnung von Dienstreisen, niedrige Sichtschutzwände in den Großraumbüros, die den Vorgesetzten jederzeit den Blick auf die dort Arbeitenden ermöglichen, häufige Ergebnis- und Verfahrenskontrollen durch die Vorgesetzten und ähnliches mehr bestimmen das Bild.

Fragt man insgesamt, an welche sichtbaren Zeichen – interpretiert als Symptome der Unternehmenskultur – man denken kann, wenn man sich darum bemüht, diese Kultur zu diagnostizieren, so bietet sich ein von *Neuberger* (1989) entwickeltes Raster an, das Abbildung 6.9 zeigt.

verbale	**interaktionale**	**artifizielle (objektierbare)**
Geschichten Mythen Anekdoten Parablen Legenden, Sagen, Märchen Slogans, Mottos, Maximen, Grundsätze Sprachregelungen Jargon, Argot, Tabus Lieder, Hymnen	Riten, Zeremonien, Traditionen Feiern, Festessen, Jubiläen Conventions Konferenzen, Tagungen Vorstandsbesuche Revisorbesuche Auswahl und Einführung neuer Mitarbeiter; Beförderung Degradierung, Entlassung, freiwillige Kündigung, Pensionierung, Tod Beschwerden Magische Handlungen (Mitarbeiterauswahl, Strategische Planung usw.) Tabus	Statussymbole Abzeichen, Embleme, Geschenke, Fahnen Preise, Urkunden, Incentive-Reisen Idole, Totems, Fetische Kleidung, äußere Erscheinungen Architektur Arbeitsbedingungen Plakate, Broschüren, Werkszeitung schriftlich fixierte Systeme (der Lohnfindung, Einstufung, Beförderung)

Abb. 6.9: Symptome der Unternehmenskultur nach Neuberger

Unternehmenskulturen wachsen, entwickeln und verändern sich wie jede andere Kultur auch. Sie sind also das **Ergebnis eines evolutionären Prozesses.** Damit besitzt jede Unternehmenskultur auch immer einen historischen Hintergrund und kann nicht losgelöst davon betrachtet werden. Dieser historische Hintergrund wiederum wird maßgeblich geprägt von Ereignissen und Personen. Insgesamt kann man Organisationskultur beschreiben als die in dem betreffenden

Unternehmen vorherrschenden und gültigen Muster von Normen, Empfindungen bzw. Gefühlen, Einstellungen, Überzeugungen und Werten. Dies schließt auch die charakteristische Art und Weise ein, wie Rollen und Beziehungen gelebt werden, wie Einfluss ausgeübt wird und wie ganz allgemein untereinander bzw. mit den Organisationsmitgliedern umgegangen wird. Aber auch die gemeinsam erbrachten Leistungen und die erzielten Resultate zählen zur Kultur. Außerdem sind Traditionen ebenso wie Mythen, „Geschichten“ und Rituale – emotional meist tief verankert – wichtige Elemente der Organisationskultur. Werden Veränderungen in der Unternehmenskultur beabsichtigt, müssen alle diese Faktoren berücksichtigt werden. Keinesfalls vollzieht sich eine Veränderung der Kultur dadurch, dass man für ein einheitliches Unternehmensbild nach außen in Form von gleichgestalteten Visitenkarten, Briefbögen oder Anzeigen sorgt.

Der am häufigsten praktizierte Ansatz zur Veränderung einer Unternehmenskultur besteht darin, die Mitarbeiter auf gemeinsame Grundsätze (Leitlinien, Verhaltenskodex u.ä.) oder auf bestimmte Basiswerte (Philosophie) auszurichten. Dabei reicht es selbstverständlich nicht, die Beschreibung der zukünftig angestrebten Kultur auf Glanzpapier drucken zu lassen, sondern die einzelnen Organisationsmitglieder müssen (innerlich) dafür gewonnen werden. Ohne glaubwürdiges Vorleben und ohne ständige Präsenz der Grundsätze bzw. der angestrebten Werte im betrieblichen Alltag wird dies nicht gehen.

Eine Veränderung der Organisationskultur – sei es Ausrichtung auf neue Werte (z.B. Qualität) oder Änderung von überkommenen Einstellungen, Denk- und Verhaltensweisen – ist immer ein Jahre dauernder und mit „penetranter Geduld“ zu betreibender Prozess. Dabei stellt sich die Nagelprobe für die Glaubwürdigkeit der deklarierten Thesen und Werte übrigens nicht in den „Schönwetter“-Perioden eines Unternehmens heraus, sondern wenn der Wind ins Gesicht bläst oder wenn es stürmt.

4.1 Zwei Beispiele für Unternehmen im Wandel

Es folgen nun – jeweils gekürzt und in Ausschnitten – zwei beispielhafte Beschreibungen von Unternehmenskulturen. Die Beispiele stehen stellvertretend für viele vergleichbare Ansätze. Sie sollen deutlich machen, wie Unternehmen gezielt und bewusst am Wandel teilnehmen und wie sie durch eine schriftlich niedergelegte Beschreibung ihrer Organisationskultur die Ausrichtung des Unternehmens bzw. ihrer Mitarbeiter auf bestimmte gemeinsame Werte und Leitvorstellungen fördern. Die Beispiele fußen auf veröffentlichten Grundsätzen der jeweiligen Unternehmen. An ihnen soll klar werden, dass bei der Beschreibung einer Unternehmenskultur die gemeinsamen Ziele, die geltenden Wertorientierungen und die gesetzten Ansprüche deutlich und konkret dargestellt werden sollten – und zwar sowohl nach innen (z.B. Führung, Qualität der Zusammenarbeit, Kommunikation, Umgang mit Menschen etc.) als auch nach außen (z.B. Verhältnis zum Kunden, Bezug zum gesellschaftlichen Umfeld, Umwelt etc.).

Auch in Bezug auf die Gestaltung einer Organisationskultur gilt natürlich der Satz: „Er wird überall nur mit Wasser gekocht". Auf jeden Fall aber erzeugt die öffentlich „zelebrierte" und konkrete Festlegung auf bestimmte Basiswerte und Verhaltensleitlinien eine sichtbar bindende und verpflichtende Wirkung. Diese Verpflichtung gilt besonders für das (Top-)Management. Werden nämlich die bei den Organisationsmitgliedern erzeugten Erwartungen nicht eingelöst, sind große Frustration und Demotivation die Folge – und zwar größer, als wenn man nichts unternommen hätte.

4.1.1 Die „Innovative Unternehmenskultur" bei Hewlett-Packard

Das erste Beispiel ist die Beschreibung der „Innovativen Unternehmenskultur" von *Hewlett-Packard.* Es handelt sich dabei um einen zusammenfassenden, in entscheidenden Teilen wörtlich übernommenen Auszug aus einem Bericht von *Heinz Fischer* (1990).

Hewlett-Packard (HP) sieht in der durch Teamarbeit erschlossenen Innovationskraft der Mitarbeiter die entscheidende Grundlage für das Erreichen der Unternehmensziele und für den Unternehmenserfolg. Mit Blick auf den sich vollziehenden Wandel, definiert HP die nachfolgenden Positionen, die das Unternehmen als Herausforderungen annehmen und mit denen es sich auseinandersetzen will:

- Die Evolution des Systems „Arbeit" mit all ihren Ausprägungen wie neue Formen der Beschäftigung, neue Arbeitszeitorganisation stellt neue Ansprüche an die Führung und an ein neues Selbstverständnis der Unternehmen.
- Die Evolution, der Wandel, darf nicht durch falsches Festhalten an tradierten Methoden und Verhaltensweisen gebremst werden. Dies erfordert bei den Führungskräften wie bei den Mitarbeitern ein entsprechendes Bewusstsein im Verständnis der unterschiedlichen Dimensionen des Wandels und der damit verbundenen Mitverantwortung.
- „Führung" wird als kulturgebundenes und normatives Konzept verstanden. Führung geht nicht ohne Berücksichtigung des/der „Geführten", der Mitarbeiter. Das englische Wort „followers" verdeutlicht die Aufgabe der Führungskraft: To follow beinhaltet Motivation, Verständnis um das Tun, den Sinn der Aufgabe, Frei-

willigkeit, Selbständigkeit und auch Verantwortung auf Seiten des Mitarbeiters.

- Die klassische Trennung zwischen Kapital und Arbeit darf es heute nicht mehr geben. Zitat: „Lang genug hat ein Großteil der Betriebswirtschaftslehre, die den Faktor ‚Kapital' bis in die kleinste Finanzkennzahl ausleuchtet und zum Bewertungsmaßstab macht, Führungskräften eine einseitige Richtung gezeigt. Der langfristige Erfolg einer Unternehmung wird nicht dadurch gesichert, dass sich Führungskräfte ausführlich Gedanken über Investitionen für Maschinen machen. In gleicher Weise und mit gleichem Aufwand müssen Motivation und Einstellung der Mitarbeiter berücksichtigt werden." Dies mobilisiert das in den Mitarbeitern schlummernde schöpferische Potenzial und schafft Kreativität, Flexibilität und Innovation.
- Unternehmensführung ist eingebettet in das gesellschaftliche Umfeld. Das verantwortliche Handeln eines Unternehmens ist deshalb auf die Gesellschaft auszudehnen, da Wirtschaft eine gleichberechtigte Dimension der Gesellschaft neben Familie, Kultur und Politik darstellt.
- Unternehmen tragen Verantwortung für die Qualität des Lebens in der Gesellschaft. Deshalb muss man sich den gesellschaftlichen Problemen stellen, und zwar nicht erst, wenn gesetzliche Auflagen dazu auffordern. Die Verantwortungsfelder der Unternehmensführung erstrecken sich also auf das gesamte System und betreffen nicht nur das Kapital, sondern in gleicher Weise den Kunden, den Mitarbeiter, den Lieferanten und die Gesellschaft.
- Innovative Unternehmenskonzepte haben dann Erfolg, wenn sie mit dem gesellschaftlichen, dem unternehmerischen und dem Wertesystem der Mitarbeiter in Einklang stehen. Bei HP gilt die Überzeugung, dass ein Unternehmen neben Zielen auch ethische Grundsätze und Werte braucht, die auch wirklich gelebt werden müssen. Von jedem Mitarbeiter wird erwartet, dass er innerhalb der Gemeinschaft einen Handlungsbeitrag in Richtung gegebener Firmenziele erbringt und sich dabei stets an den formulierten Grundwerten messen lässt. *Hewlett-Packard* hat als zentralen Grundwert für eine partnerschaftliche Zusammenarbeit **gegenseitiges Vertrauen** definiert. Um diesen Wert leben zu können, müssen im Umgang miteinander weitere unterstützende Werte wie Sicherheit, Ehrlichkeit, Offenheit, Würde, Partnerschaft und Toleranz beachtet werden. Diese Werte sind auch Basis für die Unternehmensziele und nehmen somit Einfluss auf die Gestaltung der Unternehmenskultur.

Für folgende Bereiche formuliert *Hewlett-Packard* **Unternehmensziele**, die hier jeweils mit einigen Stichworten erläutert sind:

- **Gewinn** (Nur durch Erzielung von Gewinn sind die übrigen Zielsetzungen zu verwirklichen; jeder Mitarbeiter trägt durch dic rationelle und korrekte Ausführung der ihm übertragenen Aufgaben verantwortlich zum Gewinn bei.)
- **Kunden** (Konsequente Ausrichtung auf die Befriedigung der Bedürfnisse der Kunden; Verpflichtung zur Qualität; Ausrichtung auf langfristige Beziehung zu den Kunden auf der Basis von gegenseitigem Respekt, Höflichkeit und Integrität.)
- **Betätigungsgebiet** (Hier erfolgt die Beschreibung der Strategien in Bezug auf Produkte und Marktbereiche.)
- **Wachstum** (Betonung der Notwendigkeit zum Wachstum.)
- **Mitarbeiter** (Ausführungen zu: Anerkennung der persönlichen Leistung und der Selbstachtung der Mitarbeiter; Akzeptanz von Individualität; Bereitschaft zur Zusammenarbeit prägt das Klima; Beschreibung der Grundlagen der Personalpolitik bezüglich Mitarbeitereinsatz, -entwicklung und -förderung; Gehalt; Gestaltung von Arbeitsplatz und Arbeitsumgebung.)
- **Führungsstil** (Man bekennt sich zur „Führung durch Zielvereinbarung"; die Leistung des Mitarbeiters wird an diesen individuell vereinbarten Zielen gemessen; individuelle Freiheit im Rahmen des Möglichen und der persönliche Beitrag des Mitarbeiters werden betont; die Zusammenarbeit zwischen den Geschäftsbereichen ist gekennzeichnet durch gegenseitige Hilfe, koordinierten Einsatz und Konzentration auf das unternehmerische Gesamtziel.)
- **Gesellschaftliche Verantwortung** (HP fühlt sich auf städtischer, regionaler und nationaler Ebene dem Gemeinwohl verpflichtet; ein moralisch einwandfreies Verhalten gegenüber Einzelpersonen und Gruppen ist deshalb beim Abgleich zwischen den HP-Interessen und denen des jeweiligen Gemeinwesens Pflicht; Schonung der Umwelt; Engagement für das Gemeinwohl; Mitwirkung von HP-Mitarbeitern in verschiedenen gesellschaftlichen Gruppen; Ermunterung der Mitarbeiter, neben Aufgaben im Unternehmen auch Verantwortung für die Allgemeinheit zu übernehmen.)

Ergänzend dazu hat *Hewlett-Packard* fünf Leitlinien als wertorientierte Grundsätze formuliert, mit denen das Erreichen dieser Unternehmensziele gelenkt, gestützt und gefördert werden soll:

(1) Wir haben Vertrauen in unsere Mitarbeiter sowie Achtung und Respekt vor ihrer Persönlichkeit.

„Unsere Überzeugung ist, dass die Mitarbeiter gute Arbeit leisten wollen und diese auch leisten werden, wenn sie über die richtigen Arbeitsmittel, das entsprechende Umfeld und die nötige Unterstützung verfügen. Für fähige und innovative Mitarbeiter möchte HP ein attraktiver Arbeitgeber sein, der die Leistung der Mitarbeiter für das Unternehmen und ihre individuellen Beiträge anerkennt. Begeisterung für die Aufgabe und Freude an der Arbeit machen den Erfolg möglich, an dem dann alle Mitarbeiter teilhaben".

(2) Wir legen besonderen Wert auf das hohe Niveau unserer Leistungen und Beiträge.

„Unsere Kunden erwarten HP-Produkte und Dienstleistungen von höchster Qualität und technologischem Vorteil. Dies ist nur zu erreichen, wenn unsere Mitarbeiter die Erfüllung der Kundenwünsche als ihre eigene Herausforderung betrachten. Technologien und Führungssysteme, die heute effektiv sind, können morgen überholt sein. Damit wir auch dann noch unseren Ansprüchen gerecht werden können, müssen unsere Mitarbeiter fortwährend neue und bessere Wege zur Erfüllung ihrer Aufgaben suchen".

(3) Wir legen unserem Tun kompromisslose Integrität zugrunde.

„Um das Vertrauen und die Loyalität unserer Partner zu gewinnen und zu erhalten, erwarten wir Offenheit und Ehrlichkeit von unseren Mitarbeitern. Dies bedingt, dass sie ausschließlich nach den allgemein anerkannten Regeln guten Geschäftsgebahrens handeln. Die HP-Geschäftsgrundsätze sind ohne Einschränkung bindend. Integrität kann in der Praxis nicht allein durch betriebsinterne Vorschriften sichergestellt werden. Sie muss vielmehr tief im Unternehmen verwurzelt und für jeden Mitarbeiter ein persönliches Anliegen sein".

(4) Wir erreichen unsere unternehmerischen Ziele im Team.

„Nur durch eine effiziente Zusammenarbeit in und zwischen den Unternehmensbereichen können wir die Erwartungen unserer Kunden, Aktionäre und unseres Umfeldes erfüllen. Mit unseren Mitarbeitern teilen wir partnerschaftlich die Rechte und Pflichten, die sich aus unserer Geschäftstätigkeit ergeben".

(5) Wir fordern und fördern Flexibilität und Innovation.

„Hierfür schaffen wir eine Arbeitsumgebung, welche die Vielseitigkeit unserer Mitarbeiter und ihrer Ideen unterstützt. Im Rahmen von persönlichen Vereinbarungen, die individuelle Ziele klar definieren, haben die Mitarbeiter die Möglichkeit, Freiräume zu nutzen, um die beste Lösung zu finden. Damit übernehmen sie Verantwortung und sind aufgefordert, ihre Kenntnisse und Fähigkeiten durch ständige Fort- und Weiterbildung auf dem neuesten Stand zu halten. Hewlett-Packard ist in einem dynamischen Wirtschaftszweig tätig, in dem von den Mitarbeitern erwartet wird, dass sie diesen Wandel bewältigen und mitgestalten".

Verhältnisse prägen Verhalten, und deshalb benötigt jede Kultur auch ihre Rahmenbedingungen. Eine Organisationskultur lebt bzw. wird gelebt innerhalb bestimmter Organisationsstrukturen. Diese Strukturen müssen die Umsetzung der als wichtig definierten Werte bzw. Normen sowie die Erreichung der vereinbarten Ziele nicht nur nicht behindern, sondern fördern. Bei *Hewlett-Packard* lautet dabei die Devise: Weg von der starren Organisation und Weiterentwicklung in Richtung Organismus. Deshalb ist HP in vielen kleinen, dezentralen und eigenständigen Einheiten organisiert. Es gibt zahlreiche Projektteams. Von den Bereichen und Projektteams wird Zielorientierung und Innovationsfreudigkeit erwartet. Durch diese Organisationsformen soll Folgendes erreicht werden: Risikoausgleich aufgrund der zahlreichen kleinen organisatorischen Einheiten, kurze Wege, mehr Flexibilität. Koordinationsgruppen kümmern sich dabei um die Abstimmung bzw. Vereinbarung von Plänen und Zielen zwischen den organisatorischen Einheiten sowie um die Erfolgsüberprüfung. Die Bildung bereichsübergreifender Projektteams wird ausdrücklich gefördert.

Die Kultur eines Unternehmens wird nicht durch eine Broschüre gestaltet. Eine Organisationskultur und ihre Werte müssen gelebt werden. Um die Umsetzung zu erleichtern und zu fördern, werden wichtige Bausteine der HP-Unternehmenskultur konkret beschrieben. Damit soll Orientierung gegeben und gleichzeitig ein verbindlicher Bezugsrahmen festgeschrieben werden. Folgende (Zitat:) „vermeintliche Selbstverständlichkeiten" sollen beispielsweise für die Zusammenarbeit gelten:

- Respektieren der Persönlichkeit;
- Möglichkeit der Selbstverwirklichung durch Freiräume;
- gegenseitiges Vertrauen und Helfen;
- Fehler machen dürfen;
- Leistungsbereitschaft durch Freude an der Arbeit;
- Anerkennung der Leistung und Teilhabe am Erfolg;
- Mitverantwortung durch gemeinsame Rechte und Pflichten;
- übersichtliche Bereiche durch Dezentralisierung;
- Führen durch Zielvereinbarung;
- informeller Umgang und offene Kommunikation;
- Förderung und Weiterentwicklung;
- Beschäftigungssicherheit;
- soziale Absicherung.

Immer wieder werden die Bedeutung und die Rolle des Vertrauens für die Umsetzung der angestrebten Unternehmenskultur betont. So wird zum Beispiel Vertrauen in die Mitarbeiter konkret dadurch praktiziert, dass es in keinem Unternehmensbereich, auch nicht in der Fertigung, Stechuhren gibt. Zeitkontrollen führen die Mitarbeiter selbst durch. Dies gilt, obwohl HP kreative Arbeitszeitregelungen wie Swingtime, Gleitzeit sowie variable Arbeitszeiten in allen Bereichen hat. Zum Vertrauen gehört es auch, Fehler tolerant zu beurteilen und sie als Probleme zu behandeln, die man lösen kann und lösen muss. Zitat: „Der Sinn wirksamer Organisationen besteht im Lernen und nicht im gedankenlosen Produzieren. Die Freiheit, Fehler zu machen, muss in einem innovationsorientierten Unternehmen als eine Selbstverständlichkeit gelten. Denn die Definition von Innovation heißt vereinfacht: Grenzen in Frage stellen. Wer dies tut, wird sich das eine oder andere Mal irren. Dies gilt für den jugendlichen Lernprozess, den Generationenkonflikt, dies muss auch für die Mitarbeiter im Unternehmen gelten."

Eine besondere Betonung erfährt auch das Thema Förderung und Weiterentwicklung der Mitarbeiter. Dem dient eine fundierte qualitative und quantitative Personalplanung. Es gilt das Prinzip, qualifizierte Positionen weitestgehend aus den eigenen Reihen zu besetzen. Die Verantwortung für Förderung und Weiterbildung liegt bei den Vorgesetzten und bei den Mitarbeitern selbst. Für die Mitarbeiter stehen umfangreiche Angebote zur Weiterentwicklung in den Bereichen Persönlichkeitsentwicklung, funktionale Ausbildung, HP-Prozesse und -Methoden sowie Teamentwicklung zur Verfügung. Interner Stellenwechsel wird begrüßt, und die These des „lebenslangen Lernens" wird intensiv propagiert.

Stichworte allein machen eine Unternehmenskultur nicht ausreichend deutlich. Plastisch und leicht vorstellbar werden sie am besten durch konkrete Situations- und Verhaltensbeschreibungen. Die folgenden (beispielhaft ausgewählten) Stichworte mit ihren zugehörigen Erläuterungen können deshalb wahrscheinlich gut helfen, den typischen Geist der von *Hewlett-Packard* definierten „Innovativen Unternehmenskultur" zu vermitteln:

- *Achtung aller Mitarbeiter*

  „Wir machen in unserem Unternehmen keinerlei Unterschiede zwischen leitenden Angestellten, Angestellten, Arbeitern und Geschäftsleitung. Wir versuchen, weitgehendst auf Statussymbole zu verzichten. Wir arbeiten alle gemeinsam, ob Produktionsmitarbeiter oder Geschäftsführer, in denselben Großraumbüros. Auch bei unseren Sozialleistungen gilt das Prinzip der Gleichbehandlung".

- *Anerkennung*

  „Mindestens genauso wichtig wie der finanzielle Anteil am Erfolg, beispielsweise durch Gewinnbeteiligungen oder Aktiensparen, ist das Lob für die persönliche Leistung des Mitarbeiters".

- *Information und Kommunikation*

„Die interne Kommunikation wird durch die tägliche gemeinsame Kaffeepause, in der Mitarbeiter in kleinen Gruppen ohne hierarchische Trennung miteinander sprechen, gepflegt. In regelmäßigen Ansprachen nutzt die Unternehmensleitung die Möglichkeit, allen Mitarbeitern offen mitzuteilen, wie Finanzdaten, Auftragslage etc. aussehen und informiert, warum bestimmte Maßnahmen durchgeführt werden müssen. Gleichzeitig werden Mitarbeiter ermutigt, um Rat zu fragen, Bedenken vorzubringen und Vorschläge zu machen. Der freie Zugang zu allen Führungsebenen ist ihnen sicher. Der informelle Umgang im Unternehmen, so zum Beispiel die Anrede mit Vornamen oder der Verzicht auf Titel, hilft, unnötige Barrieren abzubauen. Die Mitarbeiter tragen Namensschilder, man kann jeden persönlich ansprechen."

- *Förderung der Kreativität und Eigeninitiative*

„Nur mit interessierten und motivierten Mitarbeitern ist langfristig Erfolg möglich. Durch Qualitätszirkel, durch die Aufforderung, in allen Bereichen innovativ zu sein, den eigenen Arbeitsablauf zu verbessern und durch kreative Arbeitszeitlösungen werden allen Mitarbeitern Freiräume zugestanden. Der „Intrapreneur" wird bei uns nachdrücklich gefordert und gefördert. Intrapreneur sollte im Rahmen seiner Möglichkeiten jeder sein. Die Organisation muss Freiräume nach dem Konzept ‚Small is beautiful' und entsprechende Interaktion nach dem Motto ‚Kommunikation ist entscheidend' schaffen."

Jede Unternehmenskultur gründet sich auf bestimmte Grundüberzeugungen ihrer Gestalter und Träger. Abschließend sind die wichtigsten Basisthesen, die bei *Hewlett-Packard* als Grundlage für eine glaubwürdige Umsetzung der Unternehmenskultur betrachtet werden, zusammengestellt (größtenteils wörtlich zitiert nach *Fischer,* 1990, S. 87 ff.):

- Die Unternehmensphilosophie nimmt als Wertesystem des Unternehmens Einfluss auf die Unternehmenskultur.
- Voraussetzung für eine partnerschaftliche Zusammenarbeit und das Erreichen der Unternehmensziele ist höchstmöglicher Wertekonsens zwischen Unternehmen und Mitarbeitern. Nur dort, wo sich die individuellen Werte der Mitarbeiter mit der Philosophie des Unternehmens decken, kann erfolgreich gearbeitet werden.
- Die von HP beschriebene und erwünschte Form der Zusammenarbeit gilt keinesfalls nur so lange, wie es dem Unternehmen gut geht. Ganz im Gegenteil ist man der Überzeugung, dass sich dieser Führungsstil gerade in schwierigen, turbulenten Zeiten bewährt und mit ihm Krisen gemeistert werden können.

- Für HP heißt Leadership: das erfolgreiche Bewältigen und Beherrschen der sich ändernden Bedingungen. Diese Auffassung geht weit über den Versicherungsgedanken hinaus. Es ist eine unternehmerische Aufgabe nicht nur der Führung, sondern eines jeden Mitarbeiters im Unternehmen (entsprechend seinem Verantwortungsbereich, der Gesamtschau aller Risiken der einzelnen Synergiefelder und ihrer Beherrschung).
- Man darf den Mitarbeiter auf keinen Fall, wie es in vielen Unternehmen geschieht, als Problem ansehen, sondern als Chance und Teil der Lösung. HP sieht in dem Mitarbeiter gerade in turbulenten Zeiten die wichtigste Ressource und das Wachstumspotenzial. Diese Überzeugung ist Leitlinie für den gesamten Prozess der Mitarbeiterentwicklung.
- HP ist überzeugt, dass auf lange Sicht das Unternehmen mit dem besten Team am erfolgreichsten sein wird. Deshalb genießen Teamgeist und Zusammenarbeit bei HP einen sehr hohen Stellenwert.
- Man wird immer mit Polaritäten (wie dem Dilemma von Ökologie und Ökonomie, Team versus Institution, Einzelner versus Team, Marktanteil versus Gewinn, zentral versus dezentral etc.) leben müssen. Neue Technologien für die Zukunft sind wichtig und erhalten dann ihren Sinn, wenn sie sich nicht nur wirtschaftlich rechnen, sondern auch ökologisch vertreten lassen. Unternehmen, die führend und erfolgreich sein wollen, leisten somit einen Beitrag zur Weiterentwicklung von der sozialen zur ökologischen Marktwirtschaft.
- Unternehmen tragen Mitverantwortung für die Qualität des Lebens unserer Gesellschaft. Der unternehmerische Beitrag zur Gesellschaftspolitik ist nicht nur in Form von Steuern zu sehen. Die Verantwortung des Unternehmens für die Gesellschaft muss durch Offenheit, Offensive, faires gesamtwirtschaftliches Verhalten demonstriert werden.
- Basiswerte müssen fest und unveränderlich sein. Was sich ändern kann, ist die konsequente Umsetzung entsprechend den aktuellen Gegebenheiten. Tradition ist gut und hilft, Werte und Ziele zu festigen. Aber nicht die Tradition bereitet uns für die Zukunft vor, sondern die Möglichkeit der flexiblen Anpassung – basierend auf festen Werten und Zielen – verhilft dem Unternehmen zum Fortschritt.
- Eine gewachsene Unternehmenskultur ist ein Ganzes, von dem man nicht nach Bedarf einzelne Teile auswählen oder wegfallen lassen kann. Man würde die Glaubwürdigkeit verlieren. Eine gewachsene Unternehmenskultur ist vernetzt, ihre Teile laufen ineinander, Stein muss auf Stein passen.

- Entscheidend ist, dass die Verantwortlichen von ihrer Vision, ihren ethischen Grundwerten überzeugt sind, diese also im Herzen tragen, und darauf aufbauend diese umsetzen.
- Es gibt nicht den richtigen Weg. Der Weg, den *Hewlett-Packard* geht, ist nur einer von vielen möglichen. Jedes Unternehmen muss sich die Kultur suchen und schaffen, die zu ihm und seinen Mitarbeitern passt. Entscheidend ist in jedem Fall, dass die Grundziele und -werte ethisch fundiert und konsistent sind.

Wenngleich im letzten Punkt dieser HP-Basisthesen ausdrücklich betont wird, dass jedes Unternehmen seine eigene Vision von Unternehmenskultur formulieren und umsetzen muss, sind die skizzierten Grundüberzeugungen dennoch in hohem Maße problemlos auf andere Unternehmen übertragbar.

4.1.2 „Unsere Grundsätze" der Vorwerk-Gruppe

Das zweite Beispiel für die Beschreibung einer Unternehmenskultur stammt von der *Vorwerk*-Gruppe (Wuppertal). Basis der nachfolgenden Darstellung ist die von der Firma *Vorwerk* (1992) für ihre Mitarbeiter herausgegebene Broschüre „Unsere Grundsätze", in der die bis dahin geltenden Unternehmensgrundsätze neu gefasst wurden.

Bereits in den Siebzigerjahren hatte *Vorwerk* – damals als eines der ersten deutschen Unternehmen – begonnen, seine Unternehmensgrundsätze schriftlich festzulegen. Dabei wurde ausdrücklich betont, dass diese Festlegung als „ein lebendiges Papier" und als „offen für eine spätere Überarbeitung" zu betrachten sei. Nach gut zwölf Jahren sah man diesen Punkt gekommen, denn – so die Unternehmensleitung im Vorwort zur Neufassung der Grundsätze: „Viele neue Mitarbeiter sind zu uns ins Unternehmen gekommen, und die Welt, in der wir leben, hat sich in manchem geändert. Die Einstellung zur Arbeit und Freizeit, die Bedeutung der Umwelt für unser Leben sind hierfür Beispiele. Wir haben versucht, diese Entwicklung einzufangen und in unser Unternehmenskonzept zu integrieren."

Die Neufassung von „Unsere Grundsätze" war das Ergebnis einer mehr als einjährigen Projektarbeit. Neben einer dafür verantwortlichen Projektgruppe haben sehr viele Mitarbeiter und Führungskräfte über zahlreiche Arbeitskreise an der Erarbeitung der Grundsätze mitgearbeitet. Dies war dennoch zwangsläufig ein begrenzter Kreis. Durch zusätzliche Gesprächsrunden sowie durch eine umfassende Mitarbeiterbefragung wurde sichergestellt, dass die Mehrheit der „Vorwerker" sich mit den neu formulierten Grundsätzen identifizieren konnte. Mit ihrer Veröffentlichung wurden alle Mitarbeiter aufgefordert, die Grundsätze zu leben und sie im betrieblichen Alltag zu verankern: „Vor Ihnen liegt die neue Fassung unserer Unternehmensgrundsätze. Sie sind für unsere Arbeit verbindlich. Wir wollen deswegen die Umsetzung bzw. Einhaltung unserer Unternehmensgrundsätze konsequenter als bisher vorantreiben und haben eine Reihe entsprechender Maßnahmen für die nächsten Jahre vorgesehen."

Um die Implementierung der Unternehmensgrundsätze im Sinne einer Fortentwicklung der Unternehmenskultur zu fördern, ist ein Maßnahmenprogramm erstellt worden, das u.a. vorsieht:

- Errichten einer ständigen Projektgruppe „Unsere Grundsätze";
- Überprüfen der Veränderungen durch Wiederholung der Mitarbeiterbefragung;
- umfassende Maßnahmen zur Personalförderung;
- Berücksichtigen „unserer Grundsätze (UGV)" in Arbeitsverträgen;
- Behandeln von einzelnen UGV-Themen in Bereichen und Abteilungen;
- Führungstagung (1992) mit Schwerpunkt „Zusammenarbeit und Führung";
- systematisches Führungstraining;
- aktive Darstellung unseres Unternehmens nach außen;
- gezielte Information der „Neuen" und von Bewerbern.

Bezogen auf einzelne *Vorwerk*-Gesellschaften oder -Geschäftsfelder gehören zu dem Maßnahmenpaket auch laufende bzw. geplante Maßnahmen und Anstrengungen zur Verbesserung

- der Organisation und der Arbeitsbedingungen,
- der Unternehmensattraktivität (für *Vorwerk*-Mitarbeiter und Partner),
- der Markt- und Kundenorientierung,
- des Umweltschutzes,
- der Innovationsfähigkeit (z.B. neue Produkte),
- der Internationalität.

Die Mitarbeiter werden ausdrücklich aufgefordert, sich mit den Unternehmensgrundsätzen laufend auseinanderzusetzen. Zitat: „Wir betrachten die Unternehmensgrundsätze nicht als statisches Gesetz, sondern sehen in ihnen vielmehr Leitlinien und Prinzipien, deren Wert im Wesentlichen darin liegt, dass jeder Mitarbeiter auf Abweichungen aufmerksam machen kann, d.h. wir alle bekommen dadurch eine verbindliche Orientierung für unser Handeln."

Ein erster Schwerpunkt der Grundsätze sind die Ziele der Unternehmensgruppe. Hier wird besonders hervorgehoben:

- **Die Nähe zum Kunden** (Zitat: „Wir wollen unseren Kunden Produkte und Leistungen mit einem deutlich erkennbaren Nutzwert und einer erstklassigen Produktqualität bieten – Leistungen, die bei den Wettbewerbern so nicht zu finden sind.")

- **Mit dem Umsatz muss auch der Gewinn wachsen** (Zitate: „Die *Vorwerk*-Gruppe will aus eigener Kraft bestehen und sich entwickeln", „Wir streben ein überdurchschnittliches Umsatzwachstum an. Damit muss ein entsprechendes Gewinnwachstum verbunden sein" und „Die Innovation muss stärker als in der Vergangenheit ein wesentliches Element unserer Arbeit werden.")
- **Mitarbeiter sichern den Erfolg** (Zitat: „Wir wollen weiter an der Verbesserung der Voraussetzungen arbeiten, unter denen Motivation und Zufriedenheit der Menschen erhöht und ein Unternehmenserfolg insgesamt auf Dauer verwirklicht werden können.")

In einem zweiten Schwerpunkt wird beschrieben, wie das **organisatorische Selbstverständnis** der Unternehmensgruppe aussieht: Die Gesamtorientierung ist ausgerichtet auf die gemeinsamen Ziele, Wertvorstellungen und Grundsätze. Durch eine entsprechende Organisationsstruktur und durch passende Führungsgrundsätze soll dem Management der Freiraum für eigenes unternehmerisches Denken und Handeln gesichert werden. Die Delegation von Verantwortung soll möglichst in kleinere Einheiten hinein erfolgen. Da *Vorwerk* ein Familienunternehmen ist, wird auch der Bezug der persönlich haftenden Gesellschafter zur Gruppe erläutert. So wird u.a. festgeschrieben, dass sie „nur aufgrund ihrer fachlichen und persönlichen Eignung berufen" werden und „sich langfristig an das Unternehmen gebunden" fühlen. Weiterhin wird geregelt, wie die Beziehungen der einzelnen, rechtlich selbständigen Tochtergesellschaften zum Stammhaus (als Dachgesellschaft) sowie untereinander beschaffen sein sollen (z.B. grundsätzlich Gruppeninteresse über den Interessen der einzelnen Tochtergesellschaft; ständige offene Kooperation; Abnahme von benötigten Produkten oder Dienstleistungen bei Schwestergesellschaften, soweit diese marktgerecht anbieten; Verantwortlichkeit der einzelnen Tochtergesellschaften für das Geschäft in ihren Märkten).

Eine weitere Passage der *Vorwerk*-Grundsätze ist dem Thema **Zusammenarbeit und Führung** gewidmet. Man versteht sich als Leistungsgemeinschaft qualifizierter, motivierter und engagierter Mitarbeiter auf der Basis von Partnerschaft und Vertrauen. Im Detail wird dazu ausgeführt: „Innerhalb dieses Rahmens soll jeder bei *Vorwerk*

- seine Fähigkeiten zur gemeinsamen Leistung entwickeln und seine individuellen Stärken entfalten können,
- Freude an seinen Aufgaben haben und seine Arbeit als sinnvoll empfinden,

- sich für seinen Arbeitsbereich und für das Unternehmen verantwortlich fühlen können,
- soviel Handlungs- und Gestaltungsspielraum wie möglich haben,
- gut informiert sein,
- für seine Arbeit und sein Engagement als fair empfundene Gegenleistungen erhalten,
- entsprechend seinen Fähigkeiten und Leistungen eingesetzt, gefördert und anerkannt werden."

Weiter wird in den Grundsätzen ausgeführt, dass Raum gegeben sein muss für Toleranz und eigenständiges Denken und Handeln, „auch wenn dies unbequem sein mag". Außerdem: „Aus Irrtümern wollen wir lernen, und deshalb Fehler weder anprangern noch verschleiern."

Bezüglich der Zusammenarbeit wird **offene Kooperation als zentraler Grundsatz** festgeschrieben. Diese offene Kooperation wird dabei ausdrücklich auch bezogen auf die Zusammenarbeit über Bereichsgrenzen hinweg, auf das Verhältnis von Arbeitgeber und Arbeitnehmer, Geschäftsführung und Betriebsrat, Führungskräfte und Mitarbeiter, Kollegen untereinander, Beziehungen zwischen Frauen und Männern sowie zwischen Menschen unterschiedlicher Nationalität. Offene Kooperation – so die Detailbeschreibung – wird verstanden als die „Bereitschaft,

- vorbehaltlos miteinander zu sprechen,
- entstehende Probleme als gemeinsame Herausforderung zu betrachten,
- Konflikte aktiv anzugehen und gemeinsam zu lösen,
- zu helfen und Hilfe anzunehmen,
- in Fairness und gegenseitiger Achtung miteinander zu arbeiten."

Von den Führungskräften wird **„Führen durch Vorbild"** erwartet. Der Anspruch an die Führungskräfte, der gleichzeitig auch den „Maßstab für die Entwicklung und Beurteilung der Führungskräfte" darstellt, wird so beschrieben: „Mit Zielvorgaben, Anweisungen und Kontrollen ist es nicht getan. Führen heißt auch: Ziele vereinbaren, Handlungsfreiräume gewähren, Mitarbeiter informieren, motivieren und fördern, Konflikte steuern und die Teambildung unterstützen. Vorwerk-Führungskräfte sind Mitarbeiter mit besonderer **Verantwortung für Menschen**. Wir erwarten – mehr als von anderen Mitarbeitern –, dass sie sich unseren Wertvorstellungen und Leistungszielen verpflichtet fühlen und danach handeln. Sie sollen nicht aufgrund ihrer Position im Unternehmen, sondern wegen ihrer Persönlichkeit und ihrer fachlichen Kompetenz von ihren Mitarbeitern akzeptiert werden. Nur wer befähigt und bereit ist, diese Anforderungen zu erfüllen, kann bei uns Führungskraft werden."

Schließlich wird noch ausgeführt, wie man sich die **Förderung der Mitarbeiterinnen und Mitarbeiter** vorstellt. Als unmittelbar verantwortlich für Mitarbeiterförderung wird der Vorgesetzte angesehen. Im Rahmen der Personalplanung und -entwicklung möchte man frühzeitig den Fach- und Führungsnachwuchs identifizieren. Bildungsarbeit auf allen Ebenen soll nicht allein der Vermittlung von Wissen und fachlichen Fähigkeiten dienen, sondern es wird ausdrücklich Wert auf Persönlichkeitsentwicklung gelegt.

Weiterhin wird die Gestaltung menschengerechter Arbeitsplätze ebenso angesprochen wie die Schaffung von Arbeitsbedingungen, die im Hinblick auf die Chancengleichheit für Männer und Frauen flexibler als bisher die Vereinbarkeit von Beruf und Familie erleichtern. Eine eindeutige Aussage gilt auch dem Arbeitsschutz: „Die gesetzlichen Vorschriften und Normen sind für uns nur Mindestanforderungen."

Die Grundsätze über die Zusammenarbeit schließen mit einer Standortfestlegung der betrieblichen Sozialpolitik, u.a.: „Vorwerk setzt mit seiner betrieblichen Sozialpolitik dort an, wo das Angebot von Staat und Gesellschaft ergänzungsbedürftig ist und wo unsere Mitarbeiter besonderen Bedarf haben."

In einem besonderen Kapitel wird schließlich ausdrücklich das **Verhältnis des Unternehmens zur Gesellschaft und zur Umwelt** angesprochen. Man bekennt sich zu einem verantwortlichen und konstruktiven Verhältnis zur Gesellschaft. Dazu heißt es: „Aus diesen Gründen

- befürworten wir das gesellschaftliche und politische Engagement,
- wollen wir in den für uns wichtigen Verbänden der Wirtschaft aktiv vertreten sein und uns um eine gute Zusammenarbeit mit kommunalen und staatlichen Institutionen bemühen,
- wollen wir vornehmlich an unseren Firmenstandorten auf privater Initiative beruhende Vorhaben unterstützen,
- wollen wir durch eine aktive Öffentlichkeitsarbeit interessante Menschen auf uns aufmerksam machen und interessante Ideen auf uns lenken,
- soll das Niveau unseres Auftretens im Markt und in der Öffentlichkeit in Form, Stil und Sprache hohen Standards genügen. Dort, wo es geht, wollen wir eigene Maßstäbe setzen."

Mit der Aussage „Umweltschutz ist für *Vorwerk* ein eigenständiges Unternehmensziel" wird nicht zuletzt auch in dieser Hinsicht der Bezug zum gesellschaftlichen Umfeld eindeutig klar gemacht: „Alle unsere Unternehmensentscheidungen müssen unter den Gesichtspunkten der Umweltverträglichkeit überprüft werden. *Vorwerk* will auf diesem Gebiet mehr tun, als der Gesetzgeber verlangt."

Die *Vorwerk*-Unternehmensgrundsätze schließen mit einer ausführlicheren Beschreibung der Kundenbeziehungen in den einzelnen Geschäftsfeldern bzw. Märkten.

4.2 Organisationskultur im Wandel

Die Entwicklung einer Organisationskultur vollzieht sich nicht unter einer „Käseglocke". Jede Organisationskultur wird und ist beeinflusst vom gesellschaftlichen Umfeld und von den gesellschaftlichen Verhältnissen. Organisationen haben einen Zweck, und sie haben ihre Ziele. Hier müssen sie den Abgleich bestehen mit den sich ständig wandelnden Bedürfnissen und Wertvorstellungen in der Gesellschaft. Organisationen beschäftigen Menschen. Sie sollten gewandelten Einstellungen, Motiven und Ansprüchen genügen. Organisationen geben sich Strukturen. Diese sollten kein Selbstzweck sein, sondern der Zielerreichung und den dabei handelnden Menschen – im wahrsten Sinne des Wortes – dienen.

Alle diese Aspekte gehören zusammen und stehen im Wechselspiel. Isolierte Veränderungen in einem dieser Felder können eine Organisation „krank" machen. Wer zum Beispiel seiner Organisation als gesundheitsfördernde Schlankheitskur „lean" bzw. „lean production" verordnet, darunter aber nichts anderes versteht als eine weitere Runde zur kostensenkenden Personalreduzierung und zur Umverteilung notwendiger Tätigkeiten auf die Schultern der Verbliebenen, der muss möglicherweise schon bald zur Kenntnis nehmen, dass ein Knochengerüst ohne Muskeln sich nicht mehr zum sportlichen Gewichtheben eignet. Schlank und fit lautet die Devise, nicht Abspecken bis auf die Knochen. Schlank und fit gehören nämlich zusammen. Wer in schlanke Strukturen investiert, darf nicht vergessen, gleichzeitig in die „Fitness" der Leute, die innerhalb dieser neuen Strukturen motiviert arbeiten sollen, zu investieren. Das hat Konsequenzen für die Gestaltung von Arbeit, für die Anerkennung und Honorierung von Arbeit, für die Personalentwickung bzw. Personalpflege bis hin zu Zielvereinbarungen und zur Führungsform.

Hierarchie und Bürokratie mit dem damit verknüpften Vorstellungsbild vom „Funktionieren" des Menschen sind zweifellos „Auslaufmodelle". Es ist sicherlich kein Zufall, dass in Bezug auf Organisationsstrukturen schon seit längerem und mit wachsender Intensität die Rede ist vom „Ende der Hierarchie" (*Lauterburg*, 1978), von Projektorganisation, von Gruppenorganisation, von „ineinander verschränkten Ringen", von „Small is beautiful", von „Spaghetti"-Organisation oder sogar vom „Chaos Management". Verhältnisse prägen Verhalten. Die Schaffung von Organisationsformen und -strukturen, die „motivationsgerecht“ sind, ist ein entscheidendes Merkmal einer akzeptablen Organisationskultur.

5 Empfehlungen

Eine motivierende Organisation ist eine Organisation, die Motivation fördert bzw. überhaupt zulässt. Eine solche Organisation missachtet nicht die Bedürfnisse ihrer Mitglieder, sondern versucht, sie aufzunehmen und ihnen entgegenzukommen. Die innerorganisatorischen Verhältnisse sind klimatisch wie strukturell in Ordnung. Der Mensch wird in seiner zentralen Bedeutung nicht in Frage gestellt. Der Umgang mit dem Mitarbeiter ist fair, und man ist bestrebt, die Arbeitsinhalte wie auch die Rahmenbedingungen für seine Arbeit so zu gestalten, dass der Arbeit Sinn und Reiz verliehen werden. Dies alles beschreibt gleichzeitig wesentliche Aspekte einer „gesunden Organisation“. Eine solche Organisation ist auch aufgeschlossen für Veränderungen. Sie verfolgt mit wachem Interesse und mit hoher Lernbereitschaft den Wandel sowohl in ihrem wirtschaftlichen als auch im gesellschaftlichen Umfeld.

Nachfolgend eine Zusammenstellung von Thesen und Empfehlungen, die sich aus diesem Kapitel ergeben und die mit einiger Wahrscheinlichkeit zur Gestaltung einer Organisation beitragen können, in der Mitarbeiter gerne bereit sind, sich zu engagieren und ihr Potenzial zugunsten der Organisationsziele zu mobilisieren:

- Eine gesunde Organisation ist eine lernende Organisation, d.h. Fehler dürfen gemacht werden, und sie werden zum Lernen genutzt. Lernen wird verstanden als „rollierender“ Prozess in der Abfolge von Analyse – Handeln – Erfolgskontrolle – erneutes Handeln usw.
- Eine gesunde Organisation ist eine neugierige Organisation: Sie ist aufgeschlossen für Veränderungssignale und reagiert rechtzeitig auf Veränderungsnotwendigkeiten. Sie achtet auch darauf, dass ihre Mitarbeiter und vor allem die Führungskräfte aufgeschlossen sind für den Wandel und ihn nicht als Bedrohung empfinden.
- Außenkontakte zum gesellschaftlichen Umfeld ebenso wie zu anderen Unternehmen sind ausdrücklich erwünscht.
- Soviel Dezentralisation wie möglich („small is beautiful“); zentrale Koordination nur so viel wie unbedingt nötig.
- Abschaffung von unnötigen bzw. hinderlichen Vorschriften und Regeln.
- Kampf der Bürokratie!
- Keine Über-Kontrolle!

- Abteilungs- und bereichsübergreifende Information und Zusammenarbeit sind nicht nur erwünscht, sondern werden gefördert.
- Die informelle Kommunikation hat einen hohen Stellenwert.
- Räumliche und sinnliche Nähe derer, die zusammenarbeiten müssen.
- Förderung der innerbetrieblichen „Fluktuation"; Mitarbeiter nicht „einfrieren", sondern Job-Rotation.
- Wichtiges Wissen („Herrschaftswissen") unbedingt von einzelnen Personen ablösen und soweit wie möglich anderen zugänglich machen.
- Führen durch Zielvereinbarung ist ein kluger Weg zu mehr Identifikation und mehr Motivation.
- Den Mitarbeitern nach ihren Möglichkeiten Gestaltungsspielräume, Handlungsspielräume, Freiräume geben! Auf diese Weise wird Arbeit als motivierende Herausforderung gestaltet. Dabei müssen die Mitarbeiter ermuntert werden, die Spielräume auszufüllen und die Vorgesetzten dafür gewonnen werden, entsprechend auch Freiräume zu gewähren (und ggf. auch zu ertragen).
- Eine „Mensch-gerechte" Arbeitsgestaltung wird immer wichtiger. Stupide „Micky-Maus-Jobs" sind seelische Körperverletzung.
- Personalförderung und Personalpflege erhalten einen immer höheren Stellenwert. Das rechtzeitige Erfassen und Fördern von Mitarbeitern mit Potenzial ist ein zunehmend wichtiger Erfolgsfaktor im Wettbewerb. Nicht alle Mitarbeiter kann man (ständig) fördern, doch sie müssen betreut werden (Personalpflege).
- Im Bereich des Trainings geht die Entwicklung weg vom sogenannten Classroom-Training (Schulung/Seminar) zum „Training-on-the-job". Das heißt: Bei Bedarf Coaching für den Einzelnen, Teamentwicklungstraining für Arbeits- und Projektgruppen sowie Organisationsentwicklung für die gruppenübergreifende Zusammenarbeit bzw. zur Fortentwicklung von Kultur und Systemen.
- Auswahl und Beförderung von Führungskräften darf nicht mehr nur nach dem fachlichen Können erfolgen! Soziale Fähigkeiten und Teamfähigkeit gewinnen zunehmend an Bedeutung.
- Gehaltspolitik und Karrierepolitik müssen aus einem Guss sein und dürfen keine Widersprüchlichkeiten aufweisen.
- Die materiellen und immateriellen Belohnersysteme dürfen nicht kontraproduktiv sein. Negativbeispiel: Ressortübergreifendes Denken wird offiziell immer wieder gewünscht, aber Egoismen („Meine Zahlen gehen vor und müssen stimmen!") werden ständig belohnt.
- Bei großen und kleinen Veränderungsprojekten: Betroffene zu Beteiligten machen! Eine gesunde und lernfähige Organisation kann es ertragen, dass Dinge immer wieder hinterfragt oder kritisch in

Frage gestellt werden. Sonst gibt es keine Innovation und keine Veränderung.

- Mitarbeiter brauchen Orientierung und Identifikation in einer Organisation. Fragen wie „Wo gehen wir hin? Was sind unsere Ziele? Wer sind wir? Worauf sind wir stolz?" „Was zeichnet uns aus"? müssen für die Mitarbeiter eindeutig und klar zu beantworten sein. Visionen, Werte und Identifikation müssen nicht nur glaubwürdig vermittelt, sondern (vor)gelebt werden.
- Vertrauen ist einer der wichtigsten grundlegenden Kulturwerte einer erfolgreichen Organisation. Ohne Vertrauensbasis wird sich keine Leistungsmotivation entwickeln; ohne Vertrauen gibt es außerdem keine erfolgreiche Konfliktbewältigung.
- Leitlinien, Grundsätze und Wertesysteme bringen nichts, wenn sie nur in einer schönen Broschüre stehen. Normen und Werte werden erst dann glaubwürdig, wenn sie (top-down!) vorgelebt werden. Jede neu formulierte Zielsetzung und jede Entscheidung wird dabei zum Glaubwürdigkeitsprüfstein.
- Die Verantwortlichkeit für die Umwelt wird gegenüber den Mitarbeitern und gegenüber der Gesellschaft ein immer wichtigeres Thema.
- Die Bereitschaft der Mitarbeiter, sich für „ihre" Organisation zu engagieren, wird um so größer sein, je mehr die individuellen Wertesysteme mit denen der Organisation deckungsgleich sind.
- Zur Orientierung und zum Vertrauen gehört auch Mut zur Konsequenz: Organisationsmitglieder, die sich vorgegebenen Werten oder Grundsätzen nicht anschließen können oder wollen, sind in der betreffenden Organisation fehl am Platz ...

6 Merkmale einer gesunden und einer kranken Organisation

Als Abschluss dieses Kapitels folgt auf den nachfolgenden Seiten noch ein Analysebogen mit der Beschreibung von Merkmalen für eine „gesunde" bzw. „kranke" Organisation (nach *Fordyce/Weil,* 1971, ergänzt durch *Comelli,* 1985, S. 132–136). Die einzelnen Symptombereiche sind in Form von Gegensatzpaaren angelegt, wobei jeweils markiert werden kann, wie stark die einzelnen Beschreibungen auf die herrschenden Verhältnisse zutreffen. Der Bogen eignet sich für die individuelle Diagnose ebenso wie für Befragungen. Bei der Auswertung bzw. Bewertung der Ergebnisse sollte man einzelne „Ausreißer" nicht als so problematisch ansehen. Die kommen in jeder Organisation vor, weil es das „perfekte" Unternehmen nicht gibt. Häufungen von kritischen Punkten sollten allerdings aufmerksam machen; sie signalisieren Handlungsbedarf.

Merkmale einer gesunden und einer kranken Organisation

UNGESUND	trifft zu ←	teils/ teils	trifft zu →	GESUND
01. Wenig persönliche Identifikation bezüglich der Organisationsziele, außer der Top-Ebene.				01. Alle Organisationsmitglieder identifizieren sich sehr mit den Zielen; es gibt starke und konsistente Anstrengungen in Richtung dieser Ziele.
02. Die Leute in der Organisation sehen, dass Dinge schief laufen, und tun nichts dagegen. Niemand stellt sich freiwillig für etwas zur Vergnügung. Fehler und Probleme werden gewöhnlich verborgen oder beiseite geschoben. Über betriebliche Schwierigkeiten spricht man zu Hause, in der Kantine oder auf den Fluren, aber nicht mit denen, die es angeht.				02. Die Leute fühlen sich frei, wahrgenommene Schwierigkeiten aufzuzeigen, in der sicheren Erwartung, dass Probleme angepackt werden, und in dem Optimismus, daß sie gelöst werden.
03. Problemfremde Faktoren komplizieren die Lösungsfindung. Status und die Position „in den Kästchen“ (des Organigramms) sind wichtiger als die Lösung des Problems. Man befasst sich exzessiv mit dem Thema Führung als Betroffener, statt sich mit den Betroffenen zu befassen. Man behandelt sich auf formale und höfliche Weise – besonders den Chef. Nonkonformität wird missbilligt.				03. Die Lösung von Problemen wird höchst pragmatisch betrieben. Bei der Bearbeitung von Problemen arbeiten die Leute völlig unkompliziert zusammen, statt beherrscht zu sein von Status- und Revierdenken oder davon, „was wohl der Boss denken wird“. Einwände gegenüber dem Chef sind keineswegs selten. Ein großes Maß an nonkonformem Verhalten wird toleriert.
04. Die Top-Leute versuchen, so viele Entscheidungen wie möglich unter Kontrolle zu halten. Sie werden zu Flaschenhälsen und treffen Entscheidungen auf entsprechender Informationsbasis und mit entsprechenden Einsichten. Die Mitarbeiter beklagen sich über irrationale Entscheidungen des Managements.				04. Darüber, wo (d.h. auf welchem organisatorischen Level) Entscheidungen getroffen werden, bestimmen Faktoren wie Fähigkeiten, Verantwortungsgefühl, Verfügbarkeit der Information, Arbeitslast, Zeitrahmen und Erfordernisse der beruflichen und Management-Entwicklung. Der hierarchische Level an sich wird nicht als bedeutsamer Faktor gesehen.

(Forts. S. 296)

UNGESUND	trifft zu ←	teils/ teils	trifft zu →	GESUND
05. Das Management fühlt sich allein gelassen in seinem Bemühen, die Dinge voranzutreiben. Aus irgendeinem Grund werden Anweisungen, Absichten und Prozeduren nicht so umgesetzt wie sie sollten.				05. Es gibt ein bemerkenswertes Maß an Teamdenken bei Planung, Ausführung und in fachlichen Dingen – kurz: Es gibt eine große Bereitschaft, sich an der Verantwortung zu beteiligen.
06. Das Urteil von Leuten weiter unten in der Hierarchie wird außerhalb der engen Grenzen ihres Jobs nicht geschätzt.				06. Dem Urteil von Leuten, die weiter unten in der Hierarchie stehen, wird Beachtung geschenkt.
07. Persönliche Bedürfnisse und Gefühle sind Nebensache.				07. Die Bandbreite von Problemen, die angegangen werden, schließt persönliche Bedürfnisse und zwischenmenschliche Beziehungen ein.
08. Konkurrenzdenken entwickelt sich, wenn Leute zusammenarbeiten sollen. Sie wachen eifersüchtig über ihren Verantwortungsbereich. Hilfe zu suchen oder zu akzeptieren wird als Zeichen von Schwäche betrachtet. Hilfe anzubieten, ist nicht vorstellbar. Man misstraut den gegenseitigen Motiven und spricht nicht besonders gut voneinander. Der Vorgesetzte toleriert dies.				08. Man steigt frei in Zusammenarbeit ein. Die Leute zögern nicht, die Hilfe anderer zu erbitten und sind ihrerseits stehts zur Hilfe bereit. Die Wege, einander zu helfen, sind hochentwickelt. Individuen und Gruppen stehen im Wettbewerb zueinander, aber sie tun dies sehr fair und in Richtung auf die gemeinsamen Ziele.
09. In Krisensituationen gehen die Leute in Deckung oder schieben sich gegenseitig den „Schwarzen Peter" zu.				09. In Krisensituationen stehen die Leute sofort in gemeinsamer Arbeit zusammen, bis die Krise überwunden ist.
10. Konflikte sind meist verdeckt und werden bestimmt durch „Politik" oder andere „Spielchen". Oder es gibt endlose und unversöhnliche Auseinandersetzungen.				10. Konflikte werden als wichtig für Entscheidungsprozesse und für persönliches Wachstum angesehen. Mit ihnen wird offen und effizient umgegangen. Jederman sagt, was er wünscht, und erwartet, dass die anderen es ebenso halten.

(Forts. S. 297)

UNGESUND	trifft zu ←	teils/ teils	trifft zu →	GESUND
11. Lernen stößt auf Schwierigkeiten. Man traut sich nicht an Kollegen heran, um von diesen zu lernen und muss so aus den eigenen Fehlern lernen. Man erhält wenig Feedback über seine Leistung, und ein großer Teil davon ist auch noch wenig hilfreich. Erfahrungen anderer werden zurückgewiesen.				11. Es gibt intensives Lernen „on-the-job“, welches auf der Bereitschaft basiert, Feedback und Ratschläge zu geben, zu suchen und zu nutzen. Die Mitarbeiter betrachten sich und andere als fähig zu persönlicher Entwicklung und Wachstum.
12. Feedback wird vermieden.				12. Gemeinsame kritische Analyse der erzielten Fortschritte ist Routine.
13. Die Beziehungen sind verseucht durch „Fassadenbau“ und durch Basteln am eigenen Image. Die Leute fühlen sich allein, und es mangelt an gegenseitigem Interesse. Unterschwellig herrscht Furcht.				13. Die Beziehungen sind aufrichtig. Die Leute kümmern sich umeinander und fühlen sich nicht allein.
14. Die Leute fühlen sich eingepfercht in ihre Jobs. Sie fühlen sich verbraucht und sind uninteressiert. Sie lechzen gleichzeitig nach Sicherheit. In Besprechungen zum Beispiel verhalten sie sich teilnahmslos und fügsam. Es macht ihnen nicht viel Vergnügen. Sie holen sich ihre Anregungen irgendwo anders.				14. Die Mitarbeiter sind sehr angeregt („turned on“) und aus eigenem Antrieb höchst engagiert. Sie haben eine optimistische Einstellung. Ihr Arbeitsplatz ist ihnen wichtig und macht ihnen Spaß. (Warum auch nicht?)
15. Der Vorgesetzte ist der bestimmende/anordnende „Vater der Organisation“.				15. Führung ist flexibel und in Bezug auf Stil und Person gekennzeichnet durch situationsadäquates Reagieren.
16. Der Vorgesetzte kontrolliert selbst Kleinigkeiten und verlangt übertriebene Rechtfertigungen. Er gesteht wenig Freiraum zu, auch einmal Fehler zu machen.				16. Es gibt ein hohes Maß an Vertrauen untereinander sowie ein gesundes Empfinden für Freiheit und gemeinsame Verantwortung. Die Mitarbeiter wissen durchweg, was für die Organisation wichtig ist und was nicht.

(Forts. S. 298)

UNGESUND	trifft zu ←	teils/ teils	trifft zu →	GESUND
17. Die Minimierung von Risiken hat einen hohen Stellenwert.				17. Risiken einzugehen, wird als eine Grundbedingung für Wachstum und Veränderung einer Organisation angesehen.
18. Typisches Motto: „Ein Fehler – und du bist draußen!“				18. Typisches Motto: „Was können wir aus jedem Fehler lernen?“
19. Schwache Leistung wird entweder beschönigt oder aber zum „Abschuss“ benutzt.				19. Schwache Leistung wird offen angesprochen, und man sucht nach einer gemeinsamen Lösung.
20. Die Organisationsstruktur, Grundsätze und Prozeduren überfrachten die Organisation. Die Leute verschanzen sich dahinter und „tricksen“ mit den Strukturen.				20. Organisationsstrukturen, Prozeduren und Grundsätze dienen dazu, den Leuten bei ihrer Aufgabenerfüllung zu helfen und langfristig die Gesundheit der Organisation zu sichern. Sie sind nicht dazu da, Bürokraten mit Arbeit zu versorgen. Auch werden sie bereitwillig geändert.
21. Tradition!				21. Es gibt ein gesundes Empfinden für stabile Ordnung und dennoch gleichzeitig eine hohe Innovationsrate. Alte Methoden werden in Frage gestellt und oft aufgegeben.
22. Innovation wird nicht unter weitgespannter Beteiligung der Mitarbeiter betrieben, sondern liegt in den Händen weniger.				22. Die Organisation erfaßt schnell die Chancen und Gelegenheiten in ihrem Umfeld und passt sich diesen an, denn jedes Augenpaar blickt in die Zukunft, und jeder Handgriff ist auf sie gerichtet.
23. Die Mitarbeiter schlucken ihre Frustration hinunter: „Ich kann nichts tun. Es ist deren Aufgabe, das Schiff zu retten.“				23. Frustrationen sind der Aufruf zum Handeln: „Es ist meine/unsere Aufgabe, das Schiff zu retten.“
24. Schlechter oder gar kein horizontaler Informationsfluss (die linke Hand weiss nicht, was die rechte tut).				24. Die horizontale Informationsweitergabe über Abteilungs- und Bereichsgrenzen hinweg funktioniert problemlos.

(Forts. S. 299)

UNGESUND	trifft zu ←	teils/ teils	trifft zu →	GESUND
25. Die Abgabe von Informationen erfolgt selektiv und nicht umfassend; es wird gemauert, getrickst und taktiert.				25. Notwendige Information ist leicht und umfassend zu beschaffen; Informationsbeschaffung wird nicht blockiert.
26. Gerüchte wuchern wild und zahlreich; jeder weiß ständig Neues zu berichten. Vieles wird unter dem „Tisch" gehandelt. Aufgrund von Gerüchten erfolgen Aktionen, statt die Gerüchte zu hinterfragen.				26. Die Organisationsmitglieder sind immun gegen Gerüchte. Im Zweifelsfall oder bei Unsicherheit weiß man, wen man fragen kann, und darf sicher sein, verlässliche Informationen zu bekommen.
27. Es herrscht in jeder Hinsicht starker Gruppen- und Abteilungsegoismus (vom Informationsverhalten über Planungen bis hin zum Kosten- und Budgetdenken).				27. Es herrscht starker Sinn für abteilungs- und bereichsübergreifendes Denken; man findet große Bereitschaft, zugunsten der Gesamtziele die Eigen- oder Gruppeninteressen zurückzustecken.
28. Organisationsinterner Nachwuchs ist rar; hoffnungsvolle Leute werden „kurz gehalten". Die Nachwuchsförderung scheitert bereits beim Vorgesetzten oder am Abteilungsegoismus.				28. Nach guten Nachwuchsleuten wird ständig Ausschau gehalten. Sie werden gefördert und erhalten in der gesamten Organisation Chancen zur persönlichen Weiterentwicklung.
29. Wer keine informellen Beziehungen hat und sich in dem Dschungel persönlicher Querverbindungen nicht auskennt, hat keine Chance und geht unter.				29. Neue Organisationsmitglieder werden schnell integriert und in die informellen Beziehungen eingeflochten. Persönliche Kontakte innerhalb der Organisation werden für betriebliche Problemlösungen aktiviert und gegenseitig zur Verfügung gestellt.
30. Einzige Strategie in Konfliktsituationen: Gewinner-Verlierer-Denken.				30. Typische Einstellung aller Beteiligten in Konfliktsituationen: Gewinner-Gewinner-Denken.

Diese Symptomliste ist natürlich keinesfalls vollständig und könnte sicherlich noch durch zahlreiche weitere Punkte ergänzt werden.

Kapitel 7
Motivation aus der Gesellschaft

1 Ein Blick voraus

In der menschlichen Existenz finden wir Konstanten (*Eibl-Eibesfeldt*, 1973; *Bischof*, 1989). Eine Reihe von Motiven hat sich durch Mutation und Selektion in der Entstehungsgeschichte der Menschheit herausgebildet und als überlebenswichtig erwiesen. Die Grundlagen dieser Routine sind Teil unseres genetischen Erbes und bestimmen unser Verhalten auch dann wesentlich mit, wenn es eigentlich in die neue, vom Menschen geschaffene Welt nicht mehr zu passen scheint (*Lorenz*, 1963).

Die Anpassung eines Lebewesens an seine Umwelt durch Mutation und Selektion ist langwierig und misst sich in Tausenden von Generationen. Man stelle sich vor, dass ein Individuum einer bestimmten Art zufällig eine Mutante entwickelt hat, die ihm im Kampf ums Überleben Vorteile sichert und dazu beiträgt, dass die Nachkommen diese Individuums, die nun dieses Merkmal geerbt haben, bessere Durchsetzungschancen haben. Wie lange muss es dauern, welch lange Folge von Generationen, bis die Nachkommen dieser Nachkommen all jene Artgenossen verdrängt haben, die über die erfolgreiche genetische Mutante nicht verfügen?

Kommen wir nun zum Menschen. Nach allem, was wir heute wissen entstand er im Hochland von Afrika auf dem Gebiet der heutigen Staaten Tansania und Kenia. Die dortigen Hochebenen sind durch Steppenland und lockeren Baumbewuchs gekennzeichnet; das Klima ist warm, aber nicht tropisch; riesige Herden von Ein- und Zweihufern finden eine üppige Nahrungsgrundlage und stellen ihrerseits die Nahrungsgrundlage für Fleischfresser sicher. Auf diese stabile Welt hin, die gewissermaßen als „angeborene Umwelt“ des Menschen interpretierbar ist, sind wir von unserem genetischen Erbe her programmiert. Das aber heißt nicht, dass der Mensch an anderem Ort nicht leben kann. Anpassung über Mutation und Selektion ist der eine Weg, der andere, zu dem der Mensch im besonderen Maße fähig ist, besteht darin, mit Hilfe des Lernens und Denkens Wege zu finden, die ihm ein erfolgreiches Überleben in nahezu allen Klimazonen dieser Erde ermöglichen. Was ihm dafür von der Natur nicht mitgegeben wurde, kompensiert er durch Lernen, Einfallsreichtum und Kreativität. Da ihm ein wärmendes Fell von Geburt an fehlt – schließlich stammt er aus einer Welt mit konstant mildem Klima – hat er kälteabweisende Kleidung, die Nutzung des Feuers und schließlich hochkomplexe Heizanlagen in Häusern und Wohnungen ersonnen, um in kühlen Klimazonen zu überleben.

Diese Fähigkeit des Menschen, seine eigene Welt zu gestalten, hat allerdings zur Folge, dass dramatische Veränderungen in Natur und Gesellschaft nun viel rascher erfolgen als eine Anpassung über Mutation und Selektion möglich ist. Menschen leben inzwischen weitestgehend in einer von ihnen geformten Welt und sind gleichermaßen Täter und Opfer bei deren Gestaltung. Wir leben nicht mehr als Jäger und Sammler in den Hochebenen Zentralafrikas, sondern in zunehmender Zahl in den engen Schluchten von Megastädten; wir jagen nicht mehr in organisierten Horden nach Großwild oder sammeln Wurzeln und Insekten, sondern gehen einer streng strukturierten Arbeit nach, um jenes Geld zu verdienen, das nötig ist, um Nahrung in einschlägigen Geschäften zu erwerben und die Miete unserer Wohnungen zahlen zu können. Ja selbst das, was wir als „Natur“ bezeichnen, ist längst von Menschen umgeformt worden und lässt sich als Kulturlandschaft beschreiben. All dies führt nun zu einer eigentümlichen Zwiespältigkeit. Wir haben ja unser genetisches Erbe nicht abgeschüttelt und tragen so die Sehnsucht nach der stabilen Welt unserer Vorväter in uns. Diese Welt aber existiert nicht mehr, sondern wird im Gegenteil ständig neu gestaltet, was für jeden Einzelnen die Notwendigkeit zur Veränderung mit sich bringt.

Wer führt, sollte um diese Ambivalenz, um diese Konfliktsituation wissen. Es ist tatsächlich „natürlich“, Widerstand der Veränderung gegenüber zu zeigen und nicht begeistert auf jeden Zug der Innovation aufzuspringen, auch wenn dies unumgänglich erscheint. Veränderungsbereitschaft bei den Einzelnen muss gezielt aufgebaut werden; sie ist keine Selbstverständlichkeit. An was man exemplarisch dabei denken kann, wurde in Kapitel 6 besprochen.

Dies soll nun keineswegs heißen, dass Menschen sich grundsätzlich gegen jede neue Erfahrung wenden. Es gibt psychische Bedingungen, die zu einem gewissen Maß zur Veränderungsbereitschaft, ja geradezu zum Wunsch nach Neuem beitragen. Hier hilft ein Blick in die Entwicklungspsychologie (*Bischof,* 1989). Kleinkinder, zu schwach, um alleine in der Welt zu bestehen, sind überaus konservativ. Sie wollen den Kontakt mit dem immer gleichen Menschen, bevorzugt jenen mit der Mutter, sie wünschen sich die gleichen Abläufe des Tages, das gewohnte Ritual beim Zubettgehen, kurz sie suchen die Sicherheit und Geborgenheit des Gewohnten. Vor Freunden und Fremden haben sie Angst, alles Neue beunruhigt sie.

Mit der körperlichen und seelischen Reifung wächst die Selbstsicherheit. Der Pubertierende wird neugierig; was ihm bislang das angenehme Gefühl des Geborgenseins vermittelte – insbesondere das Elternhaus – erzeugt nun Überdruss. Man verlässt es, je früher, desto lieber. Dies freilich gilt nur dann, wenn man autonom die Herausforderungen einer bisher wenig bekannten Umwelt meistert. Scheitert der Jugendliche dort, gerät er in belastende Beziehungsverstrickungen, in bedrückende zwischenmenschliche Konflikte oder in materielle Not, so wird die Sehnsucht nach der Welt früher Geborgenheit wieder übermächtig und der Jugendliche – falls sein Stolz dies erlaubt – kehrt hilfesuchend heim ins Elternhaus.

Was heißt dies für Veränderungsprozesse im Unternehmen? Man sollte die Maxime, dass Menschen nur dann zu Veränderungen bereit sind, wenn es ihnen richtig „dreckig" geht, mit Skepsis sehen. Selbstverständlich, wenn alles zusammenbricht, muss der Mensch etwas unternehmen, er muss handeln, obwohl er es gelegentlich selbst dann nicht tut, sondern gewissermaßen im „Totstellreflex" verharrt.

Es sollte aber nicht um das Müssen, sondern um das Wollen gehen. Dieses Wollen, diese spontane Bereitschaft zur Veränderung, ist dann deutlich größer, wenn Selbstsicherheit aufgebaut wurde, Erfolge erlebt werden und man sich von anderen geliebt, geschätzt oder geachtet weiß. Für das Unternehmen ist daraus abzuleiten, dass Strategien rechtzeitig entwickelt und Veränderungsprozesse bereits dann eingeleitet werden sollten, wenn bei den Mitarbeitern nicht die Angst vor dem Verlust des Arbeitsplatzes, die Sorge, dass das Unternehmen seine Pforten schließen muss, dominieren. Selbstsicherheit und Erfolg, Achtung bei anderen sind bessere Ratgeber bei Veränderungsprozessen als Verunsicherung und Furcht (*Comelli/ v. Rosenstiel,* 1998). Dies lässt sich aus unserer angeborenen Motivstruktur ableiten.

Viele unserer Bedürfnisse, Wünsche und Ansprüche werden jedoch in der Auseinandersetzung des Menschen mit der jeweiligen gesellschaftlichen Lage geprägt und spiegeln diese in einem gewissen Sinne wider. Da sind zum einen jene gesellschaftlichen Veränderungen, die plötzlich und häufig unerwartet eintreten: Einbrüche der Konjunktur, tiefgreifende politische Krisen, Naturkatastrophen und ähnliches mehr. Menschliche Motive bleiben davon nicht unbeeindruckt und unterliegen in derartigen Situationen einem raschen Wandel. Man sollte dies, wenn man Personalverantwortung trägt, wissen und berücksichtigen. In diesem Sinne soll exemplarisch aufgezeigt werden, wie die gegenwärtige ökonomische Krise in unserem Land auf die Motivstruktur der Mitarbeiter wirkt.

Zum anderen gibt es aber auch langfristige Wandlungsprozesse, die nicht selten über mehrere Generationen laufen und welche die von den Menschen geschaffene Welt unter Einschluss der darin üblichen Lebensformen grundsätzlich wandeln. Dazu zählt etwa der Übergang von der Agrar- zur Industriegesellschaft (*Mayer,* 1970), der Abschied von der Großfamilie und die darauffolgenden Schritte zur Kleinfamilie oder zum „Singledasein" (*Beck-Gernsheim,* 1992), der Sprung von der Knappheit zum Wohlstand für viele (*Katona,* 1962), oder auch der aktuell zu beobachtende Wandel der Wertorientierungen in unserer Gesellschaft (*Klages,* 1984). Derartige zum Teil offensichtliche, zum Teil unter der Oberfläche ablaufende Veränderungsprozesse haben nachhaltigen Einfluss auf das, was wir Menschen anstreben, auf die Ziele unserer Motive. Was gestern wünschenswert erschien, kann heute Abscheu auslösen, was für die Vorfahren erstrebenswert war, findet heute kaum noch Interesse und wird durch andere Zielvorstellungen abgelöst. Wenn man bedenkt, dass vor wenigen Jahrhunderten das gewaltsame Unterwerfen oder Töten von Menschen im „Morgenland" oder der „Heiden in der Neuen Welt" als sinnvoll und geradezu gottgewollt und gottwohlgefällig erschien und bei Einzelnen die Motivation auslöste, dabei mitzuwirken, so wird der gesellschaftlich bedingte Wandel der Zielvorstellungen allzu deutlich.

Weniger dramatisch, doch für die Führung im Unternehmen besonders bedeutungsvoll, ist der gesellschaftlich bedingte Wandel der Leitvorstellungen beruflicher Tätigkeit. War es noch vor kurzem so, dass lebenslange Tätigkeit in einem Unternehmen bei Arbeitgebern und Arbeitnehmern wünschenswert erschien, wobei die Aufgaben grundsätzlich die gleichen bleiben sollten, jedoch mit der wachsenden Erfahrung und dem Fortschreiten in der Karriere im Umfang und in der Verantwortung auszuweiten waren, so erkennt man zunehmend den Abschied von dieser Wunschvorstellung. Häufiger Wechsel von einem Tätigkeitsfeld ins andere, von einem Unternehmen ins nächste werden nicht nur notwendig, sondern für eine wachsende Zahl der Berufseinsteiger auch wünschenswert. Das Leitbild ist dann nicht mehr darin zu sehen, dass man dort, wo der Vater, ja vielleicht schon der Großvater tätig war, einsteigt und schließlich in Rente geht, sondern es ist angelehnt an das Vorbild des Profis in der Bundesliga, der sich selbst und seine Arbeitskraft auf dem Markt feilhält und seine Kompetenzen meistbietend einmal hier und einmal dort verkauft. Betriebstreue oder Loyalität sind Wertvorstellungen, die verblassen; „Employability", Selbständigkeit, Unternehmertum – zumindest aber Unternehmertum im Unternehmen (*Wunderer/Dick,* 1998) – werden zunehmend erstrebenswert.

Wer Menschen führt, sollte dies wissen und innerhalb der von sich aus eingeleiteten Maßnahmen berücksichtigen – zum Wohl des Unternehmens, aber auch zum Wohl der jeweiligen betroffenen Mitarbeiter. Dies soll an einigen Beispielen gezeigt werden, wobei dem aktuellen Wandel der Wertorientierungen eine besondere Bedeutung zugewiesen werden soll.

Ein Reisender wandelt durch eine fremde Stadt.
Er sieht zwei Steinmetze, die mühevoll
harten Granitstein bearbeiten.
Der Reisende fragt den ersten: „Was tust Du?"
Dieser antwortet: „Ich behaue einen Stein."
Er fragt den zweiten: „Was tust Du?"
Er bekommt die Antwort: „Ich baue an einer Kathedrale!"

2 Motive als Spiegel der Gesellschaft

Der Philosoph *Friedrich Nietzsche* hat davon gesprochen, dass der Mensch ein „nicht festgestelltes" Tier sei. Er wollte damit zum Ausdruck bringen, dass wir nicht, wie es für viele Tiere gilt, in unserem Streben und unseren Verhaltensweisen ausschließlich durch starre Instinkte programmiert sind (*Eibl-Eibesfeldt,* 1973), sondern offen dafür, in der Auseinandersetzung mit der Welt nicht nur Kenntnisse, sondern auch Motive und Verhaltensweisen neu zu erlernen. Einerseits gefährdet dies den Menschen, denn ihm ist häufig nicht im ausreichenden Maße mitgegeben zu wissen, was ihm gut tut oder ihm schadet. Es gibt ihm aber andererseits zusätzliche Freiheit, denn er ist nicht gebunden an jene Bedingungen, an die er im Zuge der Menschwerdung adaptiert wurde, sondern kann sich seine eigene Umwelt schaffen und Verhaltensweisen erwerben, die ihm gemäß sind, sowie Wünsche entwickeln, die ein für diese Bedingungen adäquates Handeln steuern und leiten. Wer also sorgfältig das analysiert und klassifiziert, was ein Mensch anstrebt, wünscht und sucht, wird sehr viel über die Welt erfahren, in der dieser lebt. Er muss dafür nicht sehr intensiv diese Welt im Detail studieren.

Wie sieht nun der konkrete Bezug zur Motivation aus? Es ist generell empfehlenswert – wie bereits gezeigt wurde – bei motivierten Handlungen die Ziele von den Wegen abzuheben. **Das Erreichen der Ziele ist mit dem Erlebnis der Befriedigung verbunden.** Dies bezeichnet man als konsummatorischen Akt. Der Weg zum Ziel, das so genannte Appetenzverhalten (*Bischof,* 1989), ist häufig ein Mittel zum Zweck, das entweder spontan und ohne große Überlegung ausgeführt wird oder aber auf sorgfältigem Nachdenken und Planen beruht.

Die Ziele, die wir anstreben, lassen sich als Werte umschreiben, als Orientierungspunkte, an denen wir generell oder in bestimmten Situationen unser Handeln ausrichten. Jeder aber, der den Markt und seine Prozesse kennt, weiß, dass Dinge an Wert gewinnen oder wertvoll erscheinen, die knapp sind (*Smith*, 1776). Das, was im Überfluss vorhanden ist, erscheint fast stets selbstverständlich und nicht sonderlich anstrebenswert. Wenn es dagegen knapp und somit schwer erreichbar wird, steigt sein Wert. Ruhe in einer ungefährdeten Natur war in der Agrargesellschaft für eine breite Mehrheit etwas Selbstverständliches und wurde entsprechend kaum bewusst gesucht und als Ziel individuellen oder gesellschaftlichen Handelns nicht thematisiert. Dies hat sich im Zuge der Industrialisierung und Mobilisierung der Gesellschaft bei anwachsender Bevölkerungsdichte nachhaltig gewandelt. Eine ruhige, vom Verkehrslärm abgeschottete Wohnung mit Blick auf eine unverschandelte Natur ist entsprechend für viele ein gleichermaßen erstrebenswertes wie kaum erreichbares Ziel. Noch vor wenigen Jahren war in Deutschland zumindest für gut und breit Qualifizierte ein sicherer Arbeitsplatz so selbstverständlich, dass man kaum bewusst danach suchte. Heute, in Zeiten der Massenarbeitslosigkeit, ist die Sicherheit des Arbeitsplatzes wieder ein hoher Wert, für dessen Erringen man manches Opfer zu leisten bereit ist.

Dieser Gedanke der Knappheit lenkt den Blick auch auf eine weitere, in diesem Zusammenhang relevante Perspektive. Was wurde und was wird am arbeitenden Menschen geschätzt und hoch bewertet? Es ist das, was gebraucht wird oder nur schwer oder gar nicht substituiert werden kann. Dies ermöglicht uns einen hilfreichen Blick in die Vergangenheit und in die Zukunft. In den frühen Zeiten landwirtschaftlicher, handwerklicher und auch industrieller Arbeit wurde körperliche Kraft hoch geschätzt und war wertvoll. Die physische Belastbarkeit, die Gesundheit des Arbeiters war ein hochgeschätzter Wert. In dem Maße, in dem im Zuge der Mechanisierung menschliche Körperkraft durch Maschinen ersetzt werden konnte, verlor dieses Merkmal an Wert und gesellschaftlicher Hochschätzung. Im gleichen Maße wurden die Probleme allerdings komplexer und vielschichtiger. Damit gewann die Denkfähigkeit des Menschen, seine analytische Kraft, an Hochschätzung. Von Intelligenz konnte kaum noch wertfrei gesprochen werden; hohe Intelligenz zeichnete den arbeitenden Menschen wie kein anderes Persönlichkeitsmerkmal aus und wurde zugleich nahezu so etwas wie ein allgemeingültiges „Gütesiegel“. Heute erleben wir, dass viele Problemstellungen, die sonst von befähigten Menschen aufgrund ihres guten Gedächtnisses und ihrer analytischen Fähigkeiten gelöst wurden, von intelligenten Maschinen – insbesondere vom Computer – rascher und fehlerfreier bewältigt werden können. Die Entwicklung lernfähiger Computerprogramme und die Verfeinerung von Konzepten der „künstlichen Intelligenz“ werden denkerische menschliche Fähigkeiten in Zukunft noch weiter ersetzen, was zur Folge haben wird, dass menschliche Intelligenz an Bedeutung und Hochschätzung verlieren wird.

Andere Merkmale dagegen, die insbesondere für Projektleiter und Führungskräfte erforderlich erscheinen, werden auch in Zukunft nach menschlichem Ermessen kaum ersetzbar sein, wie z.B. eine Gruppe auf der Beziehungsebene zusammenzuhalten, für gemeinsame Ziele zu begeistern, Visionen zu entwickeln und anderen überzeugend darzustellen, Orientierung und Sicherheit zu liefern, bei Zweifeln und inneren Konflikten zu vermitteln und zu stützen, Hinweise auf ethisches Wirtschaften zu geben (*Pfeffer*, 1981). All dieses wird bei Menschen gesucht und entsprechend als knappes Gut hoch geschätzt und wertvoll werden. Dies wiederum wird zur Folge haben, dass Menschen hier ihre Stärken entwickeln wollen und somit eine Motivation zeigen werden, die darauf ausgerichtet ist, sich auf diesen Feldern zu vervollkommnen und zu stärken. Das Leitbild, das qualifizierte berufstätige Menschen vor sich sehen, dürfte sich künftig ändern.

Knappheit ist eine Ursache dafür, dass bestimmte Inhalte an gesellschaftlichem Wert gewinnen, was dann auf die Prägung individueller Motive, auf das also, was einzelnen Menschen anstrebenswert ist, zurückwirkt. Es gibt allerdings dafür noch andere Quellen, die nur indirekt auf die Knappheit verweisen. Eine exemplarisch zu verstehende Reihe derartiger Trends sei nachfolgend aufgeführt, wobei unmittelbar daran Konsequenzen für das Unternehmen und die Motivation der Mitarbeiter genannt werden sollen:

- Die **Komplexität der Aufgaben** wird, bedingt durch zunehmende wissenschaftliche Durchdringung, an einer großen Zahl von Problemen, einer Verrechtlichung und Reglementierung des Alltags, einer steigenden Vernetzung und Verknüpfung ganz unterschiedlicher Lebensfelder beobachtbar. Dies hat häufig zur Folge, dass weder der einzelne Vorgesetzte noch einer seiner hochspezialisierten Mitarbeiter das Gesamtproblem überblickt. Darauf wiederum folgt die Notwendigkeit von zeitüberdauernder oder zeitbegrenzter Teamarbeit im Rahmen von interdisziplinär zusammengesetzten Projektgruppen. Führung wandelt sich dabei von der zielorientierten und bewussten Einflussnahme auf Unterstellte zur Koordination der Spezialisten. Von den Mitarbeitern wird vermehrt Teamfähigkeit gefordert. Diese geht nun tatsächlich auch einher mit einem, durch die empirische Forschung (*Klages*, 1984; siehe auch Abb. 7.1, S. 308) nachgewiesenen, steigenden Wunsch nach

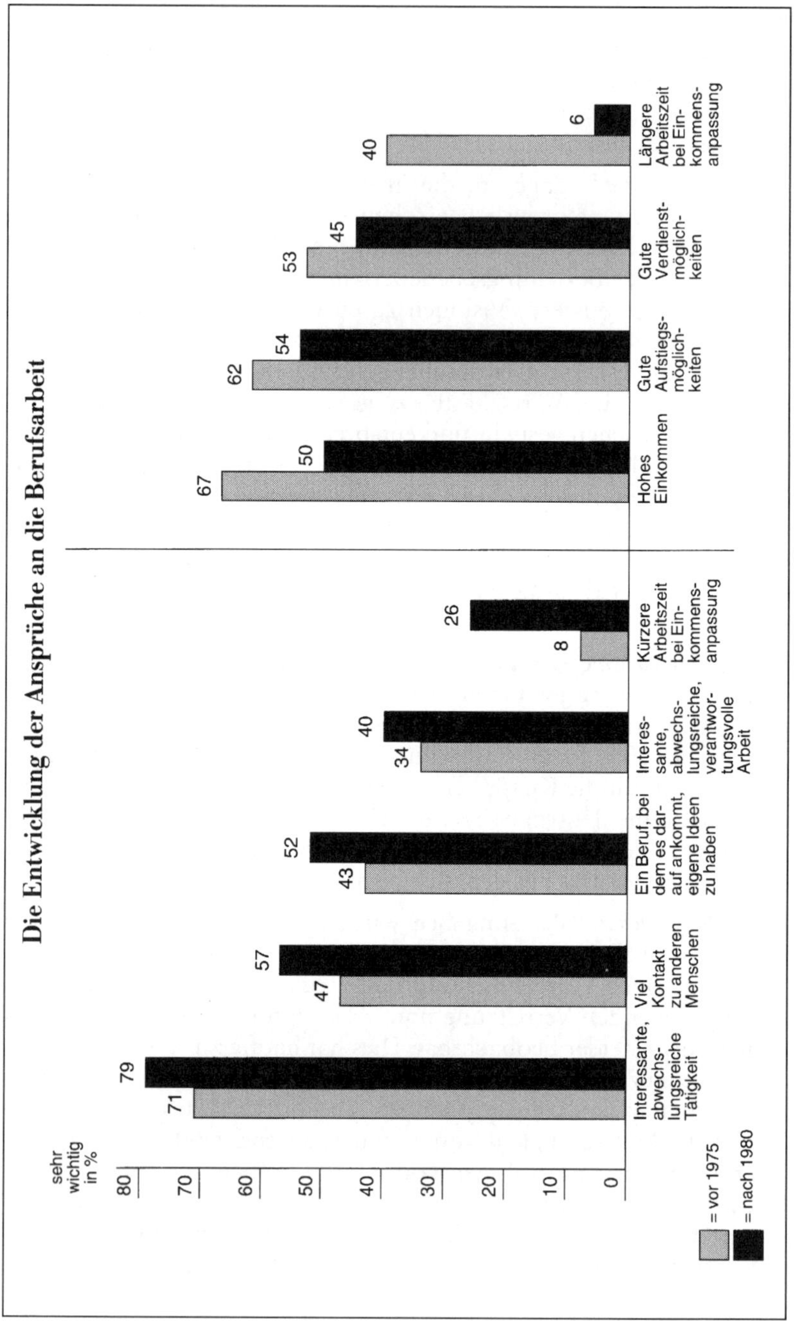

Abb. 7.1: Gewandelte Ansprüche an die Berufsarbeit

der Zusammenarbeit mit anderen Menschen. Allerdings sind Wollen und Können nicht immer eng synchronisiert. Teamarbeit wünschen heißt noch nicht, zu ihr befähigt zu sein. Häufig ist es daher auch bei teambereiten Mitarbeitern erforderlich, sie durch Kooperations- und Kommunikationstraining bzw. Teamentwicklungstraining zur Zusammenarbeit zu befähigen.

- **Steigende Qualifikation der Einzelnen.** Überblickt man die vergangenen Jahre, so lässt sich feststellen, dass der relative Anteil eines Altersjahrgangs, der lediglich die Hauptschule besuchte, ständig rückläufig war zu Lasten jener, die das Abitur machten oder gar einen Fachhochschul- oder Universitätsabschluss erwarben. Dieser Zuwachs an formaler Qualifikation stieg schneller als die entsprechenden Anforderungen in Wirtschaft und Verwaltung. Was zur Folge hat, dass zunehmend auch Akademiker arbeitslos bleiben oder sich bereit erklären müssen, Tätigkeiten auszuüben, für die sie eigentlich von ihrer Ausbildung her „überqualifiziert" sind (*v. Rosenstiel/Stengel,* 1987). Generell wirkt ja das Erwerben bestimmter Kompetenzen auf die Motivation in der Weise, dass man wünscht, eigene Fähigkeiten auch anwenden zu können und sich auf diese Weise in seinen Kompetenzen öffentlich zu beweisen. Diese Motivation wird nicht selten enttäuscht, weshalb nahezu regelmäßig sehr Hochqualifizierte in einer Tätigkeit, die sie nicht voll herausfordert, unzufrieden sind. Insgesamt ergibt sich aus dem genannten Trend, dass die Ansprüche an die berufliche Tätigkeit, von der man erwartet, dass sie der Selbstentfaltung dient, gestiegen sind (*Noelle-Neumann/Strümpel,* 1984). Abbildung 7.1 zeigt auch das.
- **Zunehmender Wettbewerbsdruck.** Das Fallen von Zollschranken, die Entstehung eines mächtigen, konkurrenzfähigen pazifischen Wirtschaftsraumes, die Überwindung einer langanhaltenden wirtschaftlichen Strukturkrise in Nordamerika, der Aufstieg von ernstzunehmenden Konkurrenten mit beachtlichen Kostenvorteilen an der östlichen Grenze Deutschlands sowie der zwischenzeitlich entstandene europäische Markt führen für die deutschen Unternehmen zu einem derart hohen Wettbewerbsdruck, dass manche sich diesem nicht gewachsen zeigen. Bei einzelnen Mitarbeitern hat auch dies auf die Motivation Rückwirkungen gehabt. Die grundsätzliche Ablehnung des Leistungsprinzips, die bei vielen noch vor wenigen Jahren beobachtbar war (*Noelle-Neumann,* 1978), ist überwunden. Vermehrt werden wiederum Herausforderungen gesucht. Leistung wird bejaht, verbunden mit der Bereitschaft, manches dafür zu opfern. Dennoch lässt sich eine Rückkehr zu der so genannten preußischen Pflichttugend nicht diagnostizieren. Als ein entstehendes Leitbild lässt sich das der „Gleichgewichtsethik" er-

kennen (*v. Klipstein/Strümpel,* 1985), d.h. der Anspruch eines engagierten Lebens in zwei Welten: in der Arbeit und in der Freizeit bzw. Familie. Die Leistung wird bejaht, aber nicht um jeden Preis; das Leben insgesamt soll mehr sein als nur Arbeit.

- **Vermehrte internationale Zusammenarbeit.** Konkurrenz aus dem Ausland führt auch zur intensivierten Zusammenarbeit mit dem Ausland (*Kumar/Haussmann,* 1992). Man sucht dort Kooperationspartner, Kunden, Zulieferer, geht Jointventures ein, wird Mitglied eines multinationalen Firmenzusammenschlusses, entsendet qualifizierte Fach- und Führungskräfte ins Ausland oder hat in Deutschland einen vermehrten Anteil von Mitarbeitern aus anderen Ländern und Kulturen. Dies erfordert nicht nur vermehrte Kenntnis fremder Sprachen, sondern auch interkulturelle Kompetenz (*Thomas,* 1989), d.h. die Fähigkeit, nichtsprachliche Zeichen, Rituale und „Spielregeln" des zwischenmenschlichen Verhaltens in anderen Weltregionen zu verstehen. Die Entwicklung dieser interkultureller Kompetenz ist somit eine Herausforderung für alle, die in qualifizierten Feldern tätig sind, was auch häufig mit dem Wunsch Hand in Hand geht, im Urlaub oder bei der Arbeit das Ausland kennenzulernen oder bereits im Bildungssystem für die moderne Wirtschaft bedeutsame Sprachen zu erlernen.
- **Elektronisierung von Arbeitsprozessen.** Die Mikroelektronik hatte für vielerlei Felder einen revolutionären Wandel der Arbeitsinhalte und -prozesse zur Folge. Eine dieser Konsequenzen besteht darin, dass die unmittelbare zwischenmenschliche Kommunikation von einer indirekten, elektronisch vermittelten verdrängt wird (*v. Rosenstiel,* 1986). Eine weitere gewichtige Folge ist darin zu sehen, dass Ort und Zeit der Arbeit mehr und mehr flexibel werden, bis hin zu jenen Extremformen, dass ein Unternehmen – entsprechend elektronisch vernetzt – seine Programmierarbeiten in Indien erledigen lässt, wobei heute kaum noch störend wirkt, dass der Mitarbeiter Tausende von Kilometern entfernt wohnt und seine Arbeit in einer Zeit erledigt, in der jene, für die er seine Dienstleistung erbringt, im nächtlichen Schlummer ruhen. Motive Einzelner wurden durch den geschilderten Trend nachhaltig beeinflusst, was sich unter anderem in der, für viele ältere Personen kaum nachzuvollziehenden, Begeisterung zeigt, mit der junge Menschen, gelegentlich ja bereits Kinder, am PC sitzen, schon früh eine erstaunliche Kompetenz in der Nutzung dieser komplizierten Apparatur entwickeln und diese Fähigkeiten dann später in der beruflichen Situation mit Freude und Befriedigung anwenden. Allerdings geht diese „Liebe zum Computer" gelegentlich mit einer deutlichen Reduzierung der unmittelbaren Kommunikationsfähigkeit und -freude einher, bis hin zu jener Extremform, dass der Compu-

terfreak bis spät in den Abend hinein vor dem Bildschirm sitzt und jedes Gespräch, jeden zwischenmenschlichen Kontakt als Störung erlebt. Hier sollte man im Unternehmen aufpassen, dass die elektronische Kommunikation nicht als ein „Anstatt“, sondern als eine Ergänzung des unmittelbaren Gespräches genutzt wird. Das Gespräch verbindet, und diese Verbindung ist angesichts der zunehmenden Erfordernisse von Teamarbeit notwendig und als Basis für die Entwicklung einer wünschenswerten gemeinsamen Unternehmenskultur ratsam.

- **Verschärfung der ökologischen Bedrohung.** Kaum ein Thema hat in den letzten Jahren eine steigende Zahl von Menschen so intensiv berührt und beunruhigt wie die Gefährdung unserer natürlichen Lebenswelt (*Steger,* 1992). Man darf davon ausgehen, dass angesichts einer wachsenden Erdbevölkerung, der damit verbundenen steigenden Ausbeutung natürlicher Ressourcen und einer fortschreitenden Industrialisierung von Entwicklungsländern die „Umweltdiskussion“ in unserer Gesellschaft trotz privat oder öffentlich initiierter Schutzmaßnahmen nicht nachlassen und die „Bewahrung der Umwelt“ für viele Menschen ein ganz zentraler Wert sein wird. Dies gilt auch für einen Großteil der Mitarbeiter, die ja Mitglieder dieser Gesellschaft sind und ihr außerhalb des Unternehmens über Familienmitglieder, Freunde und Bekannte angehören. Das, was man bei der Arbeit tut, und die Erfolge, die man im Beruf erringt, sind Einflussgrößen, die unsere gesellschaftliche Stellung und unser Ansehen innerhalb und außerhalb des Betriebes nachhaltig beeinflussen. Analysen und Fallstudien haben gezeigt, dass unter diesem Aspekt die Umweltverträglichkeit dessen, was im Unternehmen, in dem man beschäftigt ist, getan wird, eine ganz entscheidende Rolle spielt. Ist z.B. die Entwicklung, Produktion, Verwendung und anschließende Entsorgung der auf dem Markt angebotenen Produkte ökologisch bedenklich? Muss diese Frage bejaht werden, so wird sich der Mitarbeiter häufig kritischen Fragen der eigenen Familie, der Freunde und der Bekannten stellen müssen; und dann „sieht er nicht gut aus“, wenn ihm die Argumente fehlen. Kurz: Ein Mensch wird mit höherer Motivation an die Arbeit gehen, wenn er stolz auf das ist, was er tut. Diese Motivation wird dramatisch sinken, wenn er sich seines Tuns schämt. Und dies gilt auch für den Gesichtspunkt der Ökologie.
- **Wachsende gesellschaftliche Verantwortung und Kontrolle.** Die soeben angesprochene ökologische Verantwortlichkeit der Unternehmen ist als Beispiel zu verstehen. Auch unter anderen gesellschaftlich bedeutsamen Perspektiven steht das Unternehmen unter dem kritischen Blick der Öffentlichkeit, zu der es selbst zählt. In

der Gesamtgesellschaft, – stärker noch im näheren Umfeld und in der Gemeinde – achtet man zunehmend sensibler darauf, ob das, was im Unternehmen geschieht und welche Angebote von diesem in den Markt eingeführt werden, mit den herrschenden Auffassungen von Sitte und Anstand vereinbar sind, ob es geltenden Gesetzen entspricht, ob es Gesundheit und Wohlbefinden gefährden könnte, ob es – z.B. im Zuge von Entlassungen – unerträgliche soziale Konsequenzen hat, ob all dies also – um es knapp zu sagen – dazu führt, dass man in der Gemeinde auf das Unternehmen stolz ist oder nicht.

Die Mitarbeiter sind gleichermaßen Mitglied des Unternehmens und des sozialen Umfeldes, z.B. der Gemeinde. Wenn die Akzeptanz des Unternehmens dort groß ist, so wird der Mitarbeiter auch mit erhöhtem Engagement dort arbeiten und weit eher bereit sein, sich mit dem Unternehmen zu identifizieren, als wenn dieses im Zentrum öffentlicher Kritik steht. Das Unternehmen tut also gut daran, zum einen soweit wie möglich öffentliche Belange zu berücksichtigen und zum anderen dies im Zuge der innerbetrieblichen Information die Mitarbeiter auch wissen zu lassen.

3 Gesellschaftlicher Wandel als Werte- und Motivwandel

Ein besonders intensiv diskutierter Wandel in den letzten Jahren bezog sich auf die gesellschaftlichen Werte (*Klages/Kmieciak,* 1979), jene Orientierungspunkte, an denen sich in einem relativen Konsens die Mitglieder der Gesellschaft ausrichten. In diesem Sinne liegen Werte an der Schnittstelle zwischen der Gesellschaft und dem Einzelnen.

Werte sind – so wie man sie heute meist versteht – auf einem relativ hohen Abstraktionsniveau angesiedelt, d.h. sie haben keinen konkreten Gegenstandsbezug.

Dies sei am Beispiel gezeigt. Freiheit ist ohne Frage ein gesellschaftlicher Wert, an dem die Mitglieder unserer Gesellschaft mehr oder weniger stark aufgrund ihrer Werthaltungen bzw. -orientierungen teilhaben können. Diese Wertorientierungen der Einzelnen können allerdings die gesellschaftlichen Leitwerte widerspiegeln, können in einer alltäglichen Handlungssituation den Bezug zum konkreten Gegenstand gewinnen und dann als Einstellungen oder Motive unser Verhalten wesentlich beeinflussen (*v. Rosenstiel/Stengel,* 1987). Die allgemeine Orientierung am Wert der Freiheit führt dann z.B. im Zuge der Erziehung der eigenen Kinder dazu, dass man ihnen relativ viel Freiraum zugesteht, bei der Berufswahl dazu, dass man eher ein Unternehmen bevorzugt, in dem hohe Selbständigkeit bei der Arbeit möglich ist, beim Urlaub zur Wahl eines Angebots, innerhalb dessen man nicht in die strengen Regeln eines Zeitplanes oder inhaltlichen Programmes „eingepfercht“ wird etc.

Es ist ganz offensichtlich und für jedermann unmittelbar nachzuvollziehen, dass sich im historischen Prozess gesellschaftliche Werte vielfach gewandelt haben. Fraglos stand im Hochmittelalter der Wert der Religion sehr viel höher als heute und bestimmte das Leben der Mitglieder einer Gesellschaft zentral. Man könnte sich sonst auch kaum vorstellen, wie sonst ein so hoher Bestandteil des Volkseinkommens in religiöse Bauten, wie etwa Dome oder Kathedralen, investiert werden konnte. In einer anderen Phase, innerhalb derer Männer sich im Duell aus uns heute eher zweitrangig erscheinenden Anlässen töteten oder mit fliegenden Fahnen begeistert in den Kampf und auch in den Tod zogen, spielten Werte wie Ehre oder Vaterland sicherlich eine weit größere Rolle als heute.

Historisch lässt sich der Wertewandel wohl am ehesten im Bild der Wellenbewegung darstellen: Nach Zeiten der hohen Dynamik folgte meist eine solche relativer Ruhe; es lassen sich Phasen massiven Wandels – man denke an die Zeit der französischen Revolution oder der Romantik – von solchen der Stabilität – man denke an die Zeit des Biedermeier oder an die so genannten Gründerjahre – abheben. Vieles spricht dafür, dass wir derzeit auch in einer Welle des Wertewandels leben, dessen Schaumkronen bereits über uns hinweggeschlagen sind.

Allerdings wissen wir über den aktuellen Wertewandel mehr als über den vergangenen, da uns Daten zur Verfügung stehen, die mit Hilfe der empirischen Sozialforschung gewonnen wurden. An drei Arten von Daten sei dabei vornehmlich gedacht:

- Das von Menschen Geschaffene, wie z.B. Kunst oder Architektur.
- Das beobachtbare Handeln von Menschen; womit verbringen sie ihre Zeit, wofür geben sie ihr Geld aus, was tun sie in ihrer Freizeit?
- Antworten auf Fragen, die mit den Werten zu tun haben und die repräsentativen Ausschnitten der Bevölkerung wieder und wieder gestellt werden.

Dieser letztgenannte methodische Weg ist der dominierende. Die meisten Aussagen zum aktuellen Wandel stützen sich auf so gewonnene Befunde. In den Archiven der einschlägigen Forschungsliteratur findet man eine kaum noch überblickbare Zahl von Studien und relevanten Daten. Ein Beispiel soll das konkretisieren; es beinhaltet die Präferenz bestimmter Erziehungswerte von Eltern erzie-

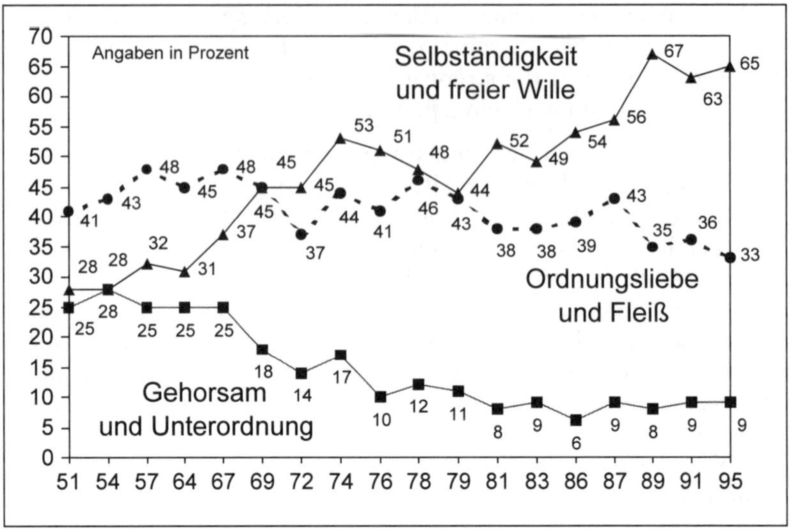

Abb. 7.2: Erziehungswerte im Wandel (Klages, 1993; v. Rosenstiel, 2000)

hungspflichtiger Kinder (*Klages*, 1993; *v. Rosenstiel*, 2000). Abbildung 7.2 visualisiert die Befunde.

Man erkennt, dass die Erziehungswerte „Gehorsam" und „Selbständigkeit" vor gut 40 Jahren noch nahezu gleichauf lagen, dass aber dann für die Eltern die Bedeutung von Gehorsam rapide zurückging zugunsten des Wertes der Selbständigkeit. Selbst wenn man in diesem Zusammenhang zugesteht, dass Eltern nicht immer so erziehen, wie sie reden, lässt der Befund doch sofort deutlich werden, dass er für die Führung von Mitarbeitern relevant ist. Bestimmte Formen des Führungsverhaltens, die vor nur einer Generation noch als selbstverständlich, ohne lange Überlegung von den Geführten akzeptiert wurden, dürften heute den Widerstand jüngerer Mitarbeiter hervorrufen.

Sucht man im Überblick zu verdeutlichen, innerhalb welcher inhaltlichen Bereiche sich der aktuelle Wandel der Wertorientierungen vor allem abspielte, so sind es folgende Felder:

- Abwendung von der Arbeit als einer Pflicht,
- Unterstreichung des Wertes der Freizeit,
- Ablehnung von Bindung, Unterordnung und Verpflichtung,
- Betonung des eigenen (hedonistischen) Lebensgenusses,
- Erhöhung der Ansprüche in Bezug auf eigene Selbstverwirklichungschancen,

- Bejahung der Gleichheit und der Gleichberechtigung zwischen den Geschlechtern,
- Betonung der eigenen Gesundheit,
- Hochschätzung einer ungefährdeten und bewahrten Natur,
- Skepsis gegenüber den Werten der Industrialisierung, wie zum Beispiel Gewinn, Wirtschaftswachstum, technischer Fortschritt.

Von diesem Wandel der Wertorientierungen sind keineswegs alle Personen in unserer Bevölkerung im gleichen Maße betroffen. Die „Pfeilspitze" des Wandels waren jene Personen, die sich durch die Merkmale

- jung,
- gebildet sowie
- städtisches Wohnumfeld

kennzeichnen lassen (*v. Rosenstiel/Nerdinger/Spieß/Stengel,* 1989). Es sind also in erster Linie jene Menschen, die in Groß- oder Mittelstädten Fachhochschulen oder Universitäten besuchten und somit den Nachwuchs für qualifizierte Fach- und Führungspositionen in der Wirtschaft darstellten. Aus diesem Grunde ist die Thematik auch für die Unternehmen in einem so hohen Maße relevant.

Über die Ursachen dieses Wandels ist viel geforscht, gestritten und geschrieben worden. Sicherlich war nicht allein eine Ursache ausschlaggebend; es kamen mehrere zusammen, die in unterschiedlicher Kombination für die eine oder andere Wandlungstendenz bestimmend waren. Besonders wichtige Gründe für den Wertewandel sollen kurz skizziert werden (vgl. *v. Rosenstiel/Nerdinger/Spieß*, 1991).

Die Altersstrukturhypothese:

Die Altersstruktur der deutschen Bevölkerung ist – bedingt durch die wechselvollen historischen Ereignisse – ungleichmäßig.

Geht man davon aus, dass Selbstentfaltungswerte bei jüngeren Personen, Pflicht- und Akzeptanzwerte eher bei älteren Personen dominieren, so ist die Konsequenz, dass sich in der Gesamtbevölkerung bei repräsentativer Befragung eine Verschiebung zu den Selbstentfaltungswerten zeigt, wenn es besonders viele junge Menschen gibt. Und diese sind, bedingt durch den „Babyboom" in der Nachkriegszeit bis zur Mitte der sechziger Jahre, noch immer stark vertreten.

Die Sozialisationshypothese:

Ein Mensch wird – das zeigen entwicklungspsychologische und psychoanalytische Studien – durch die Erlebnisse in der Kindheit stark geprägt. In Deutschland und anderen europäischen Staaten war die Kriegs- und Nachkriegszeit durch Not und Mangel charakterisiert. Wer damals aufwuchs, lernte, dass materielle Güter knapp sind und daher, das lehrten die Gespräche der Eltern, als wertvoll gelten. Diese Thematik wurde als stabile Wertorientierung bewahrt, obwohl sich, zumindest in Westeuropa, allgemeiner Wohlstand ausbreitete. Diejenigen dagegen, die später geboren wurden und in der Zeit des Wohlstandes oder gar Überflusses ihre Kindheitserfahrungen machten, lernten die basalen materiellen Güter und die äußere Sicherheit als Werte kaum noch schätzen. Für sie waren dies Selbstverständlichkeiten. Dafür erkannten sie in einer freundlichen Gesellschaft, in der Mitsprache der Bürger, dem Bewahren der Umwelt etc. höhere Prioritäten.

Die Bildungshypothese:

Der Grad der formalen Bildung ist in der Bundesrepublik Deutschland geradezu dramatisch angestiegen. Legten Anfang der fünfziger Jahre rund 4 Prozent eines Altersjahrganges das Abitur ab, so stieg diese Zahl bis heute auf nahezu ein Drittel. Bildung an Ober- und Hochschulen aber verfolgt nicht nur das Ziel der reinen Wissensvermittlung, sondern lehrt die kritische Reflexion bestehender Zustände, das sogenannte „Hinterfragen". Dies fördert durchaus Zweifel am Überkommenen und Bestehenden und begünstigt einen Wandel der Wertorientierungen.

Die Berufseintrittshypothese:

Es stieg nicht nur der Grad der formalen Bildung, sondern – selbstverständlich damit hoch korreliert – auch die Verweildauer im Bildungssystem, was einen entsprechend verspäteten Berufseintritt zur Folge hat.

Während vor gar nicht allzu langer Zeit eine überwiegende Mehrheit bereits im fünfzehnten Lebensjahr in das Beschäftigungssystem – schließt man die Lehrzeit hier mit ein – übergewechselt war, tun dies viele heute erst nach zwanzig oder gar dreißig Lebensjahren. Sie werden dadurch länger dem „Ernst des Lebens", der Routine, der Selbstverständlichkeit, dem Trott des Alltags vorenthalten. Sie haben die Chance, in alternativen Lebensentwürfen zu denken, mit konkreten oder auch abgehobenen Utopien zu spielen, sich zu fragen: „Wie könnte es denn sein, wenn....?" Auch dadurch wird ein Wandel von Wertorientierungen begünstigt.

Die Vergangenheitsbewältigungshypothese:

Nachdem es in der Nachkriegszeit in der Tat Verdrängung gab, ein Unterdrücken der Auseinandersetzung mit den Greueltaten des Naziregimes, eine „Unfähigkeit zu trauern" (*Mitscherlich/Mitscherlich*, 1991), setzte in der Mitte der sechziger Jahre eine massive Auseinandersetzung der Jugend mit der dunklen Zeit der Väter ein, die auch eine Ablehnung jener Werte zur Folge hatte, die jenen bedeutsam waren.

Die Wohlstandshypothese:

Die Nachkriegszeit brachte den meisten westeuropäischen Staaten beständig ansteigenden Wohlstand. Folgt man den Überlegungen des Motivationspsychologen *Maslow* (1954, vgl. S. 13 f.), der darauf verweist, dass befriedigte Bedürfnisse an Bedeutung verlieren und zu einer Bedeutungsverlagerung, zu höheren Bedürfnisgruppen anregen, so ist es naheliegend, dass Wohlstand zu einer relativen psychischen Abwertung der materiellen Güter führt.

Die Defizitwahrnehmungshypothese:

Eng verbunden mit der Wohlstandshypothese ist die Defizitwahrnehmungshypothese. Erreicht man ein Ziel, von dem man annahm, dass es glücklich macht, so muss man einsehen, dass andere Defizite bleiben. Wer zu Geld gekommen ist, entdeckt plötzlich, dass ihm manches abgeht, was mit Geld nicht oder nur sehr eingeschränkt zu erwerben ist, wie zum Beispiel Muße, Gesundheit oder unzerstörte Natur.

Die Nebenwirkungshypothese:

Es waren bestimmte Wertorientierungen, welche die Industrialisierung unserer Leistungs- und Konsumgesellschaft vorantrieben. Die Nebenwirkungen dieser Industrialisierung, wie zum Beispiel die Hektik der privaten Lebensführung, die Reduzierung der Lebensqualität in Städten und Dörfern durch den motorisierten Individualverkehr, die Gefährdung der Wälder durch Emissionen der Industrie und der Motorfahrzeuge sowie durch Energieverschwendung in privaten Haushalten etc., waren dabei nicht beabsichtigt, sondern schlicht nicht bedacht worden. Erreichen nun diese unerwünschten Nebenwirkungen eine kritische Schwelle, so werden sie allgemein bewusst, öffentlich und privat diskutiert und regen viele zur Warnung oder gar zur Umkehr an. Das Entstehen von Bürgerbewegungen, Massenprotesten und ökologischen Parteien kann als Indikator hierfür gelten.

Die Strukturhypothese:

In einem Punkt kann man der These von *Karl Marx* (1971, Erstveröffentlichung 1844) nach wie vor recht geben, dass es das Sein ist, das das Bewusstsein prägt. Ändern sich Strukturen, so ändern sich Bewusstseinsinhalte und Wertorientierungen der Menschen. So ist es naheliegend, dass die Reduzierung der Arbeitszeit für viele zur Folge hat, dass man mehr über seine Freizeit nachdenkt und diese entsprechend an Wert gewinnt.

Die Multiplikatorenhypothese:

Hier geht es um die These, dass jene jungen Gebildeten, die sich besonders „pointiert" durch die neuen Wertorientierungen auszeichneten, in Positionen gerieten, in denen sie anderen ihre Weltsicht und ihr Denken nahebringen konnten. Insbesondere wird vermutet und gelegentlich mit bösen Vokabeln unterstellt, dass sie bevorzugt:

- im Bildungswesen als „68er Lehrer",
- in der öffentlichen Verwaltung durch „Unterwanderung der Institutionen" und
- im Journalismus als „linke Journaille"

ein Wirkungsfeld gefunden haben, das die öffentliche Meinung prägt.

Die Bewertung dieses Wandels löst selbst wiederum Kontroversen aus. Da gibt es die einen, für die ist er „des Teufels". Sie sehen darin eine Bedrohung unserer Wirtschaft und Gesellschaft (*Bell,* 1976; *Noelle-Neumann,* 1978). Die Argumentation sieht meist so aus, dass in Fleiß, Pünktlichkeit, Pflichtbewusstsein, Opferbereitschaft und ähnlichen sekundären Tugenden die Wurzel unseres Wohlstands gesehen wird. Dieser Wohlstand aber, an dem so viele teilhaben, gefährdet dann schließlich die Quellen, die ihn nähren. Durch den Wertewandel zerstört – so wird argumentiert – unser System sich selbst.

Eine andere Argumentationslinie sieht den Wandel eher positiv (*Parsons,* 1976; *Inglehart,* 1977, 1989; *Schmidtchen,* 1984). Das System und das Umfeld, in dem es sich befindet, sind nicht statisch. Anpassungsleistungen müssen erbracht werden. Dafür benötigt das System Sinnesorgane, Fühler, die rechtzeitig warnen und eine Anpassung einleiten, bevor es zu spät ist. Derartige Frühinformationen liefern besonders sensible Menschen, z.B. hinsichtlich der Gefährdung unseres Lebens durch die Umweltzerstörung. Ihre Ideen verbreiten sich und führen im Zuge des Wertewandels zu einer Höherschätzung des Wertes einer bewahrten Umwelt. Dadurch werden vermehrt Umweltschutzmaßnahmen eingeleitet und Verhaltensweisen begünstigt, die umweltverträglich sind, wodurch das System die Chance hat, sich auf verändertem Niveau neu zu stabilisieren.

4 Was kann man tun, was sollte man tun?

Innerhalb von Unternehmen wird der Wertewandel meist zwiespältig erlebt (*v. Rosenstiel/Djarrahzadeh/Einsiedler/Streich,* 1993). Mit Blick auf den Markt erscheint er vielen als eine Chance. Zurückgehendes Pflichtdenken bei gesteigerter Freizeitorientierung, Wertschätzung individueller Selbstverwirklichung bei Gesundheits- und Umweltbewusstsein ... all dies ist eine Chance für die Entwicklung neuer, gewinnträchtiger Produkte und Dienstleistungskonzepte. Lebensmittel aus ökologischem Anbau, gesundheitsfördernde Sportartikel, Möbel, Textilien oder Spielwaren aus naturbelassenen Stoffen sind begehrt; die Freizeit- und Tourismusbranche boomt; Hochpreiswaren, mit deren Hilfe man sich von anderen abheben und entsprechend individualisieren kann, haben Konjunktur. Hier also liegt offensichtlich eine Chance (*Grabner,* 1993).

Wie aber ist dies mit Blick nach innen auf die Mitarbeiter? Muss man nicht erschrecken, wenn dort auf Freizeit besonderer Wert gelegt wird, die Ansprüche an die berufliche Arbeit steigen, mit erhöhtem Gesundheitsbewusstsein auch Materialien und Werkstoffe kritisch diskutiert werden, die möglicherweise die Gesundheit schädigen und zugleich auf umweltgerechteres Produzieren stark geachtet wird?

Auch auf diesem Feld gibt es Unternehmen, die den Wertewandel als eine Chance für die Personalführung und -motivation begriffen haben. Der Leitgedanke sieht dabei meist so aus, dass man Strategien und Maßnahmen der Personalarbeit zu finden sucht, die gleichermaßen den neuen Wünschen der Mitarbeiter entsprechen und mit den Interessen des Unternehmens voll vereinbar sind.

Dies sei am Beispiel verdeutlicht. Es mag auf den ersten Blick für das Unternehmen bedrohlich wirken, wenn die Mitarbeiter einen gesteigerten Wert auf Freizeit legen. Dies erscheint dann nahezu wie eine Ablehnung der Arbeit. Das muss aber keineswegs so sein, da ja viele den Ausgleich suchen, das Engagement in Beruf und Freizeit, und so dann nach einer erfüllten und befriedigenden privat genutzten Zeit mit um so mehr Freude an die Arbeit gehen.

Diese Überlegung hat bei einem Unternehmen der Fahrzeugbranche im produktionsnahen Bereich zu einem interessanten Konzept geführt, das sich sehr bewährte. In einem neu auf die grüne Wiese gesetzten Werk, das Investitionen von nahezu 2 Milliarden DM forderte, war das Unternehmen daran interessiert, den „return of investment" zu sichern, d.h. die teueren Anlagen möglichst intensiv, also viele Stunden pro Woche zu nutzen. Dies nun führte zu folgendem Konzept (vgl. hierzu *Bihl,* 1995):

- Jeder Mitarbeiter arbeitet an vier Tagen in der Woche 9 Stunden, d.h. 36 Stunden in der Woche mit vollem Lohnausgleich.
- An 6 Tagen in der Woche, d.h. unter Einschluss des Samstags, wird zweimal 9 gleich 18 Stunden gearbeitet, wodurch die kostspieligen Investitionen stark genutzt werden und ein „return of investment" sichergestellt ist.

Gesellschaft/ Mitarbeiter Grundwerte	**Personalpolitik**		
	Ziele	Strategien/ Konzepte	Instrumente/Maßnahmen
• Selbständigkeit und Individualität	• Schaffung persönlicher Freiräume und Wahlmöglichkeiten	• Flexibilisierung des Zusatzleistungsprogramms	• Cafeteria-System bei Lohn- und Sozialleistungen des Unternehmens
		• Flexibilisierung der Arbeitszeit	• Trennung von Arbeitszeit/ Betriebszeit • Teilzeit/Gleitzeit • Brückentageregelung • vorzeitige Pensionierung • alternative Schichtpläne
	• Förderung der Selbständigkeit	• Förderung der Übernahme persönlicher bzw. gemeinsamer Verantwortung	• Führungsstil • Prinzipien der Delegation (Übertragung von Aufgaben, Befugnissen und Verantwortung) • Projektmanagement/ Teamarbeit
		• System der Zielvereinbarung	• Beteiligung der Mitarbeiter an der Zielvereinbarung
		• Beteiligung der Betroffenen an Entscheidungen	• Lernstatt/Qualitätszirkel • Organisationsentwicklungsmaßnahmen • Einbeziehung der Mitarbeiter in Arbeitsgestaltungskreise

Abb. 7.3: Wertorientierte Personalpolitik – Ein Ausschnitt aus einem Praxisbeispiel

- Drei Schichtgruppen sind erforderlich, um über 6 Arbeitstage den Zweischichtbetrieb sicherzustellen.
- Das Arbeitszeitmodell ist so „geschneidert“, dass jeder Mitarbeiter einmal im Monat 5 Tage an einem Stück arbeitsfrei hat, d.h. ohne einen Urlaubstag zu verwenden, beachtlichen Kurzurlaub in Anspruch nehmen kann.

Mit diesem Modell werden mehrere „Fliegen mit einer Klappe“ geschlagen:

- Es liegt im Interesse des Unternehmens; es kann die kostspieligen Anlagen möglichst intensiv nutzen. Eine Nutzung rund um die Uhr wäre ohnehin nicht möglich, da eine gewisse Zeit für Reparaturen und Nachrüstungen benötigt wird.
- Es liegt im Interesse der Mitarbeiter, die auf diese Weise mehr Freizeit haben, unter Einschluss einer längeren arbeitsfreien Phase in jedem Monat. Darüber hinaus verkürzen sich ihre Wegzeiten von und zur Arbeit durch die Reduzierung von 10 Fahrten auf 8.

- Es liegt im Interesse der Kommune und der Umwelt, da eine Reduzierung der Belastung von Infrastruktur und Natur durch An- und Abfahrten um 20 % erfolgt.

In diesem Sinne könnte man mit Blick auf eine Vielzahl von Werten, die sich im Zuge des Wertewandels modifizierten, Strategien und Maßnahmen für die Personalpolitik und die Führung entwickeln. Wie dies z.B. bei der Firma BMW hinsichtlich des Wertes „Selbständigkeit und Individualität" aussieht, zeigt Abbildung 7.3 (S. 320).

Wer als Unternehmer die Augen vor dem Wertewandel und anderen gesellschaftlichen Veränderungen, die zunächst bedrohlich erscheinen, nicht verschließt, sondern diese aktiv angeht, hat – wenn er schnell agiert – eine zusätzliche Chance. Er wird nicht nur auf dem Markt schneller sein als die Mitbewerber, sondern durch die Entwicklung neuer Konzepte der Personalarbeit motiviertere Mitarbeiter haben und zudem sein Image auf dem Personalmarkt verbessern. Dadurch wird er die besten und qualifiziertesten Kandidaten aussuchen können und auch damit den Interessen des Unternehmens dienen.

Literaturverzeichnis

Ach, N., 1905: Über die Willenstätigkeit und das Denken. Göttingen: Vandenhoeck & Ruprecht

Adams, J. S., 1963: Toward an understanding of inequity. Journal of Abnormal and Social Psychology, 67, 422–436

Allport, G., 1970: Entstehung und Umgestaltung der Motive, in: *Thomae, H.* (Hrsg.), Die Motivation menschlichen Handelns, S. 488–497, Köln: Kiepenheuer & Witsch

Bandura, A., 1969: Principles in behavior modification, New York: Holt, Rhinehart & Winston

Beck-Gernsheim, E., 1992: Anspruch und Wirklichkeit – zum Wandel der Geschlechtsrollen in der Familie, in: *Schneewind, K.A., Rosenstiel, L.v.* (Hrsg.), Wandel der Familie, S. 37–47, Göttingen: Hogrefe

Bell, D., 1976: Die Zukunft der westlichen Welt. Kultur und Technologie in Widerstreit, Frankfurt a.M.: Fischer

Bennis, W.G., 1975: Organisationswandel, in: *Bennis, W.G., Benne, K.D., Chin, R.* (Hrsg.), Änderung des Sozialverhaltens, S. 470–482, Stuttgart: Klett

Bihl, G., 1995: Werteorientierte Personalarbeit. Strategie und Umsetzung in einem neuen Automobilwerk, München: C.H. Beck

Bischof, N., 1989: Das Rätsel Ödipus. Die biologischen Wurzeln des Urkonflikts von Intimität und Autonomie. München: Piper

Bonsen, M. Z., 1987: Erfolgsfaktor Vision, in: Marketingjournal, 6, S. 570–576

Brandstätter, H., 1970: Die Beurteilung von Mitarbeitern, in: *Mayer, A., Herwig, B.* (Hrsg.), Handbuch der Psychologie, Bd. 9: Betriebspsychologie, S. 668–734, Göttingen: Hogrefe

Brandstätter, H., 1989: Problemlösen und Entscheiden in Gruppen, in: *Roth, E.* (Hrsg.), Organisationspsychologie (Enzyklopädie der Psychologie, Bd. 3), S. 505–528, Göttingen: Hogrefe

Brehm, J.W., 1966: A theory of psychological reactance, New York: Academic Press

Bruggemann, A., Groskurth, P., Ulich, E., 1975: Arbeitszufriedenheit, Bern: Huber

Brunstein, J. C., Maier, G. W., 1996: Persönliche Ziele: Ein Überblick zum Stand der Forschung. Psychologische Rundschau, 47, S. 146–160

Cohn, R., 1970: Das Thema als Mittelpunkt interaktioneller Gruppen, in: Gruppendynamik, 2, S. 251–276

Cohn, R., 1976: Von der Psychoanalyse zur Themenzentrierten Interaktion, Stuttgart: Klett

Comelli, G., 1985: Training als Beitrag zur Organisationsentwicklung, München: Hanser
Comelli, G., 1987: Verbesserung von Kooperation und Teamarbeit in einem mittleren Unternehmen, in: *Rosenstiel, L.v., Einsiedler, H.E.* (Hrsg.), Motivation durch Mitwirkung, S. 159–177, Stuttgart: Schäffer
Comelli, G., 1991: Qualifikation für Gruppenarbeit: Teamentwicklungstraining, in: *Rosenstiel, L.v., Regnet, E., Domsch, M.* (Hrsg.), Führung von Mitarbeitern, S. 295–316, Stuttgart: Schäffer (4. überarb. und erw. Aufl. 1999, S. 405–428)
Comelli, G., 1994: Teamentwicklung – Training von „family groups", in: *Hofmann, L.M., Regnet, E.* (Hrsg.), Innovative Weiterbildungskonzepte, S. 61–84, Göttingen: Verlag für Angewandte Psychologie
Comelli, G., Rosenstiel, L. v., 1998: Auf dem Weg in die Zukunft: Führung zwischen Stabilität und Wandel. München: Unternehmer Forum HypoVereinsbank
Csikszentmihalyi, M., 1975: Beyond boredom and anxiety. San Francisco: Josey-Bass
Dyer, W.G., 1977: Teambuilding: Issues and alternatives, Reading/Mass.: Addison-Wesley
Dyer, W.G., 1978: Ein Organisationskonzept. Travemünde: Seminarunterlage (Übersetzung) in einem Training der ESSO AG, Hamburg
Eibl-Eibesfeldt, I., 1973: Der vorprogrammierte Mensch, Wien: Molden
Erikson, E.H., 1971: Kindheit und Gesellschaft, Stuttgart: Klett
Etzioni, A., 1967: Soziologie der Organisation. Grundfragen der Soziologie. München: Juventa
Evans, P.A.L., Bartolomé, F., 1981: Die Beziehung zwischen Berufs- und Privatleben. Seminar-Manuskript (Übersetzung aus dem Amerikanischen)
Evans, P.A.L., Bartolomé, F., 1982: Erfolg muss nicht so teuer sein, Düsseldorf: Econ
Fischer, H., 1990: Führung durch innovative Unternehmenskultur bei Hewlett-Packard, in: *Simon, H.* (Hrsg.), Herausforderung Unternehmenskultur, S. 74–89, Stuttgart: Schäffer
Flanagan, J.G., 1954: The critical incident technique, in: Psychological Bulletin, 51, S. 327–358
Florin, I., Rosenstiel, L.v., 1976: Leistungsstörung und Prüfungsangst, München: Goldmann
Fordyce, J., Weil, R., 1971: Managing with people, Reading/Mass.: Addison-Wesley
Francis, D., Young, D., 1982: Mehr Erfolg im Team. Ein Trainingsprogramm mit 46 Übungen zur Verbesserung der Leistungsfähigkeit in Arbeitsgruppen, Hamburg: Windmühle
Freud, A., 1936: Das Ich und die Abwehrmechanismen, Wien; Neuausgabe: München, 1964
Freud, S., 1900: Die Traumdeutung, Gesammelte Werke 2–3, Frankfurt a.M.: Fischer

Freud, S., 1955: Psychopathologie des Alltagslebens (1. Veröffentlichung 1904), Reprint, Frankfurt a.M.: Fischer

Frieling, E., 1975: Pschologische Arbeitsanalyse, Stuttgart: Kohlhammer

Gehlen, A., 1966: Der Mensch, seine Natur und seine Stellung in der Welt, Frankfurt a.M.: Athenäum

Gellerman, S.W., 1972: Motivation und Leistung, Düsseldorf: Econ

Goerke, W., 1981: Organisationsentwicklung als ganzheitliche Innovationsstrategie, Berlin: de Gruyter

Golembiewski, R.T., 1975: Some guidelines for tomorrow's OD, in: *Adams, J.D.* (Hrsg.), New technologies in organization development: 2, S. 85–118, La Jolla: University Associates

Gollwitzer, P. M., 1991: Abwägen und Planen: Bewusstseinslagen in verschiedenen Handlungsphasen. Göttingen: Hogrefe

Grabner, L., 1993: Unternehmen und Wertewandel: Die Auswirkungen auf die Produktanforderungen, in: *Rosenstiel, L.v., Djarrahzadeh, M., Einsiedler, H.E., Streich, R.K.* (Hrsg.), Wertewandel. Herausforderung für die Unternehmenspolitik in den 90er Jahren, S. 95–114, Stuttgart: Schäffer-Poeschel

Graumann, C.F., 1969: Einführung in die Psychologie, Bd. I: Motivation, Bern: Huber

Greiner, L.E., 1975: Evolution and revolution as organizations grow, in: *Newstrom, J.W., Reif, W.E., Monczka, R.M.* (Hrsg.), A contingency approach to management: Readings, S. 495–507, New York: McGraw-Hill (Erstabdruck in: Harvard Business Review, July/August 1972, S. 37–46)

Grothus, H., 1972: Job enrichment – nur eine neue Masche?, in: Plus – Zeitschrift für Unternehmensführung, 4, S. 35–40

Hackman, J.R., 1969: Toward understanding the role of task in behavioral research, in: Acta Psychologica, 31, S. 97–128

Heckhausen, H., 1963: Hoffnung und Furcht in der Leistungsmotivation, Meisenheim/Gl.: Hain

Heckhausen, H.,1989: Motivation und Handeln (2. Aufl.). Berlin: Springer

Heinen, E., 1971: Grundlagen betriebswirtschaftlicher Entscheidungen. Das Zielsystem der Unternehmung. Wiesbaden: Gabler

Herzberg, F., 1966: Work and the nature of man, Cleveland: The World Publ. Co.

Herzberg, F., 1972: One more time: How do you motivate employees?, in: *Davis, L.E., Taylor, J.* (Hrsg.), Job design, S. 113–125, Harmondsworth: Penguin (Vorher bereits 1968 unter dem gleichen Titel in: Harvard Business Review, Jan./Feb. 1968)

Herzberg, F., Mausner, B., Snyderman, B., 1959: The motivation to work, New York: Wiley & Sons

Holland, J.G., Skinner, B.F., 1971: Analyse des Verhaltens, München: Urban & Schwarzenberg

Hull, C.L., 1943: Principles of behavior, New York: Appleton-Century

Inglehart, R., 1977: The silent revolution. Changing values and political styles among western politics, Princeton (N.J.): Princeton University Press

Inglehart, R., 1989: Kultureller Umbruch, Frankfurt a.M.: Campus

Janis, I. L., 1972: Victims of groupthink. A psychological study of foreign policy decisions and fiascos. Boston, Mass.: Houghton Mifflin

Janis, I. L., 1982: Counteracting the adverse effects of concurrence-seeking in policy-planning groups: Theory and research perspectives, in: *H. Brandstätter, J. H. Davis, G. Stocker-Kreichgauer* (Hrsg.), Group Decision Making (S. 477–501). London: Academic Press

Kaschube, J., 1997: Ziele von Führungsnachwuchskräften. München: Hampp

Katona, G., 1962: Die Macht des Verbrauchers, Düsseldorf: Econ

Kehr, H. M., 1998: Strategien der Selbstüberlistung: Motivation und Willen trainieren. Personalführung, 12, S. 52–58

Kehr, H. M., Bles, P., Rosenstiel, L. v., 1999: Self regulation, self-control, and management training transfer. In: Educational Research. Pergamon

Kehr, H. M., Bles, P., Rosenstiel, L. v., 1999: Zur Motivation von Führungskräften: Zielbindung und Flusserleben als transferfördernde Faktoren bei Führungstrainings. Zeitschrift für Arbeits- und Organisationspsychologie, 43, 2, S. 83–44

Kirsch, W., Esser, W.M., Gabele E., 1979: Das Management des geplanten Wandels von Organisationen, Stuttgart: Poeschel

Klages, H., 1984: Wertorientierungen im Wandel. Rückblick, Gegenwartsanalyse, Prognosen, Frankfurt a.M.: Campus

Klages, H., 1993: Wertewandel in Deutschland in den 90er Jahren, in: *Rosenstiel, L.v., Djarrahzadeh, M., Einsiedler, H.E., Streich, R.K.* (Hrsg.), Wertewandel. Herausforderung für die Unternehmenspolitik in den 90er Jahren, S. 1–15, Stuttgart: Schäffer-Poeschel

Klages, H., Kmieciak, P., 1979: Wertewandel und gesellschaftlicher Wandel, Frankfurt a.M.: Campus

Klipstein, M.v., Strümpel, B., 1985: Gewandelte Werte – Erstarrte Strukturen. Wie die Bürger Wirtschaft und Arbeit erleben, Bonn: Neue Gesellschaft

Kroeber-Riel, W., Weinberg, P., 1999: Konsumentenverhalten, 7. Aufl., München: Vahlen

Kuhl, J., 1996: Wille und Freiheitserleben: Formen der Selbststeuerung, in: *J. Kuhl , H. Heckhausen* (Hrsg.), Enzyklopädie der Psychologie, Serie IV, Motivation, Volition und Handlung (Bd. 4, S. 665–765). Göttingen: Hogrefe

Kumar, B.N., Haussmann, H., 1992: Handbuch der Internationalen Unternehmenstätigkeit. Erfolgs- und Risikofaktoren; Märkte; Export-, Kooperations- und Niederlassungs-Management, München: C.H. Beck

Lauterburg, C., 1978: Vor dem Ende der Hierarchie, Düsseldorf: Econ

Lauterburg, C., 1980: Organisationsentwicklung – Strategie der Evolution, in: io Managementzeitschrift, 80, S. 1–4 (Im gleichen Jahr auch in: *Koch, U., Meuers, H., Schuck, M.* (Hrsg.), Organisationsentwicklung in Theorie und Praxis, S. 51–62, Frankfurt a.M.: P.D. Lang)

Lazarus, R.S., Launier, R., 1981: Stressbezogene Transaktionen zwischen Person und Umwelt, in: *Nitsch, J.R.* (Hrsg.), Stress. Theorien, Untersuchungen, Maßnahmen, S. 213–259, Bern: Huber (Der Beitrag wurde 1978 in englischer Fassung veröffentlicht unter dem Titel: Stress-related transactions between person and environment, in: *Pervin, L.A., Lewis, M.* (Hrsg.), Perspectives in interactional psychology, S. 287–327, New York: Plenum)

Lehr, U., 1987: Psychologie des Alterns, Heidelberg: Quelle & Meyer

Lersch, P., 1956: Aufbau der Person, München: Barth

Leavitt, H.J., 1963: Creativity is not enough, in: Harvard Business Review, 41/3, S. 72–83

Lewin, K., 1963: Feldtheorie in den Sozialwissenschaften, Stuttgart: Huber

Lilge, H.-G., 1981: Menschenbilder als Führungsgrundlage, in: Zeitschrift für Organisation, 50, S. 14–22

Lindworsky, J., 1923: Der Wille: Seine Erscheinung und seine Beherrschung. Leipzig: Johann Ambrosius Barth

Locke, E. A., Latham, G. P., 1984: Goal setting: A motivational technique that works. Englewood Cliffs, N.J.: Prentice Hall

Lorenz, K., 1963: Das sogenannte Böse, Wien: Boretha-Schoeler

Marx, K., 1848: Manifest der kommunistischen Partei, in: *Landshut, S.* (Hrsg.), 1964: Karl Marx – Die Frühschriften, S. 525–560, Stuttgart: Körner

Marx, K., 1971: Ökonomisch-philosophische Manuskripte (1844), in: *Fetscher, I.* (Hrsg.), Karl Marx – Friedrich Engels Studienausgabe, Frankfurt a.M.: Fischer

Maslow, A.H., 1954: Motivation and personality, New York: Harper

Mager, R.F., 1965: Lernziele und Programmierter Unterricht, Weinheim: Beltz

Mayer, A., 1970: Die Betriebspsychologie in einer technisierten Welt, in: *Mayer, A., Herwig, B.* (Hrsg.), Handbuch der Psychologie, Bd. 9: Betriebspsychologie, S. 3–55, Göttingen: Hogrefe

Mayntz, R., 1968: Bürokratische Organisation. Köln: Kiepenheuer & Witsch

McClelland, D.C., 1966: Die Leistungsgesellschaft – Psychologische Analyse der Voraussetzungen wirtschaftlicher Entwicklung, Stuttgart: Kohlhammer

McClelland, D.C., Winter, D.G., 1969: Motivating economic achievement, New York: Free Press

McGregor, D., 1970: Der Mensch im Unternehmen, Düsseldorf: Econ

Mitscherlich, A., Mitscherlich, M., 1991: Die Unfähigkeit zu trauern. Grundlagen kollektiven Verhaltens, München: Piper

Mulder, M., 1977: The daily power game, Leiden: Stenfertkroesse

Nerdinger, F. W., 1995: Motivation und Handeln in Organisationen Stuttgart: Kohlhammer

Neuberger, O., 1976: Führungsverhalten und Führungserfolg, Berlin: Duncker & Humblot

Neuberger, O., 1986: Unternehmenskultur: Eine Metapher für die Organisations-Psychologie, in: *Methner, H.* (Hrsg.), Psychologie in Betrieb und Verwaltung. Bericht über die 28. Fachtagung zur Arbeits- und Betriebspsychologie Wiesbaden 1986, S. 355–394, Bonn: Deutscher Psychologen Verlag

Neuberger, O., 1988: Führung (ist) symbolisiert, Manuskript, Augsburg: Universität Augsburg

Neuberger, O., 1989: Symbolisierung in Organisationen. Augsburger Beiträge zur Organisationspsychologie und Personalwesen, 4, S. 24–36

Neuberger, O., 1991: Personalentwicklung, Stuttgart: Enke

Neuberger, O., 1993: Mikropolitik, in: *Rosenstiel, L.v., Regnet, E., Domsch, M.* (Hrsg.), Führung von Mitarbeitern, S. 39–44, Stuttgart: Schäffer

Neuberger, O., 1995: Führen und geführt werden (4. Aufl.). Stuttgart: Enke

Neuberger, O., Allerbeck, M., 1978: Messung und Analyse der Arbeitszufriedenheit, Bern: Huber

Neuberger, O., Kompa, A., 1987: Wir, die Firma, Weinheim: Beltz

Neuberger, O., 2000: Das Mitarbeitergespräch, Leonberg: Rosenberger

Neumann, P., 1999: Das Mitarbeitergespräch, in: *Rosenstiel, L.v., Regnet, E., Domsch, M.* (Hrsg.), Führung von Mitarbeitern, S. 227–242, 4. Aufl., Stuttgart: Schäffer

Noelle-Neumann, E., 1978: Werden wir alle Proletarier?, Zürich: Interform

Noelle-Neumann, E., Strümpel, B., 1984: Macht Arbeit krank? Macht Arbeit glücklich? Eine aktuelle Kontroverse, München: Piper

Oldendorff, A., 1970: Sozialpsychologie im Industriebetrieb, Köln: Bachem

Opsahl, A.L., Dunnette, M.D., 1971: The role of financial compensation, in: *Domm, D.R. et al.* (Hrsg.), The individual and the organization, S. 193–213, Dubuque: Universtiy Press

Parsons, T., 1976: Zur Theorie sozialer Systeme, Opladen: Westdeutsche Verlagsanstalt

Peters, T.J., Waterman, H.R. jun., 1984: Auf der Suche nach Spitzenleistungen, Landsberg am Lech: Moderne Industrie

Pfeffer, J., 1981: Power in Organizations, Marshfield/Mass.: Pitman

Porter, L.W., Lawler, III, E.E., Hackman, jr., 1975: Behaviour in organizations, New York: McGraw-Hill

Pritchard, R.D., Kleinbeck, U., Schmidt, K.H., 1993: Das Managementsystem PPM. Durch Mitarbeiterbeteiligung zu höherer Produktivität, München: C.H. Beck

Reimann, H., 1994: Vorbereitung auf den Ruhestand, in: *Dahlems, R.* (Hrsg.), Handbuch des Führungskräfte-Managements, S. 505–518, München: C.H. Beck

Rosenstiel, L.v., 1975: Die motivationalen Grundlagen des Verhaltens in Organisationen – Leistung und Zufriedenheit, Berlin: Duncker & Humblot

Rosenstiel, L.v., 1980: Motivation im Betrieb, Goch: Bratt Institut für Neues Lernen (10. Aufl. Rosenberger, 2001)

Rosenstiel, L.v., 1986: Die neuen Technologien und ihre Auswirkungen auf den arbeitenden Menschen, in: *Schubert, V.* (Hrsg.), Der Mensch und seine Arbeit, S. 331–362, St. Otilien: Eos

Rosenstiel, L.v., 1988: Motivationsmanagement, in: *Hofmann, M., Rosenstiel, L.v.* (Hrsg.), Funktionale Managementlehre, S. 214–264, Berlin: Springer

Rosenstiel, L.v., 1992: Mitarbeiterführung in Wirtschaft und Verwaltung, München: Bayerisches Staatsministerium für Arbeit, Familie und Sozialordnung

Rosenstiel, L.v., 1999: Anerkennung und Kritik als Führungsmittel, in: *Rosenstiel, L.v., Regnet, E., Domsch, M.* (Hrsg.), Führung von Mitarbeitern, 4. Aufl. S. 243–254, Stuttgart: Schäffer-Poeschel

Rosenstiel, L. v., 2000: Grundlagen der Organisationspsychologie. Stuttgart: Schäffer-Poeschel

Rosenstiel, L.v., Djarrahzadeh, M., Einsiedler, H.E., Streich, R.K. (Hrsg.), 1993: Wertewandel. Herausforderung für die Unternehmenspolitik in den 90er Jahren, Stuttgart: Schäffer-Poeschel

Rosenstiel, L. v., Kehr, H. M., 1996: Metamotivationales und metavolitionales Wissen im Handlungsprozess: Brüche in der Führung. München: Forschungsbericht DFG

Rosenstiel, L.v., Molt, W., Rüttinger, B., 1995: Organisationspsychologie, 8. Aufl., (1. Aufl. 1972), Stuttgart: Kohlhammer

Rosenstiel, L.v., Nerdinger, F., Spieß, E., Stengel, M., 1989: Führungsnachwuchs im Unternehmen, München: C.H. Beck

Rosenstiel, L.v., Nerdinger, F., Spieß, E., 1991: Was morgen alles anders läuft, Düsseldorf: Econ

Rosenstiel, L. v., Nerdinger, F., Spieß, E. (Hrsg.), 1998: Von der Hochschule in den Beruf. Göttingen: Verlag für Angewandte Psychologie

Rosenstiel, L.v., Neumann, P., 2001: Einführung in die Marktpsychologie, 3. Aufl., Darmstadt: Wissenschaftliche Buchgesellschaft

Rosenstiel, L.v., Stengel, M., 1987: Identifikationskrise? Zum Engagement in betrieblichen Führungspositionen, Bern: Huber

Rosenthal, R., Jacobson, L., 1968: Pygmalion in the classroom: Teacher expectation and pupils' intellectual development, New York: Holt

Rush, H.M.F., 1973: Organization development: a reconnaissance, New York: The Conference Board

Schein, E. H., 1985: Organizational culture and leadership. San Francisco: Jossey-Bass.

Schmidtchen, G., 1984: Neue Techniken – neue Arbeitsmoral: Eine sozialpsychologische Untersuchung über Motivation in der Metallindustrie, Köln: Deutscher Industrieverlag

Schuler, H., 1980: Das Bild vom Mitarbeiter, Goch: Bratt Institut für Neues Lernen

Schuler, H., 1989: Leistungsbeurteilung, in: *Roth, E.* (Hrsg.), Organisationspsychologie (Enzyklopädie der Psychologie, Bd. 3), S. 399–430, Göttingen: Hogrefe

Schulz von Thun, F., 1981: Miteinander reden: Störungen und Klärungen, Reinbek bei Hamburg: Rowolth

Sears, R.R., 1936: Experimental studies of projection I: Attribution of traits, Bd. 7, S. 151–163, in: Journal of Social Psychology,

Six, B., Kleinbeck, U., 1989: Arbeitsmotivation und Arbeitszufriedenheit, in: *Roth, E.* (Hrsg.), Organisationspsychologie (Enzyklopädie der Psychologie, Bd. 3), S. 348–398, Göttingen: Hogrefe

Skinner, B.F., 1938: The behavior of organisms: An experimental analysis, New York: Appelton-Century

Smith, A., 1776: An inquiry into the nature and causes of the wealth of nations, London: Strahan and Cadell

Sonntag, K.H. (Hrsg.), 1999: Personalentwicklung in Organisationen, Göttingen: Hogrefe

Staats, A.W., Staats, C.K., 1958: Attitudes established by classical conditioning, in: Journal of Abnormal and Social Behavior, 57, S. 37–40

Steger, U. (Hrsg.), 1992: Handbuch des Umweltmanagements. Anforderungs- und Leistungsprofile von Unternehmen und Gesellschaft, München: C.H. Beck

Strauss, G., 1963: Some notes on power-equalizations, in: *Leavitt, H.J.* (Hrsg.), The social science of organizations: Four perspectives, S. 34–84, Englewood Cliffs/N.Y.: Prentice-Hall

Streich, R.K., 1994: Managerleben. Im Spannungsfeld von Arbeit, Freizeit und Familie, München: C.H. Beck

Taylor, F.W., 1911: The principles of scientific management, London: Harper and Brothers

Thomae, H., 1965: Die Bedeutung des Motivationsbegriffs, in: *Thomae, H.* (Hrsg.), Handbuch der Psychologie, Bd. 2, Allgemeine Psychologie, Motivation, S. 3–44, Göttingen: Hogrefe

Thomae, H., 1965: Zur allgemeinen Charakteristik des Motivationsgeschehens, in: *Thomae, H.* (Hrsg.), Handbuch der Psychologie, Bd. 2: Allgemeine Psychologie, Motivation, S. 45–122, Göttingen: Hogrefe

Thomas, A., 1989: Kulturelle Bedingungen, in: *Roth, E.* (Hrsg.), Organisationspsychologie (Enzyklopädie der Psychologie, Bd. 3), S. 186–201, Göttingen: Hogrefe

Thorndike, E.L., 1921: The psychology of learning (Educational Psychology, 2), New York: Teachers College, Columbia University

Tinbergen, N., 1969: Instinktlehre, Berlin: Parey

Triandis, H.C., 1959: A critique and experimental design for the study of the relationship between productivity and job satisfaction, in: Psychological Bulletin, 56, S. 309–312

Ulich, E., 1974: Neue Formen der Arbeitsstrukturierung, in: Fortschrittliche Betriebsführung, 23, S. 187–196

Ulich, E., 1980: Psychologische Aspekte der Arbeit mit elektronischen Datenverarbeitungssystemen, in: Schweizerische Technische Zeitschrift, 75, S. 66–68

Ulich, E., 1994: Arbeitspsychologie, Zürich-Stuttgart: Hochschulverlag AG an der ETH und Schäffer-Poeschel

Volk, H., 1988: Das neue Bild vom Vorgesetzten: Lernziel Sozialkompetenz, in: zfo – Zeitschrift für Organisation, 3, S. 175–178

Volpert, W., 1990: Welche Arbeit ist gut für den Menschen? Notizen zum Thema Menschenbild und Arbeitsgestaltung, in: *Frei, F., Udris, I.* (Hrsg.), Das Bild der Arbeit, S. 23–40, Bern: Huber

Vorwerk & Co. (Hrsg.), 1992: Unsere Grundsätze. Unternehmensgrundsätze der Vorwerk-Gruppe, Wuppertal

Vroom, V.H., 1960: Some personality determinants of the effects of participation, Englewood Cliffs/N.Y.: Prentice-Hall

Vroom, V.H., 1964: Work and motivation, New York: Wiley

Wagner, D., Grawert, A., 1993: Sozialleistungsmanagement. Mitarbeitermotivation mit geringem Aufwand, München: C.H. Beck

Walton, R.E., 1969: Interpersonal Peacemaking: Confrontations and thirdparty consultation, Reading/Mass.: Addison-Wesley

Watzlawick, P., Bavin, J.H., Jackson, D.D., 1967: Pracmatics of human communication: A study of interactional patterns, pathologies, and paradoxes, New York: Norton (deutsch: Menschliche Kommunikation: Formen, Störungen, Paradoxien, Stuttgart: Huber, 1969)

Weber, D., 1989: Mehr Spaß an der Arbeit, in: Managementwissen, 5, S. 23–33

Weber, M., 1921 (2. Aufl. 1924): Wirtschaft und Gesellschaft. Grundriss der verstehenden Soziologie, Köln: Kiepenheuer & Witsch

Weinert, A.B., 1989: Führung und soziale Steuerung, in: *Roth, E.* (Hrsg.), Organisationspsychologie (Enzyklopädie der Psychologie, Bd. 3), S. 552–577, Göttingen: Hogrefe

Whyte, W.F., 1955: Money and motivation, New York: Harper & Row.

Wilpert, B., 1992: Interkulturelle Probleme des Managers, in: Management, 4, S. 56–58

Wiswede, G., 1973: Motivation und Verbraucherverhalten, 2. Aufl., München: UTB-Reinhardt

Wiswede, G., 1977: Rollentheorie, Stuttgart: Kohlhammer

Wunderer, R., Grunwald, W., 1980: Führungslehre, Berlin: de Gruyter

Wunderer, R., Dick, P. (Hrsg.), 1998: Mitarbeiter als Mitunternehmer. Neuwied: Luchterhand

Zuberbühler, M., 1989: Wer sind die erfolgreichen Unternehmer?, in: io Managementzeitschrift, 4, S. 31–34

Stichwortverzeichnis